高校研究生政治理论课系列教材

中国特色社会主义理论与实践研究

（第二版）

ZHONGGUO TESE SHEHUI ZHUYI
LILUN YU SHIJIAN YANJIU

郭文亮　谭　毅 ◎ 主编

·广州·

版权所有　翻印必究

图书在版编目（CIP）数据

中国特色社会主义理论与实践研究/郭文亮，谭毅主编．—2 版．—广州：中山大学出版社，2015.9

（高校研究生思想政治理论课系列教材）

ISBN 978 – 7 – 306 – 05349 – 7

Ⅰ. ①中⋯　Ⅱ. ①郭⋯　②谭⋯　Ⅲ. ①中国特色社会主义—研究　Ⅳ. ①D616

中国版本图书馆 CIP 数据核字（2015）第 158284 号

出版人：	徐　劲
策划编辑：	邹岚萍
责任编辑：	邹岚萍
封面设计：	曾　斌
责任校对：	杨文泉
责任技编：	何雅涛
出版发行：	中山大学出版社
电　　话：	编辑部 020 - 84111996，84113349，84111997，84110779
	发行部 020 - 84111998，84111981，84111160
地　　址：	广州市新港西路 135 号
邮　　编：	510275　　　传　真：020 - 84036565
网　　址：	http://www.zsup.com.cn　E-mail:zdcbs@ mail. sysu. edu. cn
印　刷　者：	广东省农垦总局印刷厂
规　　格：	787mm×1092mm　1/16　20 印张　380 千字
版次印次：	2013 年 4 月第 1 版　2015 年 9 月第 2 版　2015 年 9 月第 4 次印刷
印　　数：	6001～9000 册　　定　价：38.00 元

如发现本书因印装质量影响阅读，请与出版社发行部联系调换

第二版前言

本书第一版是在2012年9月出版的,当时正值中国共产党第十八次代表大会召开前夕,教育部颁布了硕士研究生思想政治理论课新一轮改革方案,要求所有硕士研究生都开设《中国特色社会主义理论与实践研究》课程,教育部还颁布了本课程的教学大纲。为了方便教学工作的开展,当时,我们组织中山大学马克思主义学院在该领域长期坚持教学与研究的教师,以2012年上半年教育部颁发的教学大纲为指导,以中山大学多年来从事硕士研究生思想政治理论课一线教学与相关学科科研教师的实际经验为基础,并广泛吸收了学术界近年来取得的最新研究成果,以广大师生关注的若干重大理论与现实问题为中心,精心编写了本书。在近3年来的研究生教学具体使用中,本书得到了广大师生的好评,教师们反映教材体例新颖,既有教育部规定的教学大纲的基本要求,又有可供进一步研究思考的阅读素材与重要议题;既有一般教材所具备的规范性,又有一定的可读性、灵活性,因此,在修订教材的过程中,我们坚持并进一步强化了这一特色。

但是,我们同时也深切地感到,本书未能及时反映日新月异的新形势、新情况,还存在诸多不足。党的十八大是我国政治生活中一次非常重要的会议,党的十八届三中全会提出了全面深化改革的决定,党的十八届四中全会提出了全面依法治国的决定,两年多来,以习近平为总书记的新一代党中央审时度势,高瞻远瞩,高屋建瓴,提出了一系列新的重大治党治国举措,并形成了"四个全面"战略布局,内政外交、经济政治、文化思想都设计出了新的宏伟蓝图。教育部为此也于2014年颁发了新的硕士研究生思想政治理论课教学大纲,新大纲包含了党的十八大以来的新论述、新判断、新战略、新举措。因此,为了做到教学用书真正地与时俱进,我们自2014年底着手修订工作,重点是把党的十八大会议精神、十八届三中全会精神、十八届四中全会精神等一系列重要会议精神贯穿进来,并增加了中国梦思想、"四个全面"战略布局、"一带一路"、综合安全观、经济新常态等新内容。撰写者遵守的基本主旨是:努力拓宽国际视野、厘清思想谱系、疏通理论脉络;以重大理论与现实问题为逻辑主线;既吸收经典著作的理论营养,又直面活生生的中国发展现实;既把握中国特色社会主义的历史渊源、现实必然、中国特色、光辉前景,又分析中国特色社会主义进程中的艰难曲折、经验教训、问题与不足。

本书的写作导向，是为高校研究生政治理论课学习提供一部研究性教材，同时为承担《中国特色社会主义理论与实践》课程教学的教师提供一本教学性参考书，也为广大干部群众、特别是关心中国未来发展进步的人士奉上一本探索性专著。

在改版过程中，我们保持了以前的基本思路和框架，八讲格局不变，每讲按照课程教学大纲、学术前沿述评、重点难点和热点问题解析、延伸阅读与思考四个部分展开。学习、研究、探索中国特色社会主义理论与实践，目的在于深化对当代中国重大理论与实践问题的认识，提高人们分析和解决实际问题的能力。当代青年学生思想活跃、知识层次高，通过阅读与思考，有助于认识和把握中国特色社会主义旗帜、道路、理论体系、基本制度、基本特征和建设状况，提高马克思主义理论水平和思想政治素质；有助于融会贯通，学以致用，坚定理想信念；有助于立足当代中国实际，认清新形势、新任务、新课题、新挑战，了解成绩，认识困难，解决问题。

在学习与思考的过程中，可以把本书同研读马克思主义经典著作结合起来，努力掌握其中蕴含的科学内涵和精神实质，不断提高理论素养，夯实理论基础；同研究重大理论和实际问题结合起来，强化问题意识，不断提高分析问题和解决问题的能力；同掌握人类所创造的丰富知识结合起来，积极向书本学习、向实践学习、向群众学习，学习新思想、新知识，打好理论功底，增强创新能力，提高综合素质。

撰写这样一本研究性教材、教学性参考书、探索性学术专著，我们是初步尝试，经验不足；又由于理论水平的限制，缺点和纰漏在所难免，恳望各方面读者不吝赐教，以利于不断改进和完善。同时，也愿意与读者共同学习、研究、探索中国特色社会主义的重大理论与实践问题。

编写者
2015 年 6 月 6 日

内 容 介 绍

本书是根据教育部2014年硕士研究生思想政治理论课教学大纲编写的，由导论和八个专题构成。

导论：重点介绍中国特色社会主义的科学内涵、主要内容以及当代价值。

第一讲：描述当代中国基本国情，特别是主要特征与表现。

第二讲：探讨当代中国经济发展中存在的主要问题、经济改革、经济发展战略与前景等。

第三讲：探讨当代中国社会主义民主政治的建设发展状况、政治体制改革、中国政治制度特征与优越性等。

第四讲：探讨中国特色的文化建设内涵、社会主义核心价值体系建设与国家软实力等。

第五讲：探讨中国特色的民生建设、社会管理、当前社会转型期内社会变化与矛盾表现、化解途径与未来发展等。

第六讲：探讨中国当前提出生态文明的历史条件、现实意义、实现途径与方法、"两型"社会建设、国际气候谈判等。

第七讲：探讨当前中国共产党自身面临的主要问题及其成因，加强党建的主要手段与条件，特别是党风廉政建设与反腐败问题等。

第八讲：探讨中国所处国际社会的基本特征、世界主题与新变化，中国与世界关系发生的基本变化以及中国选择和平发展道路的必然性等。

从内容来看，每一个专题分为四大部分：第一部分，浓缩教育部《中国特色社会主义理论与实践研究》教学大纲；第二部分，学术前沿述评，对该专题涉及的已有研究成果摘要综述；第三部分，对该专题涉及的一系列重点、难点、热点问题进行梳理；第四部分，提供该专题涉及的一系列重要文献资料、参考阅读书目、典型案例、思考题。

本书注意吸收最新研究成果，讲究时代性与针对性、思想性与学术性、科学性与价值性的统一，努力避免翻炒本科教材"冷饭"的弊端，争取做到从结构到内容、从教学到研究的"步步高"，是集教学与研究、理论与实践、信息与资料于一体的综合性理论读物，不仅可以满足高校硕士研究生思想政治理论课教学改革的需要，也可以作为各级党校、行政学院以及各类党政干部培训班学习中国特色社会主义理论的参考读物。

目　录

导　论 ·· 1
　一、中国特色社会主义的科学内涵 ··· 1
　二、中国特色社会主义的当代价值 ·· 10

第一讲　当代中国的基本国情 ·· 22
　一、教学大纲基本内容 ··· 22
　二、学术前沿述评 ··· 28
　三、重点难点热点问题解析 ·· 33
　四、延伸阅读与思考 ··· 48

第二讲　中国特色社会主义的经济建设 ····································· 60
　一、教学大纲基本内容 ··· 60
　二、学术前沿述评 ··· 64
　三、重点难点热点问题解析 ·· 71
　四、延伸阅读与思考 ··· 88

第三讲　中国特色社会主义政治建设 ·· 96
　一、教学大纲基本内容 ··· 96
　二、学术前沿述评 ··· 106
　三、重点难点热点问题解析 ·· 112
　四、延伸阅读与思考 ··· 125

第四讲　中国特色社会主义文化建设 ······································ 132
　一、教学大纲基本内容 ··· 132
　二、学术前沿述评 ··· 140
　三、重点难点热点问题解析 ·· 145
　四、延伸阅读与思考 ··· 159

第五讲　中国特色社会主义社会建设·················170
一、教学大纲基本内容·····························170
二、学术前沿述评·································174
三、重点、难点与热点问题解析·····················180
四、延伸阅读与思考·······························198

第六讲　中国特色社会主义生态文明建设·············205
一、教学大纲基本内容·····························205
二、学术前沿述评·································211
三、重点难点热点问题解析·························217
四、延伸阅读与思考·······························230

第七讲　中国特色社会主义领导力量·················238
一、教学大纲基本内容·····························238
二、学术前沿述评·································243
三、重点难点热点问题解析·························251
四、延伸阅读与思考·······························268

第八讲　当代中国与世界···························276
一、教学大纲基本内容·····························276
二、学术前沿述评·································282
三、重点难点热点问题解析·························291
四、延伸阅读与思考·······························305

后　　记···312

导　　论

中国特色社会主义理论与实践，是中国共产党领导中国人民在社会主义现代化建设中的理论创新与实践创新，是21世纪人类文明进程的重要标志。因此，探索中国特色社会主义的基本内涵，研究中国特色社会主义的主要内容，把握当代中国的主题，高举当代中国发展进步的旗帜，具有重大的理论与现实意义。

一、中国特色社会主义的科学内涵

（一）什么是中国特色社会主义

要学习、研究、探索中国特色社会主义的理论与实践，首先要从概念上把握"中国特色社会主义"的内涵，不思考与研究这个问题，对深入理解中国特色社会主义的理论与实践是非常不够的。中国特色社会主义探索从起步、发展、实践，到现在已经30多年了，这为我们思考"中国特色社会主义"的内涵、研究对它的定义打下了坚实的思想、理论、现实、实践的基础。

1. 科学社会主义的基本内涵。中国特色社会主义是对科学社会主义的继承，同时也是对它的发展。因此，要把握中国特色社会主义的科学内涵，有必要了解科学社会主义的基本内涵。

科学社会主义，从广义上说，就是马克思主义，从狭义上说，它是由马克思主义哲学、马克思主义政治经济学和科学社会主义三者组成的不可分割的、有机的、严密的马克思主义理论体系中的"一个核心问题"，是马克思主义哲学和马克思主义政治经济学的合乎逻辑的归宿及落脚点。

科学社会主义是关于无产阶级解放运动发展规律的科学。具体来讲，它是关于无产阶级解放的性质、条件和一般目的及其相互关系的学说，是揭示资本主义转变为社会主义的一般发展规律和社会主义、共产主义的一般发展规律的科学。

从一般意义上说，马克思主义的三个组成部分都是为无产阶级解放运动服务的，但科学社会主义同无产阶级解放运动的联系最直接、最密切，它是直接指导无产阶级争取解放斗争的理论武器，是活的、行动中的马克思主义，不仅为无产阶级政党制定纲领、路线和战略策略提供正确的理论原则，而且直接关系到无产阶级政党的行动路线和斗争的一般结果。

科学社会主义阐明了无产阶级解放和人类解放是一致的：人类的解放只有通过无产阶级的解放才能实现，无产阶级也只有解放全人类才能最终解放自己；无产阶级解放运动是绝大多数人参加的、是为绝大多数人谋利益的运动，是彻底根除一切形式的剥削和压迫的运动，这种无产阶级的解放运动同历史上其他阶级的一切运动有着质的区别。

科学社会主义研究了无产阶级解放的多种条件，包括客观的和主观的、物质的和精神的、长远的和当前的、国内的和国际的等条件；在不同历史时期和不同的国家实现的具体条件又各不相同。这些条件，有些是由资本主义和社会发展所准备的，有些是无产阶级在斗争中自觉创造的，有些是斗争全过程所需要的，有些是斗争发展到一定阶段所需要的。

科学社会主义提出了无产阶级和劳动人民奋斗的一般目的是实现共产主义，共产主义包括社会主义和共产主义两个阶段；提出了社会主义和共产主义的基本特征，社会主义转变到共产主义的规律和进程。

只有认清无产阶级运动的性质，创造无产阶级解放的条件，明确无产阶级奋斗的目的，无产阶级解放运动才能发展和胜利。

马克思主义的重大贡献就是揭示了人类社会的发展规律，论述了社会主义代替资本主义的历史必然性，科学社会主义正是在此基础上进一步揭示了这一过程的动力、规律、道路。这就不仅揭示了人类社会特定的社会形态转变和发展的客观历史进程和客观规律，而且揭示了作为历史发展主体的无产阶级自身运动和发展的规律，从而也就揭示了社会主义运动是社会发展规律和无产阶级历史能动性辩证统一的过程。

100多年来的国际共产主义运动的实践经验证明：无产阶级政党只有将科学社会主义的基本原理同本国实际情况结合，制定正确的路线、方针和政策，无产阶级解放运动才能取得胜利。背离和抛弃科学社会主义的基本原则，就不可避免地遭到挫折和失败。俄国十月革命的伟大胜利，中国民主革命和社会主义革命的伟大胜利，中国社会主义现代化建设的巨大成就，都是在科学社会主义的指引下取得的。东欧社会主义国家和苏联的演变，就是抛弃科学社会主义的必然结果。在当今科学社会主义面临各种挑战的新形势下，坚持这一基本理论，社会主义事业就一定会兴旺发达。

2. 中国特色社会主义的基本内涵。从广义上讲，中国特色社会主义是当代中国共产党人在马克思主义、科学社会主义指导下，在领导中国人民进行社会主义现代化建设与中华民族伟大复兴的实践中，在对时代特点、世情国情等深刻认识与自我觉醒中，对马克思主义、科学社会主义的理论创新与实践创新的概括。"中国特色社会主义,既坚持了科学社会主义基本原则,又根据时代条件赋予其鲜明的中国特色"①。

从狭义上讲,中国特色社会主义是关于当代中国进行社会主义现代化建设,实现中华民族伟大复兴的性质、条件、规律、目的及其相互关系的理论与实践的概括。

(1) 中国特色社会主义明确了自身的性质。中国特色社会主义的性质是马克思主义、科学社会主义的,同时又是在当代对它们的创新发展。它坚持科学社会主义基本原则,经济上建立公有制,同时实行公有制为主体、多种所有制共同发展的基本经济制度,建立和完善社会主义市场经济体制;政治上实行民主,坚持党的领导,同时把它与人民当家做主、依法治国相统一;坚持为绝大多数人谋利益的本质要求,同时努力建设和谐社会,实现人的自由与全面发展;坚持紧紧依靠人民群众这一实现社会主义的主体力量,同时团结一切可以团结的力量,为社会主义现代化建设、为中华民族伟大复兴服务。"既不走封闭僵化的老路、也不走改旗易帜的邪路。"②

中国特色社会主义的性质,不是资本主义的。资本主义是为人类文明作出了伟大贡献的一个社会形态,但从人类社会发展规律所揭示的来看,它也只是人类社会发展进程中的一个阶段,而不是人类社会的理想境界。在那里,资本是绝对的支配者与统治者,对利润的无限追求是它的绝对戒条,对人与自然的剥削与剥夺无时无刻不在进行着。中国特色社会主义吸取了资本主义中不少适应中国国情及发展状况,又符合现代化建设一般规律的物质、精神、体制等方面的资源,但不能由此得出中国特色社会主义的性质是资本主义的结论。

中国特色社会主义的性质,不是苏联模式社会主义的。苏联模式社会主义作为人类历史上第一个社会主义模式,开辟了人类历史的新纪元,功不可没。但是适应于战争与革命时代主题而产生的这种社会主义模式,在和平与发展成为时代主题的当代,它的机械性、保守性、僵化性便暴露无遗,它的没落也就不足为奇了。

中国特色社会主义的性质,也不是民主社会主义的。民主社会主义作为一种理论在当代世界上有重要影响,更重要的是它已经成为一种实践中的社会主义模式。民主社会主义的产生是国际工人运动分裂的结果,是国际工人运动中的机会主义发展到一定阶段的产物,它的理论属于社会改良主义思想体系,而

---

① 胡锦涛在党的十八大所作政治报告《坚定不移沿着中国特色社会主义道路前进 为全面建成小康社会而奋斗》。

② 胡锦涛在党的十八大所作政治报告《坚定不移沿着中国特色社会主义道路前进 为全面建成小康社会而奋斗》。

本质上是资产阶级意识形态，它的实践就是改良的资本主义。它从把民主当作争取和达到社会主义的唯一方法、手段和道路转变为当作社会主义的根本特征和唯一目标了。这说明，民主社会主义同科学社会主义是根本对立的，是与广大人民的根本利益相悖的。民主社会主义的理论及实践虽然暂时和局部地取得了一些成效，并产生了很大的影响，但是由于其经济基础、上层建筑的资本主义性质没有改变，资本主义制度的内在矛盾和规律必然要发生作用，这种作用实际上使民主社会主义的理论和实践出现了某种危机。中国特色社会主义同样吸取了民主社会主义中有利于中国现代化发展的一些资源，但同样不能由此认为中国特色社会主义的性质是民主社会主义的。

中国特色社会主义的性质，更不是儒家的。作为中华文明传统的主流，儒家的学说有很多精华，它们理应得到当代中国人的挖掘与弘扬。但历史已经证明，中国的现代化建设、中华民族的复兴如果靠儒家的学说来武装，不仅不能救中国，而且也不能使中国走向独立、民族解放、人民幸福。中国特色社会主义虽然也包括了对这种学说精华的挖掘与弘扬，但同样不能由此得出中国特色社会主义的性质是儒家的。

（2）中国特色社会主义探索了当代中国发展进步的条件。马克思主义者是条件论者，认为一切事物的运动、变化和发展都是在一定条件下进行的，所以"有条件"这点是无条件的。中国特色社会主义探索了当代中国发展进步的基本条件。"当前，世情、国情、党情继续发生深刻变化，我们面临的发展机遇和风险挑战前所未有"①。

历史传统条件：由于西方列强的入侵，中国从"天朝王国"逐步堕入半殖民地半封建社会。一部中国近现代史就是中国受欺凌的历史，就是中国人民深陷苦难的历史，也是中国人民奋起、争取民族独立与解放的历史。中国的社会主义现代化建设正是在这个贫穷落后的基础上开始的，要充分认识到当代中国发展进步的艰巨性。

国际环境条件：党的十四大政治报告中明确指出："和平与发展仍然是当今世界两大主题。"这是中国对当今时代主题所作出的正确判断。从整个世界看，就和平而言，尽管天下仍不太平，但在较长时期内避免新的世界大战是可能的；多极化格局的最终形成这一历史方向不可逆转。就发展而言，世界各国都在为谋求经济发展而积极努力，探寻共同发展的新路子；新科技革命的兴起成为促进经济发展的强大动力。在当今世界上和平与发展相互联系与相互矛盾交替变化背景下，要充分认识到当代中国发展进步的复杂性。

---

① 胡锦涛在党的十八大所作政治报告《坚定不移沿着中国特色社会主义道路前进　为全面建成小康社会而奋斗》。

物质基础条件：中国特色社会主义认为，中国人口多、底子薄，虽然30多年来，社会主义现代化建设取得了举世瞩目的成就，但经济社会发展成就要由13多亿人共享，不断满足众多人口生存和发展的需求仍是个巨大难题。到2013年，中国人均国内生产总值约为5414美元，只居世界第89位。这说明中国的现代化是世界1/5人口的现代化，这是一个漫长的历史过程；这一过程中的困难和问题，无论规模还是难度，在当今世界都是绝无仅有的，在人类历史上也是罕见的。这些不利因素决定了在相当长的历史时期内，中国仍将是一个发展中国家，必须集中力量推进现代化的进程，集中精力解决发展和民生问题。针对这种具体国情，要充分认识到中国发展进步的长期性。

思想理论条件。自党的十一届三中全会以来，中国人民的思想从来没有像今天这样解放与开放，他们卸下精神包袱后所显示出的历史主动性与创造性从来没有像今天这样强大。中国共产党在时代的反思、历史的自觉、自我的觉醒中，孕育了从理论到实践的伟大创造，实现了马克思主义与中国实际相结合的第二次飞跃，它的理论成果就是中国特色社会主义理论体系。党的十七大第一次提出"把马克思主义基本原理同推进马克思主义中国化结合起来"，这就要求用马克思主义的立场观点方法去总结中国的实践经验，使之上升为理论，成为中国化的、发展了的马克思主义。在这种情况下，要充分认识到中国发展进步的探索性。

（3）中国特色社会主义初步揭示了当代中国发展进步的规律。马克思主义认为，社会规律是通过人们的活动表现出来的社会生活过程诸现象间本质的、必然的、稳定的联系。人们要取得实践的成功，就必须正确认识客观实际的发展规律，按照客观规律办事。在社会规律中既存在着客观制约主观的关系，又存在着主观反作用于客观的关系。社会矛盾的成熟程度以及人们认识和立场的局限性也影响着人们对社会规律的认识，人们对社会规律的认识是一个不断深化的过程，往往要经过反复实践、反复探索，才能达到正确认识。

中国建设社会主义现代化的进程，就是认识和利用客观规律的过程。在经过30多年的改革开放后，现在有了一定的理论与实践的现实基础，从而为发现、研究、掌握、利用当代中国发展进步的规律准备了条件。"以全新的视野深化了对共产党执政规律、社会主义建设规律、人类社会发展规律的认识"①。

在这一过程中，中国特色社会主义深入地理解了马克思主义揭示的生产力与生产关系、经济基础与上层建筑的矛盾运动，推动人类社会由低级向高级发展这条人类社会发展根本规律：它不仅是中国改革开放的理论基础，同时运用

---

① 胡锦涛在党的十八大所作政治报告《坚定不移沿着中国特色社会主义道路前进　为全面建成小康社会而奋斗》。

到中国的改革开放实践中去，促使生产关系、上层建筑与生产力相适应，大力地解放和发展生产力，实现经济、政治、文化、社会、自然、人各方面的协调发展进步。

初步地认识了现代化进程的一般规律：不管什么民族，也不论国家的性质，要实现富民强国，都必须经历现代化的洗礼，即不仅要完成生产的工业化、市场化、社会化的任务，同时要实现人的现代化飞跃。

科学地把握了中国社会主义现代化建设的规律：从发生时间上看，中国社会主义现代化是后发型的现代化；从现代化发展的过程看，却又有跨越的性质。同时，中国是要实现社会主义现代化，它与资本主义现代化不同。这些决定了中国社会主义现代化不能照搬照抄别人的现代化经验，而只有在借鉴的基础上不断探索前进。

认真地探索了中国共产党的执政规律：中国共产党是从一个领导中国人民夺取全国政权的党，转变为领导中国人民掌握全国政权并长期执政的党；是从一个受到外部封锁和在计划经济体制下领导国家建设的党，转变为在全面改革开放和市场经济条件下领导国家建设的党。在这种特定历史条件下和两种体制转换过程中，就要不断地解决为谁执政、靠谁施政、怎样执政的问题。

中国特色社会主义同时也揭示了以上规律之间的相互作用、相互制约、相互促进，从而促使中国不断由必然王国向自由王国迈进。

中国共产党在领导中国人民进行改革开放和社会主义现代化建设的伟大实践中，积累了丰富的经验，取得了巨大的成就，足以证明党所制定的基本路线、发展战略和一系列的方针政策科学地反映了中国特色社会主义所揭示的各方面规律，同时也体现了党对当代中国发展进步规律的认识不断深化、运用更加自如。

（4）中国特色社会主义指出了当代中国发展进步的目标。实现国家现代化和人民共同富裕是中国特色社会主义的总体目标。第一步是实现国民生产总值比1980年翻一番，解决人民温饱问题；第二步是到20世纪末实现国民生产总值再翻一番，人民生活达到小康水平。这两步目标已经实现。第三步是到21世纪中叶，人均国民生产总值达到中等发达国家水平，人民生活比较富裕，基本实现现代化，建成富强民主文明和谐的社会主义现代化国家。"三步走"目标的核心任务是，提高人民物质文化生活水平，实现富民与强国的统一。习近平指出："到中国共产党成立100年时全面建成小康社会的目标一定能实现，到新中国成立100年时建成富强民主文明和谐的社会主义现代化国家的目标一定能实现，中华民族伟大复兴的梦想一定能实现"[①]。"现在，我们比历史

---

① 《习近平谈治国理政》，外文出版社2014年版，第36页。

上任何时期都更接近中华民族伟大复兴的目标,比历史上任何时期都更有信心、有能力实现这个目标"①。

中国以上目标的实现,将为中华民族的伟大复兴、世界社会主义的复兴、人类文明的进步作出自己更大的贡献。同时,要随着综合国力的不断增强,履行相应的国际责任和义务。

(二) 中国特色社会主义的主要内容

要正确理解和把握中国特色社会主义,还必须深入了解中国特色社会主义的主要内容。中国特色社会主义的主要内容,涵盖了改革开放以来取得的一系列实践创新、理论创新和制度创新成果。

1. 中国特色社会主义的基本问题。坚持和发展中国特色社会主义,最根本的是要从理论和实践上清醒认识和科学回答四个基本问题:什么是马克思主义、怎样对待马克思主义,建设什么样的社会主义、怎样建设社会主义,建设什么样的党、怎样建设党,实现什么样的发展、怎样发展。中国特色社会主义的全部理论与实践就是紧紧围绕这四个基本问题展开的。

(1) 什么是马克思主义、怎样对待马克思主义,这是事关能否坚持和发展中国特色社会主义的思想前提问题。在长期革命、建设、改革的实践中,中国共产党认识到:马克思主义是无产阶级争取自身解放和整个人类解放、实现人的自由与全面发展的科学理论。马克思主义是科学的世界观和方法论,是关于自然、社会和思维发展普遍规律的学说,是关于资本主义发展和转变为社会主义以及社会主义和共产主义发展普遍规律的学说;坚持一切从实际出发,理论联系实际,实事求是,在实践中检验真理和发展真理,是马克思主义最重要的理论品质;实现物质财富极大丰富、人民精神境界极大提高、每个人自由而全面发展的共产主义社会,是马克思主义最崇高的社会理想;坚持人民群众是历史的创造者、致力于实现最广大人民的根本利益,是马克思主义最鲜明的政治立场。

坚持马克思主义,又要发展马克思主义。没有马克思主义指导,就没有正确的理论基础和思想灵魂,从而迷失方向,导致失败;同时又要坚持解放思想、实事求是、与时俱进,以改革开放和现代化建设的实际问题、以我们正在做的事情为中心,着眼于马克思主义理论的运用,着眼于新的实践,不断推进理论创新,用发展着的马克思主义指导新的实践。

(2) 建设什么样的社会主义、怎样建设社会主义,这是中国共产党在整个社会主义历史阶段都必须探索和回答的问题。改革开放以来,中国共产党明

---

① 《习近平谈治国理政》,外文出版社2014年版,第35~36页。

确了中国仍处于并将长期处于社会主义初级阶段的基本国情；提出了社会主义的本质是解放生产力，发展生产力，消灭剥削，消除两极分化，最终达到共同富裕；提出以经济建设为中心、坚持四项基本原则、坚持改革开放的重大论断；提出社会和谐是中国特色社会主义的本质属性，促进人的全面发展是社会主义的根本要求；等等。

这一系列新思想新观点，解决了既坚持科学社会主义原理又根据时代条件和人民愿望发展社会主义的问题，比较系统地回答了在中国这样一个经济文化相对落后的国家建立社会主义制度以后，怎样建设、巩固和发展社会主义这一关键问题。

（3）建设什么样的党、怎样建设党，这是中国共产党自成立以来始终面临的一个重大问题，也是坚持和发展中国特色社会主义的一个重大问题。改革开放以来，中国共产党坚持把推进中国特色社会主义伟大事业和推进党的建设新的伟大工程紧密结合起来，明确了党的历史方位，即已经从领导人民为夺取全国政权而奋斗的党，转变为领导人民掌握全国政权并长期执政的党；已经从受到外部封锁和在计划经济条件下领导国家建设的党，转变为在对外开放和发展社会主义市场经济条件下领导国家建设的党。

提出了坚持立党之本、巩固执政之基、壮大力量之源的重大论断，坚持马克思主义政党的领导核心地位；提出了提高领导水平和执政能力与增强拒腐防变、抵御风险能力这两大历史性课题；提出了提高党的建设科学化水平、建设马克思主义学习型政党的战略任务。

（4）实现什么样的发展、怎样发展，这是一个关系到能否为坚持和发展中国特色社会主义、实现中华民族伟大复兴奠定坚实基础的重大问题。改革开放以来，中国共产党提出了若干重大论断，解放和发展社会生产力、满足人民群众日益增长的物质文化需要是建设社会主义的根本任务，发展才是硬道理，坚持发展这个第一要务和以人为本、全面协调可持续、统筹兼顾的科学发展，坚持发展为了人民、发展依靠人民、发展成果由人民共享等，解决了中国特色社会主义的发展目的、发展理念、发展方式、发展动力等问题，使中国共产党对发展问题的认识达到了新的高度。

2. 中国特色社会主义是道路、理论体系和制度的三位一体。经过新民主主义革命、社会主义革命与建设、社会主义改革开放的奋斗、创造、积累，中国共产党领导全国各族人民开辟了中国特色社会主义道路，形成了中国特色社会主义理论体系，确立了中国特色社会主义制度。中国特色社会主义的道路、理论体系和制度，构成了中国特色社会主义的主要内容。

（1）中国特色社会主义道路，是实现社会主义现代化的必由之路。党的十八大报告指出，中国特色社会主义道路，就是在中国共产党领导下，立足基本国情，以经济建设为中心，坚持四项基本原则，坚持改革开放，解放和发展社会生产力，建设社会主义市场经济、社会主义民主政治、社会主义先进文化、社会主义和谐社会、社会主义生态文明，促进人的全面发展，逐步实现全体人民共同富裕，建设富强民主文明和谐的社会主义现代化国家。党的十八大概括的中国特色社会主义道路，明确了中国特色社会主义的领导力量、现实依据、基本路线、主要任务、总体布局和奋斗目标，指明了当代中国的前进方向。中国特色社会主义道路，是中国共产党领导中国人民走出的创新之路，是人类文明史上的伟大创举，是中国对世界的历史性贡献。

（2）中国特色社会主义理论体系，是指导党和人民实现中华民族伟大复兴的科学理论。党的十八大报告指出，中国特色社会主义理论体系，就是包括邓小平理论、"三个代表"重要思想、科学发展观在内的科学理论体系，是对马克思列宁主义、毛泽东思想的坚持和发展。改革开放30多年来，中国特色社会主义理论体系在建设中国特色社会主义的思想路线、发展道路、发展阶段、发展战略、根本任务、发展动力、依靠力量、国际战略、领导力量和根本目的等问题上，形成了一系列独创性的思想理论观点，涵盖社会主义经济建设、政治建设、文化建设、社会建设、生态文明建设和党的建设等各个领域，涉及改革发展稳定、内政外交国防、治党治国治军等各个方面。在当代中国，坚持中国特色社会主义理论体系，就是真正坚持马克思主义。

（3）中国特色社会主义制度，集中体现了中国特色社会主义的特点和优势。党的十八大报告指出，中国特色社会主义制度，就是人民代表大会制度的根本政治制度，中国共产党领导的多党合作和政治协商制度、民族区域自治制度以及基层群众自治制度等基本政治制度，中国特色社会主义法律体系，公有制为主体、多种所有制经济共同发展的基本经济制度，以及建立在这些制度基础上的经济体制、政治体制、文化体制、社会体制等各项具体制度。中国特色社会主义制度，是中国共产党推进社会主义制度的自我完善和发展，在经济、政治、文化、社会等各个领域形成的一整套相互衔接、相互联系的制度体系。这些制度的建立与创新，符合中国国情，顺应时代潮流，有利于保持党和国家活力、调动各方面的积极性创造性，有利于解放和发展社会生产力、推动经济社会全面发展，有利于维护和促进社会公平正义、实现全体人民共同富裕，有利于维护民族团结、社会稳定、国家统一。

党的十八大报告还提出，中国特色社会主义道路是实现途径，中国特色社会主义理论体系是行动指南，中国特色社会主义制度是根本保障，三者统一于中国特色社会主义伟大实践，这是党领导人民在建设社会主义长期实践中形成的最鲜明特色。因此，坚持和拓展中国特色社会主义道路，意味着坚持社会主义制度，它的优势也将得到进一步发挥。道路的探索与制度的完善，又将使中国特色社会主义理论体系得到丰富与发展。所以，中国特色社会主义的道路、理论体系和制度，三者紧密相连、相互贯通，统一于中国特色社会主义的伟大实践之中，并随着实践发展而不断发展。

二、中国特色社会主义的当代价值

（一）中国特色社会主义是当代中国的主题

"当代中国"，是一个内涵丰富的概念，可以从不同角度加以诠释。本书所讲的当代中国，是指改革开放以来时空条件下的中国，是与古代中国、近代中国、现代中国既联系又相区别的概念。

"主题"，同样是一个有丰富内涵的概念，也可以从不同方面解释。本书所讲的主题，就是"最主要的问题"。从理论上讲，这个"最主要的问题"就是指客观事物发展中的各种矛盾，以及它们之间的相互作用的中心和焦点；从实践上讲，这个"最主要的问题"就是客观事物在发展进程中所表现出的最实际、最主要的呼声，是要解决的核心问题。

由上可知，"当代中国的主题"是一个综合的概念，它所表达的内涵是关系中国自改革开放以来的发展进程及未来趋势的全局性、决定性问题；它是中国在现阶段及未来发展中，要勇于实践、努力解决的一系列关于理论与现实、历史与当代、任务与目标、规律与价值、道路与方法等相互统一的战略性问题。

任何一个具体的时代，都是由历史时代发展而来，同时又走向未来的新时代，因此，随着每个历史时代的演变，它将出现不同的时代主题。正确地认识、把握、实践时代主题，对任何一个时代的民族与国家来讲都是至关重要的。

当代中国的主题是什么？就是要在理论上探索与实践上发展中国特色社会主义。因为中国特色社会主义是对完成近代以来中国人民为争取民族独立、人民解放和实现国家富强、人民富裕两大历史任务的继承发展；是把马克思主义、中华民族传统文化精华、西方现代文明精华与中国国情、民族特色、社会主义现代化实践相结合的综合创新；是对在总结社会主义建设正反两方面历史经验基础上走自己的路的深刻反思；是为实现在 21 世纪中叶基本实现社会主义现代化这个当代中国的目标的具体表现；是在前面的基础上继续书写为中华民族伟大复兴、为人类文明进步作出自己贡献而奋斗的未来愿景。从以上几个方面讲，中国特色社会主义既是当代中国的理论主题，也是实践主题。

1. 从中国近代以来历史发展看。当代的永远是传统的。中华民族是一个伟大的民族，曾经创造了辉煌灿烂的历史和文化。数千年来，中国虽然历尽沧桑，其历史文化却始终绵延发展、传承不绝。近代西方资产阶级革命的胜利，敲响了封建制度的世界历史性失败的丧钟。铜山西崩，洛钟东应。19世纪中叶，西方列强用商品的重炮轰开了闭关自守的古老帝国的大门，迫使野蛮而狂妄的清王朝就范。紧随着，手持十字架的传教士带来了他们的自然科学成就，以及各种思想、精神、文化等，中国开始了沦落为半殖民地半封建社会的历程，国家备受帝国主义列强掠夺欺凌，人民备受帝国主义、封建主义和官僚资本主义三座大山的剥削压迫。鸦片战争以后出现的这种"数千年未有之大变局"，使中国人突然要面对一个全然陌生与艰难的问题：中国向何处去？

由此，在中国风云变幻的时代，呈现了多种思想理论交锋的"春秋"战国，也出现了各种救国道路争斗的"战国"春秋，它们要解决的核心是如何使中国走向新生。很显然，实现民族独立、人民解放和国家富强、人民富裕，成为近代以来中华民族始终面临的两大历史任务。完成两大历史任务，直接关系到中华民族的伟大复兴。

随着"十月革命一声炮响，给我们送来了马克思列宁主义"[1]，中国开始了现代史的历程。时间上人们虽然都处于同一时代，但空间上不一定都处于同一"海拔高度"。当时先进的中国人，一开始接受马克思主义，就不是把它当作单纯的坐而论道的谈资来作秀，而是把它作为改造中国、改造社会的世界观和方法论来接受的。这促进了马克思主义同中国工人运动的结合，在思想上和组织上为中国共产党的成立提供了条件，因而成为中国由旧民主主义革命到新民主主义革命的转折点。这样，历史选择了中国共产党，它担当起了完成近代以来中华民族两大历史任务的重任。

为了完成近代以来中华民族两大历史任务，中国共产党经过漫长曲折的探索、经过千百万人的流血牺牲和无私奉献，紧紧依靠中国人民，完成和推进了三件大事：一是完成了新民主主义革命，建立了新中国，实现了民族独立、人民解放；二是完成了社会主义革命，确立了社会主义基本制度；三是进行了改革开放新的伟大革命，从而开创、坚持和发展了中国特色社会主义。这些已经完成与正在进行的三件大事，从根本上改变了中国人民的悲惨命运，不可逆转地结束了近代以后中国内忧外患、积贫积弱的历史，使具有五千多年文明历史的中国面貌焕然一新，中华民族伟大复兴展现出前所未有的光明前景。

2. 从现代化发展进程看。现代化是从16世纪伴随资本主义生产方式的产生而开始的历史运动，马克思说："商品生产和发达的商品流通，即贸易是资本产生的历史前提。世界贸易和世界市场在16世纪揭示了资本的近代生活史。"[2] 现代化所描述的是人类社会自工业革命以来，在商品不断走向世界、

---

[1] 《毛泽东选集》第4卷，人民出版社1991年版，第1471页。
[2] 《资本论》第1卷，人民出版社2004年版，第167页。

国际交往不断扩大、科技不断革命等多种因素的推动下，发生的社会结构由传统向现代的革命性变迁和整体性发展，是现代工业文明代替传统农业文明的过程。在这一发展过程中包括了经济、政治、思想、文化、制度等在内的全面的社会整合过程。

马克思与恩格斯创立的历史唯物主义作为一种社会发展理论，从某种意义上讲也是一种现代化理论，因为他们从探索人类社会发展客观规律方面出发，从社会生产力的发展实践出发，揭示了现代化进程的必然性。马克思与恩格斯在《德意志意识形态》、《共产党宣言》等文中，描绘了工业革命对社会生活所有领域的巨大革命和推动作用，展望了世界的未来发展趋势，"由于开拓了世界市场，使一切国家的生产和消费都成为世界性的了"，"过去那种地方的和民族的自给自足和闭关自守状态，被各民族的各方面的互相往来和各方面的互相依赖所代替了。物质的生产是如此，精神的生产也是如此"。[①] 所有这些表现出马克思与恩格斯对"现代化进程"的真知灼见，只是他们没有使用"现代化"这一词罢了。

"正像它使农村从属于城市一样，它使未开化和半开化的国家从属于文明的国家，使农民的民族从属于资产阶级的民族，使东方从属于西方"[②]，从马克思与恩格斯的表述可以看到，现代化进程是社会生产力发展到一定阶段的产物，传统农业文明向现代工业文明的转变是历史的必然。

从世界的范围看，到目前为止，现代化的实现是在资本主义生产方式条件下实现的社会发展和转型；但又要看到，现代化作为现代社会生产力发展到一定程度上的一种表现，它并不等于资本主义，资本主义也不等于现代化。

马克思与恩格斯从历史唯物主义出发，认为"资产阶级，由于一切生产工具的迅速改进，由于交通的极其便利，把一切民族甚至最野蛮的民族都卷到文明中来了。它的商品的低廉价格，是它用来摧毁一切万里长城、征服野蛮人最顽强的仇外心理的重炮。它迫使一切民族——如果它们不想灭亡的话——采用资产阶级的生产方式"[③]。由此可知，不论是哪个民族与国家，不论是资本主义还是社会主义，如果它们不想灭亡的话，都注定要走现代化之路；现代化的充分发展是任何社会都不可逾越而又不能回避的重要发展阶段。

但从历史时序上来说，资本主义和现代化进程正好是"重叠"的；从历史唯物主义所揭示的人类社会形态不断从低级向高级发展的更替角度来看，社会主义又是世界现代化发展到一定阶段的必然产物，社会主义现代化将最终成为

---

① 《马克思恩格斯选集》第1卷，人民出版社1995年版，第275～276页。
② 《马克思恩格斯选集》第1卷，人民出版社1995年版，第276～277页。
③ 《马克思恩格斯选集》第1卷，人民出版社1995年版，第276页。

高于资本主义现代化的世界上崭新的现代化形态。从这个意义上讲，马克思与恩格斯创立的历史唯物主义社会发展理论与他们理论中所蕴含的现代化也正好是"重叠"的。因此，中国要繁荣与富强，中国人民要富裕与安康，就不可能不走社会主义现代化之路。

3. 从思想理论资源看

（1）马克思主义。马克思与恩格斯在对东方社会的研究中，发展了自己的社会发展理论。他们认为，从整个人类社会的发展来看，资本主义社会这一阶段无法逾越。但东方经济文化落后的国家，在民族历史不断向世界历史发展的大背景下，可以充分利用国内与国际条件，跨越资本主义"卡夫丁峡谷"，开辟社会主义道路。但是在社会主义条件下，又必须去完成现代资本主义社会在资本主义条件下已经完成的历史任务——工业化、市场化、社会化、现代化。

中国的社会主义是脱胎于半殖民地半封建社会，生产力水平远远落后于发达的资本主义国家，这就决定了中国必须经历一个很长的社会主义初级阶段。这个阶段的任务就是去实现别的许多国家在资本主义条件下实现的工业化和生产的商品化、社会化、现代化，发展和建立社会主义应有的发达的生产力和雄厚的综合国力基础，因此中国特色社会主义是中国特殊的国情造就的中国特殊的现实的反映。这正如列宁指出的那样："世界历史发展的一般规律，不仅丝毫不排斥个别发展阶段在发展的形式或顺序上表现出特殊性，反而是以此为前提的。"① 这种取代，并非盲目的、偶然的，而是历史发展一般规律在一定条件下的特殊表现形式，是主客观条件相互结合的必然结果。

（2）中华民族传统文化精华。中国共产党作为中华民族传统文化的继承者、弘扬者、创新者，充分吸取了其中的精华。

"实事求是"与中国共产党的思想路线："修学好古，实事求是"；"争"、"和"辩证思维与祖国统一的战略构想："大争之世"而"不畏其争"、"和而不同"；"民本"、"天人合一"与以人为本科学发展观："君舟民水"、"天人一理，天地万物一体"；"天下兴亡，匹夫有责"与中国人民献身精神："先天下之忧而忧，后天下之乐而乐"；"小康"、"和谐"与中国共产党的社会理想："今大道既隐，天下为家，各亲其亲，各子其子，货力为己。大人世及以为礼，城郭沟池以为固。礼义以为纪。以正君臣，以笃父子，以睦兄弟，以和夫妇，以设制度，以立田里，以贤勇知，以功为己。……是为小康。"

中国共产党同时又清醒地认识到中华民族传统文化中的糟粕，并精心剔除之。因为它们绝大多数是在封建社会中产生的，有的带有复古主义性质，而社会主义社会是高于封建社会、资本主义社会的新社会；传统文化对未来理想社

---

① 《列宁选集》第4卷，人民出版社1995年版，第776页。

会的描绘只是种臆想，而社会主义的实现则是人类社会不断上升和发展进步的有规律的过程。

正是对中华民族传统文化的积极扬弃，从而使中华文明正在走向现代化、走向世界，为中华文明伟大复兴打下了坚实的基础。

（3）西方现代文明精华。中国共产党以海纳百川与有容乃大的胸怀、科学与严谨的态度、世界的眼光与为我所用的精神，广泛吸收西方现代文化精华。

科学与民主精神的统一：科学讲真，"理"是从"真"而来，要得到"理"，就必须允许各种思想、学说的存在、争论；而民主精神的发挥，又必须服从"真理"，"真理面前人人平等"，所以民主精神的发挥与法律意识的产生又是一致的。效益与诚信精神的统一：在最短的时间内，用较低的投入尽可能获得最高的效益，最初是从经济方面争取和追求利润而发，最后逐渐变成人们的一种人文精神；市场中人无法靠谎言度日，能骗过一时，却难混一世，既然是自由交换，信用便是第一需要。自主与创新精神的统一：自主精神从文艺复兴起成为潮流，在市场经济催化下，人的主体意识更加强；与此相联系就是创新精神，在发展的道路上，没有什么是预先可以设置的，只有自己摸索前进，因为"从来就没有什么救世主，全靠我们自己"。

中国共产党非常清醒地认识到，翻开世界文明发展史，从某种意义上看实际就是各民族相互交流的历史。没有各种文明相互取长补短，不可能有人类文明的进步。希腊学习埃及，罗马借鉴希腊，阿拉伯参照罗马帝国，中国张骞通西域，郑和下西洋，等等，都是人类文明发展的里程碑。一个民族绝不是在完全与世隔绝的条件下，而是在不断同外来文化撞击、交流中，表现、发展自己的文化。翻开中华民族历史，凡是善于吸取外来文化的时代，也是历史上最积极、最有气魄同时也是民族意识高扬、民族文化突飞猛进的发展时代；而闭关锁国、夜郎自大的时代，无不是国家凋敝、被动挨打的时代。历史前进到现代，马克思主义传入中国，并生根、开花、结果，开创了中国新时代。

4. 从中国曾经的社会主义建设实践看。中国特色社会主义是在充分总结毛泽东领导中国社会主义革命与社会主义建设的经验与教训基础上，开始反思、探索、实践的结果。从这个意义上说，毛泽东领导中国社会主义建设有益与失误的探索，都是中国特色社会主义的活水源头。

1956年4月，毛泽东在政治局扩大会议上作了《论十大关系》的讲演，提出以苏联为借鉴，走中国式社会主义工业化道路，这是第一代领导集体提出的探索中国特色社会主义的最初构想，从而开启了探索建设社会主义的中国特色问题。1957年2月，毛泽东又在最高国务会议上作了《关于正确处理人民内部矛盾的问题》的讲演，揭示了"在社会主义社会中，基本的矛盾仍然是生产关系和生产力之间的矛盾，上层建筑和经济基础之间的矛盾"①。他指出，这个基本矛盾表现为非对抗性质，它的特点是基本适合情况下的局部的不适合，要用和平的非暴力的方法对不适应生产力的生产关系部分和不适应经济基础的上层建筑部分进行调整和改变，以大力发展社会生产力，这些为社会主义改革打下了理论基础。

邓小平指出："总起来说，一九五七年以前，毛泽东同志的领导是正确的，一九五七年反右派以后，错误就越来越多了。《论十大关系》是好的。《关于正确处理人民内部矛盾的问题》也是好的。"②

毛泽东晚年的重大失误，主要表现为三年"大跃进"和10年"文化大革命"，这两大失误实质上是以带有中国特点的表现形式，把苏联模式社会主义和"以阶级斗争为纲"的"左"的教条主义发挥到了极致。

正如施拉姆所说："如果我们从整体上来看毛泽东的最后20年，毫无疑问，发自内心地相信他开辟了一条中国走向社会主义的独特的新道路，它标志着与苏联所解释的马克思主义在许多方面发生了截然的决裂。10年或20年以前，无论中国人还是外国人，都普遍认为他做到了这一点。可是今天，毛泽东的接班人在承认其功绩的同时，也承认了毛泽东所作贡献的历史局限性。"③

毛泽东在近20年的苦苦寻求和探索中，提出了许多人们闻所未闻的主张，还在实践中进行过多次试验，其中有正确的，也有错误的；有转瞬即逝的，也有一以贯之的。这些理论与实践，有的并非照搬他人的经验，而是他的独特创造，要说特色，是够鲜明和突出的。毛泽东探索的有益方面固然应该继承，并已经继承，即使是毛泽东的失误，也为后人提供了宝贵的借鉴。正如胡锦涛指出的："我们要永远铭记，改革开放伟大事业，是在以毛泽东同志为核心的党的第一代中央领导集体创立毛泽东思想，带领全党全国各族人民建立新中国、取得社会主义革命和建设伟大成就以及艰辛探索社会主义建设规律取得宝贵经验的基础上进行的。"④

（二）中国特色社会主义是当代中国发展进步的旗帜

在中国共产党的历史上，每当革命、建设和改革的关键时刻，旗帜问题总是被鲜明地提出来。旗帜就是形象，旗帜指引方向。

---

① 《毛泽东著作选读》下册，人民出版社1986年版，第767页。
② 《邓小平文选》第2卷，人民出版社1994年版，第294～295页。
③ （美）斯图尔特·R.施拉姆著：《毛泽东的思想》，田松年、杨德等译，中国人民大学出版社2005年版，第231～232页。
④ 胡锦涛：《高举中国特色社会主义伟大旗帜　为夺取全面建设小康社会新胜利而奋斗》，人民出版社2007年版。

1. 旗帜问题至关重要。恩格斯指出："一个新的纲领毕竟总是一面公开树立起来的旗帜，而外界就根据它来判断这个党。"① 毛泽东曾说："主义譬如一面旗子，旗子立起了，大家才有所指望，才知所趋赴。"② 旗帜在于指明前进的方向，在于动员和组织群众，在于引领未来的发展和进步的道路。

旗帜问题至关重要。旗帜是一个民族、国家对自己发展目标、发展途径、发展模式的根本性选择，影响着民族、国家的发展前途和命运，决定着民族、国家、人民利益的实现。从另一意义上讲，旗帜就是道路，道路是历史发展阶段的产物，受历史发展规律的支配，又是历史主体能动性的产物，它受社会阶级、政党和集团立场、视野、能力的制约。历史规律性和历史主体能动性的统一，形成了一定历史条件下的道路选择。正确的道路抉择，将有力地促进国家的发展进步，保证国家的长治久安；而错误的道路抉择，将导致国家的停滞倒退，甚至解体崩溃。一个国家选择和决定了自己的发展道路，同时也就公开地举起了自己的旗帜。

中国共产党的旗帜是由党的性质所决定的，并同党在各个时期的历史任务和奋斗目标相联系。胡锦涛指出："中国特色社会主义伟大旗帜，是当代中国发展进步的旗帜，是全党全国各族人民团结奋斗的旗帜"。"改革开放以来我们取得一切成绩和进步的根本原因，归结起来就是：开辟了中国特色社会主义道路，形成了中国特色社会主义理论体系。高举中国特色社会主义伟大旗帜，最根本的就是要坚持这条道路和这个理论体系"。③

中国特色社会主义之所以能够成为引领中国发展进步的旗帜，关键在于它既坚持了科学社会主义的基本原则，又根据我国实际和时代特征赋予其鲜明的中国特色。中国特色社会主义在实践中产生和发展，有着鲜明的实践特色；探索中国社会主义现代化规律，有着鲜明的科学特色；立足中国基本国情，具有鲜明的民族特色；始终与世界发展和人类文明进步紧密联系在一起，具有鲜明的时代特色；代表中华民族与中国人民的根本利益，具有鲜明的价值特色。

这面旗帜体现了理论与实践的统一，它表现为中国特色社会主义理论体系和中国特色社会主义发展道路的统一；体现了继承与创新的统一，它意味着把已经取得的和今后将不断取得的理论创新成果，都一起纳入不断发展的开放的中国特色社会主义理论体系；体现了目标与路径的统一，它规定了在当代中国，只能实行现在这样的路线、方针、政策、制度，同它要实现的目标是一致的；

---

① 《马克思恩格斯选集》第 3 卷，人民出版社 1995 年版，第 325～326 页。
② 《毛泽东年谱》上卷，人民出版社、中央文献出版社 1993 年版，第 71 页。
③ 胡锦涛：《高举中国特色社会主义伟大旗帜　为夺取全面建设小康社会新胜利而奋斗》，人民出版社 2007 年版。

体现了规律与价值的统一，它揭示了中国社会主义现代化规律，如何与实现中国的未来发展进步，如何实现中国人民、中华民族的最大利益的结合；体现了理想与现实的统一，它体现了中国特色社会主义是当代中国各族人民的共同理想，又同广大人民群众的现实利益密切相关，同每个人的现实追求密切相关。

2. 改革开放是高举中国特色社会主义旗帜的必由之路。改革开放是中国共产党在新的时代条件下带领人民进行的新的伟大革命，目的就是要解放和发展社会生产力，实现国家现代化，让中国人民富裕起来，振兴伟大的中华民族；就是要推动我国社会主义制度自我完善和发展，赋予社会主义新的生机活力，建设和发展中国特色社会主义。胡锦涛指出："事实雄辩地证明，改革开放是决定当代中国命运的关键抉择，是发展中国特色社会主义、实现中华民族伟大复兴的必由之路；只有社会主义才能救中国，只有改革开放才能发展中国、发展社会主义、发展马克思主义。"① 由此，改革开放是高举中国特色社会主义这面当代中国发展进步旗帜的必由之路。

（1）发展——"摸着石头过河"——工具理性。中国改革开放的总设计师邓小平指出："发展才是硬道理。"② 这是发展的规律，同时也是改革开放的基本理念。

这场历史上从未有过的大改革大开放，极大地调动了亿万人民的积极性，使我国成功实现了从高度集中的计划经济体制到充满活力的社会主义市场经济体制、从封闭半封闭到全方位开放的伟大历史转折。今天，一个面向现代化、面向世界、面向未来的社会主义中国巍然屹立在世界东方。新时期最显著的成就是快速发展。我们党实施现代化建设"三步走"战略，带领人民艰苦奋斗，推动我国以世界上少有的速度持续快速发展起来。我国经济从一度濒于崩溃的边缘发展到经济总量跃居世界第二，政治建设、文化建设、社会建设取得举世瞩目的成就。中国的发展，不仅使中国人民稳定地走上了富裕安康的广阔道路，而且为世界经济发展和人类文明进步作出了重大贡献。

中国改革开放以来虽然取得了巨大成就，但是很多时候又在对"发展就是硬道理"的片面理解中，对达到既定目标的方法与手段缺乏更深入思考与更合理运用的误区。事实上，目前已经出现影响改革开放进一步深入发展、阻碍经济社会健康良性发展的一系列深层次问题：经济真的是大发展了，但生态环境也真的有些恶劣了；人们的物质生活真的丰富了，但人的精神面貌也真的有些贫乏了；一些利益集团真的是多了，但社会不公也真的是有些扩大了……诸如此类的问题也真的成了进一步改革开放的最大障碍。这些问题的存在，不

---

① 胡锦涛：《高举中国特色社会主义伟大旗帜　为夺取全面建设小康社会新胜利而奋斗》，人民出版社 2007 年版。

② 《邓小平文选》第 3 卷，人民出版社 1993 年版，第 377 页。

仅与中国共产党的执政理念相悖，与中国共产党改革开放的初衷相反，同时对中国共产党的执政地位也构成威胁。

出现那些问题，从方法论上讲，是"摸着石头过河"，因为世界上还没有像中国这样在人口众多、情况复杂、生产力落后基础上进行社会主义改革开放的经验可资借鉴，所以"摸着石头过河"是改革开放之初的一种当然的选择，有其合理性。但是在"摸着石头过河"的过程中，又有新问题出现：摸什么样的石头？怎样摸？很显然，30多年的改革开放中我们摸到了很多好石头，也确实摸到了一些坏石头，同时也扔了一些好石头；在摸的过程中，有时可能是边摸边扔，有时可能在这石头上还没站稳就滑落下去了。

从上面分析可知，前30多年的改革开放，人们的"工具理性"占了上风，市场化改革中，更多的是考虑经济发展总量的增加，采取以量取胜的办法，解决发展中的困难；采取非均衡发展的措施，通过优与劣、强与弱、城与乡等的分离方式，促使一部分地区与一部分人先富起来。这是必然的，但随着改革开放的深入发展，它不一定再是合理的。

（2）进步——"顶层设计"——价值理性。经过30多年的改革开放，今天的中国再也不是一张白纸，而是已经有多彩颜色与图案的纸了。同时，在今天的中国，人们的利益诉求呈现多元化，精神诉求也呈现多样化，这样导致的社会冲突也在增加。人们都支持的、一呼百应的改革开放已不复存在；符合国家长远利益但不一定符合人民眼前利益的改革开放不易推进；符合一部分人利益又可能会损害另一部分人利益的改革开放也较难实行。很显然，中国的改革开放已进入了"深水区"。

30多年前，中国改革开放非常突出的一个特征，就是改革开放的动力资源比较强大，无论高层还是普通民众都企盼与支持改革开放。

但是，当今改革开放动力资源不足的问题表现突出：一方面，人们的心态出现变化，相当多的普通群众存在失望心态，认为改革开放有"与民争利"、"瞎折腾"的嫌疑；有的地方存在观望心态或自满心态，认为"谁改谁吃亏"或对成就沾沾自喜。另一方面，在改革开放的具体措施的制定与实行过程中，有的难以上升到宏观层面，只停留在基层；有的只从局部而为，缺乏系统整体谋划；有的不从全局角度考虑，而是追求部门更大利益；有的根据少数人或个别人的主张，随意地推出或废除某项措施。"改革开放作为一场新的伟大革命，不可能一帆风顺，也不可能一蹴而就。最根本的是，改革开放符合党心民心、顺应时代潮流，方向和道路是完全正确的，成效和功绩不容否定，停顿和倒退没有出路"[①]。

[①] 胡锦涛：《高举中国特色社会主义伟大旗帜 为夺取全面建设小康社会新胜利而奋斗》，人民出版社2007年版。

如何破解这一难题？唯一的出路还是改革开放，它是中国发展进步的动力之源，是高举中国特色社会主义旗帜的必由之路。只有在改革开放中不断发现、探究改革开放进程中出现的新问题，才能解决当代中国实现社会主义现代化、中华民族伟大复兴的问题。今后改革开放的理念要从发展转化为进步，在今天的中国，进步就是和谐。

30多年来的改革开放是以"发展"为主题，解放与发展生产力，促进经济增长。今后的改革开放应以"进步"为主题，通过和谐的实现，消除以前改革开放中暴露出来的矛盾和不和谐因素，从而更好更快地解放与发展生产力，促进经济社会的全面协调增长。所以，如果说以前改革开放时期，发展才是硬道理的话，那么，今后改革开放时期，和谐才是硬道理。邓小平的"发展才是硬道理"著名谈话的完整表述是"对于我们这样发展中的大国来说，经济要发展得快一点，不可能总是那么平平静静、稳稳当当。要注意经济稳定、协调地发展，但稳定和协调也是相对的，不是绝对的。发展才是硬道理。这个问题要搞清楚"①。这段话，既是邓小平关于"发展"问题的集中表述，又蕴含着"发展才是硬道理"的全面意义。

从方法论上来讲，中国改革开放已经进入"深水区"，再去摸石头就可能要淹死。在中国这样一个人多地广、社会领域广泛、情况十分复杂的国家中，在已经取得很大成就、但矛盾又很多与较难解决的时候，进一步搞改革开放，"顶层设计规划"无疑是重要的。这就需要设计改革开放的总体方案，要对改革开放的全局和进程进行系统配套安排，要精巧平衡各方利益，要尽可能凝聚更多力量的支持。

权利与公益、安全与秩序、经济与效率、公平与正义一直以来都被作为执政党应该遵奉的价值目标，是评判执政价值合理性的重要标尺。公平和正义则是其中最重要的价值目标，对公平正义的要求应该体现在政治、经济、文化、社会生活的各个领域。

由"效率优先，兼顾公平"到"更加注重以人为本，更加注重全面协调可持续发展，更加注重保障和改善民生，促进社会公平正义"。这种变化体现的是中国共产党的执政价值观的巨大进步，这就是当今中国共产党的价值理性。

从上面的分析可以看到，发展与进步的关系是辩证统一的关系：发展毫无疑问是进步的基础，没有经济的量的发展，不以经济建设为中心，没有物质财富的积累，进步无从谈起；发展体现进步的规律性，生产力的发展、经济基础的稳固对社会中其他领域起决定作用；发展又揭示进步的原动性，发展推动着

---

① 《邓小平文选》第3卷，人民出版社1993年版，第377页。

进步的实现、和谐的到来。

进步是对发展以上作用的肯定，同时又否定现实发展中事实存在的"以物为本"的片面性，从而努力做到"以人为本"；进步又不断地完善发展方法、手段的整体性、协调性、合理性；进步在价值选择上体现为经济、政治、文化、社会等的协调发展，体现物质文明、精神文明、政治文明、制度文明、生态文明、人的文明等的统一，以更好地发展，表现为发展与再发展的统一性。

3. 高举中国特色社会主义旗帜的成就。 在中国特色社会主义旗帜引领下，经过改革开放以来的持续奋斗，中国特色社会主义的发展取得了举世瞩目的巨大成就，谱写了中国发展进步的辉煌篇章。中国的经济实力、综合国力不断增强；人民生活总体上达到小康水平，并正在向更高水平的小康社会迈进；经济、政治、文化、社会、生态文明建设和党的建设取得显著成就；中国人民、社会主义中国、中国共产党的面貌发生了历史性变化。中国特色社会主义"极大地调动了亿万人民的积极性，使我国成功实现了从高度集中的计划经济体制到充满活力的社会主义市场经济体制、从封闭半封闭到全方位开放的伟大历史转折。今天，一个面向现代化、面向世界、面向未来的社会主义中国巍然屹立在世界东方"①。中国特色社会主义的蓬勃发展，对世界社会主义运动的振兴是一个强大推动力，对发展中国家是一种示范作用，它的和平发展又必然影响世界新格局的形成。

中国特色社会主义在世界范围内引起了广泛关注，中国的巨大成功，使世界把目光转向中国。

美国前总统国家安全事务助理、政论家兹比格涅夫·布热津斯基在目睹了苏联解体、东欧剧变后中国岿然不动、继续蓬勃发展的事实后，在《失去控制：21世纪前夕的全球混乱》一书中发出这样的感叹："中国很可能会被发展中国家的人民，特别是被苏联各共和国的人民，看成是一个越来越有吸引力的替代选择模式，可以用它来代替已宣告失败的共产主义制度和西方式的建立在自由市场基础上的民主制度。"②

同时，国际社会广泛展开了关于"中国模式"、"中国道路"、"中国经验"的讨论。俄罗斯经济学教授波波夫这样评价："中国的发展模式对所有发展中国家具有无法抗拒的诱惑力，因为这种模式引发了世界经济史上前所未有的一

---

① 胡锦涛：《高举中国特色社会主义伟大旗帜　为夺取全面建设小康社会新胜利而奋斗》，人民出版社2007年版。

② （美）布热津斯基著：《失去控制：21世纪前夕的全球混乱》，潘嘉玢、刘瑞祥译，中国社会科学出版社1994年版，第208页。

轮增长，这种模式与美国开出的西方民主和新自由主义处方可谓背道而驰。"美国前财长萨默斯也感叹：再过两三百年，历史学家会发现，"'9·11'事件、伊拉克战争都不重要，21世纪唯一重要的事件就是中国的崛起。"① 这充分说明中国特色社会主义在当今世界上的影响越来越大。改革开放30多年来，尽管中国自己无意识塑造、更无意识在世界上推广，但中国靠"摸着石头过河"所积累起来的经验，已经越来越多地被国际社会概括为"中国模式"。所谓"模式"，是指事物发展中带有普遍性规律的总结，当现实世界有事物反复不断出现时，其中就有"模式"存在，它就可能成为一种样板。

实际上，从国内来讲，中国的改革开放之路还远远没有走完，许多深层次领域的改革开放刚刚破题，有的甚至还没有破题；从国际上来讲，西方对中国的压力也不会间断，一些国家对中国的疑惑也会不断出现，因此现在还远不是谈"中国模式"的时候，对此中国必须保持清醒的认识，拥有足够的智慧，积累强大的力量。

中国正站在一个新的历史起点上。面对风云变幻的国际形势，面对艰巨繁重的国内改革发展稳定任务，中国共产党正带领中国人民，在新的历史起点上把中国特色社会主义伟大事业继续全面推向前进。

中国社会主义现代化的发展，有人认为这是中华民族传统文化开的花，也有人认为这是西方现代文明结的果，但他们没有看到或不愿承认中国还有中国特色社会主义。现实与未来必将充分证明，在当代中国，只有把马克思主义同时代特征、中国国情、改革实践、民族传统结合起来的中国特色社会主义，而没有别的道路、理论体系、制度能够解决中国社会主义的前途和现代化的命运问题。

中国是改革开放起步最晚的一个社会主义大国，但是在经历大起大落、大悲大痛的生存之路后，它达到了大彻大悟、大智大勇的生命境界，对于中国共产党、中国人民、中华民族来讲都是如此。在改革开放中，中国共产党是那样的大气，中国人民是那样的主动，中华民族是那样的聪慧，三者的结合，正在创造世界的奇迹。

中国的改革开放后来居上，无论是在广度上还是在深度上，都大大超越了酝酿已久的苏联与东欧的改革，从而根本上突破了苏联模式社会主义，在当代社会主义改革中独树一帜，并且迅速得到中华民族的广泛认同，得到世界的高度评价，这就是历史代价和历史进步的辩证法，正如马克思所说："没有哪一次巨大的历史灾难不是以历史的进步为补偿的。"②

---

① 参见张维为著《中国震撼》，上海人民出版社2011年版，第112页。
② 《马克思恩格斯全集》第39卷，人民出版社1974年版，第149页。

第一讲　当代中国的基本国情

一、教学大纲基本内容

（一）当代中国的基本特点

习近平同志 2013 年 12 月 3 日在中共中央政治局集体学习历史唯物主义基本原理和方法论时提出了国情决定论，"党的十八届三中全会对我国全面深化改革作出了总体部署，是从我国现在的社会存在出发的，即从我国现在的社会物质条件的总和出发的，也就是从我国基本国情和发展要求出发的"，强调要"更好认识国情，更好认识党和国家事业发展大势，更好认识历史发展规律，更加能动地推进各项工作"。① 当代中国的基本国情就是在新的历史起点上发展中国特色社会主义，紧密联系中国正处于并将长期处于社会主义初级阶段这个最大的实际，联系当代中国历史方位的深刻变化，联系改革开放和社会主义现代化建设的实践，尽快实现中华民族复兴的伟大梦想。"每个人都有理想和追求，都有自己的梦想。现在，大家都在讨论中国梦，我以为，实现中华民族伟大复兴，就是中华民族近代以来最伟大的梦想。这个梦想，凝聚了几代中国人的夙愿，体现了中华民族和中国人民的整体利益，是每一个中华儿女的共同期盼"②。梦想建立在现实的基础上，当前中国的基本国情正如习近平总书记 2014 年 5 月在河南考察时指出的那样，经济发展进入新常态，正从高速增长转向中高速增长，经济发展方式正从规模速度型粗放增长转向质量效率型集约增长，经济结构正从增量扩能为主转向调整存量、做优增量并存的深度调整，经济发展动力正从传统增长点转向新的增长点。一方面，新常态下，经济增速虽然放缓，实际增量依然可观；经济增长更趋平稳，增长动力更为多元；经济结构优化升级，发展前景更加稳定；政府大力简政放权，市场活力进一步释放。另一方面，这个新常态下出现的一些趋势性变化也使我们面临不少困难和

---

① 新华社：《习近平在中共中央政治局第十一次集体学习时强调　推动全党学习和掌握历史唯物主义　更好认识规律更加能动地推进工作》，《人民日报》2013 年 12 月 5 日。
② 新华社：《习近平总书记深情阐述"中国梦"》，《人民日报》2012 年 11 月 30 日。

挑战，需要主动面对、妥善应对。对此，2014年12月习近平在江苏调研时提出要"协调推进全面建成小康社会、全面深化改革、全面推进依法治国、全面从严治党，推动改革开放和社会主义现代化建设迈上新台阶"。"四个全面"的战略布局，蕴含了深刻的战略思想，将全面建成小康社会定位为"实现中华民族伟大复兴中国梦的关键一步"；将全面深化改革的总目标确定为"完善和发展中国特色社会主义制度、推进国家治理体系和治理能力现代化"；将全面依法治国论述为全面深化改革的抓手、定海神针和助推器；第一次为全面从严治党标定路径，要求"增强从严治党的系统性、预见性、创造性、实效性"。每一个"全面"，都是一整套结合实际、继往开来、勇于创新、独具特色的系统思想。通观"四个全面"战略布局，发展是时代的主题和世界各国的共同追求，改革是社会进步的动力和时代潮流，法治是国家治理体系和治理能力现代化的重要依托，从严治党是执政党加强自身建设的现实要求。"四个全面"加起来，相辅相成、相得益彰，是我党治国理政方略与时俱进的新创造、马克思主义与中国实践相结合的新飞跃。

1. 当代中国国情概述。国情是指一个国家在一定历史时期内的社会性质及其所处的社会发展阶段，是历史文化传统、自然地理环境、社会经济发展状况以及国际关系等各方面的总和。

中国社会主义革命、建设、改革事业能否顺利发展，都是同能否正确认识和把握基本国情密切相关的。中国共产党正是全面深刻地认识和把握中国处于半殖民地半封建社会这一基本国情，才正确地解决了新民主主义革命的对象、任务、性质、动力和前途等一系列基本问题，引导中国革命取得了胜利，建立了新中国，确立了社会主义基本制度。在建设社会主义道路的探索过程中，党在对国家基本国情的认识和历史方位的把握中发生的"左"的偏向，使得党在社会主义条件下的阶级斗争和社会主义建设中的规模、速度这两大问题上一度发生严重失误，致使建设社会主义的探索出现曲折。改革开放以来，我们之所以成功开创了中国特色社会主义道路，是因为中国共产党正确总结了社会主义建设正反两方面的经验教训，重新认识和准确把握当代中国的基本国情，作出了中国还处于并将长期处于社会主义初级阶段的科学论断，提出和坚持了"一个中心、两个基本点"的社会主义初级阶段的基本路线。

中国的基本国情是仍处于并将长期处于社会主义初级阶段，这是从社会性质和社会发展阶段上对我国国情所作的总体性、根本性判断。所谓社会主义初级阶段，是指中国走上了社会主义道路但尚处于不发达阶段，是经济文化落后的中国实现社会主义现代化不可逾越的历史阶段。从现阶段中国的实际情况看，虽然经过30多年的改革开放，社会主义市场经济蓬勃发展，经济实力、综合国力迈上了新台阶，人民生活水平总体上达到小康，国家各项事业取得巨大成就,但是中国人口多、底子薄、生产力不发达的状况并没有根本改变,现在达到的小康还是低水平的、不全面的、发展很不平衡的小康,中国仍然是一个发展中国家。

总之,中国仍处于并将长期处于社会主义初级阶段的基本国情没有变,人民日益增长的物质文化需要同落后的社会生产力之间的矛盾这一社会主要矛盾没有变,中国是世界上最大的发展中国家的国际地位没有变。中国共产党在推进改革开放和社会主义现代化建设所肩负的艰巨性和繁重性世所罕见,在改革发展稳定中所面临的矛盾和问题的规模和复杂性世所罕见,在前进中所面对的困难和风险也世所罕见。这"三个没有变"和"三个世所罕见"是对中国基本国情的清醒定位和科学认识,是准确观察问题、作出正确决策的出发点和落脚点。

2. 当代中国的历史方位。历史方位,是指一个国家、一个民族在历史发展进程中所处的位置。一个国家的进步,只有从历史发展的坐标上去认识,才能更加准确;一个社会的变革,只有从时代的对比中把握,才能更加清晰。辨明当代中国的历史方位,对于深刻认识当代中国的基本特点具有重要意义。当前中国所处的历史方位体现在三个方面:

(1)当代中国最鲜明的特点就是改革开放。改革极大地解放和发展了社会生产力,冲破了束缚生产力发展的体制障碍,推动了社会主义市场经济体制的初步建立;极大地调动了亿万人民的积极性,打开了我国经济、政治、文化、社会全面发展的崭新局面,形成了对外开放的新格局,实现了新的历史性突破。今天,一个面向现代化、面向世界、面向未来的社会主义中国巍然屹立于世界东方。

(2)当代中国正处于工业化、信息化、城镇化、市场化、国际化深入发展时期。改革开放以来,中国工业化快速推进,在整体上已经进入工业化中期阶段,成为名副其实的工业大国;信息化已跨入中等水平的国家行列,信息化与工业化融合已初见成效;城镇化已进入加速时期,城镇化率逐步接近中等收入国家的平均水平;市场化水平不断提高,社会主义市场经济体制已初步建立,市场在资源配置中的基础性作用不断增强,市场体系初步形成;国际化发展日益深刻,国际地位和影响力不断提升,与世界融合更为紧密。在未来相当长的时期内,中国都将处于"五化"不断深入,并且相互影响、相互促进的历史进程中。

(3)当代中国与世界的关系发生了历史性变化。新中国成立后特别是改革开放以来,中国从努力突破封锁到全方位对外开放,以崭新的面貌登上并屹立于世界舞台,成为促进世界和平、发展、合作的一支重要力量,当代中国与世界前所未有地紧密联系在一起,中国的发展离不开世界,世界的繁荣与稳定也离不开中国。正如习近平所指出的那样,"在当今世界深刻复杂变化、中国同世界的联系和互动空前紧密的情况下,我们更要密切关注国际形势发展变化,把握世界大势,统筹好国内国际两个大局,在时代前进潮流中把握主动、赢得发展"①。

(二) 当代中国发展的阶段性特征和重要战略机遇期

社会主义初级阶段是一个相当长的历史发展过程,在发展中必然经历若干具体的发展阶段,不同发展阶段呈现出不同的特征,也会面对不同的发展机遇和挑战。发展中国特色社会主义,既要把握中国的基本国情,又要把握在发展过程的不同阶段、不同时期的阶段性特征,抓住和用好重要战略机遇期。

1. 准确认识我国发展面临的阶段性特征。进入新世纪,我国发展呈现出一系列新的阶段性特征,主要包括:经济实力显著增强,同时生产力水平总体还不高,自主创新能力还不强,长期形成的结构性矛盾和粗放型增长方式尚未根本改变;社会主义市场经济体制初步建立,同时影响发展的体制机制障碍依然存在,改革攻坚面临深层次矛盾和问题;人民生活总体上达到小康水平,同时收入分配差距拉大趋势还未根本扭转,城乡贫困人口和低收入人口还有相当数量,统筹兼顾各方面利益难度加大;协调发展取得显著成绩,同时农业基础薄弱、农村发展滞后的局面尚未改变,缩小城乡、区域发展差距和促进经济社会协调发展任务艰巨;社会主义民主政治不断发展、依法治国方略扎实贯彻,同时民主法制建设与扩大人民民主和经济社会发展的要求还不完全适应,政治体制改革需要继续深化;社会主义文化更加繁荣,同时人民精神文化需求日趋旺盛,人们思想活动的独立性、选择性、多变性、差异性明显增强,对发展社会主义先进文化提出了更高要求;社会活力显著增强,同时社会结构、社会组织形式、社会利益格局发生深刻变化,社会建设和管理面临诸多新课题;对外开放日益扩大,同时面临的国际竞争日趋激烈,发达国家在经济科技上占优势的压力长期存在,可以预见和难以预见的风险增多,统筹国内发展和对外开放要求更高。

2. 紧紧抓住和用好重要战略机遇期。战略机遇期,主要是指有利于战略实施的历史阶段及其背景、环境和条件,具有时间的长期性、空间的开阔性、影响的全局性等特点。

面向新世纪,中国共产党在深刻分析国际国内形势的基础上进一步明确提出 21 世纪头 20 年是必须紧紧抓住并且可以大有作为的重要战略机遇期。作出

---

① 新华社:《习近平在中共中央政治局第七次集体学习时强调 在对历史的深入思考中更好走向未来 交出发展中国特色社会主义合格答卷》,《人民日报》2013 年 6 月 27 日。

这一重大判断的依据主要在于：从国际环境来看，和平、发展、合作已经成为当今时代的潮流，世界多极化、经济全球化深入发展，世界经济政治格局出现新变化，科技创新孕育新突破，中国已经拥有了更多的机会和实力参与国际经济合作并且创造竞争新优势，为中国的发展带来了重大机遇。随着中国的社会生产力快速发展、综合国力大幅度提升、人民生活明显改善，社会主义经济建设、政治建设、文化建设、社会建设、生态文明建设和党的建设取得了重大进展，为经济社会的进一步发展奠定了重要基础，并且，中国经历了近40年的改革开放，已经从一个落后的农业国成为一个发展中的经济大国，国民需求持续增长、资本充裕、劳动素质不断提高、技术创新能力增强、基本设施体系比较完善、市场经济体制在不断完善、中西部发展加快、区域经济增长点增多、公共服务能力开始走向均等化等优势造就了中国在世界经济发展中的有利地位，中国经济社会的发展已经站在一个新的历史起点上；经过长期的奋斗、创造、积累，中国共产党立足中国国情，紧紧依靠人民，在实践中形成了一系列重大的实践成果、理论成果和制度成果。中国共产党在社会主义初级阶段的基本理论、基本路线、基本纲领、基本经验得到确立和发展，为党和国家事业发展提供了最根本的指导思想和行动指南。

面对机遇与挑战，中国应抓住和用好重要战略机遇期，赢得主动、赢得优势、赢得未来，要充分地看到，在前进的道路上，机遇与挑战并存，机遇大于挑战，希望多于困难，有利条件胜于不利因素，必须抓住机遇、加快发展，坚定不移地继续推进改革开放，坚定不移地坚持和发展中国特色社会主义。要始终居安思危，保持清醒的头脑，增强机遇意识、忧患意识和风险意识，充分估计前进道路上可以预料和难以预料的困难和风险，在国内国际两个大局中牢牢把握发展的主动权。

（三）坚定不移走科学发展道路

紧紧抓住和用好重要战略机遇期，首要的就是深入贯彻落实科学发展观，坚定不移地走科学发展的道路。科学发展观，是对党的三代中央领导集体关于发展的重要思想的继承和发展，是马克思主义关于发展的世界观和方法论的集中体现，是同马克思列宁主义、毛泽东思想、邓小平理论和"三个代表"重要思想既一脉相承又与时俱进的科学理论，是我国经济社会发展的重要指导方针，是发展中国特色社会主义必须坚持和贯彻的重大战略思想。

1. 始终坚持科学发展。发展是当代中国和世界的潮流，是解决中国所有问题的关键。在当代中国，坚持发展是硬道理的本质要求就是要坚持科学发展。

改革开放以来，中国能够取得如此巨大的成就，归根到底得益于中国共产党紧紧围绕经济建设这个中心，牢牢抓住发展这个执政兴国的第一要务，领导人民聚精会神搞建设、一心一意谋发展。当前，继续抓住和用好重要战略机遇期，争取掌握后金融危机时期国家发展的主动权，实现全面建成小康社会的宏伟目标，同样需要坚持发展这个硬道理，充分利用各种有利条件，促进经济长期平稳较快发展。

2. 坚持以人为本这个核心。实现科学发展，就要坚持以人为本这个核心。坚持以人为本，就是要坚持发展为了人民，着力解决好人民群众最关心、最直接、最现实的利益问题；发展依靠人民，尊重人民的主体地位，发挥人民的主体作用，尊重劳动、尊重知识、尊重人才、尊重创造，激发和调动各方面的积极性；发展成果由人民共享，把改革发展取得的各方面成果体现在不断提高人民的生活质量和水平上，体现在不断提高人民的思想道德素质和科学文化素质上，体现在充分保障人民享有经济、政治、文化、社会权益上，使全体人民朝着共同富裕的方向稳步前进。

3. 促进全面协调可持续发展。实现科学发展，要求促进经济社会全面协调可持续发展。全面发展，就是不仅经济发展，其他各个方面都要发展；协调发展，就是发展的各个方面、各个环节要相互适应、相互促进；可持续发展，就是不仅当前要发展，而且要保证长远发展。

促进全面协调可持续发展，必须正确处理经济发展与社会发展、城市发展与农村发展、不同区域均衡发展、人的发展与自然发展等多重关系；并且要统筹安排和处理好消费与投资、供给与需求、发展的速度与效益、科技进步与发挥人力资源优势、市场机制与宏观调控等经济发展的重大问题。将经济建设、政治建设、文化建设、社会建设和生态文明建设作为统一任务来把握，作为统一的目标来落实，大力发展社会主义市场经济，大力发展社会主义民主政治，大力发展社会主义先进文化，大力构建社会主义和谐社会，大力建设生态文明，全面推进中国特色社会主义伟大事业。

4. 坚持统筹兼顾。统筹兼顾是马克思主义世界观和方法论的具体体现和科学运用，是指导科学发展的根本方法。统筹兼顾，就是总揽全局、科学筹划、协调发展、兼顾各方。实现科学发展，涉及经济社会发展的各个领域、各个方面、各个环节，必须坚持统筹兼顾这一根本方法，正确把握和处理好社会主义现代化建设中的重大关系。把社会主义现代化建设为一个既坚持以经济建设为中心，又全面推进经济建设、政治建设、文化建设、社会建设以及生态建设和人的全面发展；把当前发展与长远发展联系起来，既考虑现在发展的需要，又考虑未来发展的需要；既遵循经济规律，又遵循自然规律；既讲究经济社会效益，又讲究生态环境效益；既着眼于实现阶段性发展目标和促进可持续发展，又着眼于满足人民群众的现实需要和促进人的全面发展；把经济社会发展看作从不平衡到相对平衡再到不平衡的循环往复的发展过程,既善于调动各方面发展的积极性,抓住机遇加快发展,又注重保持发展的协调性和持续性,努力实现均衡发展。

二、学术前沿述评

1. 国情(社会主义初级阶段)理论研究。国情状况相关理论也就是社会主义初级阶段理论的学术研究是最充分的。近30年以来,学术界就社会主义初级阶段理论的理论渊源问题、社会主义初级阶段的划分标准、社会主义初级阶段的起点、历史定位和阶段的划分、社会主义初级阶段理论的形成和发展过程、社会主义初级阶段理论的内涵和特征的认识、社会主义初级阶段的理论和现实意义等问题展开了详尽的探讨,取得了丰硕的研究成果,在大多数问题上取得了学术共识,形成了当今中国特色社会主义建设的基本常识。

关于中国共产党人对国情的认识和判断。不管是革命还是建设,准确判断国情、摆正国家定位,从来都是一个头等重大的问题。近代以来中国的现代化追求是个异常复杂而曲折的过程,包含着各种尖锐矛盾和不平衡,需要深刻地加以认识和克服。对于国情的清楚认识,对党的方针政策的制定起着决定性作用。马英华指出,翻开中国共产党80年的历史我们不难看到,正确认识国情是党制定正确的方针政策的根本保证,党史上的重大失误又都与对国情的错误认识有重要关系。总结这些历史经验,深刻理解我国现今所处的社会主义初级阶段国情,对建设有中国特色社会主义过程中适时调整政策具有重要借鉴意义。① 李永丰阐述了早期中国共产党人运用马克思主义基本原理观察分析中国社会,对中国革命基本问题提出一系列理论指导实践的基本观点,认为这些探索为新民主主义革命理论体系的形成提供了认识渊源,奠定了一定的理论基础,这些成果对于毛泽东思想理论体系的形成具有重要价值。② 张传能则重点考察新中国成立后中国共产党国情认识史,他指出,从完成社会主义改造到1978年党的十一届三中全会,是我国进入社会主义初级阶段却没有自觉认识的时期。新时期则是中国共产党对所处的社会主义初级阶段这一基本国情的认识由不清醒不自觉转入比较清醒和自觉的时期。中国共产党对国情认识的转变,是由于重新确立了实事求是的思想路线、吸取了历史的经验教训和走出国门受到了震撼。他还认为,考察中国共产党国情认识史,分析其转变原因,理论上对于坚持科学社会主义原则、实践上对于坚持走中国特色社会主义道路,

---

① 马英华:《对国情的认识在中国共产党历史上的作用》,《北方论丛》2003年第1期。
② 李永丰:《早期中国共产党人对于国情的分析》,《北京党史》2007年第4期。

都具有重要意义。① 更多的文章则是进行三代领导人的个案研究，如徐崇温论述毛泽东对适合中国国情的社会主义建设道路的探索，他概括了毛泽东在探索的过程中形成的三大积极思想成果：关于中国社会主义现代化的战略目标和实现步骤；关于适合我国国情的中国工业化的道路和方针；关于社会主义社会的矛盾、发展阶段、经济体制以及民主政治建设和文化建设等方面的方针。徐崇温重点分析了毛泽东国情认识的变化，指出，由于国内外矛盾的干扰和影响，特别是严峻复杂的国际环境的影响，在毛泽东的思想中逐渐形成和发展出一个与以经济建设为中心的思想框架相对立的以阶级斗争为纲的思想框架。这一思想框架改变了毛泽东探索的方向，使之由探索适合中国国情的社会主义建设道路转而变成实施"无产阶级专政下的继续革命"，用群众性阶级斗争的办法去发展生产力，导致适得其反的结果。这种改变和逆转意味着毛泽东关于社会主义道路的探索步入歧途。② 杨扬等人则侧重对三代领导人国情思想的传承和比较分析，他们指出，"既大又小"是毛泽东、邓小平对中国国情的共同辩证分析，毛泽东在这一分析的基础上找到了农村包围城市的革命道路，领导中国人民胜利地进行了初期的社会主义现代化建设；邓小平则以此把握住了中国社会的主要矛盾、主要任务及所处的历史阶段，并制定了一系列独创性的方针、政策，开创了社会主义现代化建设的新局面。③ 有些文章论述了中国共产党人国情探讨的经验和价值，如陈雪薇分析改革开放以来，党善于运用社会主义社会基本矛盾理论，观察和分析变化着的经济社会全局，不断深化和拓展社会主义中国基本国情的认识的历史经验。④ 马波则论述国情观在党探寻特色道路中的历史价值，指出，中国共产党人始终秉承"摸着石头过河"的独特思维，坚持反对"唯上"、"唯书"的机械主义和盲目照搬别国模式，矢志不渝地领导中国人民联系本国国情探索，并将此归结为中国特色道路成功的关键。⑤

2. **国情认识与马克思主义理论的关系**。中国共产党人对国情的认识是在马克思主义理论的指导下进行的，国情观与马克思主义理论的关系问题成为学术界研究的一个重要问题。马克思主义理论是中国革命与建设的基本指导理论，但是它必须立足于中国的国情。陈其胜等阐述中国国情在与马克思主义理

---

① 张传能：《建国后中国共产党国情认识史考察》，《长白学刊》2010年第2期。
② 徐崇温：《毛泽东对适合中国国情的社会主义建设道路的探索》，《马克思主义与现实》2010年第3期。
③ 杨扬：《浅析毛泽东、邓小平对中国国情的辩证分析》，《聊城大学学报》2008年第5期；崔建军：《简论中共三代领导集体核心对中国国情的认识与思考》，《湖南社会科学》2003年第4期。
④ 陈雪薇：《一个值得高度重视的大问题——党对新中国基本国情判断的历史经验》，《理论视野》2009年第10期。
⑤ 马波：《论国情观在党探寻特色道路中的历史价值》，《长沙大学学报》2010年第4期。

论结合过程中的基础和前提地位：特殊的中国国情决定了马克思主义中国化的生成，正是中国深厚的文化传统、特定的历史条件、具体的实践环境、复杂的社会结构，体现中国国情的多样性，规定了民族化、具体化、应用化、大众化的马克思主义中国化实践路径；而动态的中国国情体现了马克思主义中国化的发展逻辑，中国国情依据实践和时代的变化而不断变化，适应时代和实践的需要，研究和回答中国革命、建设和发展面临的实际问题，开拓中国特色的革命、建设和发展道路，是马克思主义中国化发展的强大动力。正是特殊、多样、动态的中国国情决定着马克思主义中国化展开生成与发展的内在逻辑。①张传平等进一步阐述了科学的国情观与中国马克思主义的理论特色，强调科学的国情观是中国化马克思主义理论产生和发展的内在根据，独特的中国国情决定了中国化马克思主义理论的独特性：它是马克思主义基本原理同中国革命和建设的具体实践、中国传统文化的结合，而不是从书本出发，单纯地从逻辑概念出发进行逻辑推演的体系。②

刘壮从历史角度具体论述了马克思主义中国化过程中的国情意识，指出，马克思主义中国化的关键就在于"认识国情"，而"国情"是一个动态的概念，时空两个纬度的双重准确把握和平衡给中国共产党的国情认识造成重大挑战。③石仲泉进一步从反面论述历史教训，过去的教条主义不仅不能把握马克思主义的实质，对中国的客观实际更是缺乏真正的了解，因而不能以科学的态度来运用马克思主义的立场、观点和方法正确地分析中国国情，认识中国的革命规律，引导中国革命取得胜利。新中国成立以后在探索建设社会主义过程中发生了严重曲折和挫折，也是因为制定的路线和方针政策不符合客观实际。因此，尊重中国国情，一切从国情出发，这是付出了沉重代价而获得的基本经验。④

辛向阳从理论上归结，认为国情基础和前提下马克思主义在中国的生成和发展就是马克思主义中国化，而社会主义初级阶段理论就是马克思主义中国化的典范，它是马克思主义与中国实际高度和科学结合的一个伟大创造，社会主义初级阶段理论的科学论断是以中国国情为客观实际依据的。⑤

3. 国情与新的阶段性特征。国情具备时空双重变动特征，伴随着中国特

---

① 陈其胜等：《中国国情与马克思主义中国化的运行逻辑》，《中国特色社会主义》2011年第2期。
② 张传平等：《科学的国情观与中国马克思主义的理论特色》，《理论探讨》2007年第1期。
③ 刘壮：《试论马克思主义中国化中的国情意识》，《聊城大学学报》2007年第2期。
④ 石仲泉：《真正地了解中国现实实际，一切从中国国情出发——马克思主义中国化基本经验之二》，《中国特色社会主义研究》2010年第2期。
⑤ 辛向阳：《社会主义初级阶段理论：马克思主义中国化的典范》，《马克思主义研究》2006年第6期。

色社会主义事业的快速发展，中国国情展现出崭新的时代特征，对国情新时代特征的研究始终是国情研究的重要内容。

学术界很多文章探讨我国当前社会发展的新阶段性特征，一般归结为下面几个方面：人民生活由总体上达到小康水平向全面建设小康社会过渡；消费结构由以"吃穿"为主的基本温饱型向"用住行"为主的高档耐用消费品型的结构转变；消费结构的升级带来了产业结构的升级，我国经济结构进入一个大变动时期；经济发展的不均衡程度有进一步加剧的趋势；改革的重点将从以国有企业改革为中心转向以政府体制改革为中心；发展方式将从片面追求经济增长转变为可持续发展；我国将进入一个矛盾的多发期。

原中央政策研究室主任王梦奎撰述的《社会主义初级阶段基本国情和当前我国发展的阶段性特征》，从经济发展、经济体制、人民生活水准、发展的协调性、民主政治建设、文化建设等方面全面、高度概括了改革开放30多年后中国经济社会发展所显示出来的阶段性特征，也就是全面建设小康社会阶段的特征。但是重点强调目前依然存在的不足和困难，如我国生产力总体水平还不高，自主创新能力还不强，结构性矛盾依然突出，粗放型经济增长付出了过大的资源和环境代价；社会主义市场经济体制还不完善，影响发展的体制机制障碍依然存在，改革攻坚面临深层次矛盾和问题；目前所达到的还是低水平的不全面的发展、很不平衡的小康，不同社会阶层收入和生活水平存在巨大差异；城乡二元经济结构的特征仍很明显，农村发展滞后的局面尚未改变，地区差距将会长期存在，发展不平衡仍然是突出矛盾；政治体制还有很多亟待完善和发展的环节，这些不完善的方面是和扩大人民民主的要求、和经济社会发展的要求不相适应的，需要通过继续深化政治体制改革加以解决。以此强调我国仍然处于社会主义初级阶段的大发展阶段，明确当前中国特色社会主义的建设必须首先从这个最大的实际出发。①

韩庆祥探讨了当今中国国情的复杂性，指出金融危机后当前国情新变化的本质是中国社会转型进入关键期，社会转型和合法性转换在实践上带来了当前社会发展的多元化和不确定性，具体来说，社会利益主体结构呈多元化趋势，传统阶层的经济利益和政治社会地位受到威胁，新的社会阶层不断出现并提出政治和经济诉求，人们利益需求多样化、诉求表达多样化、思想观念多样化构成当前社会多元化的基本景观；而各个阶层之间存在利益要求的差异性和社会地位的不平等渐趋扩大，使中国社会存在着社会动荡的风险性和可能性，在社会阶层分化的同时，各个分化的阶层内部也在不断分化成各不相同的群体，若

---

① 王梦奎：《社会主义初级阶段基本国情和当前我国发展的阶段性特征》，《党建研究》2010年第11期。

这种碎片化没有相应的制度安排来适应，则会演变成社会冲突加剧的危险信号。如何应对这些多元化和不确定性对现存秩序的挑战，如何解决这些挑战背后的严峻问题，一些传统的执政掌权方式表现出明显的不适，满足这些需求和解决这些问题已经成为中国共产党人亟待解决的现实问题，他从获取民意资源、创造公共价值和提高执政能力等角度阐述了中国共产党构筑新的权力和权威基础的建议。①

鉴于以上国情现实矛盾和特征，周燕强调社会主义初级阶段的长期性：工业化的历史任务远没有完成，发展不平衡的问题不仅未从根本上得到解决，反而有日趋扩大的趋势，人民群众的生存质量亟待提高，当前我国如此基本国情决定了我国的社会主义初级阶段仍将是一个长期的过程。②

4. 国情认识方法论。鉴于国情认知的复杂多变性特征，有文章专门探讨国情认识的方法。赵学清强调国情认识的多维视角，指出要坚持历史的视角，力戒割断历史；要坚持全面的视角，力戒以偏概全；要坚持发展的视角，力戒凝固僵化；要坚持对比的视角，力戒坐井观天；要坚持辩证的视角，力戒形而上学；要坚持客观的视角，力戒主观臆想。③丁元竹提出认识国情必须具备四种眼光：全球眼光、理论眼光、多角度眼光和时代眼光。④赵振华也提出，要把我国社会主义初级阶段的基本国情放在世界坐标系中认识，放在社会主义现代化建设的历史长河中认识，历史和辩证地全面地认识社会主义初级阶段的基本国情。⑤

对国情的正确认识和把握是我们党制定出符合中国实际的路线、方针和政策的根本出发点，更是党的基本路线得以形成的前提条件和理论根据，而理论上对国情的研究是正确认识国情的重要保证，因此，国情研究备受关注，研究内容日益丰满，研究机构众多，从整体上看，学术界对国情的研究呈多维性，既注重历史的研究，也注重当下的研究，既注重政治上的研究，也注重学术上的研究，既注重宏观层面的研究，也注重微观层面的研究。前沿性的研究则立足于国家的现实需要而回答时代所提出的课题，研究对象主要包括：国情（社会主义初级阶段）理论；国情认识与马克思主义理论的关系；国情与新的阶段性特征和国情认识方法论。这样的研究现状具有结构的合理性，注重历史，关注当下和未来的发展，注重国情内容的研究，也注重认识和研究国情的

---

① 韩庆祥：《世情国情新变化与"中国问题"》，《中共天津市委党校学报》2010 年第 1 期。
② 周燕：《从当前基本国情看社会主义初级阶段的长期性》，《思想战线》2009 年第 1 期。
③ 赵学清：《多维视角认识社会主义初级阶段基本国情》，《南京政治学院学报》2007 年第 5 期。
④ 丁元竹：《认识国情必须具备的四种眼光》《群言》2011 年第 9 期。
⑤ 赵振华：《我国社会主义初级阶段的基本国情和当前发展的新的阶段性特征》，《甘肃理论学刊》2008 年第 9 期。

方法论，有利于从整体上对我国国情的整体认识和把握。不过，我们也应该看到国情研究起步较晚，受早期研究范式的影响，目前的研究仍过重于文本的阐释和解读，研究者热衷于为中国现行政策在经典文本中寻找理论支持，作出适应政策的理论解释。这样的研究范式对中国特色社会主义理论的丰富有其应有的意义，却失去了理论作为实践先导的价值。时代变迁加速，国情变化越来越快，同时，国情具有历史传承性，在国情理论研究中把握住不变的与迅速变化的国情成为国情研究的关注点。在微观层面的研究，既要立足于不变的基本国情，又要迅速回应具体国情的快速变化。从当前的学术界研究现状来看，在这方面的研究表现为对具体国情的加速的变化引出的新问题研究的滞后性，不能及时对某些具体的国情作出应有的理论研究和提出相应的解决对策，研究的前瞻性不够，更多的是事后的研究。另外，学术界从整体上对国情的研究不足，偏重于某一具体国情的研究。固然，就某一具体国情的研究有利于就某一问题的解决，不过，一国的国情有历史的传承，有国际环境和国内现实等因素的影响，其内容包括国家的社会性质、政治、经济和文化等方面的基本情况和特点，从整体上对国情的认识有利于把握国情的发展趋势，解决新出现的问题，发现潜在的问题。因此，从整体上对国情的研究同样重要。

三、重点难点热点问题剖析

1. 为什么说改革开放30多年来中国国情认识是一个不断深化的过程。

社会主义建设必须建立在国情的基础之上，只有依据本国历史、文化、资源等基本国情特点才能找到一条稳健快速发展的道路，但是，在新中国成立后的相当长一段时期内，我们却无视或者没有能够正确认识中国的基本国情，致使社会主义建设道路一波三折，挫折不断。

1956年社会主义三大改造完成以后，新中国确立了以苏联斯大林模式为样板的社会主义制度，走上了社会主义发展道路。随后，苏共二十大揭露的苏联社会主义建设中存在的一些问题引发了中国共产党的警惕，中国社会主义建设不能完全照搬苏联。毛泽东在《论十大关系》的报告提出了"探索适合我国国情的社会主义建设道路"的根本指导思想，开启了探索中国特色社会主义的历史进程。但是，这一时期的探索更多地局限在"如何建设社会主义"的方法和途径上，提出了既反保守又反冒进、在综合平衡中稳步前进等新观点，但基本上没有涉及"什么是社会主义"这个重大原则问题，正如毛泽东在1958年3月成都会议上指出的那样："一九五六年四月的《论十大关系》，开始提出我们自己的建设路线，原则和苏联相同，但方法有所不同，有我们自己的一套内容。"事实上，直到十一届三中全会前，我们都没有突破对马克思主义经典著作的僵化解读，在实践中还是把苏联模式等同于社会主义，以此作为判断姓"资"姓"社"的标准，中国国情并没有成为一切工作的出发点，所以，不断失误，根本无法走出斯大林模式的泥沼。

五六十年代社会主义探索的失误，尤其是"文革"的灾难性后果，使中国共产党深刻认识到，在中国建设社会主义必须立足于中国的国情而不是苏联模式或本本教条。1979年3月，邓小平指出："现在搞建设，也要适合中国情况，走出一条中国式的现代化道路"。"我们的现代化建设，必须从中国的实际出发。无论是革命还是建设，都要注意学习和借鉴外国经验。但是，照搬照抄别国经验、别国模式，从来不能得到成功"。"要从中国实际出发，认真研究经济规律和自然规律，努力走出一条适合我国情况和特点的实现现代化的道路"。① 正是从中国国情的实际出发，党的十一届三中全会确定以经济建设为中心取代以阶级斗争为纲，实现党的工作中心的转移。在具体经济工作上，果断调整不合理的产业结构，采取了一系列有利于农业、轻工业发展的重要措施，建设一大批投资少、见效快、效益高的项目，在较短的时间内大幅度增加了农产品和纺织工业产品的产量，基本解决了人民群众的温饱问题。

1987年党的十三大报告以社会主义初级阶段立论，把党的十一届三中全会以来对国情的直观认识上升到理论的高度，在明确我国社会已经是社会主义社会、我们必须坚持而不能离开社会主义的前提和基础之上，强调"我国的社会主义还处在初级阶段"。"中国社会主义是处在一个什么阶段？就是处在初级阶段，是初级阶段的社会主义。社会主义本身是共产主义的初级阶段，而我们中国又处在社会主义的初级阶段，就是不发达的阶段。一切都要从这个实际出发，根据这个实际来制订规划"② 正是立足于初级阶段这个最大的国情，鉴于我国生产力落后、商品经济不发达的现实，中央在生产资料所有制、经济手段和方式等领域大幅度调整政策，通过改革金融、税收、外汇、外贸等制度，深化国有企业改革等措施，加强农业的基础地位，提高制造业生产水平和国际竞争力，很快就使我国工业和基础产业的面貌发生了巨大变化，人民生活总体上达到小康水平，为进一步发展奠定了较好的基础。

1992年党的十四大在改革开放以来社会主义成功实践的基础上进一步强调，初级阶段在中国是一个至少上百年的很长的历史阶段，我们制定一切方针都必须以这个基本国情为依据，不能脱离实际，超越阶段，在理论上明确地把"我国还处在社会主义初级阶段"的科学论断作为建设有中国特色社会主义理论体系的基石之一。在政策上确定了由计划经济向社会主义市场经济体制的根

---

① 《邓小平文选》第2卷，人民出版社1994年版，第163页。
② 《邓小平文选》第3卷，人民出版社1993年版，第252页。

本转变，为此后中国经济的崛起和快速发展奠定了坚实的基础。

党的十五大则系统、全面地概括社会主义初级阶段的基本特征，形成完整的社会主义初级阶段基本纲领。在党的十三大"三步走"的战略部署顺利推进，提前完成第一步和第二步战略目标的基础上，党的十五大把第三步战略目标具体化为"小三步走"。在具体经济发展策略上，针对进入以重化工业为主的新发展阶段遇到的新情况新矛盾，在深刻分析国内国际竞争态势的基础上，党的十五大提出要"真正走出一条速度较快、效益较好、整体素质不断提高的经济协调发展的路子"。

进入新世纪之后，在各项社会主义事业蓬勃发展、中国综合国力和国际影响迅速增强的基础上，党的十六大适时提出了全面建设小康社会的新目标，在市场的供求关系、经济发展的体制环境、对外经济关系发生了重大变化的新的历史条件下，切实进行经济结构的战略性调整，进一步完善经济政治体制，探索走出"科技含量高、经济效益好、资源消耗低、环境污染少、人力资源优势得到充分发挥的新型工业化路子"，积极开创"生产发展、生活富裕、生态良好的文明发展道路"。全面建设小康社会上承温饱社会，下启基本实现现代化的富裕社会，是社会主义初级阶段中一个崭新的发展阶段，也是一个极其重要的历史阶段，反映了党对国情认识的时代性变化，也是当时对适合我国国情发展道路的认识的进一步升华。

党的十六大后，以胡锦涛同志为总书记的党中央进一步提出科学发展观和构建社会主义和谐社会等重大战略思想，在党的十七大上明确提出"坚持走中国特色工业化道路，坚持扩大国内需求特别是消费需求的方针，促进经济增长由主要依靠投资、出口拉动向依靠消费、投资、出口协调拉动转变，由主要依靠第二产业带动向依靠第一、第二、第三产业协同带动转变，由主要依靠增加物质资源消耗向主要依靠科技进步、劳动者素质提高、管理创新转变"，使文明发展和科学发展成为中国特色工业化道路的鲜明特点。在党的十六大确立的全面建设小康社会目标基础上，党的十七大进一步提出实现全面建设小康社会奋斗目标的新要求：增强发展协调性，努力实现经济又好又快发展；扩大社会主义民主，更好地保障人民权益和社会公平正义；加强文化建设，明显提高全民族文明素质；加快发展社会事业，全面改善人民生活；建设生态文明，基本形成节约能源资源和保护生态环境的产业结构、增长方式、消费模式。争取到2020年小康目标实现之时，把中国建设成为工业化基本实现、综合国力显著增强、国内市场总体规模位居世界前列的国家，成为人民富裕程度普遍提高、生活质量明显改善、生态环境良好的国家，成为人民享有更加充分民主权利、具有更高文明素质和精神追求的国家，成为各方面制度更加完善、社会更加充满活力而又安定团结的国家，成为对外更加开放、更加具有亲和力、为人类文明作出更大贡献的国家。

综上所述,从党的八大开始探索符合中国国情的社会主义建设道路起,中国共产党人正是以国情为出发点和根据,适时调整政策,才能不断推进社会主义事业的顺利发展,团结和带领全党和全国各族人民在改革开放和现代化建设的道路上不断前进,既体现了鲜明的国情特色,又显示了鲜明的时代特征;既体现了我们党实事求是的光荣传统,又体现了我们党与时俱进的理论品质。

2. 为什么说巨变后的中国依然处在社会主义初级阶段。党的十一届三中全会以来,一切从国情实际出发,我们开创了探索中国特色社会主义现代化建设道路的新局面,沿着这条道路,中国社会主义现代化建设取得了举世瞩目的伟大成就。

(1) 经济实力和综合国力显著增强。改革开放 30 多年来,我国经济持续快速发展,年均增长速度超过 9%,远远高于同时期世界经济平均增长速度。"三步走"战略确定的前两步战略目标分别在 1987 年和 1995 年提前实现,进入 21 世纪后,国民经济继续保持快速增长的势头,2011 年国内生产总值达到 471564 亿元,比上年增长 9.2%。我国国内生产总值在世界的排名由 1978 年的第 11 位跃升到 2011 年的第 2 位,仅次于美国,与美国的差距正在迅速缩小。经过 30 多年的快速发展,中国一改改革开放初期各种商品供不应求的困境,相当一部分工农业产品产量居世界前列,成为世界生产大国,其中,钢、煤、水泥、化肥、棉布等主要工业产品和谷物、肉类、籽棉、花生、水果等农产品产量连续多年居世界第一位。此外,在发电量、五金工具、化肥、玩具服装、家用电器、电子产品等方面,我国也是世界生产大国,对稳定世界市场供求关系具有重要影响。2011 年全国粮食总产量达到 57121 万吨,实现连续 8 年增产,中国利用占世界不到 7% 的土地成功解决了占世界 20% 的人口的粮食需求。

(2) 中国对外经济持续增长,国际经济地位显著提高。改革开放以来,对外经济保持了持续增长的态势,进出口贸易总额从 1978 年的 206 亿美元增长到 2014 年的 4.16 万亿美元,年均增长速度超过 15%;1978 年我国货物进出口额在世界上处于第 27 位,而目前已经成为世界上第二大贸易国,与美国的差距不断缩小;2010 年中国货物贸易额与美国的差距达到 2745 亿美元,2014 年中国货物贸易额跃居全球第一。外商在我国的投资持续增长,1979—1982 年期间累计实际利用外资仅 130 亿美元,1988 年当年实际利用外资额突破 100 亿美元,2014 年则超过 7363 亿美元,连续多年居发展中国家第一位。国家外汇储备迅猛增长,2007 年为 15282 亿美元,2014 年一季度末为 3.84 万亿美元,稳居世界第一。世界十大港口(按吞吐量)中中国拥有 5 个以上。

(3) 人民生活显著改善,生活水平和质量大幅提升。伴随着国家工业化进程的迅猛发展，中国公共财政收入从1977年的875亿元增长到2014年的14万亿元。城镇居民家庭人均可支配收入和农村居民家庭人均纯收入分别由1978年的343元和133元，提高到2007年的13785元和4140元，2014年则分别为2.9万元和1.05万元，城乡居民家庭恩格尔系数大幅度下降。城市人均住宅建筑面积和农村人均住房面积显著提升，城乡生活质量明显改善。城市化进程迅猛，1978—2014年，中国城市化水平从17.9%上升至54.77%，超过半数的庞大人口生活在城镇。2014年，私人汽车保有量1.4亿辆，移动电话用户12.88亿户，电话普及率达到95%，互联网上网人数突破6亿人，互联网普及率达到45.8%。国内出游人数26.4亿人次，其中出境人数7025万人次。我国全民医保体系初步形成，城镇居民基本医疗保险、新型农村合作医疗的财政补助标准逐年提高，向着"人人享有基本医疗卫生服务"的目标不断迈进。到2011年已经全面实现城乡免费义务教育，大学生在校人数超过3000万人，2014年高考录取率超过74%。

除经济实力外，中国的军事、科技、软实力也持续上升。军事上，20多年来中国的军费每年以两位数的速度增长，中国海军、空军实力显著提升，活动范围扩大，维护中国权益的能力不断提升。科技进步明显，最近10年间我国的国际科技论文产出量已位居世界第二，发明专利授权量居世界第三，技术市场交易额年均增长20%，2011年超过4200亿元，高技术制造业产值接近8万亿元，居世界第二位。2012年6月，欧洲工商管理学院发布"全球创新指数2011"，对世界上125个国家的创新能力进行评估和排名，中国的创新指数排在第29名，是唯一一个创新指数进入前30名的发展中国家，根据世界经济论坛发布的《2011—2012全球竞争力报告》，中国排名第26位。正是由于科技的巨大进步，中国在许多领域取得了令整个世界刮目相看的成就，如航天科技方面，从"神舟一号"中国第一艘无人飞船横空出世直到"神舟九号"与"天宫一号"成功完成空中对接。软实力方面，中国发展模式得到越来越多发展中国家和发达国家的认可，成为不少国家试图仿效的样板。

中国的国际影响力越来越大，西方世界学习汉语的热情不断高涨，在英国，越来越多的人提议将汉语作为中学阶段必修的外语之一，英国广播公司（BBC）儿童频道（CBeebies）于2012年3月12日开始播出教授汉语普通话的动画系列短片，以满足英国儿童学习汉语的强烈需求。中国银行和企业的实力和国际地位显著上升，中国企业占全球商业500强的比重仅次于美国，越来越多的中国企业在世界各地并购拓展业务。

显而易见，中国的发展成就极其巨大，与30多年前相比简直天壤之别，与10年前相比也是量变到质变的开始。那么，当下的中国是否已经完成了社会主义初级阶段的历史任务，开始进入一个更高级的发展阶段呢？在当今中国学术界和民间，这都是一个越来越有争议的问题。

国情认识的实质是对社会发展阶段的准确历史定位。改革开放之前中国社会发展的失误的根本原因就在于对社会发展阶段的不当定位，致使政策脱离中国实际，导致发展的停滞和落后。十一届三中全会后，中国共产党提出社会主义初级阶段理论，指出中国处在独特的社会主义初级阶段，社会主义初级阶段是中国特色社会主义建设时期的第一个阶段，中国必须坚持社会主义而不能离开社会主义，中国的社会主义又必须以中国的现实国情为基础和前提，这就是中国的国情。但是，如何理解这种历史定位，却一直有争议。

有些人认为，社会主义初级阶段是介于中国半殖民地半封建社会和共产主义社会第一阶段之间的一个特殊的历史阶段，或者说是后发展国家社会主义初级阶段，属于共产主义社会的预备阶段。社会主义初级阶段是和资本主义并行的沿着不同道路实现同样历史任务的独立的社会形态，这个阶段和共产主义社会第一阶段以及资本主义国家相比具有质的区别，是从共产党夺取政权和新中国建立开始的，而只有当它结束之时才能进入共产主义社会第一阶段。

也有些人认为，社会主义初级阶段实质上是在新的历史条件下向新民主主义社会的复归。原因在于，两者的出发点相同，都是对中国国情的正确认识；两者的社会性质是一致的；两者的社会特征方面没有质的差别。① 我们必须看到，新民主主义社会与社会主义初级阶段在时序上是递进关系的两种社会形态，有密切联系，但有本质的不同，不能把两者等同或混淆。

改革开放30多年来，中国的社会主义现代化建设取得了实质性的巨大发展，中国经济社会文化面貌发生了翻天覆地的变化，当前在对基本国情的认识上自然也出现了一些新的模糊认识或不正确的思想情绪。伴随综合国力的明显增强，一些人认为我国与发达国家已相差无几，"已经够强大了"，社会主义初级阶段的历史任务已经完成，"中国社会的主要矛盾正在悄然发生根本性的转变"，提出要重新认识我国的社会形态，提升对中国所处社会主义历史方位的判断，重新规划中国的发展战略，部署新的历史任务，在军事、外交领域更多地采取攻势，拓展中国的全球利益，并且因此在成绩面前沾沾自喜、好大喜功。

由于受立场、观点和方法的影响，特别是受意识形态偏见的影响，国外学者一般认为中国特色社会主义制度已经完全抛弃了社会主义的价值取向，背离了马克思主义，是"经济自由＋政治压制"、"自由主义＋中国特色"的新自由主义制度或中国特色资本主义制度，具有特殊的高效优势但开放性不够，需

---

① 董淑芬：《重评新民主主义社会与社会主义初级阶段的关系》，《西南民族学院学报》1999年第8期。

从民主、人权、国际责任等方面加以改进。

国内也有些人质疑、否认我国现行社会阶段的社会主义基本社会性质,他们认为,30多年来中国社会发展的手段、结果都是资本主义性质的。中国经济的迅猛发展事实上采用的是当今资本主义世界主导的市场经济手段,与此相对应,生产资料私有制成分越来越大,而在马克思那里,市场经济和生产资料私有制也恰恰是资本主义、社会主义两种社会制度区分的最根本标志。另外,相同的手段导致相同的结果,当今中国社会阶级分化、贫富悬殊、信仰缺失、道德滑坡等现象与资本主义世界并无二致。他们认为所谓中国特色社会主义其实就是"中国特色资本主义"。还有人认为,既然中国没有经过资本主义阶段,缺少资本主义经济,就应当补这一课,从这个角度,我国现在的经济制度也是资本主义性质的。也有人认为在现阶段不应过分强调社会制度的性质和"主义",只要能富起来,什么制度和主义都无所谓,这种淡化社会制度的糊涂认识,实际上也是否定坚持社会主义方向和道路的必要性。这些观点从根本上否定了初级阶段的基本属性,实质都是在否定当前中国社会发展的社会主义性质。我们必须明确,只要公有制经济占主体地位,按劳分配占主体地位,只要实现共同富裕,那它就属于社会主义性质。社会主义初级阶段虽然允许发展一些资本主义经济,鼓励和支持发展非公有制经济,但它不占主体地位,不起主导作用,不能从根本上改变共同富裕的宗旨,社会主义性质就不会被改变。还有些人主张在中国推行"民主社会主义",提出"只有民主社会主义才能救中国"。我们必须看到,民主社会主义在经济上主张以私有制为基础的"混合所有制";在政治上主张在资产阶级国体条件下的多党轮流执政;在意识形态上主张指导思想多元化,试图否定马克思主义的指导地位。民主社会主义对我国发展有值得借鉴的地方,但它不适合中国国情,不同的历史条件、不同的社会传统、不同的客观基础都决定了这条路在中国根本走不通。

之所以出现上述模糊或不正确的认识,根本原因在于忽视、否认我国仍处于社会主义初级阶段的基本国情,对社会主义初级阶段的长期性、艰巨性、复杂性缺乏足够的认识和思想准备,我国的改革和发展还有很多新问题、新情况亟待解决,解决这些问题决不可脱离现实国情。在国情问题上保持思想上的清醒,始终具有非常现实的意义。

面对上述对我国社会发展阶段的错误认识,党的十七大报告全面分析了当前我国发展的阶段性特征,明确指出人民日益增长的物质文化需要同落后的社会生产之间的矛盾这一社会主要矛盾没有变,我国仍处于并将长期处于社会主义初级阶段的基本国情没有变,强调我们的发展"立足社会主义初级阶段这个最大的实际","牢记社会主义初级阶段基本国情"。胡锦涛总书记在2011年7月1日庆祝中国共产党成立90周年大会上的讲话中除了重申主要矛盾、基本国情没有改变的论断外，又补充了"我国是世界上最大的发展中国家的国际地位没有变"的内容。

三个"没有变"，就是对当前中国国情的清醒认识，对中国特色社会主义发展方位的科学判断。三个"没有变"中，最核心的是关于社会主义初级阶段基本国情的判断，其他两个判断即社会主要矛盾、发展中国家的属性都与此相关。

"我国仍处于并将长期处于社会主义初级阶段的基本国情没有变"，社会主义初级阶段，特指我国在生产力落后、商品经济不发达条件下建设社会主义必然要经历的特定阶段。从 20 世纪中叶社会主义改造基本完成，到 21 世纪中叶基本实现现代化，至少 100 年时间，都属于社会主义初级阶段。改革开放 30 多年来，社会主义中国的面貌发生了历史性变化，然而，我们还没有从根本上摆脱不发达状态，仍然带有社会主义初级阶段的明显特征，如生产力水平总体上还不高，自主创新能力还不强，长期形成的结构性矛盾和粗放型增长方式尚未根本改变，人均 GDP 只有 4000 多美元，在世界上排 100 位左右，仅相当于日本的 1/10，还不到世界平均水平的一半。按照每人每天 1 美元收入的联合国标准，中国仍有 1.5 亿贫困人口。中国是"世界工厂"，但缺乏"世界名牌"，生产的多为劳动密集型和低附加值产品，核心技术主要依赖进口。以汽车为例，尽管我国已经成为世界汽车大国，但很少有中国独立自主生产的，大多使用进口核心部件或合资生产部件。中国经济社会发展在取得巨大成就的同时，存在着一系列突出问题，如经济发展内生动力不足，投资消费出口比例失调，结构调整进展缓慢，创新驱动作用不明显，资源环境约束强化，劳动力成本趋于上升，农业基础薄弱，粮食安全面临挑战，社会公平问题日益突出，收入分配差距拉大，群众对就业难、上学难、看病难和住房难意见较大。另外，不尽完善的生产关系和上层建筑仍然阻碍和桎梏着劳动生产率的提高，制约科学发展的体制机制障碍较多，建立合格的社会主义制度的道路还相当漫长。我国人均国内生产总值仍处于世界后列，人口多，底子薄，人均资源相对不足，发展不平衡的状况将长期存在。这些问题表明，我们所达到的小康还是低水平、不全面、很不平衡的小康，中国仍处于并将长期处于社会主义初级阶段；而由于生产力不发达，落后的社会生产仍难以满足人民日益增长的物质文化需要，因而社会主要矛盾没有变；由于生产力不发达，我国是世界上最大的发展中国家的国际地位也没有变。

三个"没有变"的清醒认识，告诉我们不要陶醉于已经取得的发展成就，提醒我们必须坚持社会主义基本制度，不能离开社会主义道路。中国的社会主义制度是以科学社会主义的基本原则为指导建立起来的，政治上建立了共产党领导的人民民主政权以及保障人民当家做主的人民代表大会制度，经济上实行了全国主要生产资料归广大人民共同所有的以公有制为主体的制度，并在此基础上形成了包括基本制度和经济、政治、文化、社会等各个领域的各项具体制度、体制在内的一整套制度体系。社会主义制度在中国的确立是历史的选择，是党领导人民长期奋斗的胜利成果，也是中国成其为社会主义国家的根本标志。社会主义制度具有优越于资本主义和其他前社会主义制度的优势，有更好的条件发展社会生产力，能够最大限度地聚拢和代表广大人民群众的利益，形成共同的理想、道德和奋斗目标，能做到全国一盘棋，团结合作，集中力量，保证重点，如邓小平同志在《党和国家领导制度的改革》讲话中指出，"我们建立的社会主义制度是个好制度，必须坚持"。[1]

当然，除了坚持社会主义制度不动摇，我们也要看到发展中存在的不平衡、不协调、不可持续的问题，紧紧抓住发展社会生产力这个关键，继续坚持改革开放，加快改革和调整不利于社会生产力发展的生产关系和上层建筑，一心一意谋发展，聚精会神搞建设，进一步筑牢国家发展繁荣、全国各族人民幸福安康和中华民族伟大复兴的强大物质基础。

3. 为什么说中国并没有真正崛起，怎样理解当代中国社会主义发展的阶段性特征。 1978年改革开放以来，中国以神奇般的速度迅猛崛起，至2011年，国民经济实现了GDP总量值的跨越式发展，超过了美国以外的所有大国，且与美国的差距正在不断缩小，强大的经济实力保证了中国成功主办奥运会、世博会，有能力在全球购买能源、并购外国企业、积极主办区域峰会，开始在各种大型国际会议里担当发展中国家的龙头。军事方面，中国军事装备迅速现代化，海军力量不断壮大，在核武器、卫星技术特别是航天技术上走到世界前列，确立了航天大国的地位，使得中国的国家安全与国防安全占据了制高点。社会文化方面，汉语热席卷全球，孔子学院在全世界的兴盛，进一步表明中国的文化软实力开始影响世界。

中国的强势崛起引起全世界的强烈关注。据美国全球语言研究所公布全球21世纪十大新闻，其中有关中国作为经济和政治大国崛起的新闻名列首位，成为全球最大的新闻。该所跟踪了全球75万家纸媒体、电子媒体及互联网信息，发现其中报道中国崛起的信息有3亿多条，广泛涉及中国的经济发展、国际影响、民生改善、科技水平、城市新进程和开放程度等。各国媒体对于中国的崛起纷纷给予高度赞誉。

伦敦政治经济学院教授马丁·雅克于2012年3月25日在英国《观察家报》发表文章称，全球经济的重心正在无情地从发达世界向发展中世界转移，中国的崛起已经开始改变整个世界，2008年开启了一个新的时代——中国开

---

[1] 《邓小平文选》第2卷，人民出版社1994年版，第342页。

始引领世界经济新秩序。诺贝尔经济学奖获得者阿玛蒂亚·森在《通向中国》的文章中也说到,"中国取得了惊人的成功,已经成为世界经济的领导者之一,从这一点来看,印度和其他许多国家一样,已经从中国学到了很多。"瑞士洛桑国际管理发展研究院商学院的金融学教授阿图罗·布列在2011年达沃斯论坛上说:"全世界的每一个变数都与中国政治有关。我并不期待西方领导人会带来任何惊喜,但我们或许会从中国领导人那里得到惊喜。"事实上,"中国崛起"已经连续多年成为达沃斯论坛的核心议题。

当然,我们要看到,"中国崛起"在全球的热炒,一方面是发展中国家对"中国模式"比较认同,期望借此找到富强之路;另一方面也表达了西方世界的失落和担忧。英国《国际观点》杂志2月号发表伦敦大学教授吉尔伯特·阿奇卡的论文《中国方程式》,在赞誉了2010年中国经济的再一次高速增长之后指出,"如果这种强劲增长势头继续下去,美中经济曲线将很快出现交叉"。发达国家进而纷纷大谈特谈中国威胁,在它们看来,一方面,中国的强大富有必然导致中国军事力量的赶超,不断制造出更多更加优良精准的武器系统,中国若保持它的现有经济高增长率,总有一天,中国军事力量会超越美国,颠覆现有的亚洲乃至世界秩序;另一方面,中国的崛起必然冲击西方文明模式的传统优越感,"这使西方感到忧心忡忡,因为这是自工业资本主义兴起以来,一个不同于西方体制的国家首次成为世界一流经济体"。它们的真实意图是让中国在世界承担更多的责任与义务,放缓或拉住中国前行的步伐。

与国际上对中国一片赞誉的声音不相协调的是,国内民众并没有从国民经济的巨大发展中感受到相对应的幸福感。

首先,中国民众的收入水平低。中国GDP的世界排名从1978年的第15名一路攀升到2010年的第2名,但中国人均收入的世界排名却呈现出让人不可思议的一路下滑——1970年第82名,1980年第94名,1990年第105名,2008年第106名,2010年第109名,2011年,中国人均财政收入只有1300美元,不及厄瓜多尔和阿尔及利亚,仅相当于美国的1/30。这种状况从多个国际排行榜中可以得到验证。据美国《纽约时报》2014年4月3日报道,美国最新的一项调查结果显示,单论工资,在全球28个国家的老师中,中国几乎垫底。在中国,刚入行的大学教师收入按购买力平价计算,为每月259美元,是全球"最低价",而中国大学教师的平均工资也仅为720美元。相比之下,加拿大刚入行的大学教师工资和平均工资分别达到5733美元和7196美元,达到中国教师收入的22倍和近10倍。

其次,中国国内商品价格不菲,甚至远高于发达国家。大凡有幸踏出国门、到达大洋彼岸的中国人,不仅惊叹于美国各大超市、商场充斥着的中国产品之丰富,铺天盖地的"中国制造",从服装、纺织品、玩具、礼品到各式家用电器，还有最新款式的电脑等，应有尽有，而更令中国人惊叹的还在于这些原本产于中国的"中国制造"，其价格之低廉，甚至远远低于国内同类产品的价格，而有些产品差价之大，足以令人瞠目结舌，简直令人匪夷所思。中国城市的房价之高已到了让人匪夷所思的程度，大部分刚刚参加工作的年轻人不要说买房，其收入水平维系租房和普通的日常消费都困难。

对于中国30多年的巨大发展成就，国内国际印象和评价反差如此之大，一个重要的原因在于当前中国社会发展呈现出的独特阶段性特征，在经济社会结构、发展方式等各个方面呈现出崭新的特点。李长春在纪念中国共产党成立90周年理论研讨会上的讲话中对此进行了高度的概括："经过长期艰苦的努力，我国取得举世瞩目的巨大成就，国家面貌发生了历史性变化，事业发展已站在新的历史起点上，进入新的发展阶段。这既是一个发展机遇期，也是改革攻坚期和社会矛盾凸显期，呈现出一系列新的阶段性特征。经济社会发展中不平衡、不协调、不可持续的问题突出，制约科学发展的体制机制障碍依然存在，转变经济发展方式过程中的'两难'问题明显增多。社会思想多元多样多变趋势更加明显，各种社会思潮日趋活跃，引领社会思潮、凝聚社会共识的难度越来越大。特别是随着利益格局深刻调整，各种利益关系更趋复杂，社会矛盾明显增多，协调各方面关系、化解社会矛盾的压力不断加大，推动科学发展、促进社会和谐的任务十分艰巨繁重。"

党的十七大报告将当前社会发展的阶段性特征概括为以下几个方面：

（1）从经济发展看。进入新世纪以来，我国经济持续快速发展，经济实力和综合国力不断增强，基础设施和城乡面貌发生巨大变化。但是我国生产力总体水平还不高，自主创新能力还不强，结构性矛盾依然突出，依靠廉价劳动力低效耗费资源的传统发展方式明显已经难以为继。我国经济的快速发展的背后是低效益，资源的利用率十分低下，以现行汇率计算，我国单位资源的产出水平相当于美国的1/10、日本的1/20、德国的1/60。我国主要产品的单位能耗远高于国际先进水平，火电供电煤耗高22.5%，吨钢可比能耗高45%，乙烯综合能耗高31%；资源的产出率大大低于国际水平，2011年我国对世界经济总量的贡献不到5%，而对钢材、水泥等材料的消耗却占到全球总量的1/3左右。而粗放型低效益的发展方式必然导致大气污染、水污染、水土流失、土地沙漠化等现象日趋严重，生态破坏和环境污染达到让人无法忍受的程度，七大水系的62%的水受到污染，所有流经城市的河段有90%受到污染，30%的土地被酸雨污染，致使目前有1/4的人口饮用不合格的水，1/3的城市人口呼吸着被严重污染的空气，70%的死亡癌症患者与污染相关。从经济发展的可持续性看，人口、资源、环境的压力越来越大。全面建设小康社会和实现现代化，不仅经济总量需要继续增长，更重要的是提高科技水平和经济增长质量，从总体上看，在国际范围内，我国生产力还处于较低的水平。

我国生产力水平低，工业能耗大，环境污染严重，出口商品中加工深度不够，技术附加值不高，劳动密集型商品和资源型商品还占相当大的比重，生产方式的转换难以完成，其根源在于科学技术水平远远跟不上社会经济发展的需要。进入新世纪以来，虽然我国科技发展水平和产业结构的技术构成发生了重大变化，在一些尖端科技上取得了重大突破，如航天技术、新型战斗机等，但总的来看，面对日新月异的科学技术变革，面对日益强化的资源环境约束，面对以创新和技术升级为主要特征的激烈国际竞争，我国自主创新能力薄弱，已经日益成为发展的瓶颈制约。农业用手工工具搞饭吃和靠天吃饭两大问题仍未从根本上得到解决，工业产品的产能有了大幅度提高，但基础工业落后的现状并未得到根本改观，工业上的一些基础设备和关键技术仍然依赖进口。

（2）从经济体制看。虽然已经初步建立起社会主义市场经济体制，但是影响发展的体制机制障碍依然存在，改革攻坚面临一系列深层次矛盾和问题，社会主义市场经济体制还远远没有完善。

（3）从人民生活看。人民生活总体上已经达到小康水平，城乡恩格尔系数持续降低，消费结构由以"吃穿"为主的基本温饱型向"用住行"为主的高档耐用消费品型的结构转变，标志着消费结构的升级和生活质量的提高。同时要看到，目前所达到的还是低水平的、不全面的、发展很不平衡的小康，而且平均数往往掩盖着不同社会阶层收入和生活水平的巨大差异。城乡人民在教育、医疗卫生各方面还有不少困难。保证全体人民过上共同富裕的生活，不仅取决于经济增长，也取决于统筹兼顾各方面利益的经济和社会政策。

上述我国发展的阶段性特征，本质上是"社会主义初级阶段基本国情在新世纪新阶段的具体体现"，具有崭新的特点，那就是"党在推进改革开放和社会主义现代化建设中肩负任务的艰巨性、复杂性、繁重性世所罕见"。具体而言，首先，解放和发展生产力任重道远。经过改革开放30多年的发展，我们取得了伟大成就，但我国仍处于并将长期处于社会主义初级阶段的基本国情没有变，人民日益增长的物质文化需要同落后的社会生产之间的矛盾这一社会主要矛盾没有变，我国生产力水平总体上还不高，影响和制约生产力发展的体制机制障碍尚未彻底破除。其次，面临矛盾和问题的规模和复杂性前所未有。当前，我国正处在进一步发展的重要战略机遇期，在新的历史起点上向前迈进。同时，随着经济体制深刻变革、社会结构深刻变动、利益格局深刻调整、思想观念深刻变化，我国发展呈现一系列新的阶段性特征，出现一系列新情况新问题，呈现出境外国外因素与境内国内因素相互交织、网上互动与网下互动相互交织的复杂局面。联系到我国13亿的人口规模，就更能看出解决矛盾和问题的难度。对此，我们必须始终保持清醒的头脑。再次，可以预料和难以预料的各种风险和挑战难以避免。发展中国特色社会主义是前无古人的开创性事业，对其规律我们还知之不多、知之不深、知之不透；实现全面建设小康社会的目标还需要继续奋斗十几年，基本实现现代化还需要继续奋斗几十年，巩固和发展社会主义制度则需要几代人、十几代人甚至几十代人坚持不懈地努力奋斗。前进的道路上还会遇到许多风险和挑战，如何有效应对这些风险和挑战，是对我们党的领导水平和执政水平的严峻考验。

这也充分表明，经过半个世纪的艰苦努力特别是改革开放以来的不懈奋斗，虽然我国从生产力到生产关系、从经济基础到上层建筑都发生了意义深远的重大变化，但是，从总体上看，我国仍处于并将长期处于社会主义初级阶段的基本国情没有发生根本性变化，中国要继续发展，要真正崛起，必须实现从发展理念到发展方式的根本转换。

4. **为什么说发展不平衡问题是当代中国社会的一个巨大隐患**。协调均衡发展是社会主义发展的应有表现，1990年12月24日邓小平在同江泽民等的谈话时指出，"社会主义最大的优越性就是共同富裕，这体现社会主义本质的一个东西"。邓小平强调，"中国发展到一定程度之后，一定要考虑分配问题"，"少部分人获得那么多财富，大多数人没有，这样发展下去总有一天会出问题。分配不公，会导致两极分化，到一定时候问题就会出来。这个问题要解决。过去我们讲先发展起来。现在看，发展起来以后的问题不比不发展时少"。① 然而，由于方方面面的原因，近些年来贫富差距却不断加大，正逐渐超出人民群众的容忍度，也违背了社会主义的本质要求。

(1) 社会发展不均衡的表现。

当前中国社会发展不均衡，表现在以下很多方面：

1) 居民收入差距急剧拉大。从20世纪80年代以来，在经济增长的同时，贫富差距迅速扩大。自2000年以来，我国的基尼系数开始越过0.4的国际警戒线，并连续几年直线上升，北京大学中国社会科学调查中心发布《中国民生发展报告2014》称我国基尼系数为0.73，顶端1%的家庭占有全国1/3以上的财产，底端25%的家庭拥有的财产总量仅在1%左右。城乡差距过大。国家统计局公布2014年城镇居民人均可支配收入与农村居民人均纯收入分别为2.9万元和1.05万元，2010年该收入比为3.23∶1，考虑到城乡居民的福利待遇的差异，城乡居民实际收入差距在5～6倍，而根据世界银行的有关报告，世界上多数国家城乡收入的比率为1.5∶1，我国的城乡居民收入差距之大已经到了相当严重的程度。行业之间收入差距同样明显扩大，金融保险、电力煤气、交通运输、邮电通信、外贸烟草等垄断行业的人员收入明显高于社会

---

① 《邓小平年谱1975—1997》下，中央文献出版社2004年版，第1364页。

平均水平。据人力资源和社会保障部工资研究所发布的数据，2011年中国收入最高和最低行业的差距已经扩大到15倍（日本、英国、法国为1.6～2倍，德国、加拿大、美国、韩国在2.3～3倍之间）。① 垄断行业职工能够得到比非垄断性行业职工高几倍甚至几十倍的工资收入，垄断行业的领导阶层和管理阶层收入更高。

2）区域发展不平衡。区域发展差异体现在沿海与内地经济发展的差距上。改革开放以来，得益于政策优惠，沿海地区发展迅速，迅速地拉大了与内地的经济发展差距，从地区生产总值来看，一个广东省相当于3个湖南或10个贵州或35个青海。区域发展不平衡也体现在东西部之间的差距，据统计，2010年我国西部地区经济总量仅占全国的19.31%，东部地区的经济总量则超过60%，西部省区市中人均GDP最低与东部省区市中人均GDP最高相差10倍多。此外还有南北之间经济发展的差距。在改革开放以前，北方地区领先于南方地区，20世纪90年代以后，南方地区经济迅速崛起，不仅在增长速度上超过北方地区，而且在人均GDP的绝对值上也超过了北方地区，使南北地区间的静态不平衡差距迅速拉大。

一定程度、一定阶段的发展不平衡是中国这样的赶超型现代化的国家不可避免的现象，但是当前这样全面和长期的发展失衡无疑成为社会主义健康发展的巨大隐患。居民收入差距过大影响经济的发展和运行，大多数中低收入者购买力严重不足，导致消费需求不足，引发投资需求疲软，从而阻碍地区经济的均衡发展，进一步加剧地区经济发展的不平衡。收入差距过大在很大程度上是由于机制不健全不健康引起的，会使一部分居民的价值观、道德观、生活方式受到很大冲击，容易导致社会风气的恶化，唯利是图、见利忘义、诚信缺失、人情冷漠等不好的现象日趋严重。居民收入贫富分化，社会中富裕阶层与贫困阶层之间利益落差越来越大，低收入贫困阶层会产生一种被剥夺感，产生一种对国家社会失望的情绪、对富人阶层产生仇视的心理，从而促使人民内部矛盾趋于激化，引发社会危机，破坏社会和谐。近年来，由于我国贫富悬殊的加剧，社会治安迅速恶化，群体性的上访事件和暴力冲突也不断增加，并且社会矛盾开始向中央积聚。社会上的下岗失业者、低收入者、边缘人群和失地农民等在改革中利益受损的群体已成为破坏中国稳定的催化剂，他们的迅速积累有可能成为社会动荡的导火索，严重影响和威胁我国政治和社会的稳定。如果发展失衡的矛盾得不到有效解决，尤其是经济利益分配失衡持续加剧，那么中国就有可能出现诸多社会危机，最终陷入政治动荡和社会冲突的泥潭，使改革开放以来已经取得的成果毁于一旦。

---

① 《经济参考报》2011年2月10日。

(2) 导致发展失衡的原因。

1) 中国确立发展市场经济不过 20 年的时间，市场机制还远不成熟。比如权力要素始终占据主导位置。在资本等市场要素逐渐成长到一定程度之后，政府仍然作为要素资源的配置者和国民经济的主导者，必然产生很多问题，比如吞噬了国民经济的整体利益。政府凭借行政权力进行资源配置，获取高额垄断利润，实现政府自身的政治和经济偏好。当前中国各级政府财政支出所占国民财富收入的比重远远高于世界平均水平，庞大的运行成本与提供服务的效能越来越不相称，每年数以千万亿元计的垄断利润变成政府与利益集团的消费，大大削弱了有效的公共产品供给，成为社会发展失衡的重要原因。

其次，在分配中要素收益不合理，劳动收入在初次分配中比重不断下降，劳动力供大于求，劳动价格难以提高，占人口大多数的普通劳动者的收入远远跟不上资本等其他要素，而资本由于介入金融、地产、矿产等垄断资源领域，在收入分配中处于绝对优势地位。

2) 制度不健全是导致贫富差距拉大的另一个重要原因。比如社会保障制度还很不完善，完善的社会保障制度可以在一定程度上缓解贫富差距的问题，同经济发展幅度相比，我国的社会保障事业以及社会转移支付明显表现出严重的滞后，存在覆盖范围窄、保障水平低、法律不够健全、监察执法不严等一系列亟待解决的问题。比如，基本养老保险、医疗保险等主要是针对城镇居民的，即使在城镇，也有不少居民依然被排除在社会保障的范围之外。政府为老百姓承担的东西并不多，教育、医疗、养老等主要还是老百姓自己承担，在这种情形下，农民、城镇的退休人员、城镇的失业人员及其亲属由于得不到及时的、足量的保障，最有可能成为贫困者，从而使整个社会的贫富差距不断拉大；另外，社会上存在大量不合理、不合法的收入，辛苦劳动、合法经营艰难维持生计，而制假造假、制黄贩黄、贪污受贿、偷税漏税等不法行为却可以一夜暴富。

(3) 促进均衡发展的对策。

1) 提高低收入者收入，建立农民增收减负的长效机制，增加农民收入，扩大就业，建立健全最低工资制度，逐步提高扶贫标准和最低工资标准，努力提高低收入者的收入水平。扩大中等收入者比重，使中等收入者占有大部分收入和财富，扩大中等收入者比重，使中等收入者在人口中占多数，高收入者和低收入者占少数，这是比较合理的收入分配格局。想办法调节过高收入，加大税收征管力度，打击偷税、逃税、漏税等行为，逐步消除垄断利润，对垄断行业工资实行"限高封顶"办法。坚决彻底取缔非法收入，对以权谋私、官商勾结、走私贩私、假冒伪劣等违规、违法行为予以坚决取缔和严厉打击。

2) 坚决破除各种体制障碍和政策壁垒，深化资源品价格和要素市场改革，真正体现要素所有者权益，有效平衡要素输出地与输入地的利益分配。同时，积极引导资本、技术、管理等生产要素更多地向农村和中西部流动，增强欠发达地区内在的发展动力。再次，加快推进城市化、城乡一体化和新农村建设进程。目前我国的城市化率不足50%，中西部地区的城市化水平更低，加快我国的城市化进程尤其是农村地区和西部地区的城镇化进程，对于及时遏制收入差距扩大的势头，对我国经济总体的、可持续的、健康的发展都是有利的。当前，我国总体上已进入以工促农、以城带乡的发展阶段，我们有条件以更大的力度，支持农业农村发展，在工业化、城镇化深入发展中同步推进农业现代化，加大统筹城乡发展的力度，坚持工业反哺农业、城市支持农村，推动形成城乡良性互动、协调共进的良好局面。

3）采取措施完善社会保障体系。如调整财政支出结构，建立规范的社会保障预算制度，进一步提高社会保障支出的比重；通过科学规划，进一步扩大社会保障体系的覆盖面，有计划地把应该纳入而未纳入的人切实纳入进来，真正实现"应保尽保"，探索新的制度建设，针对不同群体增加新的保障项目，如建立符合农民工特点的社会保障制度、农村养老保险制度等；完善社会保障制度的法律体系，加快出台社会保险法、社会救助法、慈善法等法律，制定养老保险条例、医疗保险条例、社会保障基金管理条例等法规，同时要严格执法，依据《劳动法》等相关法律法规，提高社会保障工作的效率和质量，加大对违法行为的打击力度。

四、延伸阅读与思考

（一）重要文献资料

关于社会主义初级阶段的含义[①]

我国正处在社会主义的初级阶段。这个论断，包括两层含义：第一，我国社会已经是社会主义社会。我们必须坚持而不能离开社会主义。第二，我国的社会主义社会还处在初级阶段。我们必须从这个实际出发，而不能超越这个阶段。它不是泛指任何国家进入社会主义都会经历的起始阶段，而是特指我国在生产力落后、商品经济不发达条件下建设社会主义必然要经历的特定阶段。在社会主义初级阶段，我们党的建设有中国特色的社会主义的基本路线是：领导和团结全国各族人民，以经济建设为中心，坚持四项基本原则，坚持改革开放，自力更生，艰苦创业，为把我国建设成为富强、民主、文明的社会主义现

---

① 1987年党的十三大报告《沿着有中国特色的社会主义道路前进》。

代化国家而奋斗。坚持社会主义道路、坚持人民民主专政、坚持中国共产党的领导、坚持马克思列宁主义毛泽东思想这四项基本原则，是我们的立国之本。坚持改革开放的总方针，是十一届三中全会以来党的路线的新发展，它赋予四项基本原则以新的时代内容。坚持四项基本原则和坚持改革开放这两个基本点，相互贯通，相互依存，统一于建设有中国特色的社会主义的实践。不能以僵化的观点看待四项基本原则，否则就会怀疑以至否定改革开放的总方针。也不能以自由化的观点看待改革开放，否则就会离开社会主义轨道。……总之，以经济建设为中心，坚持两个基本点，这就是我们的主要经验，这就是党在社会主义初级阶段的基本路线的主要内容。

社会和谐是中国特色社会主义的本质属性①

　　……目前，我国社会总体上是和谐的。但是，也存在不少影响社会和谐的矛盾和问题。……任何社会都不可能没有矛盾，人类社会总是在矛盾运动中发展进步的。构建社会主义和谐社会是一个不断化解社会矛盾的持续过程。我们要始终保持清醒头脑，居安思危，深刻认识我国发展的阶段性特征，科学分析影响社会和谐的矛盾和问题及其产生的原因，更加积极主动地正视矛盾、化解矛盾，最大限度地增加和谐因素，最大限度地减少不和谐因素，不断促进社会和谐。全党同志要坚持解放思想、实事求是、与时俱进，一切从实际出发，自觉按规律办事，立足当前、着眼长远、量力而行、尽力而为，有重点分步骤地持续推进，切实把构建社会主义和谐社会作为贯穿中国特色社会主义事业全过程的长期历史任务和全面建设小康社会的重大现实课题抓紧抓好。到二〇二〇年，构建社会主义和谐社会的目标和主要任务是：社会主义民主法制更加完善，依法治国基本方略得到全面落实，人民的权益得到切实尊重和保障；城乡、区域发展差距扩大的趋势逐步扭转，合理有序的收入分配格局基本形成，家庭财产普遍增加，人民过上更加富足的生活；社会就业比较充分，覆盖城乡居民的社会保障体系基本建立；基本公共服务体系更加完备，政府管理和服务水平有较大提高；全民族的思想道德素质、科学文化素质和健康素质明显提高，良好道德风尚、和谐人际关系进一步形成；全社会创造活力显著增强，创新型国家基本建成；社会管理体系更加完善，社会秩序良好；资源利用效率显著提高，生态环境明显好转；实现全面建设惠及十几亿人口的更高水平的小康社会的目标，努力形成全体人民各尽其能、各得其所而又和谐相处的局面。

　　新世纪新阶段，我们面临的发展机遇前所未有，面对的挑战也前所未有。和平、发展、合作成为时代潮流，世界多极化和经济全球化的趋势深入发展，

---

① 2006年十六届六中全会通过的《中共中央关于构建社会主义和谐社会若干重大问题的决定》。

科技进步日新月异。同时，国际环境复杂多变，综合国力竞争日趋激烈，影响和平与发展的不稳定不确定因素增多，我们仍将长期面对发达国家在经济科技等方面占优势的压力。我国社会主义市场经济体制日趋完善，社会主义物质文明、政治文明、精神文明建设和党的建设不断加强，综合国力大幅度提高，人民生活显著改善，社会政治长期保持稳定。同时，我国正处于并将长期处于社会主义初级阶段，人民日益增长的物质文化需要同落后的社会生产之间的矛盾仍然是我国社会的主要矛盾，统筹兼顾各方面利益任务艰巨而繁重。特别要看到，我国已进入改革发展的关键时期，经济体制深刻变革，社会结构深刻变动，利益格局深刻调整，思想观念深刻变化。这种空前的社会变革，给我国发展进步带来巨大活力，也必然带来这样那样的矛盾和问题。我们党要带领人民抓住机遇、应对挑战，把中国特色社会主义伟大事业推向前进，必须坚持以经济建设为中心，把构建社会主义和谐社会摆在更加突出的地位。

新时期最鲜明的特点①

新时期最鲜明的特点是改革开放。从农村到城市、从经济领域到其他各个领域，全面改革的进程势不可当地展开了；从沿海到沿江沿边，从东部到中西部，对外开放的大门毅然决然地打开了。这场历史上从未有过的大改革大开放，极大地调动了亿万人民的积极性，使我国成功实现了从高度集中的计划经济体制到充满活力的社会主义市场经济体制、从封闭半封闭到全方位开放的伟大历史转折。今天，一个面向现代化、面向世界、面向未来的社会主义中国巍然屹立在世界东方。

新时期最显著的成就是快速发展。我们党实施现代化建设"三步走"战略，带领人民艰苦奋斗，推动我国以世界上少有的速度持续快速发展起来。我国经济从一度濒于崩溃的边缘发展到总量跃至世界第四、进出口总额位居世界第三，人民生活从温饱不足发展到总体小康，农村贫困人口从两亿五千多万减少到两千多万，政治建设、文化建设、社会建设取得举世瞩目的成就。中国的发展，不仅使中国人民稳定地走上了富裕安康的广阔道路，而且为世界经济发展和人类文明进步作出了重大贡献。

新时期最突出的标志是与时俱进。我们党坚持马克思主义的思想路线，不断探索和回答什么是社会主义、怎样建设社会主义，建设什么样的党、怎样建设党，实现什么样的发展、怎样发展等重大理论和实际问题，不断推进马克思主义中国化，坚持并丰富党的基本理论、基本路线、基本纲领、基本经验。社

---

① 胡锦涛：《高举中国特色社会主义伟大旗帜　为夺取全面建设小康社会新胜利而奋斗》，人民出版社 2007 年版。

会主义和马克思主义在中国大地上焕发出勃勃生机，给人民带来更多福祉，使中华民族大踏步赶上时代前进潮流、迎来伟大复兴的光明前景。

党的四项基本原则①

我们在推进改革开放和社会主义现代化建设中所肩负任务的艰巨性和繁重性世所罕见，我们在改革发展稳定中所面临矛盾和问题的规模和复杂性世所罕见，我们在前进中所面对的困难和风险也世所罕见。要妥善解决这些矛盾和问题，战胜这些困难和风险，就必须善于从千头万绪、纷繁复杂的事物和事物的普遍联系中抓住主要矛盾和矛盾的主要方面，同时又必须善于统筹协调、把握平衡，在事物的普遍发展中形成有利于突破主要矛盾和矛盾主要方面的合力，不断提高驾驭复杂局面、解决复杂问题的能力，不断推动经济社会向前发展。

我们党作出我国仍处于并将长期处于社会主义初级阶段的科学论断，形成了党在社会主义初级阶段的基本路线，这就是：领导和团结全国各族人民，以经济建设为中心，坚持四项基本原则，坚持改革开放，自力更生，艰苦创业，为把我国建设成为富强民主文明和谐的社会主义现代化国家而奋斗。以经济建设为中心是兴国之要，是我们党、我们国家兴旺发达和长治久安的根本要求。四项基本原则是立国之本，是我们党、我们国家生存发展的政治基石；改革开放是强国之路，是我们党、我们国家发展进步的活力源泉。一个中心、两个基本点，是相互贯通、相互依存、不可分割的统一整体，须臾不可偏离、丝毫不可偏废，必须全面坚持、一以贯之。离开经济建设这个中心，社会主义社会的一切发展和进步就会失去物质基础；离开四项基本原则和改革开放，经济建设就会迷失方向和丧失动力。发展中国特色社会主义，最根本的就是一切都要从社会主义初级阶段这个最大的实际出发。在社会主义初级阶段这个不发达阶段，社会主要矛盾是人民日益增长的物质文化需要同落后的社会生产之间的矛盾。这就决定了社会主义的根本任务是解放和发展社会生产力，不断改善人民生活。中国解决所有问题的关键在于依靠自己的发展。30年来，我们既毫不动摇地坚持发展是硬道理的战略思想，牢牢抓住经济建设这个中心，不断解放和发展社会生产力，不断夯实我国社会主义制度的物质基础，又毫不动摇地坚持四项基本原则、坚持改革开放。党的基本路线是兴国、立国、强国的重大法宝，是实现科学发展的政治保证，是党和国家的生命线、人民群众的幸福线。我们要始终坚持党的基本路线不动摇，做到思想上坚信不疑、行动上坚定不移，决不走封闭僵化的老路，也决不走改旗易帜的邪路，而是坚定不移地走中国特色社会主义道路。

---

① 节选自胡锦涛在纪念党的十一届三中全会召开30周年大会上的讲话。

（二）典型案例

案例一

农民问题的历史与现状①

中国，一个当之无愧的农民大国。国家统计局总经济师兼新闻发言人姚景源曾这样说道："中国是个农业国，农民占中国人口的绝大多数。在中国，不了解农民，就不能说了解中国。"农业、农村、农民，这是三个角度，在中国称为"三农"问题。改革开放之初，中国的"三农"问题是温饱问题，在这个问题上，中国做到了，1950年，中国人均粮食239公斤，到了2008年，是398公斤。

今天的"三农"问题是什么呢？横向看，农民收入总体上仍落后于国民经济发展和城市居民收入增长速度。城乡居民收入增长的差距仍在扩大，2006年收入差距达到了8172.5元。当城市居民已把上网当成日常生活的时候，陕北十几岁的农村孩子还没见过电脑；当北京等城市建设日新月异、成为一块令人无比兴奋的大工地的同时，环京津地区已形成了一个相对的贫困带。农村与城市之间的差距，是历史遗留问题，而农村之间也存在横向差距。

农民的贫弱是相对城市居民比较而言，是相对国家的经济成就而言。城乡二元体制没有从根本上解决农民的贫弱，城乡之间收入差距仍在持续拉大。与此同时，其他问题也是频频爆发：由于农民没有自己的组织，在经济活动中没有谈判权，依然处于弱势地位；被征用的土地补偿过低；拖欠农民工工资现象依然存在。有饭吃，没钱花，这正是多数中国农民的生存状态，实际上就是温饱状态，再往小康路上走的时候，卡住了。温饱阶段非常脆弱，经不起一点点生活上的变故。

城乡差距越来越大，巨大的鸿沟，刺痛了农民质朴的双眼，也刺痛了中国的平衡发展。单靠农民自身摸爬滚打，恐怕难以填平城乡鸿沟，是时候撑起保护伞了。扶持！扶持！扶持！在中央的宏观调控中，扶持的声音一直都很强劲。农业税的取消，不仅减轻了农民的经济负担，而且还大大减轻了农民的心理负担，农民不再为乡村干部催缴税款而担忧。同时，粮食收成能直接体现为农民自己的经济收入，加上中央的粮食直补，退耕还林、还草等各种惠农政策，使农民真正得到了实惠，调动了农民种粮积极性。

农民易温饱，难致富，很大程度在于土地所生产的产品附加值过低，缺乏科技含量。同时，由于对市场缺乏敏锐的洞察力，农产品往往与市场脱节，始

---

① 节选自电视专题片《国情备忘录》第七章。

终游走在产业链的低端,在市场上处于"我为鱼肉,人为刀俎"的弱势地位,在定价上几乎没有发言权,谷贱伤农的事件时有发生。

科学技术是第一生产力,应用先进实用的农业科技,是提高农业生产效益、实现传统农业向现代农业转变、推动现代农业发展的最根本力量。在2008年下发的"1号文件"中,中央审时度势,把推进农业科技进步摆在建设现代农业、发展农业农村经济工作的首要位置,并制定一系列加快农业科技进步、推动现代农业发展的政策措施。中国制造以低价换市场的时代越来越不畅销,农产品也是如此。如果没有技术,不但生产成本降不下来,产品质量也拿不出去,也会在市场失去更多机会。仅有精耕细作,再好的土地也会很快抵达其产量天花板。唯有植入科技元素,才有可能在优先的空间中创造出无限的生产能力和农村财富。即使是农产品,也不能做无名英雄,品牌同样重要。品牌是农民打出的一张名片,好的品牌是产品在市场上的通行证,能够为产品镀金,保证产品在市场上的生命力。而市场上的无名小卒,很难在市场上有立足之地,一个浪头打过来,最先倒下的也是它们。

人口数量短期内保持不变,农民减少的途径只能是离开土地,于是,一些农民在看到土地不能承载自己创富的希望时,开始探索离开土地,乡镇企业成为中国农民增收进行的第一次大规模转移。异军突起的乡镇企业,点燃了农民走上富裕的希望,被称为中国农民的伟大创造。乡镇企业能够异军突起,很大程度在于其在改革开放之初占据的优势。政府是乡镇企业的关键角色,他们控制着重要资源,分享部分收益,并为乡镇企业提供保护。有了地方政府的保护伞,乡镇企业会很自然地把政府纳入企业的组织生产范畴;乡镇企业选择的产业也具有优势,多是劳动密集型产业,而农村农业水平的提高,把大量劳动力从农村解放出来,廉价劳动力源源不断流入乡镇企业,为乡镇企业的发展提供了低成本优势。在中国改革开放的20多年历程中,乡镇企业一度是中国最活跃的经济组织,尤其是20世纪80年代末和90年代初,乡镇企业是中国经济快速发展的主力军和加速器。

广大农村几乎取之不竭、成本低廉的后备力量,吸引全球的资本蜂拥而来,短短十数年时间就建构了整个人类工业史上最为辉煌的制造业市场。有专家统计,每个农民工每年创造的剩余价值是1.9万元,全国有1亿多农民工,每年创造的财富至少为2万亿人民币。中国社科院人口经济研究所专家拿出了一份报告,透过这份报告中的一些数字,我们看到了这支"产业大军"的威力。报告说,改革开放近30年,劳动力流动对GDP贡献率达21%。报告说,没有城市户口的农民工已占第二产业的57.6%,商业和餐饮业的52.6%,加工制造业的68.2%,建筑业的79.8%——换言之,如果没有农民工,超过一半的饭店要停业,近七成的生产厂家要关门,近八成的大楼建不起来!经济学家刘易斯说:"劳动力从农村流向城市,本身即为经济发展的一个重要标志。"农民工进城务工,不仅开拓了我国农民就业和增收的主渠道,还推进了我国城镇化进程。"一年土,二年洋,三年回家盖新房;一户打工,带动全村,一人打工,带动全家",是流传在农村关于出外打工的言论。据统计,四川省每年外出农民工高达 1600 万人,全省劳务收入将近 700 亿元;2005 年,河南省外出打工人数达到 1557 万人,占全国劳务输出数量的 1/8,外出务工收入达到 730 亿元。从全国统计来看,2005 年农民收入出现恢复性增长,贡献之一就是农民打工收入占增长部分的 40%。

让多数人走进城市,让少数人留在农村,让城市和农村的生活水准基本持平,这样一个城市化过程,英国用了 150 年的时间,美国用了 100 年时间,日本用了 60 年时间,韩国用了 25 年时间。具体到中国,国情更复杂,清华大学城市规划系邓卫这样阐述:"中国人口基数太大,如果要达到发达国家的城市化水平,还要有 4 亿多人涌进城市,这样一个规模,在全球城市化历史中都是罕见的,另外,中国情况太特殊,没有一个国家像中国那样,地域差别那么大,发展又不平衡,所以,我们国家也很难以某个国家为蓝本进行学习。"站在世界发展的角度来看,大量的农业人口进入城市,转为非农人口,是任何一个工业化国家都必须经过的道路,是不可逆转的城市化进程。但携带着庞大的农业人口,中国将要用多少年减少农民、富裕农民,改变城乡失衡?没有人算得清具体的数字,但能肯定的是,这是一条漫长艰辛、又无法回避的道路。

进城打工,走上城市化的道路,是农民改变千百年"脸朝黄土背朝天"生活方式的道路,是离开土地增收的道路,但是这条路并不轻松。"来这个厂一年了,每月最多能挣 1200 元,但工作压力太大了,几乎每天加班 3 个小时,每天晚上 10 点左右才能下班。"一位农民工表示。2007 年,北京掀起建筑热潮,这离不开这个不引人注目的人群,就是农民工,他们背着行李辗转在各个工地之间,住在简易的工棚里,所赚的工时费低至每小时 4 元钱。一位 30 多岁的建筑工人,在上海工作近 10 年,建造了 20 多座摩天大楼,自己却居住在工棚里,相隔不远就是车水马龙的陆家嘴金融中心,他自己最大的愿望就是,通过读书改变命运融入城市。留在原来的土地上耕作,还是进城打工,成了中国很多农民的一个两难选择,这从另一个角度表明,农民进城的路并不好走。尽管各种利好消息不断出现:清理农民工欠薪、工伤保险、医疗等社会保障开始提上日程,尽管一些地区已经开始给农民工建造廉租房,一些企业也开始主动提高工资水平,但是迅速进入城市的庞大人口与完善的制度之间,还有相当一段距离。

一支庞大的舰队,一个古老而又年轻的国家,在工业化、全球化的潮流中,扬帆起航,它发展的奇迹、它前行的速度,令世界瞩目。然而,如何穿过沉积的冰层，让最慢的船只赶上队伍，是"千年未有之变"中的农民大国正在破解的一道世界级难题。改革开放初期，著名画家罗中立创作了一幅题为《父亲》的油画，展现了生活在贫困中的老农形象：开裂的嘴唇、满脸的皱纹以及手中粗劣的碗等写实的描绘，是中华民族沧桑历史的见证。30多年来它吸引人们驻足凝视，这位农民父亲的眼睛和皱纹穿越时空，至今仍在提醒人们，别忘了这个民族的根，别忘了农民的痛，别忘了我们血脉相连。

案例二

中国人口问题[①]

　　拥挤的车流，快速涌动的人群，面对密集得甚至有点透不过气来的生存空间，生活在城市里的人们，恬淡从容，处乱不惊，而这是相当数量的中国人每一天的生活，拥挤，这或许是生为中国人必须习惯的一种生活。虽然中国已经进入了低生育率国家行列，但由于人口增长的惯性作用，当前和今后十几年，中国人口仍将以年均800万～1000万的速度增长。

　　人口多，为中国带来了创造奇迹的可能。今天的中国，似乎什么事情都是可能的。只有像中国这样的大国，拥有庞大人口资源的国家，才有可能创造奇迹，庞大的人口数量一直是中国国情最显著的特点。虽然同样的拥挤可能出现在东京、纽约、伦敦、孟买，甚至更多国家的一些城市，但是在国土面积前50位的国家当中，没有一个会像中国这样，在如此广袤的疆土上，大面积地出现类似的拥挤，也不曾有过其他民族像中华民族这样，在漫长的历史河流中，始终如一地密集着。这个问题的答案，曾在20世纪30年代被一个叫胡焕庸的地理学家掀开过一角。

　　1935年，胡焕庸发表了我国人口地理和农业地理方面第一批论文，其中最重要的论文是《中国人口之分布》。在文中，胡焕庸绘制了一张与众不同的中国地图，这张地图被一条线分为两半——从黑龙江的瑷珲也就是今天的黑河，一直到云南腾冲。线的西北一侧是中国64%的土地，但是大约只有4%的中国人生活在这里，原因很简单，这边的生存环境太恶劣了；线东南方36%国土居住着96%人口，自古以农耕为经济基础；线西北方人口密度极低，是草原、沙漠和雪域高原的世界，自古是游牧民族的天下，就这样，一条线划出两个迥然不同的自然和人文地域。线的东南方，土地面积占中国的36%，以平原、水网、丘陵、喀斯特和丹霞地貌为主要地理结构，却养育着96%的中国人，这就是说，同全国平均密度相比，东南部高出2.67。我们看到，胡焕

[①] 节选自电视专题片《国情备忘录》第六章。

庸发现的人口分布格局不但没有缓解的痕迹，相反有加重的趋势。尤其值得注意的是，上海、宁波、南通、张家港、舟山、厦门、福州、温州、汕头、泉州、东山、广州、深圳等东南沿海城市，对外来人口有极强的吸引力。这提醒我们思考，人口向适合生存的地区集中是不是一种规律？中国真正适合生存的空间到底有多大？中国的版图上，代表平原的绿色部分很少，大部分是黄色、橙色的地区。和中国人相比，美国拥有与中国几乎同样大小的疆土，但人口却比中国少了10个亿，而且美国从落基山脉下来，一直到佛罗里达，几乎就是一片平原，中部一望无际的玉米地，完全都是平的。虽然中国有960万平方公里的国土，但我们生存的空间其实却只是这300多万平方公里，和印度的国土面积差不多，但同样是人口大国的印度还是比我们宽松一点，因为他们的人口比中国少2个亿。与中国人相比，整个欧洲的面积虽然比中国略大，但是它们的人口总数却只有中国的一半。

也许只有当你真正近距离地去观察这个国家的每个细节，你才能明白，要支撑起13亿人的衣食住行，是个庞大而又艰难的系统工程，而13亿这个数字并不是静止的，在短短4秒钟里，中国就又有一个孩子出生了。而中国在有限的狭小空间，养活着世界上1/5的人口，本身就是一个了不起的成就。960万平方公里，中国人一直引以为豪的数字背后，是极其拥挤而艰难的生存条件：按能源负载，中国人最好不超过12.6亿；按土地资源，中国人最好不超过10亿；按淡水资源，中国人更是只有4.5亿才好。13亿意味着虽然中国拥有数不清的河流湖泊，但当这"生命之源"平分给13亿人的时候，中国就只能和以色列、沙特、阿联酋这样的沙漠之国并列站在联合国的缺水名单当中；虽然中国地下蕴藏着世界1/10以上的煤炭，可被13亿人一分，中国就只能去仰望原本在总量上并驾齐驱的澳大利亚，去羡慕美国人和加拿大人的富裕；虽然我们脚下还涌动着比OPEC成员国卡塔尔和阿尔及利亚还要多的石油，但是人均以后，我们就会被40多个国家甩在身后。

吃喝拉撒，这个具体在每个人身上都是最基本的自理能力的简单事件，一旦乘上13亿这个天文数字，就变得纷繁复杂。我们不得不打起十二分精神思考，13亿人的生活，到底该怎么过？我们有13亿人口，那么，中国到底能够承担多少人口？中国的人口底线在哪里？显然，13亿还不是，中国960万公里还不至于承载13亿就人满为患。但底线不在未来悠闲的栖居，稍不留神，中国的人口就"雄赳赳，气昂昂"地越过"人口三八线"了：线这边，是安居乐业；线那边，是中国土地不能承受人口之重。有人说16亿、17亿是底线，也有人说7亿~10亿，争论从没有停止过。根据中国科学院国情分析研究小组的估测，中国人口承载极限在16亿左右。最理想的人口数量是7亿~10亿，中国现在的人口比理想状态多出了3亿多。决定中国人口底线的要素不仅有自然要素，还有社会、政治要素。房子够不够住、工作够不够做、养老够不够充足……一系列问题都在制约中国的人口底线。

中国人口过多，将会是中国不能承受之重。13亿的重量，已经让中国气喘吁吁。中国用不到一半的土地养活13亿人口的压力，是客观的自然条件决定的，并不会因为经济发展了而得到缓解。恰恰相反，随着经济的发展，人口会不断向资金充裕、资源充裕的地区流动。近年来，我国东部以及一些大城市的人口承载压力在不断增加……中国特大城市和大型城市的人口数量已经远远超出国际标准，比如北京，每平方公里要比世界其他特大城市多出8000人。中国目前还没有一个城市能达到宜居城市的标准……我们不希望人口再多了，如果真到16亿、17亿，那就很糟糕了。16亿，已是中国的人口底线。如果我们的人口雪球真的滚到16亿，那么中国将坐在人口火山口上战战兢兢。就连西方媒体在用挑剔的眼光评论中国计划生育政策的时候，它们自己也会变成矛盾的综合体，它们一面在各种人权报告中对中国这项国策指指点点，但另一方面，它们又高度赞扬中国控制了人口，减少了世界资源负担，这两种声音如同一个变奏曲，弹了30年。

对于大多数中国人，不再拥有生与不生的权利。同时，我们又不得不承认，很多人快乐和幸福都系在生育孩子身上，尤其是生育男孩，而计划生育政策则大大降低了人们维系生育的幸福指数，没有未来的恐惧一波一波涌上来。恐怕每一个在计划生育浪潮中放弃生育的人们并不都是自愿的，甚至是带着怨气的。不可否认，在从被迫控制生育到自愿控制的生育伦理的过渡中，最初的经历者承担了更多。同时，计划生育还成为西方攻击中国政府的噱头，大量关于中国人权的美国政府报告，很多是在计划生育政策上做文章。2007年我国人均GDP达到2400美元。据测算，如果不实行计划生育，只有1800多美元。在人口有效控制的同时，也提升了人口素质，促进了全要素生产率的显著提高，人口对资源、环境的压力得到有效缓解。如果不实行计划生育，我国的资源、环境将面临更为沉重的压力，人均耕地、粮食、森林、水资源、能源等将比目前减少20%以上。果断的人口政策，及时止住了人口洪流的倾泻。某些西方舆论在煞有介事地拿计划生育做靶子攻击中国的时候，并没有想到，如果中国政府对人口的繁衍放任自流，中国人口势必会膨胀到冲破国界造成国际后果的时刻，恐怕那时他们又会发一通"中国人口威胁论"的牢骚了。站在历史的长河中审视人口政策，我们会发现，强制性的人口政策是在救赎中国，也是在救赎世界。

我国的资源环境已不能容纳更多的人。单就土地而言，我国的耕地很少，我们的耕地已经到头了，国家死守18亿亩的底线。耕地稀少，中国这么多人吃饭，应该怎么办？科学不能解决所有的问题。袁隆平成功培育了高产的水稻，但再优良的品种如果没有水也是徒劳，并不是每一寸土地都能种植水稻。所以，解决人口问题，不能只靠科学家，还要依靠社会学家与人类学家。人口增多也加大了污染环境的系数。西方人认为中国在破坏全球的环境，我们也很委屈——中国的人均排放量并不高。但是，从 GDP 的角度，我们生产同样的GDP，制造的污染要比西方国家高很多，这是粗放型经济增长带来的后遗症。哪里人多，哪里水污染就最严重，这似乎已经成为中国当今水问题的一大定律。2007 年 5 月 29 日，江苏无锡城区的自来水发出了一种难闻的气味，市民们纷纷跑到街上抢购纯净水。与此同时，无锡太湖的水位下降到了 50 年来的最低水平。根据中国科学院的调查，这场水危机的"罪魁祸首"是太湖沿岸严重的工农业污染和生活污染。人口太多是造成太湖水污染的主要原因，太湖地区人口密度高达每平方公里 1000 人，这里已经是世界上人口密度最高的地区之一。这么多人要生活，必然会产生巨量生活垃圾。这么多人要吃饭，要工作，就要千方百计增产粮食、发展工业，当地农业和工业飞速发展了，污染排放也出现了天量。光是太湖流域每公顷耕地一年的化肥施用量就已经达到将近 67 公斤，是 30 年前的 3 倍！

大学毕业生、城镇新增失业人口、农村转移劳动力，再加上原来国有企业、集体企业下岗的没有安排工作的职工，这样每年需要解决的就业岗位就是 2000 多万个。虽然我们创造的新增就业岗位已经连续 4 年超额完成任务，目前已经达到 1000 多万个，但依然有 1000 多万的巨大缺口。从 2003 年的 212 万到 2008 年的 559 万，中国的大学毕业生每年都在以六七十万的速度递增，他们是中国经济的新生力量，然而这些天之骄子却已经习惯了"一毕业就失业"的尴尬。

尽管 30 年来中国在人口政策上取得了很大成就，但是我国仍然面临着重重压力。上一拨人口高峰出生的人，现在差不多都到生孩子的年纪了，而且都是符合二胎政策的独生子女，新的人口高峰已经提前到来了。同时，"无子不成家，有儿万事足"的传统生育观念，依然影响着每个中国人。富人超生、名人超生、农民工超生的问题，都一一摆在人类学家和政府的案头和会议桌上。这一切都暗示，中国好不容易才维系住的人口总量与社会资源的平衡依然脆弱，而且随时都有可能被打破。但是，即便我们保持现在的生育水平，人口规模的压力依然存在，因为未来的二三十年，中国的人口总量每年还会以 1200 万～1700 万的速度惯性增加。根据联合国的预测，到 21 世纪 40 年代，中国人口才能达到 15 亿的峰值。一旦放松警惕，我们就很可能会突破之前讲到的 16 亿、17 亿的人口承载极限。因而，在未来的二三十年，对于每个中国人来说，还应当承担控制人口的社会责任，我们的使命并没有完结。从现在开始的未来 30 年，中华大地上还将新增 2 亿人口，还将有 3 亿农民要从乡村走向城市，这意味着，至少有 5 亿中国人需要在有限的国土空间上重新布局。

参考书目：

[1] 中华人民共和国年鉴．中国国情读本．北京：新华出版社，2012．

[2] 胡鞍钢，王绍光，周建明．第二次转型：国家制度建设（增订版）．北京：清华大学出版社，2009．

[3] 王向明．新阶段·新起点——社会主义初级阶段基本国情和新的阶段性特征．北京：人民出版社，2008．

[4] 胡鞍钢，王亚华．国情与发展——国情研究系列之四．北京：清华大学出版社，2005．

[5] 夏春涛．中国国情与发展道路．北京：中国社会科学出版社，2010．

[6] 连玉明，武建忠．中国国情报告（2010—2011）．北京：中国时代经济出版社，2011．

[7] 门洪华．中国国际战略导论．北京：清华大学出版社．2009．

[8] 曹泳鑫．当代中国马克思主义与基本国情研究．上海：学林出版社，2010．

[9] 中国科学院国情分析研究小组．国情研究第一号报告：生存与发展——中国长期发展问题研究．北京：科学出版社，2012．

[10] 中国科学院国情分析研究小组．国情研究第二号报告：开源与节约——中国自然资源与人力资源的潜力与对策．北京：科学出版社，2012．

[11] 中国科学院国情分析研究小组．国情研究第三号报告：城市与乡村——中国城乡矛盾与协调发展研究．北京：科学出版社，2012．

[12] 中国科学院国情分析研究小组．国情研究第四号报告：机遇与挑战——中国走向 21 世纪的经济发展目标和基本发展战略研究．北京：科学出版社，2012．

思考题

1．为什么说在任何情况下都要牢牢把握社会主义初级阶段这个最大国情，推进任何方面的改革发展都要牢牢立足社会主义初级阶段这个最大实际？

2．如何认识当前我国发展重要战略机遇期内涵和条件的变化，全面把握机遇，沉着应对挑战？

3．为什么必须坚定不移地走科学发展道路？

4．如何认识当前中国国情的基本特征？

第二讲 中国特色社会主义的经济建设

一、教学大纲基本内容

(一) 中国特色社会主义经济理论和制度

1. 中国特色社会主义经济理论。

一是关于社会主义根本任务的理论。解放和发展生产力始终是社会主义的根本任务。

二是关于经济体制改革的理论。中国经济体制改革的目标是建立社会主义市场经济体制。

三是关于社会主义市场经济的理论。社会主义市场经济是同社会主义基本制度相结合、同社会主义精神文明相结合的市场经济。计划和市场都是经济手段，对经济活动的调节各有自己的优势和长处。

四是关于基本经济制度的理论。公有制为主体、多种所有制经济共同发展，是社会主义初级阶段的基本经济制度。

五是关于分配制度的理论。必须坚持和完善社会主义初级阶段的分配制度，初次分配和再分配都要处理好效率和公平的关系，再分配更加注重公平。

六是关于对外开放的理论。对外开放是中国一项长期的基本国策。

七是关于经济管理和宏观调控的理论。加强对国民经济的有效管理和宏观调控，对国民经济和社会发展的目标、结构、速度、效益等因素进行有计划调节，提高宏观调控的科学性、预见性、有效性。

八是关于经济发展的理论。社会主义的经济发展必须是持续健康的发展。

2. 中国特色社会主义经济制度和体制。 经济制度是指在一定历史阶段占主要地位的生产关系的总和，又称社会经济结构。经济体制主要指在经济制度基础上经济运行的具体形式，包括生产资料所有制的具体形式和结构、国民经济的管理制度和管理方式、机构设置和经济运行规则等。

中国特色社会主义经济制度和体制主要包括三个方面：

一是基本经济制度。主要是确认生产关系即生产资料所有制的制度。

二是分配制度。主要是确认分配方式的制度，是经济制度的重要方面。

三是社会主义市场经济体制。社会主义市场经济体制是在社会主义公有制基础上在国家宏观调控下，使市场在社会资源配置中发挥基础性作用的经济体制。

（二）提高经济发展的质量和水平

加快形成新的发展方式推动中国特色社会主义经济建设，必须以科学发展为主题，以加快转变经济发展方式为主线，不断提高经济发展的质量和水平，促进经济持续较快发展。

1. 加快转变经济发展方式。经济增长，是指一个国家或地区在一定时期内经济规模在数量上的扩大。经济发展，则不仅包括一个国家或地区经济规模在数量上的扩大，而且包括经济结构优化、经济效益提高、生态环境良好、人民生活水平提升等内容。

经济增长和经济发展是两个既有联系又有区别的范畴。经济增长是经济发展的基础，一定的经济增长是实现经济发展的基本前提和必经阶段。但经济增长并不等于经济发展，只有实现全面协调可持续的发展才是真正的经济发展。经济发展是经济增长的重要保证和最终目标。只有实现真正的经济发展，才能为经济持续不断地增长创造重要条件、提供基本保障；只有达到经济社会方面的均衡、持续和协调的发展，满足人民群众过上更好生活的期待和要求，推动经济增长的最终目的才算真正达到。

经济发展方式是指一国或地区实现经济总量增长和质量提高的途径和办法。转变经济发展方式，除了涵盖转变经济增长方式的全部内容外，还涉及发展理念的变革、模式的转型、路径的创新，是一种综合性、系统性、战略性的转变，贯穿于经济社会发展全过程和各领域。

调整经济结构是转变经济发展方式的重点，是提升国民经济整体素质、赢得国际经济竞争主动权的战略重点和根本途径。调整经济结构，关键在于实现"三个转变"：

一是实现促进经济增长由主要依靠投资、出口拉动向依靠消费、投资、出口协调拉动转变；

二是实现促进经济增长由主要依靠第二产业带动向依靠第一、第二、第三产业协同带动转变；

三是实现促进经济增长由主要依靠增加物质资源消耗向主要依靠科技进步、劳动者素质提高、管理创新转变。

2. 现阶段中国经济发展战略和发展道路。经济发展战略是指在一定时期内一个国家或地区关于经济发展的基本思路、基本任务、基本目标和基本政策。

经济发展道路指从经济发展实际出发确立的实现经济发展目标任务的具体途径和方式。党的十八大提出,坚持走中国特色新型工业化、信息化、城镇化、农业现代化道路,实现现代化的整体推进。

中国特色的经济发展道路主要包括:

一是推动信息化和工业化深度融合,以信息化带动工业化,以工业化促进信息化,走出一条科技含量高、经济效益好、资源消耗低、环境污染少、人力资源优势得到充分发挥的路子。

二是推动工业化和城镇化良性互动。工业化和城镇化良性互动是指以工业化来带动城镇化,同时,城镇化的进程又会反过来进一步推动工业化的发展。工业化和城镇化都不是孤立的,二者互动才能实现良性发展。

三是推动城镇化和农业现代化相互协调。城镇化和农业现代化相互协调,就是城镇化发展要顺应农业现代化的发展,不断提高为农业现代化服务的水平。

四是推动工业化、信息化、城镇化、农业现代化同步发展。现代化是一个整体,"新四化"同步发展是现代经济发展的基本特征,重点在于整体发展。

(三) 实施创新驱动发展战略

1. 创新驱动发展战略的形成和基本内涵。 党的十六大以来,我们党作出增强自主创新能力、建设创新型国家的重大战略决策。党的十七大提出提高自主创新能力、建设创新型国家是国家发展战略的核心,是提高综合国力的关键。党的十八大提出的创新驱动发展战略,是我们党在改革发展的关键时期作出的重大抉择。

创新驱动发展战略的基本内涵是:坚持走中国特色自主创新道路,以全球视野谋划和推动创新,提高原始创新、集成创新和消化吸收再创新能力,更加注重协同创新;坚持自主创新、重点跨越、支撑发展、引领未来的方针,不断提高创新能力,着力建立以企业为主体、市场为导向、产学研相结合的技术创新体系;加快建设国家创新体系,加快培育创新型科技人才,努力培育全社会的创新精神,把全社会智慧和力量凝聚到创新发展上来。

2. 创新驱动发展战略的主要途径。 一是进一步提高自主创新能力,二是进一步深化科技体制改革,三是进一步优化创新环境,四是进一步扩大科技开放合作。

(四) 推动城乡发展一体化

1. 城乡发展一体化是解决"三农"问题的根本途径。 农村劳动力的大规模流动,加强了城乡之间经济社会的交融。彻底免除农业税,推进乡镇机构改革,国家把基础设施建设和社会事业发展的重点放到农村、农村义务教育经费保障制度、新型农村社会养老保险制度的建立上,极大地改变了农村经济社会发展的状况。

同时也要看到,当前我国的城乡发展还存在较大差距,主要体现在三个方面:一是农业生产方式落后,小块土地经营占主导地位,劳动生产率低,农产品缺乏市场竞争力。二是农村基础设施建设和社会事业发展滞后,农村生产、生活条件差,整体生活水平明显低于城市居民。三是城乡居民收入总体上还存在较大差距。必须进一步加大统筹城乡发展力度,实现城乡发展一体化,增强农村发展活力,逐步缩小城乡差距,促进城乡共同繁荣。

2. 坚持中国特色农业现代化道路是推动城乡发展一体化的基础。党的十八大报告提出,必须在工业化、信息化、城镇化深入发展中同步推进农业现代化,加大强农惠农富农政策力度,让广大农民平等参与现代化进程,共同分享现代化成果。

3. 加快完善城乡发展一体化的体制机制。破除城乡二元结构的体制是推动城乡发展一体化的关键。加大统筹城乡发展力度,增强农村发展活力,逐步缩小城乡差距,促进城乡共同繁荣,必须加大推进城乡两方面体制机制的改革创新力度。

(五)全面提高开放型经济水平

1. 经济全球化对中国的机遇和挑战。

(1)经济全球化有利于人类社会生产力的发展,使世界范围内的各类生产要素得到更加高效的利用和更为合理的配置,使各种创造财富的源泉得到更加充分的涌流。

(2)经济全球化是不以人的意志为转移的客观趋势,是社会化大生产和生产力发展的内在要求,任何国家和民族只有自觉参与进去,才可能获得发展的机遇,促进自身的发展。

(3)经济全球化是在西方发达国家主导下推进的,西方发达国家在经济和科技上具有较大优势,在综合国力和核心竞争力上明显领先,在制定和维护国际经济行为规则和制度上占有主导权,而广大发展中国家在经济全球化中仍然处于不利地位,不公正不合理的国际经济政治秩序制约着发展中国家的发展,并带来了经济发展水平和财富占有之间新的不平衡。

(4)虽然2008年国际金融危机的爆发给经济全球化的发展带来了重大影响,但从总体上看,这次危机并没有根本改变经济全球化的大趋势,也没有根本改变世界经济中长期的发展趋势。

经济全球化的深入发展,既给中国带来了严峻挑战,也带来了难得的发展机遇。

2. 全面提高开放型经济水平的主要内容。

（1）继续推进对外贸易增长。扩大对外贸易，有利于提升国内的产业结构，推进经济的现代化。

（2）继续坚持"引进来"。中国的经济发展不仅要充分利用国内资源，还要充分利用国际资源，要通过引进资金、先进技术和人才来增强国际竞争力，完善利用外资形式，提高利用外资水平，优化利用外资结构，带动整个国民经济的发展。

（3）实施"走出去"战略。"走出去"就是要更加积极主动地参与经济全球化，更加广泛地开展同世界各国特别是广大发展中国家的经济技术交流合作，更好和更多地利用国外一切可以利用的市场和资源，以弥补国内资源的不足，扩大国际市场空间。要把提高竞争力的重点放在国际市场上，积极主动地参与世界竞争，全面提升中国企业"走出去"的能力，使中国资本在世界上占有应有地位。

（4）推动对内对外开放相互促进。继续扩大对外开放，必须将对内开放和对外开放统一起来，充分利用两种资源和两个市场，不断完善区域开放格局，形成区域间相互促进、优势互补、互利共赢的良好局面。

二、学术前沿述评

（一）关于创新驱动发展战略的研究

学者们主要研究了创新驱动发展的含义、不足和对策。

1. 关于创新驱动发展的含义。 尹德志认为，创新驱动，简而言之就是指经济增长主要依靠科学技术的创新带来效益，在经济发展中科技进步对于经济增长的作用大大增加，即科技进步对经济的贡献率大大提高。其最主要的表现方式为用技术变革创新来提高生产要素的产出率，实现集约型增长方式。① 陈曦认为，创新驱动发展作为提高社会生产力和综合国力的战略支撑，意味着创新不仅仅是一个概念、一个符号，而是统揽全局、左右发展的谋略。实施创新驱动要确立创新驱动基本发展战略是一项系统工程，只有搭起基本框架，才能统领整个战略的全面实施，具体表现为由主体通过多种渠道，运用高效可行的方法具体实施，确立协同合作的创新主体系统和协同运作的创新方式系统两个系统。②

2. 当前我国的创新驱动发展存在一定的不足。 陈鹏飞等人认为，主要表

---

① 尹德志：《基于国家创新驱动发展研究》，《科学管理研究》2013年第3期。
② 陈曦：《创新驱动发展战略的路径选择》，《经济问题》2013年第3期。

现为技术创新投入不足；知识创新体系建设不足，知识创新与技术创新协同不紧密；鼓励创新的制度体系不完善。① 陈曦认为，创新驱动发展是相对于生产要素驱动发展而言。长期以来，我们都是依赖劳动力、土地、资本、自然环境等生产要素进行配置、消耗和整合来发展经济，这种经济发展方式在发展初期取得了一定成效，但是随着发展速度的加快，其弊端逐渐显现甚至在一定程度上阻碍了经济发展，因此国家提出用创新驱动代替生产要素驱动。②

3. 关于创新驱动发展的对策。 陈鹏飞等人认为，应当进一步加大创新投入，进一步完善知识创新体系，进一步强化知识创新与技术创新，进一步加大制度创新。③ 张蕾认为，积极培育有利于创新的文化氛围；提升全民教育水平，提高劳动力质量和人均劳动生产率；大力加强自主创新，并使企业成为创新的主体；加快战略性新兴产业发展，促进经济转型和传统产业升级；发挥政府调控和引导作用，加强产学研协同创新机制建设。④ 任采文认为创新驱动发展的关键在人才。⑤

（二）关于城乡发展一体化研究

近年来我国学者关注的城乡发展一体化问题主要集中在以下几个方面：

1. 关于城乡发展一体化的内涵。 吴丰华等认为，城乡发展一体化指中国城乡关系要打破分割、分离、分立的状态，从经济、社会、政治、文化、生态五方面缩小城乡差距、推进城乡融合、促进城乡共同发展。⑥

鲁能等认为，城乡发展一体化就是通过以工促农、以城带乡、工农互惠、城乡协调的制度安排，促进劳动力、资本、技术、信息等要素在城乡之间双向自由流动，实现城乡建设规划、市场体系、经济主体、公共服务、基础设施、社会管理及生活方式的一体化。⑦

2. 城乡发展一体化的内容及其相互关系。 白永秀认为，城乡发展一体化的内容主要有十个方面，彼此存在内在的逻辑关系：城乡规划一体化（前提）；城乡市场体系一体化（桥梁）；城乡产业发展一体化（载体）；城乡经济主体一体化（主体与内在推动力）；城乡基础设施一体化（基础）；城乡公共

---

① 陈鹏飞、贾慧霞、刘金石：《创新驱动发展：战略意义与路径选择》，《决策咨询》2013 年第 4 期。
② 陈曦：《创新驱动发展战略的路径选择》，《经济问题》2013 年第 3 期。
③ 陈鹏飞、贾慧霞、刘金石：《创新驱动发展：战略意义与路径选择》，《决策咨询》2013 年第 4 期。
④ 张蕾：《中国创新驱动发展路径探析》，《重庆大学学报（社会科学版）》2013 年第 4 期。
⑤ 任采文：《创新驱动发展的关键在人才》，《中国人才》2013 年第 4 期，第 4 页；赵兰香：《创新驱动，转型发展，根本要靠人才》，《科学学研究》2011 年第 12 期。
⑥ 吴丰华、白永秀：《城乡发展一体化：战略特征、战略内容、战略目标》，《学术月刊》2013 年第 4 期。
⑦ 鲁能、白永秀：《城乡发展一体化模式研究：一个文献综述》，《贵州社会科学》2013 年第 7 期。

服务一体化（基本内容）；城乡收入分配一体化（基本内容）；城乡生活方式一体化（深化）；城乡生态一体化（深化）；城乡社会管理一体化（保障）。①

3. 城乡发展一体化的路径。 任保平认为，城乡发展一体化的基本路径在于：城乡一体化发展新格局的激励结构和激励机制的新设计；完善城乡一体化发展新格局的制度基础；在城乡一体化发展新格局的建设中提高农民的组织化程度；在城乡一体化发展新格局中培育农村经济发展的新能力。② 白永秀等认为，实现城乡发展一体化的根本路径是大力发展市场经济，具体路径是集中农村生产要素、发展农村现代产业和推进农村城镇化。③ 高启杰认为，城乡发展一体化的道路是：正确定位发展主体，实现合力迸发；系统统筹，科学规划；完善体制与制度；创新社会管理。④ 鲁能等认为，城乡发展一体化的实现路径主要有两条：强调城市带动作用的工业化、城市化路径，强调农村自我发展的产业化、城镇化路径。⑤ 李凤瑞认为，实现城乡一体化发展，必须加快构建新型农业经营体系；必须赋予农民更多财产权利；必须推进城乡要素平等交换和公共资源均衡配置；必须不断完善城镇化健康发展的体制机制。⑥

（三）关于经济增长研究

中国经济自改革开放以来取得了举世瞩目的成就，找出中国经济30多年来高速增长背后的驱动因素，了解动力来源在增长过程中的演变路径，对于中国未来的长期繁荣具有极其重要的意义。

一部分学者将中国经济高速增长归因于生产要素投入、技术进步和制度的创新。蔡昉等发现，在中国经济增长的贡献中，劳动要素的重新配置发挥了显著的作用。⑦ 以吴敬琏为代表的部分学者认为，中国经济增长主要依赖于生产要素特别是资本的投入，并通过资源的消费来维持经济的增长，因此是一种粗放式的经济增长方式。⑧ 另一部分学者普遍认为改革开放以来制度变迁是推动中国经济增长的主要因素，认为比较优势和发展战略（林毅夫、刘明兴）⑨、

---

① 白永秀：《城乡发展一体化的观点创新与研究体会》，人民网2013年5月19日。
② 任保平：《城乡发展一体化的新格局：制度、激励、组织和能力视角的分析》，《西北大学学报（哲学社会科学版）》，2009年第1期。
③ 白永秀、王颂吉：《城乡发展一体化的实质及其实现路径》，《复旦学报（社会科学版）》2013年4期。
④ 高启杰：《城乡发展一体化的模式探索与方法创新》，《重庆社会科学》2013年第2期。
⑤ 鲁能、白永秀：《城乡发展一体化模式研究：一个文献综述》，《贵州社会科学》2013年第7期。
⑥ 李凤瑞：《健全城乡发展一体化体制机制路线图》，《领导之友》2013年第12期。
⑦ 蔡昉、王德文：《中国经济增长可持续性与劳动贡献》，《经济研究》1999年第10期。
⑧ 吴敬琏：《中国经济增长模式抉择》，上海远东出版社2009年版。
⑨ 林毅夫、刘明兴：《经济发展战略与中国的工业化》，《经济研究》2004年第7期。

竞争和产权制度（刘小玄）①、市场化和经济体制改革（樊纲等）②、地方政府的经济分权与竞争（张军）③ 对我国经济增长具有决定性影响。

许多学者从需求视角对中国经济增长给出了更为直接的解释，纷纷从国际贸易的视角研究出口与中国经济增长之间的关系。刘遵义等构建了一种反映中国加工贸易特点的非竞争型投入产出模型，提出了一种测算出口对于国内增加值和就业效应的计算方法，并由此计算中美两国贸易对于各自国内增加值与就业的影响。④ 沈利生同时测算了消费、投资和出口作为"三驾马车"对于中国经济增长的拉动作用，认为 2002 年以来消费的拉动作用在下降，出口的拉动作用在上升，因此必须扩大消费的拉动作用，使经济发展方式向消费、投资、出口协调拉动转变。⑤

中国经济增长的动力源泉具有路径依赖特性，尽管寻找中国经济新的动力来源并非易事。沈春华等主张随着中国经济进入新的发展阶段，必须利用市场与政府双重之手，加大对中国经济增长动力来源的调整。⑥ 刘瑞翔、安同良则强调更应着力挖掘促进内部增长动力，继续加大调整经济结构的力度，促使经济增长由投资驱动型向自主需求型转变，重点是让投资、出口、消费这三大经济增长的驱动力同时驱动⑦。

如何客观、历史从而正确地看待和评价中国的增长模式，确实是一个重要问题。中国经济已经取得持续高速增长的奇迹，但对这一奇迹仍处在知其然而很大程度上不知其所以然的状态。而处在这种状态就存在着一种可能，即不经意间将一些原本难能可贵的东西否定甚至丢掉了。当前学者的研究论文对如何评估和理解已有的增长模式尚未形成统一的意见，对中国经济增长模式的认识仍有待深入。

（四）关于经济发展研究

1. 基于对中国经济地位的分析。洪银兴认为有必要对经济发展方向重新

---

① 刘小玄：《中国转轨经济中的产权结构和市场结构》，《经济研究》2003 年第 1 期。
② 樊纲、王小鲁、张立文、朱恒鹏：《中国各地区市场化相对进程报告》，《经济研究》2003 年第 3 期。
③ 张军：《分权与增长：中国的故事》，《经济学（季刊）》2007 第 7 卷第 1 期。
④ 刘遵义等：《非竞争型投入产出模型及其应用——中美贸易顺差透视》，《中国社会科学》2007 年第 5 期。
⑤ 沈利生：《三驾马车的拉动作用评估》，《数量经济技术经济研究》2009 年第 4 期。
⑥ 沈春华、许涤龙、徐业丽：《金融危机冲击下的中国经济增长波动分析》，《调研世界》2012 年第 5 期。
⑦ 刘瑞翔、安同良：《中国经济增长的动力来源与转换展望——基于最终需求角度的分析》，《经济研究》2011 年第 7 期。

定位，推动经济大国向经济强国转变。其基本前提是实现经济发展方式的根本性转变：①经济发展目标的转型：由追求 GDP 总量增长转向人民收入增长。②科技进步路径的转型：由跟随转向引领。③参与经济全球化战略转型：由比较优势转向竞争优势。① 简新华、叶林比较了改革开放前后中国经济发展方式，认为，在整体上，改革开放以前的中国经济发展方式是一种粗放型、内向型，以数量规模扩张、外延扩大、高投入、高消耗、高积累、低消费、内需推动、重工业优先、重速度、轻效益为特征的方式。② 改革开放以来，中国形成趋向集约型为主、外向型的经济发展方式，仍然以数量规模扩张、外延扩大、追求速度、高投入、高消耗、高积累、低消费为重要特征，并且具有产业结构不断调整、外需拉动作用显著、效率有所提高的新特征。中国的经济发展方式还没有根本转变，还需要进一步转变和优化，形成科学发展方式。所谓科学发展方式是集约型、协调平衡型、内外向结合型、可持续发展型、高效型发展方式的综合，集中了各种发展方式的优势和长处。

2. 关于经济发展途径。有多位学者从不同角度进行了探讨。王一鸣认为转变经济发展方式要取得实质性进展和重大突破，最根本的是要深化改革，完善社会主义市场经济体制，培育和增加市场功能，增强市场机制对技术进步和节能降耗的激励和"倒逼"效应，从体制机制创新上推进经济发展方式转变。③ 王军认为推动经济发展的动力是否具有可持续性是经济发展方式能否转变的关键。④

3. 关于经济发展方式转变。一些学者对经济发展方式转变的问题和难点展开了研究，以期提出更有针对性的对策建议。吕政认为，转变经济发展方式，需要解决的突出问题是：必须认清我国经济发展条件的变化；正确处理速度与效益的关系；调整和优化产业结构；节约资源、保护环境；实现区域协调发展；增强企业创新能力，促进科技成果向现实生产力的转化；推进生产社会化。⑤ 杨淑华把我国粗放型经济发展方式难以根本转变的深层次原因归结为经济驱动力不足。⑥

---

① 洪银兴：《成为世界经济大国后的经济发展方式转型》，《当代经济研究》2010 年第 12 期。
② 简新华、叶林：《改革开放前后中国经济发展方式的转变和优化趋势》，《经济学家》2011 年第 1 期。
③ 王一鸣：《转变经济发展方式的现实意义和实现途径》，《理论视野》2008 年第 1 期。
④ 王军：《完善经济发展方式转变的动力问题研究》，《理论学刊》2009 年第 9 期。
⑤ 吕政：《转变经济发展方式需要解决的突出问题》，《前线》2008 年第 3 期。
⑥ 杨淑华：《我国经济发展方式转变的路径分析——基于经济驱动力视角》，《经济学动态》2009 年第 3 期。

（五）关于开放型经济研究

国内学者关于开放型经济的探讨可以归纳为以下几个方面的内容：

1. 构建开放型经济及其体制的必要性。 黎峰认为，近年来，由于长期依赖于低成本优势及政策优惠，我国开放型经济发展面临的路径依赖及资源要素约束瓶颈日益明显。尤其是在后金融危机时代，世界政治经济格局面临重大变革，全球经济运行体系、产业结构酝酿重大调整，我国开放型经济亟须进一步转型升级，开放型经济理论应赋予新的内涵。① 钟山认为构建开放型经济体制很有必要，理由有四个：第一，从中国的实际出发，由贸易大国走向贸易强国，就必须构建这样的一个新体制；第二，我们要从吸引外资为主向吸引外资和对外投资并举，这就需要我们构建这样的一个新体制、机制；第三，我们需要更加全面、更加广泛地参与国际的交流与合作，需要构建这样的新体制；第四，这也是我们国家经济社会发展的需要。②

2. 开放型经济的含义。 郑吉昌提出，开放型经济就是商品、资本、劳动力和技术等要素能够自由地跨越边境流动，按照市场规律实现资源优化配置的一种经济模式。③ 曾志兰认为，开放型经济是开放度较高的经济体系、运行机制和法律制度，开放型经济体现为政府基本按照市场经济的机制和规则进行管理活动。④ 钟山给出了开放型经济新体制的内涵：第一，要以负面清单和准入前国民待遇为抓手，主要包括改革利用外资和对外投资管理体制两个方面；第二，坚持多边合作和自贸区的双轮驱动效应，推动完善全球贸易管理体制；第三，扩大内陆开放和沿边开放，构建全方位对外开放的新体制。⑤

3. 开放型经济的发展模式。 王玉华等认为，所谓经济发展模式，是对一国经济增长动力源泉与经济运行机制的高度概括，它"并不是指某国采用的每项正确和错误战略的细节，而是从该国发展的历史经验中概括出最有关的特点"，决定经济发展模式最重要的特点是增长的动力源泉及运行机制。⑥ 蔡爱军等细化了开放型经济的发展模式，他们认为，改革开放 30 多年来，我国东部沿海以及全国其他少数中西部地区根据自身的优势，结合开放型经济发展的动力，形成了许多动力主导型的开放型经济模式。目前，比较突出的模式主要

---

① 黎峰：《开放型经济理论在中国的发展与创新》，《江苏社会科学》2010 年第 5 期。
② 钟山：《构建开放型经济新体制是必然选择》，新华网，2014 年 4 月 18 日。
③ 郑吉昌：《经济全球化背景下中国开放型经济的发展》，《技术经济与管理研究》2003 年第 5 期。
④ 曾志兰：《中国对外开放思路创新的历程——从外向型经济到开放型经济》，《江汉论坛》2003 年第 11 期。
⑤ 钟山：《构建开放型经济新体制是必然选择》，新闻网，2014 年 4 月 18 日。
⑥ 王玉华、赵平：《中国开放型经济发展模式探析》，《商业研究》2012 年第 6 期。

有宁波模式、浦东模式、厦门模式、东莞模式、温州模式、苏州模式等。这些模式按其发展的动力可以归纳为：①"引进来"型发展模式；②"走出去"型发展模式；③"引进来"+"走出去"型发展模式。①

4. 开放型经济发展中面临的主要风险。刘琦等认为，开放型经济发展中面临的主要风险有：①国际经济发展不确定的风险；②国际金融风险；③国际贸易摩擦风险；④人民币汇率风险；⑤经济快速发展的成本风险；⑥能源资源风险；⑦市场需求的不确定性风险；⑧竞争压力风险；⑨产业风险。②

5. 开放型经济发展的举措。杜人淮认为，有效应对全球化挑战的举措有：优化对外出口结构，增强出口竞争力；优化引进外资结构，提升利用外资层次；优化对外投资结构，扩大对外直接投资。③ 刘琦等认为，风险防范的对策主要是：确立完善的市场经济体制；建立开放型经济发展需要的风险预警和防范机制；深化金融体制改革；建立并完善国际贸易摩擦的应对机制；建立适应开放型经济发展需要的现代产业体系；构建节约型社会；建立中国能源资源安全战略体系；积极开拓国际国内市场；努力提升国际竞争力。④ 戴翔等认为，要做到：进一步增强进口在开放型经济发展中的贡献；进一步提高集聚国际先进生产要素的能力；加快出口商品结构优化尤其是加工贸易转型升级；以更大步伐"走出去"。⑤ 王金龙给出的对策是：要想全面提高开放型经济水平，必须做到：①加快转变对外经济发展方式；②坚持进出口并重，内外需协调；③提高利用外资综合优势和总体效益；④加快走出去步伐，增强竞争新优势；⑤提高抵御国际经济风险能力⑥。钟山认为我国可以在四个方面采取措施，积极提高对外开放水平：①积极推进多边体制的后发力谈判；②积极推进开放、包容、透明的自贸区谈判；③积极推动国际投资规则谈判；④积极参与全球经济治理的有关谈判。⑦

---

① 蔡爱军、朱传耿、仇方道：《我国开放型经济研究进展及展望》，《地域研究与开发》2011 年第 2 期。

② 刘琦、石建莹、李茜：《中国开放型经济发展中面临的风险及防范》，《经济研究导刊》2012 年第 24 期。

③ 杜人淮：《中国开放型经济面临的全球化挑战及其应对》，《齐鲁学刊》2013 年 第 3 期。

④ 刘琦、石建莹、李茜：《中国开放型经济发展中面临的风险及防范》，《经济研究导刊》2012 年第 24 期。

⑤ 戴翔、张二震：《我国开放型经济传统优势弱化之后怎么办？》，《福建论坛（人文社会科学版）》2013 年第 3 期。

⑥ 王金龙：《全面提高开放型经济水平》，人民网 - 理论频道，2012 年 12 月 16 日。

⑦ 钟山：《构建开放型经济新体制是必然选择》，中国经济新闻网，2014 年 3 月 24 日。

三、重点难点热点问题解析

(一) 产业结构调整：快乐的阵痛

产业结构调整是快乐，还是痛苦，抑或快乐的阵痛？

1. 产业结构调整的背景。

(1) 国际背景。产业结构调整的理论基础是"配第—克拉克定理"，该定理深刻揭示了产业结构变动同经济发展之间的关系。配第最早研究了产业发展规律。费希尔（1935）最早提出了"第三产业"这一术语，把第一、二产业以外的所有经济活动统称为第三产业。费希尔还进一步指出，各种人力、物力等资源将随着生产结构的变化不断地从第一产业转向第二产业，再从第二产业转向第三产业。克拉克（1940）搜索和整理了20多个国家的各部门劳动力投入和总产出的时间数据，在继承费希尔研究成果的基础上进行了卓有成效的统计和研究，在《经济进步的条件》一书中提出了就业在三次产业间分布的结构变化理论。克拉克发现，一个国家从事三次产业的就业比重会随着国民经济的发展、人均国民收入的提高而变动，农业就业比重急剧下降，从事制造业的就业比重与经济增长同步，但通常在接近40%时稳定下来，而服务业对经济增长的贡献则不断增长。[①]"配第—克拉克定理"告诉我们一个真理：产业结构的变化是经济增长的中心。

从全球范围看，产业结构调整都是快乐的阵痛。产业结构调整会带来短暂的经济波动、失业增加，本身是痛苦的；但是，产业结构调整后，竞争优势会更强，经济发展质量会更高，会带来持久的快乐。第二次世界大战以后，全球开始了新一轮产业结构调整：传统产业被大大压缩，新兴产业和金融业为核心的现代服务业不断发展壮大。以美国和日本为代表的世界发达国家第一产业和第二产业在国内生产总值中比重逐步下降，第三产业比重上升，是多数国家产业结构调整的基本发展路径。[②] 随着美国金融危机的爆发，全球产业结构调整出现了新动向——产业形态从虚拟经济向实体经济调整；发达国家的三次产业从过度服务业化向制造业回归调整；产业组织结构从大型企业化向发展中小企业调整；产业的要素结构从过去追求技术资本密集型向重视劳动密集型调整。[③]

[①] 付春光：《我国第三产业促进就业的有效性研究》，《学术研究》2011年第11期。

[②] 范剑勇、张涛：《结构转型与地区收敛：美国的经验及其对中国的启示》，《世界经济》2003年第1期。

[③] 周天勇、张弥：《全球产业结构调整新变化与中国产业发展战略》，《财经问题研究》2012年第2期。

后金融危机时代，美国和德国的产业结构调整比较到位，也使得美国和德国的经济在全球率先走出低谷，摆脱了经济下行的阴影，品尝到了阵痛后的快乐。

（2）国内背景。长期以来，受计划经济模式的影响，我国的经济增长过于依赖产业规模的扩大和总量的提高，忽视产业素质特别是企业的市场竞争力的提高，经济发展的高速度主要依靠高积累、高投资支撑，由此造成国内产业结构不合理，造成经济的阵痛。

第一，生产结构不合理。改革开放30多年来，受国际产业结构调整的影响，国家也在进行相应的战略调整，三次产业结构也出现了可喜的变化：第一产业持续下降，第二产业不断上升，第三产业缓慢上升，产业结构不断优化升级。1952—2008年，第一产业增加值占GDP的比重从51.0%持续下降至11.3%，下降了39.7个百分点；第二产业增加值占GDP的比重从20.8%跃升到48.6%，上升了27.8个百分点；第三产业增加值占GDP的比重从30.2%缓慢上升到40.1%，虽然取得较大的成绩，但是与世界银行三次产业14%、35%、51%的标准相比还是有很大的差距，生产结构明显不合理。

第二，产业组织结构不合理。目前我国各类产业的分散程度较高，集中度较低；过于追求企业的规模扩张，忽略中小企业的发展，导致中小企业生存困难；部分国有企业借助垄断地位和稀缺资源不断做大做强，而民营企业举步维艰。

第三，产业技术结构不合理。据有关研究表明，在发达国家劳动生产率的提高和经济增长中，70%~80%是依靠新技术实现的。而我国目前科技进步在经济增长中的贡献率还不到30%。以R&D这个重要指标评比，在世界前300家公司中没有一家中国企业。[1]

我国需要遵循产业发展规律，积极应对国际产业结构的变动，积极调整和合理布局产业结构。

2. 产业结构失衡分析。 我国产业结构失衡情况比较严重，主要表现如下：

（1）处于全球化产业链的低端。由于我国制造的产品一直处于全球化产业链的低端，技术含量低，粗放型生产经营，导致在2008年的国际金融危机中，以出口加工业为主的广东、江浙、福建等地区的企业受到严重影响。据2010年国务院发布的宏观数据显示，我国2009年出口总额为12017亿美元，同比下降16.1%。[2]

（2）第三产业发展严重滞后。综观美国、欧洲和日本等发达国家和地区

---

[1] 张承惠：《经济全球化进程中的中国经济结构调整》，国务院发展研究中心信息网，2001年3月23日。

[2] 李志强：《中国产业结构的现状分析与调整》，《中国矿业》2010年第12期。

经济发展过程中产业结构的变化,均是第一产业在国民经济中的比例逐步下降,第二产业和第三产业在国民经济中的比例逐步提高,当第二产业和第三产业发展到一定阶段后,第三产业在国民经济中的比例逐步超越第二产业的比例,成为国民经济中比例最高的一部分,建立起以资本和技术密集型为基础的第二产业和以第三产业为核心的经济发展体制。①

我国改革开放以来,经过产业结构调整,第三产业发展迅速,至 2009 年,第三产业增加值占 GDP 的比重上升到 42.6%。但是这个比重还是偏低,不仅低于发达国家的水平(70%~80%),而且低于一些发展中国家的水平(50%)。特别严重的是,在第三产业内部,传统低层次服务业占有较大比重,而现代服务业占第三产业总增加值却不到 30%。

(3) 自主创新能力不足,科技投入总量不足与结构不合理、效益不高的问题并存。我国原始创新能力偏低,重点产业核心关键技术受制于人,高层次领军人才缺乏。科技和经济的结合还不够紧密,企业的创新主体作用需要进一步发挥。科技与经济"两张皮"的现象虽然有所改善,但仍然存在一些深层次的制度障碍。产学研难以形成完整和高效率的创新链条,每年高达数万件的科技成果仅 25% 得到转化,真正实现产业化的则更低,只有 5%,而发达国家的科技成果转化率却高达 80%。②

(4) 产能严重过剩。早在金融危机前,我国就处于产能过剩状态。2006 年国务院将 10 个行业列为产能过剩行业,而到 2009 年产能过剩行业几乎翻了一番,在 24 个重要工业行业中有 19 个出现产能过剩,如钢铁、电解铝、铁合金、焦炭、电石、水泥、电子通信设备等重工业及纺织、服装等轻工业都出现严重过剩。目前,我国制造业平均有近 28% 的产能闲置,35.5% 的制造业企业产能利用率在 75% 或以下。③

从上面的分析可以看出,我国产业结构不合理,这也是不断导致经济阵痛的根源,亟须调整。

3. 产业结构调整的措施。

(1) 经济增长趋缓是产业结构调整的良机。美国金融危机之后,我国经济增长下行压力逐渐加大。在经济难以继续维持高速增长、在下行风险逐渐显现的情况下,加速经济结构调整尤为必要。经济增长结构调整成为"十二五"期间转变经济增长方式中的首要任务,中国经济的增长需要从前 30 年的投资出口驱动型向消费驱动型转变,实现依靠投资和出口拉动经济增长向通过需求

---

① 张唯实等:《产业结构优化与中国经济可持续发展研究》,《理论探讨》2011 年第 1 期。
② 《我国自主创新能力建设 2011 年度报告》,《经济日报》2011 年 12 月 28 日。
③ 张茉楠:《中国产能过剩问题尤为突出》,证券时报网,2012 年 7 月 11 日。

增长拉动经济增长转变，改变内需与外需、投资与消费比例严重失衡的局面。产业结构调整要由第二产业驱动为主，逐步实现以第三产业为主带动经济增长的转变。①

（2）产业结构战略性调整的核心：全球化产业链的高端。金融危机危中有机，它给我国产业结构调整提供了难得的战略机遇，我们应重点解决我国长期居于价值链低端和能源、资源、环境难以为继的问题，重点是要通过制度环境的塑造和政策支持，强化研究开发、设计、营销、品牌培育和专门化分工等关键环节，由单纯加工制造向设计、研发、品牌、服务等内容延伸，促进向产业链高端发展。从国际产业结构变动上看，我国必须占领国际产业结构变动的制高点，大力发展战略性新兴产业，从而带动整个产业结构的优化与升级。

（3）大力发展现代服务业。不断完善加快服务业发展的各项体制和政策，完善服务消费的基础设施，等等，积极为服务消费增长创造条件。加快推进服务业综合改革试点工作，破除制约服务业发展的体制机制障碍和政策限制，稳步推进物流业、金融业对外开放，积极引导民间资本投向服务业领域，拓展服务业投资来源。②

（4）提高自主创新能力。自主创新能力是国家竞争力的核心，是我国应对未来挑战的重大选择，是统领我国未来科技发展的战略主线，是产业结构调整实现产业结构优化的根本途径。

（5）加大淘汰落后产能的力度。当前，我国经济增速有所放缓，要抓住这一有利时机，执行严格的环境保护、市场准入和技术标准，进一步淘汰落后产能，促进结构升级。那些受金融危机和欧债危机影响较大的技术落后的产业（部分纺织、玩具、钢铁等）和具有高污染、高耗能、低产出的行业应该坚决予以淘汰，至少应限制其发展。

4. 产业结构调整的目标与代价。新时期我国产业结构调整应当符合产业结构调整的战略目标：①按照产业演变的一般规律，三次产业协调发展；②大力发展实体经济，新兴战略产业具有国际竞争优势；③积极发展第三产业并使其占主导地位；④积极参与国际分工，逐渐占领国际产业的最高端；⑤构造劳动密集型、资本密集型与技术密集型相互协调的产业结构。

产业结构调整不总是快乐的，需要付出巨大的成本，包括交易成本、社会成本、机会成本、市场成本、组织成本、资源成本和目标成本等，而且会带来巨大的阵痛：经济增长放缓导致下行压力增大、就业形势严峻、职工可支配收

---

① 张湘赣：《产业结构调整：中国经验与国际比较——中国工业经济学会 2010 年年会学术观点综述》，《中国工业经济》2011 年第 1 期。

② 王云平等：《产业结构调整中需要重视的问题》，《宏观经济管理》2011 年第 6 期。

入下降、居民消费低迷和社会保障力度减缓等,这些是产业结构调整的代价,这些代价是必然的,也是必要的,如果推迟产业结构调整,代价会更大。因此,产业结构调整是快乐的阵痛,阵痛之后是幸福的明天!

(二)盛世危言:中国居然也要"稳增长"

改革开放 30 多年来,中国的经济以近年均 10% 的速度高速增长,中国几近高增长的同义词,世人惊叹,国人自豪!然而,时至 2012 年,我国政府居然高调"稳增长",人们不禁质疑:盛世危言乎?

1. "稳增长"的背景。国际金融危机冲击和国内深层次经济问题的作用下,我国经济不再是骄人的高增长,而是出现了经济增长的持续下滑,势头至今未遏,形势严峻。稳增长迫在眉睫,非盛世危言!

我国经济这一轮放缓是从 2011 年第四季度开始的,到 2012 年 3 月"两会"时,最高管理层对我国的经济走势进行过评判,当时的结论是:中国经济会"低开、稳走",不过下滑的深度和时间会比较有限;没料到,美国经济增速放缓,欧债危机持续发酵和恶化,新兴经济体经济发展也一蹶不振,国内经济深层次问题(投资放缓,消费不振,创新不足,收入差距拉大,产业结构失衡,区域发展不平衡,出口下降等)逐渐暴露,中国经济增长放缓,各项经济指标加速下滑,企业家信心指数下降。2012 年 4 月,消费、投资与出口"三驾马车"的增速同时放缓:社会消费品零售总额同比增速由 3 月份的 15.2% 下滑至 14.1%;固定资产投资累计同比增速由 3 月份的 20.9% 下降至 20.2%;出口同比增速由 3 月份的 8.9% 进一步下降至 4.9%,2012 年上半年 GDP 增速仅仅达到 7.8%。① 更能反映出口企业状况的汇丰银行中国采购经理人 8 月指数(PMI)萎缩到了 47.8,创下自 2009 年 6 月以来的最低水平。到了 2013 年,经济形势依然没有好转,2013 年 GDP 增速为 7.7%,2014 年 GDP 增速降到 7.4%,而进入 2015 年,形势更为严峻,2015 年一季度 GDP 降到历史新低 7.0%,这一切都使得最高管理层下定决心:"稳增长"。

"稳增长"本来就是我们当前的首要经济任务。2011 年底中央经济工作会议就明确提出 2012 年的政策顺序:"稳增长、防通胀、调结构"。时至今日,无论是各项数据显示经济增长明显放缓,还是政府学界认为 2015 年经济形势严峻程度超过了金融危机的 2008 年,这一切都说明要高度重视稳增长。

2. 稳增长的重要性。稳增长是将来的主要任务,而非权宜之计。当资源枯竭、人口红利和政策红利吃尽、各项管理成本上升和外部环境没有明显改善的情况下,经济下行压力逐渐增大,如何稳增长即是中国未来相当长时期的新

---

① 张明:《别因"稳增长"而放松"调结构"》,中财网,2012 年 5 月 28 日。

课题。

（1）解决就业问题，促进消费。现在全国很多地区出现用工紧张情况，说明整个就业情况是良好的。但经济下行对就业形势的影响必须引起警惕，如果经济持续下行，造成财政收入和企业利润下降，影响城乡经济增长，最终会反映到就业上面。如果出现大规模失业，收入就会下降，社会就不会稳定，所以稳增长的关键之处在于稳就业，增加居民收入。收入增长，自然会促进消费，推升GDP，形成良性循环。

（2）促进经济结构调整。经济高速增长，不利于经济结构的调整；经济适当回落，稳定在一定的速度（底线是7.5%）之上，有利于转变经济发展方式、促进经济结构调整。

（3）稳增长有利于社会和谐。稳增长不仅具有经济意义，而且具有重要的社会意义。只有经济稳定增长，合理调整产业结构，保持物价总水平基本稳定，才能促进社会和谐稳定。

（4）增加国内和国际信心。目前，欧债危机逐渐发酵，日本经济萎靡不振。在世界经济一片低迷的情况下，中国经济的稳增长，不仅有利于国内信心的提高，也有利于提振世界信心。

3. 稳增长的对策。

（1）发挥"三驾马车"（投资、消费、外贸）的作用。经济下滑压力不断加大之下，大家纷纷建言献策。有人片面强调投资的作用，有人过于强调消费拉动，还有人迷恋外贸的神功，这些均不可取。经济增长不可单足疾行，稳增长亟须"三驾马车"并辔而行，要促进"三驾马车"的协调拉动，消费、投资与外贸不可偏废。

（2）发挥经济政策作用。发挥经济政策作用，继续实施积极的财政政策、稳健的货币政策和税收政策；政府一方面要加大财政支出的力度，另一方面应当逐渐放松银根。注意通过增加基础设施的资本金，降低其负债率，有效增加基础投资，并撬动银行的信贷杠杆，从而实现"稳增长"尤其是"稳投资"；同时，新增基础设施将加速中国的城市化进程，从而实现"调结构"。此外，中国央行在"稳增长"的背景下两次降息，两次下调存款准备金率，货币信贷增速稳步增加，并首次实施不对称降息以支持实体经济。将来还要根据实际情况择机降准或降息，为经济发展注入活水。此外，政府要特别注意完善结构性减税，扩大营业税改征增值税试点范围，减少流通环节税收和费用，减轻小微企业税负。尤其是对中小企业和小微企业，实行全面减税。① 中小企业、小

---

① 韩洁、徐蕊：《结构性减税政策显效 上半年减税"减"在何处？》，新华网，2012年7月18日。

微企业承担着解决就业的任务，同时税赋压力非常重，很多企业苦不堪言。在每年财政收入大幅上涨的同时，企业、居民的日子并不好过。不少税种的增收存在着诸多的不合理性，例如小微企业的企业所得税同小微企业主的个人所得税就有重复征收之嫌。如果能够大幅减免小微企业的税赋负担，放水养鱼，势必激发企业的创业热情，创造更多的就业岗位。减少纳税人税负，以此帮助企业渡过难关，刺激经济增长。①

（3）加大投资力度，降低投资门槛。"三驾马车"中，投资依然是经济增长的重点。消费这只内需"跛脚"短期内难长壮实，因此投资将依然是稳增长的"支撑腿"。

投资方面，由于投资对经济增长刺激效果较为明显，因而加大投资力度是可以的。应当注意的是，投资的前提是要有利于调结构、转方式，不能造成新的产能过剩，不能延缓旧的增长方式，不能扶持落后产能。在当前条件下，投资应更多放在基础设施和民生领域，目前我国教育、医疗、养老和基本建设等领域均严重供给不足，要在这些方面深化改革，拓展出新的投资领域，既可稳定经济增长，又能改善民生，促进社会和谐。

中央也提出，要推进"十二五"规划重大项目按期实施，尽快启动一批事关全局、带动性强的项目。对在建续建项目要进行梳理，分门别类解决存在问题，防止出现"半拉子"工程。通过重大项目的实施，带动相关产业发展，从而拉动经济增长。

在中国当前条件下，发挥投资作用时，政府不能唱独角戏，要充分发挥民间资本的作用。

改革开放 30 多年的重大成果之一，就是催生了民间大量的闲散资金，目前这些资金尚无有效的投资场所，多半处于闲置状态，一旦撬动，可以形成强大的投资力量，迅速稳住经济下滑的势头。

怎么才能撬动民间投资呢？

首先，最重要的办法是降低投资门槛，向民间资本开放。目前，大量赚钱的行业被国有企业所垄断，民间资本根本无法进入。如果能把铁路、军工、金融、石油、供水、供电等行业向民间资本全面放开，势必吸引民间投资涌入。除此之外，当前政府投资领域应该放开的领域还包括保障房投资、水利投资、战略性新兴产业投资、物流业投资、文化产业投资、高铁建设投资、城市轨道交通建设投资、特高压领域投资等。

其次，为民营企业创造良好的融资环境，微调货币政策。我们的银行主要是为国有企业服务的，中小企业特别是民营企业融资非常困难。今后应当为民

---

① 张明：《别因"稳增长"而放松"调结构"》，中财网，2012 年 5 月 28 日。

营企业创造良好的融资条件，必要的情况下，可以加大货币政策的预调微调力度，给予民营企业必要的保护。

再次，为民间资本创造公平的竞争环境和社会环境。国有企业、民营企业、中外合资企业，应该一视同仁，公平竞争。

最后，采取各种政策，引导民间资本投入战略性新兴产业、文化产业等领域。2010年5月，国务院颁布了《关于鼓励和引导民间资本健康发展的若干意见》，遗憾的是没有很好地贯彻实施。2012年8月7日《国家发展改革委财政部关于安排政府性资金对民间投资主体同等对待的通知》正式下发，通知规定：对合规民间投资项目一视同仁，这是一个很好的开端。

（4）注意事项。

首先，从理论上探讨大国发展模式。毋庸置疑，各国都有自己的发展模式，我国30多年的发展也有了比较适合自己的模式，不过这种模式是建立在20世纪的历史条件之上。随着时间的推移，很多问题难以解决，暴露出其不足之处：收入差距拉大，"三农"问题突出，未富先老问题凸显，腐败难以遏制，技术创新不足，国际竞争力不强。这些问题都阻碍经济增长的步伐，也需要我们继续探讨新的大国发展模式。

根据发展经济学的观点，结合我国的国情，我国保持大国增长模式，起码应该满足三个条件：①较高的生产性投资率；②新兴战略产业成为主导产业；③制度创新为基础，技术创新为根本驱动。今后我们在生产性投资领域加大投资力度、加强技术创新和制度创新的同时，特别重要的是要把中央确定的七大新兴战略产业落到实处，新兴战略产业具有很强的集群效应，通过自身的发展可以带动多个产业部门的快速发展，是带动经济持续腾飞必不可少的内在力量。在新的历史条件下，中国经济的长期稳步增长及在此基础上逐步形成的大国发展模式将会成为引领中国经济持续增长的不竭动力。

其次，注意发挥市场的力量，也不忽视政府的作用。稳增长不能仅靠单一的力量，既要注意发挥市场无形之手的力量，按照市场规则和价值规律办事，也不能忽视政府的作用，要充分发挥看得见的手的作用，矫正市场失灵。让看得见的手和无形之手携起手来，共同促进经济平稳发展。

再次，防止新的"四万亿"和由此产生的通货膨胀等问题。2008年，为了应对国际金融危机，我国政府采取了投放"四万亿"等刺激政策，虽然短期内稳住了经济，却带来了诸如通货膨胀、房地产价格飙升等后遗症，埋下了经济下滑的隐患。这次稳增长应当吸取历史教训，注意防止新的"四万亿"。一方面，中央政府不要再出台类似"四万亿"的政策，另一方面，要注意发现和遏制地方政府强烈的投资冲动，防止地方版的"四万亿"。特别是房地产政策调控不能放松，一些必要的微调也应仅限于差异化政策所释放的刚性需求,务必不使千辛万苦得来的调控成果毁于一旦。

又次,稳增长更要稳信心。"稳增长"最该"稳"什么呢?经济领域的举措固然重要,但是最根本的是"稳民心"。只有解决好了"稳民心",才能实现扩内需,为经济增长注入动力。稳增长、防通胀、调结构等问题才能顺利解决。

所谓"稳民心",实质就是改善民生,让民心稳定,不忧虑、不躁动,即让民众放心消费、愿意消费。但前提是,要提供健康的消费环境,要以健全的社会保障消除后顾之忧,要增加民众收入,让大家有钱去消费。须知国际上有相当多的跨国公司都看中了我国庞大的消费市场,国人自然应当对此有信心。

当然,我们也应当看到,"稳民心"有一定的现实基础。2012年一季度中国经济增长8.1%,同期,美国、欧盟、日本经济增速分别为2.2%、0.1%和1.7%,新兴经济体中增速较高的印度据预测增长6.4%。由此可见,中国经济增速不仅明显高于发达国家,也快于主要新兴经济体。[①]

"稳民心"意义重大。做到"稳民心",自然也能防通胀。若民心不稳,资金流动失序,就会助推通胀。民心稳定了,敢于消费了,就不用释放过多流动性了。我们的经济增长长期主要依靠投资尤其是政府投资来拉动,这显然难以持续,[②]必须让消费、投资和外贸共同拉动经济,而不再单纯依赖"铁公基"或外贸。

最后,转变经济增长方式,提高经济发展质量。更加突出"稳增长",有利于经济增长方式的转变,有利于提高经济发展质量。从我国的实际来看,经济增长固然要保持一定的速度,不过经济高速增长并不是我们的最终目的。2012年政府强调稳增长,不能理解为一味地追求高速度。我们所要的增长,是讲效率、求质量的增长,是物价稳定、市场繁荣、人民生活有较大改善的增长。政府把"十二五"时期经济增长预期目标为7%,相比而言,2012年上半年7.6%的增速还是不低的。《政府工作报告》将2015年经济增长预期目标下调至7%,是2005年以来首次低于8%。这种主动选择的回调,为转变经济增长方式、调整产业结构、提升发展质量预留了一定空间,同时也传递一个强烈的信号,今后的经济增长应该向注重质量转变,应当转变经济发展方式,把经济发展的质量放到首要地位。

我们还应看到,中国的"稳增长"是建立在庞大的基数之上的,以世界第二大经济体的体量来寻求更快的发展,本身就是高难度的,仅从这一点看,中国经济的"稳"就是对全世界最大的贡献。[③]

---

① 王雅洁:《稳增长 树信心》,中国经济网,2012年5月23日。
② 冯海宁:《"稳增长"最该"稳"什么》,《羊城晚报》2012年5月21日。
③ 王雅洁:《稳增长 树信心》,中国经济网,2012年5月23日。

（三）我们的钱哪里去了：敢问国企利润在何方

在 1993 年之后长达十几年的时间里，全体中国人巨额投资的国有企业几乎没有给国家上缴利润，更没有给普通老百姓分红。近年来，国企终于向国家上缴利润了，但利润上缴比例只有区区 5%～10%，还不那么情愿。2010 年，我国国有企业共实现利润 19870.6 亿元，同比增长 37.9%。国企利润虽然可观，但上缴国家的部分却十分有限，仅为 440 亿元，约占全年国企利润所得的 2.21%。①据悉，从 1993—2013 年，我们的垄断企业积累的未上缴利润数以万亿计，我们不禁要问，这些巨额利润流向何处？我们的钱究竟哪里去了？

1. 经典作家的设想。 马克思主义认为，在资本主义条件下，个人出卖劳动力，得到工资，其创造的剩余价值被资本家无偿占有，工人永远处于受剥削受压迫的地位，无产阶级必须起来反抗，剥夺剥夺者。胜利后的无产阶级应该大力发展生产力，占有全部生产资料并实行公有制，社会主义生产资料公有制的形式之一即是社会所有制或国家所有制，至于国有企业的利润，也应该归全社会所有，任何人任何单位不能以任何借口截留国有企业的利润。

当然，从理论上分析，国有企业的利润归全民所有，也不是说全部分光吃光。国有企业的利润除了上交以外，还要留一部分基金，用于企业自我发展和改善职工福利。

2. 我国国企现状。 1978 年以来，随着我国农村经济体制改革的不断深入，国企改革作为整个经济体制改革的中心环节也不断向前迈进，大体经历了放权让利、利税分流、两权分离、建立现代企业制度、国有经济布局战略调整五个阶段。其中，1994 年是重要的分水岭，1994 年前，国有企业多数亏损：1/3 盈利，1/3 潜亏，1/3 亏损。1994 年起，以《公司法》颁布实施为契机，国企改革迈出了"建立现代企业制度"的决定性一步，标志着企业改革进入了建立"产权清晰、权责明确、政企分开、管理科学"的新阶段。

在计划经济时期，国家对企业利润实行统收统支，利润全部上缴，由国家统一支配，国有企业不承担经营盈亏的责任，企业职工的收入不能与企业的经济效益挂钩，国企职工的高工资高福利这种平均主义的分配方式严重压抑了企业和广大职工的积极性、主动性和创造性，也使国家背上了沉重的包袱。

1994 年以后，按照国家规定，国有企业利润上缴 5%～10%，这个比例不高。以 2010 年为例，当年国有企业分红上缴还不到 10%，而同期美国企业利润分红比例是 26%，法国、瑞典等国家国有企业的分配比例平均达到 33%。可见，我国国有企业的利润上缴比例确实偏低，应该提高。

---

① 《国企利润动了谁的奶酪》，《21 世纪经济》2011 年 6 月 29 日。

3. 国企的性质与定位。

（1）理论质疑。对于国家关于国企利润上缴的规定和国企的实际表现，学术界提出了质疑，归纳如下：①上缴利润把中央金融企业作为例外，是合理还是不合理？②按5%～10%的比例上缴，是高还是低？③单靠利润上缴，能否遏止垄断国企职工的高工资高福利？④收取的利润，投向哪里才算合理？是否应该告知所有者？

（2）国企的性质与定位。我国《宪法》明确规定，国有经济是社会主义全民所有制经济，既然国企归全民所有，那么国企所产生的利润理所当然归全民所有，国企自然应该为民谋利。也就是说，国有企业及其所产生的利润都是全民资产，国企利润是我们的钱。

党的十五届四中全会通过的《中共中央关于国有企业改革和发展若干重大问题的决定》指出："包括国有经济在内的公有制经济，是我国社会主义制度的经济基础，是国家引导、推动、调控经济和社会发展的基本力量，是实现广大人民群众根本利益和共同富裕的重要保证。"这段话很明确地界定了国有经济"为民谋利"的根本性质，也决定了国企利润取之于民，必须用之于民。

（3）国企利润都去了哪里？现阶段，即使按照国家规定国企上缴5%～10%的利润，也还是有90%～95%的利润没有上缴。人们不得不问：这些巨额的资金哪里去了？用在何处？是用于企业发展还是谋求一己私利？

对于这些疑问，国企负责人大呼冤枉，认为国企特别是央企占有巨额利润是国人的误解。以2010年为例，中央企业（以下简称"央企"）实现利润总额为11315亿元，经过各种扣除后，实际上央企的可支配利润只有2000多亿元，并没有国人想象的那么高。[①] 可是这些解释只是他们的自说自话，因为缺乏监督，其可信度尚需进一步确证。人们没有看到国企"可怜巴巴"的利润，却经常可以从报刊媒体看到侵蚀利润的报道：垄断国企，一次次地以填平亏损的名义涨价，一个个赚得盆满钵溢，一个个高管拿着天价的薪酬。央企利润大、上缴红利少，带来的是内部高收入、高福利，少数人占用了多数人的利益，造成多数人为少数人埋单。如中石化广东分公司购买"天价酒"、国家电网安徽省电力公司超配公车等；又如2岁的女孩买下一套300平方米的别墅，价值近400万元，家里此前拥有4套房2辆车，如此的富贵就在于其祖上两辈都在垄断企业工作，从中可见央企利润的去处。

要想消除国人的疑问，澄清自己，就应该用事实说话、用数据说话，详细说明利润的数额和使用去向，并自觉接受社会各界的监督，而不仅仅是笼统的数字。

---

① 《央企上缴收益比例不宜过高》，《半月谈》2011年6月2日。

4. 政策建议。

（1）国企提高竞争优势，培养核心竞争力。尽管中国已成为世界第一出口大国，但我国出口贸易的主体是外资企业，出口的方式以加工贸易为主，出口商品的附加值较低。要使我国真正成为贸易强国，还需要发展我国本土的跨国企业，使它们真正掌握核心技术、自主品牌和销售网络。国有企业具有资金、技术、人才等方面的优势，它们最有条件与国外跨国公司在高端产业展开竞争，为我国谋取更大利益。对此，中国美国商会主席狄安华认为，中国国企向全球扩张，现在不仅在中国国内，甚至在海外的商业竞争中，都可以击败美国企业，"中国国有企业才是美国的最大威胁"[①]。

国企的国际竞争力越强，利润总量就越大，上缴的总数也越高，越有利于改善民生。

（2）打破垄断，还利于民。国有企业不是"与民争利"，而是"为民争利"，这样可以促进竞争、提高效率。今后我国应继续推进垄断行业改革，努力降低非公有制企业进入的门槛。但允许非公有制企业进入并不是要求国有企业退出，而是要形成党的十七大报告所提出的"各种所有制经济平等竞争、相互促进的新格局"。形成这样的格局，一方面能够促进国有企业效率提高、资产增值，增加人民群众作为国有企业所有者的权益；另一方面能够促进国民经济发展，更好地满足人民群众的物质文化需求。因此，我们既要允许个体、私营等非公有制企业"与国（国有企业）争利"，也要允许国有企业"与私（非公有制企业）争利"。

（3）逐步提高利润上缴比例。经常听国企负责人和国资委有关领导说，国企利润是他们自己辛辛苦苦挣来的。果真如此吗？实事求是地说，国企利润固然与国企广大员工的辛苦劳作分不开，但是在我国，国企利润多集中在电力、电信、矿产、烟草、石油石化等行业，试问，如果没有政策的长期倾斜，没有资源垄断，没有政府父爱主义的关怀，没有国家信誉的担保，国企还能顺利地赚到那么丰厚的利润吗？既然如此，那么，不该提高上缴比例吗？

至于国企利润上缴多大比例，学术界有分歧，有的主张上缴60%，有的认为不能低于80%，有的主张全部上缴。到底上缴多大比例，可以进一步研究。我们认为，在当前情况下，利润不能一步到位全部上缴，上缴多则影响国企进一步发展的速度和质量，上缴少则不能体现社会主义公有制的性质。不过有一点是明确的：今后，国有企业应该逐步提高上缴利润，还利于民，这是毫无疑问的。

国有企业应该逐步提高上缴利润不仅是国人的期盼，也引起了国际的共

[①] 《央企上缴收益比例不宜过高》，《环球时报》2011年5月4日。

鸣。美国也要求中国国企多上缴红利。在他们看来，中国的大国企享受着利润留成的优厚待遇，就等于变相的财政补贴，是以国家的财力同他们的公司在竞争，属于不公平竞争。在2012年5月初闭幕的中美战略与经济对话中，作为对话的成果之一，是中方承诺提高国有企业红利上缴比例。双方联合发表的新闻稿显示，中方将稳步提高国有企业红利上缴比例，增加上缴利润的中央国企和省级国企的数量，将国有资本经营预算纳入国家预算体系，继续完善国有资本收益收缴制度。①

提高国有企业的上缴比例还要明确一条，上缴的分红应该主要用于增强社会保障，改善民生，分享成果。

（4）提高投资运营和分配的透明度，保证知情权。国有企业尤其是央企与其他类型企业的一个很大不同是，它们是"公众"企业，即归人民所有、为人民服务、受公众关注的企业，这决定了人民群众对国有企业的要求会比对其他企业的要求高得多。重大决策要民主讨论，不能少数人说了算，更不能"一把手"个人说了算，以减少决策失误和防止决策中出现腐败。有关企业的收入分配、职务消费、管理成本等，应该尽量向社会公布，接受全体社会成员的监督。②尤为重要的是，国有企业的利润，包括上缴的利润，如何使用？投向哪里？多少用于企业自我发展？多大程度上改善了民生？这些重要信息都应该告知所有者，以保证所有者的知情权，同时也可以避免国企蒙受"不白之冤"。唯有如此，我们才不再迷茫：我们的钱哪里去了？

（四）警钟长鸣：中国的产业安全吗

改革开放以来，中国经济快速增长，取得了骄人的成就。难道经济总量世界第二的大国产业不安全？

1. 国家产业安全确实受到威胁。 产业安全是开放经济条件下困扰中国经济的一个新的突出的问题，也是理论界所面临的一个新的重大的研究课题。随着社会主义市场经济的不断发展、国际经济交往的加深、对外经贸的快速发展，经济领域出现了一系列问题，对外经贸受到冲击带来的产业损害问题，对外贸易中的倾销与反倾销问题，外资对国内技术、品牌、市场的控制问题，美国次贷危机引发的金融安全问题，等等，这些问题与国内本身固有的经济问题交织在一起，使得国内的产业安全问题日益突出。

2. 国家产业不安全的原因。

（1）处于国际产业链的低端。在目前的国际产业分工体系中，我国基本上

---

① 《美国要求中国国企多上缴红利引关注》，《中国经济周刊》2012年7月27日。
② 《国有企业是与民争利还是为民谋利》，国资委网站，2011年8月15日。

处于产业链的中下游或末端,即"微笑曲线"的最底端,两端产业附加值低,我国产业基本处于"微笑曲线"中间附加值最低部分,相应地,实现经济增长投入的物耗、能耗则比发达国家高得多,在利益分配格局上我们与发达国家明显不对等(如图2-1所示)。①

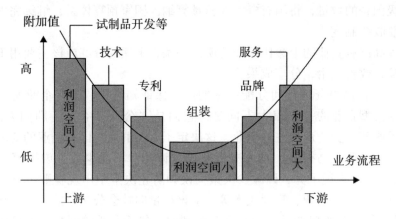

图2-1 产业"微笑曲线"

(2)国际竞争力不强。改革开放30多年我国的竞争力虽然有很大进步,但是与先进国家相比,国际竞争力还是不强(见图2-2)所示。

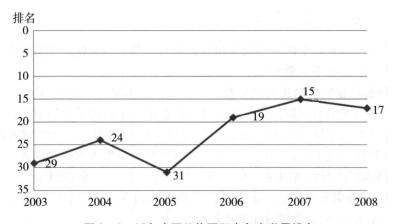

图2-2 近年中国总体国际竞争力世界排名

资料来源:IMD研究报告——《世界竞争力年鉴》。

(3)外贸依存度过高。我国的外贸依存度自20世纪90年代起逐年攀升,

---

① "微笑曲线"最早由我国台湾著名学者施振荣先生提出,本讲在此基础上增加了新的内容。

最高超过 70%（2004 年），最高年份甚至超过美国和日本（如图 2-3 所示）。过高的外贸依存度虽然一定时期支撑了我国经济快速增长，但是也使得我国的经济过于依赖国际市场和国外资本，易被外方控制，风险很大。

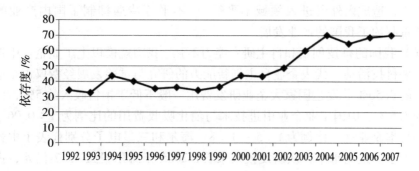

图 2-3　我国外贸依存度的变化

依据历年《中国统计年鉴》和商务部网站相关数据计算得来。

（4）外资在中国加强并购与垄断。由于看中中国巨大的市场，外资一直谋求对我国某些行业的并购、控制和垄断，且越演越烈。进入 21 世纪之后，外资一方面加快对我国制造业、农业、原材料、食品等传统产业的并购，另一方面加快对我国金融产业、高科技产业等的投资并购。据国家工商总局调查，在微电机、小汽车、计算机、程控交换机、光纤电缆、洗涤用品、医药等行业，跨国公司目前已实际上取得垄断或控制地位。我国最大的柴油燃油喷射系统厂无锡威孚、唯一能生产大型联合收割机的佳木斯联合收割厂、最大的电机生产商大连电机厂等相继被 GE、卡特彼勒、ABB、西门子等跨国公司并购。金融业方面，目前 200 家外资银行已经开始在我国营业，30 多家还开展了人民币试点业务。目前我国已出现了几例外资银行并购案例：花旗银行入股浦发银行、美国银行入股建设银行、高盛投资团入股中国工商银行。[①] 外资在中国的并购甚至垄断都使我国相关产业受到威胁和损害，处于不安全状态。

中国国内很多产业中在市场上占有优势地位的品牌在外资并购中消失或者丧失了原有的市场地位，如活力 28、浪奇、熊猫等国内化工产业品牌全军覆没，其他国人耳熟能详引以为豪的名牌如永久、凤凰等品牌在外资的合资或者并购过程中也丧失了其绝对控制地位。

（5）政策体制与法规方面，对内外资实行不平等待遇。我国利用外资的一些做法违背了国民待遇原则，外资企业除了享有土地使用权优惠外，还在税收、准入领域和并购条件等方面享有政策优惠。就税收优惠而言，在两税合一

---

① 李宁顺：《外资并购的垄断倾向及其防范分析》，《对外经贸实务》2009 年第 7 期。

前，外资企业不仅享有税收优惠，而且不少经济开发区还打着招商引资的旗号，实行名目繁多的其他优惠政策，早已超出了国家规定的范围。就准入领域而言，由于政策引导的结果，有些允许外资企业进入的领域，国内民营企业却不能进入，造成内外资进入领域不平等。① 不平等待遇抑制了国内产业的活力，严重制约了我国的产业发展。

（6）我国的科技创新和自主研发能力不强。我国规模以上工业企业中仅一成多开展科技活动，代表企业自主创新能力的研究与试验发展经费仅占企业销售收入的0.56%。发达国家大企业研发费用一般不低于销售收入的5%，而央企仅为1.5%。中国工业企业引进技术与消化吸收费用的比例为1∶0.06，而韩国和日本企业这一比例为1∶5～1∶8。海尔和三星电子分别代表了中韩两国消费电子的最高水平，从研发投入来看，2005年海尔投入45.7亿元，占营业收入的3%，而三星电子投入53.7亿美元，占营业收入的比重达到9.4%。② 科技创新不足，自主研发能力不强，降低了我国企业的国际竞争力，也制约了我国的产业发展。

3. 国家产业安全对策分析。产业安全是国家经济安全的重要组成部分，它关系到国计民生和一国经济的长远发展，关系到一国的经济权益和政治地位。

（1）制定国家产业安全标准。国家产业安全标准有四项主要内容：产业协调力；产业控制力；产业竞争力；产业发展力。

第一，产业协调力是指各大产业之间和各产业内部各部门之间的结构比例关系和协调能力，主要表现为产业结构协调、产业空间结构协调、产业的纵向协调、产业的横向协调。产业协调力是产业安全的基础。

第二，产业控制力是国家对本国产业生存和发展的调控能力，主要包括：政府对该产业国内生产能力的控制；政府对某一产业中重要企业的控制和提供支持的能力；政府对基础产业的控制。产业控制力是产业安全的路径。

第三，产业竞争力是一国某一产业在国内外市场竞争中实际显现和形成的优势，它反映了一国某产业的生产力水平。产业的竞争力大小影响产业遭受冲击和其他威胁的自卫能力，因此成为产业安全的关键。

第四，产业发展力是指一国产业消除各种威胁和不确定因素，赢取竞争优势，持续发展的能力。产业安全的根本目的就是要提升国家的产业发展力。

总之，产业不安全，根源在内部，科技创新和自主研发能力不强，产业竞争力难以提高，产业控制力也无法提高，产业发展自然面临风险。因此，我们

---

① 郭春丽：《外资并购引致产业安全风险的途径及防范对策》，《中国经贸导刊》2008年第2期。
② 《中国青年报》2005年12月15日。

应该把维护产业安全的重点放在内部,加大科研经费投入,提高科技创新和自主研发能力,搞好产业协调,提高产业竞争力,加强产业控制,促进产业发展。

(2) 提高政府行政能力。

第一,合理制定产业政策和产业发展规划,加强产业保护。在我国经济处在高速成长期、市场机制还比较薄弱、市场作用发挥得也不太充分的情况下,应合理制定并有效实施适合中国国情的产业政策和产业发展规划。必须确定各个时期的产业发展重点和方向,灵活运用财政、税收、金融、外贸、法律、信息指导以及行政等手段,并选定一批能够在国民经济发展中起关键作用的产业类型,制定保护和扶植的政策界限与相应的时间表。政府特别是地方政府应当取消外资的超国民待遇;放宽对我国民营企业的准入限制,加快培养能与跨国公司相抗衡、具有较强国际竞争力的大型控股集团公司,才能切实起到保护作用。

第二,政府加强服务功能。政府主管部门应指导并协调国内有关部门和相关中介组织开展产业安全方面的工作,指导行业协会、商会加强行业自律以及与国外行业组织间进行磋商,为企业提供及时的信息和法律咨询服务,维护产业安全。

第三,实施贸易救济措施。根据世贸组织规则,当进口产品以不公平贸易方式对进口国的产业造成实质损害时,成员国政府可以实施双轨制的贸易救济措施,即通过 WTO 争端解决机制或国内的相关法律程序,在满足一定条件时可以背离其承诺的有关义务,有效运用国际收支平衡例外、一般例外、反倾销反补贴措施、安全例外、保障措施等贸易救济措施作为产业保护手段,纠正不公平贸易行为,恢复受损产业并提升其国际竞争力,以维护国家产业安全。

(3) 提高维护国家产业安全的各项能力。主要是提高金融和流通业应对风险的能力,提高市场应变能力和抗御风险的能力,特别是提高发展大型企业集团的能力。要在企业内部建立行业共性技术的研发基地,广泛吸纳人才,完善科研基础设施,通过发展大型企业集团以抵御外国跨国公司对我国产业的垄断。此外,也要注重品牌建设,提高自主创新能力。

(4) 加强产业安全立法保护。在经济全球化的背景下,立法保护产业安全具有重大意义。构建中国产业安全法是维护当前国家经济安全的重要的制度性保障,是中国参与经济全球化的客观要求。发达国家在经济科技上占优势的压力将长期存在,围绕资源、市场、技术、人才的竞争更加激烈,贸易保护主义有新的表现,这些外部压力的解决,关键在于如何运用国际通行规则,在发展中保护自己。构建产业安全法则是运用国际通行规则的具体体现,是在进一步扩大对外开放中维护国家经济安全的客观要求。

产业安全,警钟长鸣!

四、延伸阅读与思考

（一）重要文献资料

习近平"丝路新语"：和平合作　开放包容　互利共赢①

2013 年 9 月 13 日　吉尔吉斯斯坦·比什凯克 上海合作组织成员国元首理事会第十三次会议

务实合作是上海合作组织发展的物质基础和原动力。上海合作组织 6 个成员国和 5 个观察员国都位于古丝绸之路沿线。作为上海合作组织成员国和观察员国，我们有责任把丝绸之路精神传承下去，发扬光大。

一是开辟交通和物流大通道；二是商谈贸易和投资便利化协定；三是加强金融领域合作；四是成立能源俱乐部；五是建立粮食安全合作机制。

2013 年 10 月 3 日　印度尼西亚·雅加达 印度尼西亚国会演讲

中国和东盟国家山水相连、血脉相亲。中国致力于加强同东盟国家的互联互通建设。中国倡议筹建亚洲基础设施投资银行，愿支持本地区发展中国家包括东盟国家开展基础设施互联互通建设。中方愿同印尼和其他东盟国家共同努力，使双方成为兴衰相伴、安危与共、同舟共济的好邻居、好朋友、好伙伴，携手建设更为紧密的中国—东盟命运共同体，为双方和本地区人民带来更多福祉。

东南亚地区自古以来就是"海上丝绸之路"的重要枢纽，中国愿同东盟国家加强海上合作，共同建设 21 世纪海上丝绸之路。中国愿通过扩大同东盟国家各领域务实合作，互通有无、优势互补，同东盟国家共享机遇、共迎挑战，实现共同发展、共同繁荣。

2014 年 4 月 1 日　比利时·布鲁日 欧洲学院演讲

当前，中欧都处于发展的关键时期，都面临着前所未有的机遇和挑战。我们希望同欧洲朋友一道，在亚欧大陆架起一座友谊和合作之桥。我们要共同努力建造和平、增长、改革、文明四座桥梁，建设更具全球影响力的中欧全面战略伙伴关系。

我们要积极探讨把中欧合作和丝绸之路经济带建设结合起来，以构建亚欧大市场为目标，让亚欧两大洲人员、企业、资金、技术活起来、火起来，使中国和欧盟成为世界经济增长的双引擎。

---

① 节选自《人民日报》2014 年 7 月 2 日。

习近平：要积极实施一带一路 如期完成"十二五"规划[①]

当前，时和势总体有利，但艰和险在增多。我们要全面贯彻落实中共十八大和十八届三中、四中全会精神，以邓小平理论、"三个代表"重要思想、科学发展观为指导，继续推进全面建成小康社会、全面深化改革、全面依法治国、全面从严治党，突出创新驱动，强化风险防控，加强民生保障，如期完成"十二五"规划确定的各项目标任务。我们要坚定不移维护香港、澳门长期繁荣稳定。我们要深化两岸合作交流，促进两岸一家亲、共筑中国梦。我们要高举和平、发展、合作、共赢旗帜，积极实施"一带一路"战略，促进人类文明进步事业。

（二）典型案例

案例一

在环境恶化的背景下增长是可持续的吗？[②]

德怀特·帕金斯和托马斯·罗斯基所做的关于增长核算的细致研究发现，1978—2005年，中国GDP的实际增长率为9.5%，全要素生产率（TFP）在其中占40%，资本增长占44%，劳动力教育程度的提高占16%。根据他们的观点，正是生产率的提高使得90年代中期以来储蓄和投资比例的增加。虽然中国的家庭习惯将可支配收入中的1/4储蓄起来用于购置房产和汽车，但是对延长平均寿命的期待、退休金较低以及不断增长的私人教育和医疗保健成本一直在强化储蓄动机，并且在未来的一二十年里会继续如此。企业利润和政府盈余构成了中国储蓄的另一半。然而，在不久的将来，对基础设施、环境恢复、公共卫生和社会服务等需求的增长将需要更高的税收甚至预算赤字。以上两者均会减少总储蓄。

基于东亚某些地区的经济发展经验，帕金斯和罗斯基假设，即使继续推行改革、国内储蓄额持续增长，全要素生产率增长也会下降，其结果是GDP的增长率到2015年会下降到6%～8%，随后更低。尽管帕金斯和罗斯基作出了某种乐观的预测，但他们引证了2000—2005年间全要素生产增长率下降的情况，虽然这一时期加大了固定资本开支。当然，他们并未考虑2008—2009年全球经济衰退对中国出口前景带来的影响。尽管出口占据了2007年经济增长

[①] 节选自2014年12月31日习近平在全国政协新年茶话会上的讲话。
[②] 节选自（美）马丁·C. 斯佩希勒著：《中国经济发展的五大难题》，朱玉清译，《国外理论动态》2010年第10期。

的1/4，但从产品附加值角度来看，中国对其主要出口市场美国的出口所创造的利润还不足GDP的5%。为了在这一市场做得更好，中国必须解决产品质量问题，例如在玩具中使用对儿童有害的含铅成分的喷漆。这些质量方面的过失不仅仅是他们学习过程中的错误，而且往往是厂家为了削减成本进行的欺诈行为。

中国全要素生产率增长的原因是多样的，最为显著的是从传统产业向现代产业的产业转变，例如制造业。由于外商直接投资和反向工程（reverse engineering），现代产业一直能够采用来自国外其他国家或地区的最先进的技术，特别是来自中国台湾地区、日本和美国的技术。如今，中国将GDP中的1.4%用于研发，这一比例高于其他低收入国家，但是中国大型产业部门将大部分的研发资金用于对国外技术的改造，使其适应劳动密集型经济体。根据2006年的调查，中国私有企业并没有增加其研发活动。另外，尽管WTO有一定的要求，但是中国在知识产权方面的执法力度仍然不足，加之中国私营企业在获取风险创新资金方面存在困难，其整体发展并不顺利。

中国的法律体系不同于欧洲和美国的机制，因为其官员在知识产权的实施以及全球性的交易、破产、合并和其他私有商业部门的活动等方面拥有更多的权力。中国对创新过程缺乏保护。警察和法院这样的权威机构办事不公，效率低下，腐败现象频频发生，而中国的民众是完全依赖它们的。虽然如此，但是中国劳动力文化程度较高，拥有一个广阔开放的市场，一批受过国外训练的专家归国效力，加上政府的努力，特别是政府对于信息技术的集中关注，这一切都预示着中国将在应用科学技术方面获得成功。

整体经济的生产力增长的放缓部分应归咎于地方官员的错误以及国有企业较差的盈利能力。国有企业获得了大部分的银行贷款和来自证券发行的收入，或者说，它们得到了全部投资性资金中的1/3。银行业可能是中国经济中改革力度最薄弱的部门。人为的低利率和宽松的贷款条件鼓励了资本密集型的方案设计，却有损就业机会。中国人民银行的调查显示，非国有性质的借贷者，如房地产开发商，往往要通过行贿才能得到贷款。中国的国有银行依然背负着沉重的不良贷款负担。依据不太严格的标准来看，官方的不良贷款率在逐年下降，2006年达到GDP的6%，这一数字与亚洲其他大国差不多。但由于有一些减值贷款被转移到了国有资产管理公司，因此不良贷款率总体上可能接近12%。标准普尔公司估计中国2003年不良贷款约占固定资产的45%。不过，由于其低水平的国债率以及庞大的外汇储备，各大银行似乎没有因为这些呆坏账而受到什么影响，即使它们继续贷款给那些疲软的国有企业和急速发展的房地产行业。此外，在私有企业融资方面，非银行的和非正规的（混合性的）融资方式已经替代了低效的银行部门。

对经济持续增长构成最严重威胁的是环境恶化。对生产商而言，水资源、土地、清洁空气和能源的使用一直都是低于实际价格的，而地方当局一直没有从公众那里感受到巨大的压力，从而采取有效措施来制止污染、土地荒废、能源消耗。据世界银行发展研究部和环境局的调查，2006年中国25个人口超过100万的城市中，空气颗粒物含量达到平均每立方米75毫克。与此形成对比的是，世界卫生组织的标准是每立方米20毫克——这也是纽约市的测量值。二氧化硫也不利于人类健康，2001年上述中国城市的空气中二氧化硫的平均含量为每立方米77毫克，与此相对照，世界卫生组织的标准是每立方米20毫克，纽约市的测量值为26毫克。由汽车和工业生产排放所致的另一污染物——二氧化氮，是导致酸雨的主要原因。2001年，中国24个大城市中二氧化氮在空气中的含量为每立方米64毫克，高于世界卫生组织规定的40毫克的最高标准。奇怪的是，其他研究表明，自从90年代中期以来，在中国各城市中，所监控到的空气污染已减少。尽管中国政府已经更加关注空气污染问题，例如，将国家环保总局升格为部级单位，减少家庭取暖用煤，并于1999年取消含铅汽油的使用，但是持续快速增长的轿车和卡车加剧了有毒气体的排放。

对于整个中国的农业和公共卫生而言，供水或许是一个比空气污染更令人忧虑的问题。2007年，中国人均淡水拥有量为2132立方米，与此相对照，世界银行公布的标准人均淡水量2000立方米属于"匮乏水平"。据2005年《中国日报》报道，由于不断下降的地下水位，包括北京在内的大部分华北地区的100多个城市已出现了非常严重的供水不足问题。农业用水占现有淡水资源的2/3，但对农民征收的水费却仅是居民用水和工业用水费用的1/6，而且经常未能如数收缴。虽然中国采取了植树造林的措施，但是过度放牧和滥砍滥伐在中国西部和北部引起了沙漠化、洪水、土壤侵蚀等相关的问题。因此，中国北方的这一形势要求强制减少农田和农业方面的用水，并实施造价高昂的南水北调工程。

城市中的大多数河流受到严重污染，政府为解决这一问题而采取的行动已经减少了有机污染物的排放，估计为每个工人每天0.14千克，这与美国的平均水平相当。但是，由于地方政府官员拒绝关闭垃圾场或花费资金来对其进行升级改造，工业和城市垃圾经常未做任何处理，特别是那些乡镇企业和规模较小的工厂和城镇。中国在环境方面的法律的执行很薄弱，对它们起不了作用。

近年来，世界银行估计，对中国而言，污染导致的成本占到GDP的6%～8%，这意味着从积累性增长中已经获得的实际利益的水平要打折扣。2005年，预防和治理环境污染方面的投资达到GDP的1.3%，到目前为止，每年在这方面的投资额处在可控制的3%，这足以解决环境污染问题吗？据另一项评估：用于清理污染的费用占到了GDP的7%。中国政府自己的官员称国家在保护环境方面的投资占 GDP 的 1.8%，他们认为这太少了。虽然环境治理可能会占用更多的资源，但是不会多到明显影响经济的增长。

中国碳排放量占到世界的 15%，低于美国，但增幅更快。中国在限制二氧化碳排放方面没有做出巨大的努力，限排只是它在其庞大的煤炭产业中刚刚开始做的事情，中国和世界其他地区将会面临全球变暖引发的海岸洪灾。在这个问题上中国预期将受到来自国际社会不断增加的压力。迄今为止，中国官员给出的解答就是，他们要维护自己国家在为全世界的公共利益投入更多资源之前首先实现自己发展的权利。

案例二

苏联经济增长转型失败的经验教训[①]

一、苏联经济赶超发展的轨迹

依靠"二战"前约 30 年的社会主义改造和高速发展，苏联工业产值增长了 38 倍，实现了工业化，而英国工业产值增长 38 倍用了 162 年（1790—1951），苏联工业化速度超越了欧洲所有大国，经济实力很快跻身世界经济第二大国，并依靠积累起来的经济实力成功经受住了"二战"的考验。"二战"后，苏联经济继续保持了较高的增长率。如 1946—1950 年，社会总产值年均增长率为 14.4%，1951—1960 年为 10%，远高于同期的美欧国家，使苏联经济迅速赶上和超过许多西方发达国家，极大地缩小了与美国的差距，苏联国民收入占美国的比重已经从 1950 年的 31% 上升到 1975 年的 67%，苏联成了几乎与美国比肩的超级大国，成为 20 世纪世界经济赶超发展中的一个典范。

但好景不长，苏联年均国民收入增长率从 1971—1975 年的 5.7% 下降到 1976—1980 年的 3.7%，工业总产值年均增长率分别从 7.1% 下降到 4.5%，工业和农业年均增长率分别从 8.4% 和 4.2% 下降到 7.1% 和 0.5%，社会劳动生产率年均增长率从 6.8% 下降到 4.6%。20 世纪 80 年代苏联经济继续衰退并进入危机阶段，1981—1990 年苏联经济增长率只有 1.5%，已经低于同期七国集团 3.1%、美国 3.2% 和日本 4.1% 的年均增长率，从而扩大了与美国等一些发达国家的经济差距。1981 年苏联经济开始被日本超过，退居第三位。苏联国民收入规模相当于美国的水平从 1975 年的 67% 下降到 1988 年的 64%，占世界经济的比例也在下降，使一度缩小的与美国的差距逐渐拉大，赶超进程功亏一篑。

[①] 节选自林跃勤：《苏联经济赶超失败探源——基于经济增长转型的视角》，《江汉论坛》2011 年第 12 期。

二、苏联经济赶超失败的根源

苏联经济赶超美国失利有多方面的原因，是多种因素共同作用的结果。

1. 发展战略选择失当：过分强调不切实际的高增长。通过高速工业化和高速经济增长，尽快赶超发达国家，是苏联一贯的经济发展战略。在这样的指导思想之下，速度成了经济发展最大最迫切的追求。这种不顾一切地追求高速度的发展战略目标往往导致政府和企业无法按照科学发展规律办事，不惜代价的投资决策带有很大的盲目性；为实现超越式发展往往导致资源不平衡，资源供给无法满足加速增长必须持续追加的投入；长期高增长难以避免结构扭曲，过度偏向重化工业等增加 GDP 效果显著的行业，而轻工业、服务业等创造 GDP 效果较慢的行业备受忽视，资源投向过度集中于城市，而轻视农村等；过度重视政府财力集中，忽视企业自主收益和居民的财富增长，形成不合理的收入分配格局；等等。

2. 片面依靠物质投入驱动增长而忽视科技进步的贡献，造成高消耗低产出。虽然在一段时期内苏联的 GDP 增长率快于美国，但苏联消耗的原材料和燃料等比美国等高得多。据统计，"二战"后苏联经济增长的58%是靠增加投资、劳动力等要素投入取得的，而科技进步对经济增长的贡献率不足30%，而西方国家达到50%～70%。1976年苏联每亿度电所消耗燃料比日本高46.4%，每吨钢所消耗燃料比日本高140.3%，每吨铁所消耗燃料比日本高164.6%。1976年苏联平均吨标准燃料产出仅有375美元，远低于美国的608美元和日本的1140美元。与美国相比，苏联经济投入的劳动力和工业投资总量分别高出45%和40%，农业投资高出4倍多，但其国民收入的生产量仅相当于美国的2/3左右。1976年仅在热能、电能、焦炭生产和石油加工中，就损失了4亿吨标准燃料，占当年燃料消费总量的约1/3。由于设备陈旧造成的浪费也很大，如1978年苏联生产的冲压设备只占全部金属加工设备的18.9%，由此造成生产切屑机床的金属耗用量比美、日、德和法国同类新产品高出1～1.5倍，金属碎屑占每年全部金属的28%（数量达几千万吨）。

3. 过分强调自主性增长，对外开放不足。世界各国经济发展的实践证明，开放者兴，封闭者衰，对外开放是现代经济增长的一条规律。而"二战"后苏联受斯大林"两个平行世界市场"理论的局限，片面强调自力更生，对吸收国外资金和技术的必要性估计不足。"二战"后西方工业发达国家经济和科学技术发展进入了新的时期，新发明、新创造不断涌现，西方资本主义国家迅速发展了各种合成材料、人造材料、电子技术等一系列崭新的生产部门和生产工艺，而苏联在这一时期几乎割断了与发达国家的经济和科学技术联系，使苏联经济和科学技术发展进入了一个孤立闭门的摸索时期。苏联相对封闭和有失偏颇的开放方针，使苏联失去了参与国际分工和竞争的机会，由于对外出口主要集中在经互会国家范围内，产品落后问题还暴露得不很明显，而苏联与西方国家在科学技术发明上的差距给国民经济持续快速发展造成了很大阻碍。

4. 非均衡式发展导致经济结构极度扭曲。列宁曾经根据马克思关于两大部类生产比例关系的理论推导出生产资料部门优先增长的原理一直影响着苏联的经济发展战略。重化工业的发展需要持续的高强度的资本支持，为了推动快速的资本积累，苏联只好通过工农产品剪刀差的手段强制性地用农业补贴工业，剥夺原本就不富裕的农民来加快城市工业的繁荣；在工业内部，又长期实行扶植重工业、轻视轻工业。这种跨越轻工业阶段、直接发展重工业的超常工业化道路不得不大量挤占轻工业和农业发展的资源，导致产业结构失衡和粗放型增长弊端凸显，重工业一枝独秀，而农业和轻工业发展缓慢。除产业比例失调外，投资与消费关系、投资结构内部、地区经济结构等均存在严重失调。同时，军事工业过分挤占资源，生产与生活严重脱节，无论是产品总量，还是产品品种结构和质量服务，均无法满足百姓消费需求，甚至是有购买力的消费需求，有钱买不到货的商品短缺情况非常普遍和严重。

5. 管理体制天生缺陷而自我完善能力不足。经济体制是经济发展的重要保障性因素。苏联经济体制是国家高度集权的中央计划经济体制，经济发展的规划目标和发展路径主要由执政党和政府来决定。自1921年起苏联就成立了国家计划委员会，从1926年开始编制经济发展年度控制数字，并在第一个五年计划期间（1926—1932年）逐渐过渡到直接计划，到"二五"期间（1933—1937年）形成了从中央到地方、从部门到企业的全国统一的直接指令计划体系，建立了各级计划管理机构、完整的计划指标体系和一整套计划编制审批程序和方法。无所不包的计划管理体制既为苏联集中国家资源和力量发展经济提供了可能，也使其随着经济发展和技术进步逐渐陷入僵硬和麻木，失去活力与效率，特别是在正常发展年代，需要更多地运用市场法则，而高度集权体制则难以适应市场变化，反应迟缓和无法精确调节市场变化，从而使经济计划与运行脱离现实。

6. 经济增长方式转变不力、不及时。苏联政府也意识到经济体制本身存在的严重缺陷，并尝试进行改革，甚至自20世纪50年代起赫鲁晓夫就开始进行工业与建筑业改组，变条条管理模式为块块管理模式。苏联历次改革虽然取得了一些积极成果，但并未取得应有的效果，无论是计划体制还是粗放式增长模式，均没有发生脱胎换骨的根本变化。50年代后期以后苏联经济管理体制改革和增长转型的基本着眼点还是在于规模和速度，而对于优化结构、转变增长模式、提高效率还是注重不够或者力度不足；主要手段就是减少计划管理集中度，扩大企业经营自主权，完善生产组织形式，增加对科技和新兴部门的投资，提高生产的科技含量和效率，等等，但由于缺乏深层制度变革，如对国有企业产权制度、市场机制等的发挥没有提到应有的高度、国有企业干部任命制度等均没有进行同步改革，实际上，思想解放也很不彻底。

当然，除了上述原因外，还有1973年世界石油危机之后能源行情高涨产生的资源依赖症，如石油高价"废掉了"讨论科技革命的中央全会的召开，以及西方国家对苏联进行经济围堵和打压，如技术限制、市场封锁、金融制裁、军备竞赛等，通过诱使苏联掉入军备竞赛的陷阱，拖垮苏联经济，秘密制造能源价格阴谋，遏制苏联能源出口收入，等等。

参考书目

[1] 亚当·斯密. 国民财富的性质和原因的研究. 郭大力，王亚南，译. 北京：商务印书馆，1972.
[2] 约翰·梅纳德·凯恩斯. 就业、利息和货币通论. 北京：中国社会科学出版社，2009.
[3] 肖殿荒. 资本论导读. 北京：人民出版社，2004.
[4] 谭崇台. 西方经济发展思想史. 武汉：武汉大学出版社，1995.
[5] 李非. 富与德. 广州：广东人民出版社，2009.

思考题

1. 邓小平提出"发展是硬道理"，实践中往往被理解为"增长是硬道理"，你如何评判？经济增长与经济发展的关系如何？中国政府提出稳增长，你觉得是权宜之计还是长远之策？
2. 改革开放以来，我国采取了引进外资的政策。有人认为外资在促进我国经济增长的同时，却利用其资金和技术优势，控制了我国的部分市场和民族品牌，甚至控制了我国的部分产业，维护产业安全已刻不容缓。不过，也有人认为，经济全球化时代，谈论产业安全是杞人忧天。你如何看待？
3. 经济全球化既是机遇也是挑战，我国如何抓住机遇迎接挑战？更为重要的是我国如何在纷繁复杂的国际经济交往中全面提高开放型经济水平？
4. 为什么说必须把创新驱动发展战略作为国家发展全局的核心？
5. 为什么说城乡发展一体化是解决"三农"问题的根本途径？

第三讲　中国特色社会主义政治建设

一、教学大纲基本内容

（一）中国特色社会主义政治理论与制度

发展社会主义民主政治，建设社会主义政治文明，是中国特色社会主义伟大事业的有机组成部分。改革开放以来，中国共产党坚持从中国国情出发，不断深化对发展中国特色社会主义政治的认识，坚定不移地把社会主义民主政治建设推向前进，中国特色社会主义政治理论和制度不断完善。

1. 中国特色社会主义政治理论。马克思主义认为，政治是人类历史发展到一定阶段出现的社会现象，是建立在一定经济基础之上的上层建筑的核心部分，是以一定的阶级关系为基本内容、围绕着国家政权而展开的各种社会活动和社会关系的总和。它主要包括政治法律制度、以国家政权机构为主体的各类政治组织形态和设施以及政治意识形态等。马克思主义政治观深刻揭示了政治的本质，为认识政治现象提供了科学的世界观和方法论。

中国共产党把马克思主义政治观运用于中国特色社会主义政治实践，形成了中国特色社会主义政治理论。这一理论深刻反映了中国政治发展的客观规律，是马克思主义政治观与中国实际相结合所取得的成果，是认识当代中国政治现象、加强社会主义民主政治建设的根本思想武器。主要包括以下方面：

（1）关于国家政权性质的理论。中华人民共和国是工人阶级领导的、以工农联盟为基础的人民民主专政的国家。国家一切权力属于人民。人民代表大会制度是中国的根本政治制度，是国家政权组织形式。民主集中制是国家机构的组织活动原则。中国的国家结构形式是单一制。中国实行民族区域自治来解决民族问题，对香港、澳门实行"一国两制"和特别行政区制度。

（2）关于政治发展道路的理论。坚持党的领导、人民当家做主和依法治国的有机统一，走中国特色社会主义政治发展道路。发展社会主义民主政治，需要借鉴人类政治文明的有益成果，但绝不照搬西方政治制度模式，绝不放弃社会主义政治制度。要从发展中国特色社会主义的全局出发，积极推进社会主义民主政治建设，使中国特色社会主义政治发展道路越走越宽广。

（3）关于人民民主的理论。民主作为一种国家形态，属于上层建筑，是由社会的经济基础决定的，并最终服务于经济基础。中国的民主是人民民主，其实质是人民当家做主。选举民主和协商民主是中国特色社会主义民主的两种形式。人民民主是社会主义的生命，没有民主就没有社会主义，就没有社会主义现代化。人民代表大会制度、中国共产党领导的多党合作和政治协商制度、民族区域自治制度和基层群众自治制度等，是中国民主制度的基本架构，集中体现了中国社会主义民主政治的特点和优势。

（4）关于社会主义法治的理论。社会主义民主与社会主义法治是不可分割的统一整体，民主是法治的基础和前提，法治是民主的体现和保障，是治国理政的基本方式。必须坚持依法治国，建设社会主义法治国家。依法治国是社会主义民主政治的基本要求，是党领导人民治理国家的基本方略。宪法和法律是党的主张和人民意志相统一的体现，任何组织和个人都不允许有超越宪法和法律的特权。必须坚持有法可依、有法必依、执法必严、违法必究，坚持法律面前人人平等。

（5）关于政治体制改革的理论。政治体制改革是社会主义政治制度的自我完善，是发展社会主义民主政治的必然要求。要适应经济基础深刻变化和人民民主意识不断增强的客观要求，坚持正确的政治方向，积极稳妥地推进政治体制改革。着重加强制度建设，实现社会主义民主政治的制度化、规范化和程序化。

（6）新时期爱国统一战线的理论。统一战线是凝聚各方面力量，促进政党关系、民族关系、宗教关系、阶层关系、海内外同胞关系的和谐，是夺取中国特色社会主义新胜利的重要法宝。坚持长期共存、互相监督、肝胆相照、荣辱与共的方针，加强同民主党派和无党派人士团结合作。全面正确贯彻落实党的民族政策，坚持和完善民族区域自治制度，巩固和发展平等团结互助和谐的社会主义民族关系，促进各民族和睦相处、和衷共济、和谐发展。全面贯彻党的宗教工作基本方针，发挥宗教界人士和信教群众在促进经济社会发展中的积极作用。鼓励和引导新的社会阶层人士为中国特色社会主义事业作出更大贡献。支持海外侨胞、归侨侨眷关心和参与祖国现代化建设与和平统一大业。

（7）关于尊重和保障人权的理论。尊重和保障人权是发展社会主义民主政治、建设社会主义政治文明的内在要求。人权是具体的、相对的，不是抽象的、绝对的，实现人权的根本途径是积极发展和社会进步。中国始终高度重视人权问题，尊重国际社会关于人权的普遍性原则，同时根据中国国情，切实保障人民的生存权和发展权，依法保障公民的政治权利，不断提高人民享有政治、经济、文化、社会权利的水平。

（8）关于国防和军队建设的理论。建设与我国国际地位相称、与国家安全和发展利益相适应的巩固国防和强大军队，是我国现代化建设的战略任务。

要适应国家发展战略和安全战略新要求，高度关注海洋、太空、网络空间安全，积极运筹和平时期军事力量运用，不断拓展和深化军事斗争准备，提高以打赢信息化条件下局部战争能力为核心的完成多样化军事任务能力。毫不动摇地坚持党对军队的绝对领导，永葆人民军队性质、本色、作风。增强全民国防观念，提高国防动员和后备力量建设质量。巩固国防建设的目的是维护国家主权、安全、领土完整，保障国家和平发展。中国军队始终是维护世界和平的坚定力量，同各国加强军事合作、增进军事互信，参与地区和国际安全事务，在国际政治和安全领域发挥积极作用。

2. 中国特色社会主义政治制度。政治制度是指在特定的社会中，统治阶级通过组织政权以实现其政治统治的原则和规则的总和，它包括国家政权的组织形式、国家结构形式、政党制度、选举制度等。中国的政治制度既体现了人类政治文明发展的优秀成果，又具有鲜明的中国特色和独特优势，其本质是实现最广大人民群众的根本利益，保障人民当家做主，保持国家长期稳定和发展。

人民民主专政是中国的国体。国体即国家的性质。人民民主专政，是中国共产党把马克思主义无产阶级专政学说同中国具体实际相结合的伟大创造，奠定了当代中国社会发展进步的根本政治前提和制度基础。中国现阶段的人民民主专政实质上就是无产阶级专政，是新型民主和新型专政的结合。

人民代表大会制度是中国的根本政治制度，是人民当家做主的政权组织形式。民主集中制是人民代表大会的组织原则。人民行使权力的机关是全国人民代表大会和地方各级人民代表大会，它们都由民主选举产生，对人民负责，受人民监督；国家行政机关、审判机关、检察机关都由人民代表大会产生，对它负责，受它监督。

中国共产党领导的多党合作和政治协商制度是中国特色社会主义的政党制度，也是中国的一项基本政治制度。中国共产党的领导是多党合作和政治协商的前提和基础，多党合作是中国共产党领导的多党合作和政治协商制度的核心内容，政治协商是中国民主政治的重要形式，宪法和法律是各政党活动的基本准则。中国人民政治协商会议是中国人民爱国统一战线的组织，是中国共产党领导的多党合作和政治协商的重要机构，是我国政治生活中发扬社会主义民主的重要形式。

民族区域自治制度是中国的一项基本政治制度。民族区域自治是指在国家的统一领导下，以少数民族聚居区为基础，建立相应的民族自治地方，设立民族自治机关，行使宪法和法律规定的自治权的制度。

基层群众自治制度是中国的一项基本政治制度。它是依照宪法和法律的规定，由居民（村民）选举的成员组成居民（村民）委员会，实行自我管理、自我教育、自我服务、自我监督的制度，是人民依法直接行使民主权利的制度保障，是人民当家做主最有效、最广泛的途径。

（二）中国特色社会主义政治发展道路

中国特色社会主义政治发展道路，是中国特色社会主义政治建设实践的主要成果，是中国特色社会主义道路的重要组成部分。中国特色社会主义政治发展道路，就是高举人民民主旗帜，从中国国情出发，坚持党的领导、人民当家做主、依法治国有机统一，以保证人民当家做主为根本，以增强党和国家活力、调动人民积极性为目标，扩大社会主义民主，加强建设社会主义法治国家，发展社会主义政治文明。

1. 始终高举人民民主的旗帜。 实现和发展人民民主是中国特色社会主义政治发展的根本目标。中国共产党自成立起就以实现和发展人民民主为己任。党领导人民进行革命、建设和改革的目的是要实现大多数人的民主。党创造性地把马克思主义普遍原理与中国具体实际相结合，不断丰富和发展马克思主义的民主政治理论，并创造了适合中国国情、能够保证人民当家做主的民主政治实现形式。

（1）人民民主最广泛的民主。人民当家做主是中国社会主义民主的本质。社会主义制度从根本上保证了中国的民主不受资本的操纵，不是少数人的民主，而是最广大人民的民主。在中国，享有民主权利的人民范围包括一切不被法律剥夺政治权利的人。

（2）人民民主是民主和专政相统一的民主。人民民主专政，一方面要求在人民内部实行最广泛的民主，尊重和保障人权，保证国家权力掌握在人民手中，为人民服务；另一方面要求对破坏社会主义制度、危害国家安全和公共安全、侵犯公民人身权利和民主权利、贪污贿赂和渎职等各种犯罪行为，依法使用专政手段予以制裁，以保障最广大人民的根本利益，保证人民民主的有效实行。

（3）人民民主是以民主集中制为根本组织原则和活动方式的民主。实行民主集中制，充分发扬民主，集体议事，使人民的意愿得到充分发挥表达和反映，在此基础上集中正确意见，进行集体决策，使人民的意愿得以落实和满足。

（4）人民民主是全面的民主。人民民主不仅要求实现人民在政治上的民主权利，而且要求实现人民在经济、文化和社会生活方面的民主权利。在中国共产党领导下，中国政治生活中的民主化、经济管理中的民主化和社会生活中的民主化逐步得到落实，人民依法享有各种政治权利和基本自由，人民对国家事务的民主参与、民主决策、民主管理和民主监督更加广泛，人民享有的各项社会权利得到越来越有效的保障，从而使人民民主权利逐步落实到经济、政治、文化和社会生活等各个领域。

2. 坚持党的领导、人民当家做主、依法治国三者的有机统一。发展中国特色的社会主义民主政治，关键是要坚定不移地坚持中国共产党的领导、人民当家做主和依法治国的有机统一。这体现了社会主义国家政权的性质和中国民主的性质，是坚持中国特色社会主义政治发展道路的根本要求。

（1）中国共产党的领导是实现社会主义民主的根本保证。在中国这样一个人口众多、经济文化比较落后、发展极不平衡的大国，人民利益具有广泛性和多样性，实现人民利益具有空前的复杂性、艰巨性，这就要求有一个能够代表广大人民利益、集中反映和有效体现人民意愿的政治核心。只有坚持中国共产党的领导，才能坚持中国民主发展的社会主义方向，使民主与集中相统一、民主与科学相统一，使社会发展既满足人民的愿望和要求，又合乎客观规律，人民当家做主和依法治国才能有可靠的保证。

（2）人民当家做主是社会主义民主政治的本质和核心。人民当家做主保证了国家各项事业发展符合人民的利益和意愿，离开人民当家做主，不受人民监督，党的领导和依法治国就会脱离正确方向，就会变质。中国共产党只有领导人民创造各种有效的当家做主的民主形式，坚持依法治国，才能充分实现人民当家做主的权利，才能巩固党的执政地位。

（3）依法治国是社会主义民主的有效途径和可靠保障。社会主义民主离不开社会主义法治。依法治国，就是广大人民群众在党的领导下，依照宪法和法律规定，通过各种途径和形式管理国家事务，管理经济文化事业，管理社会事务，保证国家各项工作都依法进行。

3. 坚持中国特色社会主义政治制度。坚持和完善中国特色社会主义政治制度，是走中国特色社会主义政治发展道路、发展社会主义民主政治的基本途径。

人民代表大会制度，是符合中国国情、体现中国社会主义国家性质、保证中国人民当家做主的根本政治制度。它根植于人民群众，具有强大的生命力，中国各族人民通过这一根本政治制度牢牢地把国家和民族的前途命运掌握在自己手里。

中国共产党领导的多党合作和政治协商制度，既能实现广泛的民主参与，集中各民主党派、各人民团体和各界人士的智慧，促进执政党和各级政府决策的科学化、民主化，又能实现集中统一、统筹兼顾各方面的利益要求。

民族区域自治制度，使中国少数民族依法自主地管理本民族事务，民主地参与国家和社会事务的管理，保证了中国各民族不论大小都享有平等的经济、政治、社会和文化权利，共同维护国家统一和民族团结，建设相互支持、相互帮助、共同团结奋斗、共同繁荣发展的和谐民族关系。

基层群众自治制度的成功实践，是中国共产党领导亿万基层群众发展中国特色社会主义民族政治的伟大创举。实施这一制度，扩大基层民主，实行基层群众自治，有助于激发广大人民群众当家做主的积极性、创造性和责任感。

4. 不能搞"三权分立"和多党制。民主是人类政治文明发展的成果，也是世界各国人民的普遍要求。世界上从来没有抽象的、纯粹的民主，而只有具体的、历史的民主。一个国家采用的政治制度模式也是依据本国具体国情和历史文化传统确立的。

"三权分立"主要是指立法权、行政权和司法权分别由不同的国家机关掌握，相互独立、互相制衡。它是西方资本主义国家政治制度的建制原则，在一定程度上可以避免某一集团独揽权力，便于资产阶级统治集团内部实现"民主"，是不同利益集团之间的博弈和制衡，是实行资产阶级专政、维护资本主义统治的工具。中国作为社会主义国家，国体是人民民主专政，国家的一切权力属于人民，人民的权利具有至上性、不可分割性；中国坚持公有制为主体、多种所有制经济共同发展的基本经济制度，广大人民的根本利益是一致的，不存在根本利益不同的利益集团。因此，在中国，既没有搞"三权分立"的政治基础，也没有搞"三权分立"的经济基础。

西方国家的两党制和多党制是在资本主义社会产生和发展过程中各种政治力量相互角逐下逐渐形成的，反映了其社会不同利益群体特别是垄断资本集团分割国家权力的需要。中国近代历史上的多党制曾带来了社会动荡和内乱，当今中国也不存在搞多党制的社会条件，中国共产党领导的多党合作和政治协商制度是近代以来中国历史发展的必然结果，体现了社会主义制度的本质要求，同中国经济、政治、文化、社会状况相符合，也同中国疆域广大、人口众多、民族众多等实际状况相适应，是符合中国国情的新型政党制度。

发展和完善社会主义民主政治必须立足于社会主义初级阶段的基本国情，同时借鉴人类政治文明的有益成果，坚定不移地走中国共产党和中国人民自己选择的政治发展道路。

（三）坚持和发展人民民主

发展社会主义民主政治的关键，就是要发展更加广泛、更加充分、更加健全的人民民主，完善社会主义法治，保障人民权益，最大限度地发挥人民的积极性、主动性、创造性。

1. 健全社会主义民主制度、丰富社会主义民主形式。发展社会主义民主，必须从我国国情出发，充分考虑我国的社会历史背景、经济发展状况、文化发展水平等重要因素，在发展中国特色社会主义的进程中不断加以推动和发展。

（1）健全社会主义民主制度。加强民主制度建设是发展社会主义民主的重要途径。要推进社会主义民主政治制度化、规范化、程序化，进一步把社会主义政治制度的优越性发挥出来，为党和国家兴旺发达、长治久安提供政治和法律制度保障。

（2）丰富社会主义民主形式。人民民主不仅体现在国家的政治制度上，而且是通过各种各样的民主形式体现出来的。要探索多种实现人民民主的形式和扩大公民有序参与政治的方式，从各个层次、各个领域扩大公民有序政治参与，保证人民依法实行民主选举、民主决策、民主管理、民主监督。

（3）拓宽社会主义民主渠道。要通过民主选举、信息公开、社会公示、听证制度、协商对话、舆论监督等途径保障人民的民主权利，使广大人民群众依照宪法和法律规定，积极参与管理国际事务。

（4）保障人民的知情权、参与权、表达权和监督权。发展民主就是要尊重人民基本权利。保障人民群众各方面的民主权利，是人民民主在社会政治生活中的具体体现，是保证人民赋予政府的权力始终用来为人民谋利益的前提。

（5）以党内民主带动人民民主。党内民主是增强中国共产党的创新活力、巩固党的团结统一的重要保证。党内民主不仅关系到党的领导水平与执政能力，而且关系到人民民主的实践和发展。要通过加强党内民主制度建设，使党内民主意识普遍增强、党内民主制度不断健全、党的创新活力充分发挥，同时推动和发展人民民主。

2. 健全社会主义协商民主制度。党的十八大首次提出社会主义协商民主是我国人民民主的重要形式。协商民主的基本含义是指协商主体通过自由平等的公共协商参与决策。社会主义协商民主具有鲜明的中国特色。人民利益根本一致是开展协商民主的最大政治基础；吸收各方意见，集中各方智慧，使决策和举措更加科学、合理，是协商民主的一个重要特点；团结、尊重、和谐是协商民主的出发点和落脚点；制度化、规范化和程序化，是协商民主的重要保证。

社会主义协商民主具有鲜明的特点和独特的优势，既坚持社会主义制度，又继承和发扬中国优秀的政治文化传统；既坚持民主集中制的组织原则和领导制度，又肯定广大人民群众的民主地位；既坚持中国共产党领导，又发挥各党派团体、各族各界人士作用。社会主义协商民主大大丰富了中国特色社会主义民主政治的实践，是对人类政治文明发展的新贡献。

我国社会主义协商民主的形式和类型是多种多样的，主要有四个层面的协商。

（1）中国共产党作为执政党，坚持协商于决策之前和决策之中，就经济社会发展中的重大问题在党内外进行广泛协商。主要通过两种基本形式实现：

一种是中国共产党与各民主党派的直接协商；另一种是在人民政协中协商，主要通过全体会议、常委会议等形式。

（2）国家政权机关的立法、施政协商。主要包括人民代表大会的立法协商和政府与社会的协商对话。近年来，越来越多的人大立法实行了开门立法，建立了立法论证听证制度，鼓励公众参与立法，收集立法信息，尽力使各方面的利益和要求都能得到体现和表达，制定出符合公众利益的法律、政策。

（3）人民政协的政治协商。在人民政协，中国共产党除了与各民主党派开展政治协商外，还与各人民团体和各族各界人士开展协商，主要通过履行政治协商、民主监督、参政议政职能和提出与落实提案等各种经常性工作来实现。

（4）基层民主协商。当前，中国已形成了以农村村民自治、城市社区居民自治和企业职工代表大会为主要内容的基层民主体系，协商民主是这些基层民主实践中常用的形式。

健全社会主义协商民主制度，是推进社会主义民主政治建设的重大课题，需要不断完善规范协商形式，扩大民主的范围，丰富民主的形式，提升民主的层次，推进协商民主广泛性、多层化、制度化发展。

3. 完善社会主义法治。完善社会主义法治，对于推动经济快速健康发展和社会全面进步，保障国家长治久安，具有十分重要的意义。坚持以宪治国、依法治国，完善社会主义法治，就是使国家各项工作逐步走上法制化的轨道，实现国家政治生活、经济生活、社会生活的法制化和规范化，逐步实现社会主义民主的制度化、法律化。

加强社会主义法制建设。社会主义法制的统一，是维护国家统一、民族团结、社会稳定，建立统一的现代市场体制的基础。必须加强社会主义法制建设，维护宪法作为国家根本法的权威地位，依照法定权限、遵循法定程序开展立法工作，保障社会主义法制的统一。推进依法执政，切实做到严格规范公正文明执法。

建立和完善中国特色社会主义法律体系，加强重点领域立法，拓宽人民有序参与立法途径。中国特色社会主义法律体系是以《中华人民共和国宪法》为统帅，以法律为主干，以行政法规、地方性法规为重要组成部分，由宪法相关法、民法商法、行政法、经济法、社会法、刑法、诉讼法与非诉讼程序法等组成的有机统一整体。

弘扬社会主义法治精神，梳理社会主义法治理念，增强全社会学法尊法守法用法意识。社会主义法治理念的主要内涵包括依法治国、执法为民、公正正义、服务大局、党的领导。既要加强立法工作，不断地健全和完善法制，又要加强普法教育，不断地提高人们遵守法律、依法办事的素质和自觉性；既要增强人们的民主意识和权利意识，也要增强法治意识和义务意识。提高领导干部运用法治思维和法治方式深化改革、推动发展、化解矛盾、维护稳定的能力。党领导人民制定宪法和法律，党必须在宪法和法律范围内活动。任何组织或者个人都不得有超越宪法和法律的特权，绝不允许以言代法、以权压法、徇私枉法。

（四）积极稳妥推进政治体制改革

政治体制改革是中国社会主义改革的重要组成部分。不断推进政治体制改革，是中国共产党总结历史经验作出的重要决策，是立足中国特色社会主义全局作出的重大部署。

1. 政治体制和政治体制改革。政治体制是一个国家政治制度得以运行和发挥功能的体制安排，涉及政治制度运行的组织体系、功能结构、工作机制和程序安排。政治体制改革是为了健全和完善国家政治制度而对其运行机制进行的调整和变革，它不是要根本改变政治制度，而是要通过优化政治制度的运行机制和实际功能，健全和完善国家政治制度，增强国家政治制度组织国家、治理社会、推动发展的能力。

政治体制改革的必要性体现在两个方面：其一，这是政治制度完善和发展的必然要求。任何国家的政治制度的确立、运行和巩固都是一个发展变化的过程，都有赖于不断改革和完善政治体制。其二，这是推动经济与社会发展的必然要求。经济与社会的发展必然对政治制度的功能和运行提出新的、更高的要求，政治制度必须不断适应这些要求而进行改革和完善。

2. 中国政治体制改革的重大成就和主要任务。中国政治体制改革始终贯穿于政治发展的历史进程中，是同经济体制、文化体制和社会体制以及其他方面的体制改革相辅相成、相互促进、不断深化的。改革开放30多年来，中国的政治体制改革取得了重大成就。

一是民主政治的制度化水平大大提高。选举制度、政治协商、民主监督、参政议政等制度逐步发展和完善，农村村民委员会、城镇居民委员会、企业职工代表大会等民主制度逐步发展，人民直接监督、人民代表大会监督、舆论监督等制度和机制更加健全。

二是社会主义法治更加完善。中国用30年左右的时间完成了西方一些国家用几百年才建成法律体系的任务，基本形成了中国特色社会主义法律体系。至2011年8月底，已制定现行有效法律共240部、行政法规706部、地方性法规8600多部。

三是行政管理体制与机构改革成效明显。中国分别在1982年、1988年、1993年、1998年、2003年、2008年、2013年进行了大的机构改革，政府职能转变迈出重要步伐，社会管理和公共服务得到加强，政府组织机构逐步优化，科学民主决策水平不断提高，初步形成了中国特色的行政管理体制。

四是干部人事制度改革成果丰硕。废除了事实上存在的领导干部职务终身制，全面推行职务任期制和领导干部退休制，建立了国家公务员制度，建立了比较完备的干部选拔任用和监督管理机制。

五是人权得到更加全面、真实和充分的尊重和保障。以宪法为依据，制定了一系列保障人权的法律，建立了较为完备的保障人权的法律制度，人民的生存权和发展权，公民权利和政治权利，经济、社会、文化权利，妇女、老年人、未成年人等特殊群体和残疾人等弱势群体的合法权利，少数民族权利等均得到更好的保障。

同时还应该清醒地认识到，同我国经济社会发展的新形势相比，同坚持以人为本、维护社会公平正义的新要求相比，我国政治体制还存在一些不适应、不符合的问题，民主政治具体制度方面还存在不完善、不健全的地方，在保障人民民主权利、发挥人民创造精神方面还存在不足。因此，适应扩大人民民主、促进经济社会发展新形势新要求，必须继续积极稳妥推进政治体制改革，更加自觉、更加主动地发展社会主义民主政治，更好地把我国社会主义政治制度的优越性发挥出来。

中国政治体制改革虽然取得了重大成就，但今后改革的任务依然艰巨。中国政治体制改革的主要任务是：支持和保证人民通过人民代表大会行使国家权力，健全社会主义协商民主制度，完善基层民主制度，全面推进依法治国，深化行政体制改革，建立健全权力运行制约和监督体系，巩固和发展最广泛的爱国统一战线。

中国政治体制改革的方针原则是：一是坚持中国共产党的执政地位，发挥党总揽全局、协调各方的领导核心作用，保证党领导人民有效治理国家；二是坚持国家一切权力属于人民，从各个层次、各个领域扩大公民有序政治参与；三是坚持依法治国基本方略，实现国家各项工作法治化，保障公民合法权益；四是坚持社会主义政治制度的特点和优势，推进社会主义民主制度化、规范化、程序化，为国家长治久安提供政治和法律制度保障。

3. 政治体制改革与政治稳定。推进政治体制的自我完善和更新与维护政治发展过程中的政治稳定是紧密联系、不可分割的。

政治体制改革既是政治发展的重要途径和推动力量，也直接关系到政治稳定。在政治发展过程中，政治体制改革对旧体制的冲击以及对新体制目标的追求，必然激发公众的政治参与热情和社会政治活动，如果把握不当，容易引发政治秩序和社会秩序的混乱，从而影响政治稳定，导致政治体制改革偏离原定的目标。

政治稳定是评价一个国家政治体制、结构和政策是否正确的重要标准。政治稳定有三个特点：一是政治有序，国家与社会始终保持稳定的局面；二是政治有效，国家政权和政治制度能够积极回应经济与社会发展的要求，并推动经济与社会的有效发展；三是政治持续发展，政治发展不发生中断，保持不断进步状态。

推进中国社会主义民主政治的发展，必须积极稳妥地推进政治体制改革，切实维护政治大局稳定。政治体制改革是涉及上层建筑和经济基础的深刻变革，是一项复杂的系统工程，要坚持从社会主义初级阶段这个最大的实际出发，坚持与生产关系和生产力的发展相适应，与经济体制改革相适应，与中国的历史条件、经济发展状况和文化教育水平相适应，遵循中国政治发展的客观规律，有领导、有步骤、有秩序地推进。

二、学术前沿述评

（一）关于社会主义民主

1. 关于人民民主问题。

（1）关于中国特色社会主义民主的特点与优势。王一程提出，凡在历史上和现实中真实存在的民主都是特殊和具体的。[①] 房宁认为共产党领导、人民当家做主和依法治国三者有机统一是中国特色社会主义民主政治的本质特征，保障权利与集中力量的双重功能构成了当代中国民主政治模式基本特征，这有利于充分调动人民群众建设社会主义的积极性、主动性和创造性，有利于实现、维护、发展中国人民的整体利益、根本利益和长远利益，有利于社会长期稳定、经济持续发展和人民生活水平不断提高[②]。

（2）关于民主化。胡伟认为应通过以扩大差额选举为取向的党内民主来发展人民民主[③]。房宁、王炳权总结了实现和发展人民民主的基本规律：必须坚持党的领导、人民当家做主和依法治国的有机统一，不搞多党轮流执政、不搞指导思想多元化，不搞"三权鼎立"和两院制，不搞联邦制，不搞私有化[④]。龚蔚红、周光辉认为，民主也可能会失效，所以民主只有在法治基础上

---

① 王一程：《自觉划清中国特色社会主义民主同西方资本主义民主的界限》，《高校理论战线》2010年第4期。
② 房宁：《新中国60年社会主义民主政治建设》，《山东人大工作》2009年第10期。
③ 胡伟：《民主政治发展的中国道路：党内民主模式的选择》，《科学社会主义》2010年第1期。
④ 房宁、王炳权：《中国特色社会主义民主政治具有强大生命力》，《求是》2011年第20期。

运行，才能稳定和可持续①。王绍光强调选举从来跟民主没有直接关系，民主更多的是指决策过程，应该"主权在民，治权在贤"②。林尚立认为，中国民主化战略不仅要体现为民主建设的渐进性和现实性，更为重要的是要将民主建设与民生建设有机结合起来。③

（3）关于民主政治建设的成就及经验。比较有代表性的是陈红太，他将我国民主政治建设的主要成就概括为"我们找到了一条适合中国国情和现代化建设发展的社会主义政治发展道路"；将基本经验概括为：中国的民主政治建设服务于"经济社会和人的全面发展需要"，"发展中国社会主义民主政治，最根本的是要把坚持党的领导、人民当家做主和依法治国有机统一起来"，中国的"政治体制改革是社会主义政治制度的自我完善和发展"。④

（4）关于基层民主发展。徐勇认为中华人民共和国的建立为基层民主的发展提供了基本的制度基础。新中国成立60多年来，这种建立在个人利益基础上的参与式民主，促进了国家治理的转变，并达致有效的政治整合。⑤桑玉成、刘春荣则认为，随着城市化和社会结构的转型以及各类新兴政治空间的生成，需要建构一种新的基层民主发展观⑥。

（5）关于网络民主。胡伟认为，随着互联网的普及，网络民主为政治参与提供了新的广度和深度，创造了全新的网络监督模式，其地位一定要引起足够的重视。⑦

2. 关于党内民主。

（1）关于党内民主的重要性。徐勇、刘义强通过对中共和苏共两党发展历程的对比，指出发展党内民主是保持党长期执政地位的重要保证⑧。

（2）关于党内民主建设。王一程认为党内民主是由党的性质和历史使命、党员的党性和权利义务决定的，是党在新形势下巩固执政地位、实现执政使命的需要，必须坚持民主基础上的集中和集中指导下的民主相结合。⑨

---

① 龚蔚红、周光辉：《法治治理民主失效的政治基础研究》，《社会科学战线》2010年第8期。
② 王绍光：《体制自觉与体制自信》，《社会观察》2010年第12期。
③ 林尚立：《民主与民生：人民民主的中国逻辑》，《北京大学学报（哲学社会科学版）》2012年第1期。
④ 陈红太：《改革开放30年我国民主政治建设的成就和经验》，《探索与争鸣》2008年第10期。
⑤ 徐勇：《社会动员、自主参与与政治整体——中国基层民主政治发展60年研究》，《社会科学战线》2009年第6期。
⑥ 桑玉成、刘春荣：《拓展民主的制度空间：构建一种新的基层民主发展观》，《复旦学报（社会科学版）》2008年第5期。
⑦ 胡伟：《网络民主：机遇与挑战》，《生活品质》2010年第7期。
⑧ 徐勇、刘义强：《发展党内民主是保持党长期执政地位的重要保证——中国共产党与苏联共产党比较研究》，《政治学研究》2009年第1期。
⑨ 王一程：《发展党内民主关键要端正认识》，《前线》2010年第3期。

3. 关于党内民主与人民民主关系。 徐勇认为，从我国的民主实践看，由于经济社会发展和利益的关联性，人民民主推动着党内民主；而从中国共产党的地位、作用及其成员的角度看，又需要通过发展党内民主带动人民民主；在民主运行中，需要从发展进程、发展动力、组织建设、制度建设和运行机制方面，促进党内民主与人民民主的有机衔接和良性互动。① 胡伟也提出执政党的民主建设的关键是把民主政治发展的普遍性与特殊性有机统一起来，以党内民主拉动国家民主或人民民主，最终实现国家制度层面的民主化，建构中国的民主政治模式。②

据上文所述，学界对社会主义民主问题进行了多方面的探索和研究，取得了丰硕成果，但中国特色社会主义民主政治建设研究仍存在一些问题：其一，研究范围相对狭窄，主要集中在宏观层面，中观层面和微观层面尤其是微观层面的研究比较薄弱；其二，研究成果尚未完全反映中国由改革开放带来的民主政治实践的快速变迁，理论与实践存在一定的脱节；其三，对西方民主政治发展理论的研究大多浮于表面，系统深入研究不够，尤其是对西方理论形成的历史、实践与文化基础研究不够深入；其四，对操作性强的民主化途径研究相对较少，民主化进程的突破口与路线图尚待进一步论证。对此，我们应充分立足中国民主建设实际，深挖中国历史传统与国情基本条件对政治民主建设的影响与制约因素，科学借鉴国外民主政治建设的成功经验，探索适合中国国情的民主政治建设道路，在宏观研究的基础上，努力在微观层面多做探讨，找到易于操作的适合中国国情的民主建设路子。

（二）关于社会主义政治发展道路

1. 关于中国政治发展道路问题。

（1）关于中国政治发展道路的必然性及如何推进。李良栋认为坚持中国特色社会主义发展道路是历史和现实的选择，只有深化政治体制改革，才能更好地推进中国特色社会主义政治发展。③ 刘书林指出现实社会主义制度发展的基本规律要坚持连续性稳定性的原则④。

（2）关于政治建设和政治发展经验。陈红太将新中国成立以来政治建设的基本经验概括为"四个要"，这一观点较具代表性：在社会主义初级阶段，

---

① 徐勇：《论党内民主与人民民主的有机衔接和良性互动——以基层民主发展为视角》，《社会主义研究》2008 年第 4 期。
② 胡伟：《执政党民主建设的议程：科学建党的新视域》，《探索与争鸣》2011 年第 12 期。
③ 李良栋：《论坚持中国特色社会主义政治发展道路》，《理论学刊》2008 年第 5 期。
④ 刘书林：《连续性稳定性原则是社会主义制度发展的基本规律》，《中共福建省委党校学报》2009 年第 10 期。

政治建设要服务于经济建设这个中心,人民民主要制度化和法律化,要实现党的领导、人民当家做主、依法治国的有机统一,要用中国特色社会主义民主共识统领政治制度创新①。周光辉、彭斌则认为中华人民共和国成立60年来,中国构建现代国家的艰辛探索主要在政治组织化、制度化与民主化三个方面展开。②

2. 关于中外政治发展道路问题。

(1) 关于"三权分立"制度。刘书林认为,美国确立的"三权分立"制度丢掉了革命时期追求公民权利和自由的宗旨,公开以排斥和防范民众的民主权利为出发点,成为对付民众权利的工具。近年现实中鼓吹"三权分立"制度的所谓"宪政思潮",意在颠覆和瓦解社会主义政治制度,我们必须高度警惕。③

(2) 关于"苏联模式"与中国特色社会主义。刘书林指出,苏联剧变最重要的教训是:放弃了社会主义道路,放弃了无产阶级专政,放弃了共产党的领导地位,放弃了马克思列宁主义,结果使得已经相当严重的政治、经济、社会和民族矛盾进一步激化,最终酿成了制度剧变、国家解体的历史悲剧,我们必须高度警惕。④

关于社会主义政治发展道路问题的研究时间虽短,但成果不少,从中国政治发展道路的必然性、路径、经验、发展趋势以及与国外政治发展道路的比较中提供了经验和教训。同时也存在如下不足:研究范围相对狭窄;研究方法相对简单;研究成果还不丰富,相关的专著和论文相对较少。对此,学界需要进一步开阔视野、拓展研究范围、丰富研究方法,运用多学科尤其是交叉学科的方法来展开研究,为中国特色社会主义政治发展道路的正确性提供理论支撑,同时为中国特色社会主义政治发展道路指引航向。

(三) 关于政治体制改革

1. 关于政治体制改革问题。

(1) 关于政治体制改革的性质、方向、原则和突破口。王一程指出政治体制改革是社会主义政治制度的自我完善和发展。⑤ 李良栋认为我国现行的社

---

① 陈红太:《新中国 60 年政治建设的理论探索和制度创新》,《前线》2009 年第 12 期。
② 周光辉、彭斌:《构建现代国家——以组织化、制度化与民主化为分析视角》,《社会科学战线》2009 年第 6 期。
③ 刘书林:《试论美国"三权分立"模式的本质及局限》,《政治学研究》2010 年第 2 期。
④ 刘书林:《社会主义的"苏联模式"与中国特色社会主义》,《思想理论教育导刊》2009 年第 3 期。
⑤ 王一程:《政治体制改革是社会主义政治制度的自我完善和发展》,《马克思主义研究》2006 年第 6 期。

会主义政治制度从理念追求和制度设计上看是追求人民当家做主，政治体制改革绝不是另起炉灶，搞西方式的多党竞争、"三权分立"。①房宁认为应将经济体制改革和政治体制改革结合起来。②石剑锋、王绍光则认为中国的政治改革突破口不在于建立西方竞争选举制度，而在于在各个方面促进老百姓、促进利益相关者参与与他们利益相关的事务决策过程。③

（2）关于政治体制改革的经验和教训。李良栋对30多年来政治体制改革的基本经验总结较具代表性：中国的民主政治建设必须坚持党的领导；坚持符合中国国情的政体和政党制度；寻找适合自己国情的民主发展目标模式和实现道路；实事求是地吸收西方民主的合理做法；政治体制改革必须以经济体制改革作为基础，始终注意维护政治稳定。④张树华认为政治体制改革的教训有：改革是社会主义自我完善的手段，不能变成"信仰放弃、方向背弃、主义抛弃"；苏共是苏维埃政权和政治体系的根本和核心，失去了苏共也就没有了苏联；改革必须坚持社会主义方向，必须在党的领导下进行。⑤

（3）关于政治体制改革的特点。房宁认为以问题推动制度完善是中国政治体制改革的最大特点⑥。

2. 关于行政管理体制改革的问题。

（1）关于行政管理体制改革的要求及发展方向。刘熙瑞认为科学发展观对行政体制改革的要求归结起来就是建设一个服务型政府，发展方向是：进一步树立"以人为本"与公共服务的新观念；在各级政府、政府各部门和广大公务员中真正建立起与民融合的制度；在建设服务型政府上狠下功夫。⑦

（2）关于行政管理体制改革面临的挑战。王一程认为中国的行政管理体制改革面临着因受到西方新自由主义改革等相关理论的影响、少数知识分子坚持鼓吹西方式资产阶级民主和宪政制度、主张行政管理模式应与西方国家完全"接轨"的严峻挑战。⑧

（3）关于行政管理体制改革的举措。朱光磊等认为大部门体制改革并不能解决现行行政管理体制乃至政治体制的结构性问题，而有赖于政治体制和行

---

① 李良栋：《当前改革中的大是大非》，《人民论坛》2012年第13期。
② 房宁：《实事求是地看待政治体制改革——当前为何如此强调政改的方向》，《人民论坛》2010年第33期。
③ 石剑锋、王绍光：《民主如何才是一个好东西》，《浙江人大》2009年第11期。
④ 李良栋：《中国政治体制改革的现状和趋势》，《中国特色社会主义研究》2010年第3期。
⑤ 张树华：《苏联政治改革与民主化的教训——苏共败亡20年祭》，《政治学研究》2011年第5期。
⑥ 房宁：《中国政体改革呈现出哪些特点》，《党政干部文摘》2009年第11期。
⑦ 刘熙瑞：《科学发展观与我国行政体制改革的深化》，《行政论坛》2010年第4期。
⑧ 王一程：《中国行政管理体制改革的进展与面临的挑战》，《政治学研究》2006年第3期。

政管理体制的多环节的改革措施的配套协调实施。①

3. 关于基层民主政治建设问题。杨海蛟认为基层民主政治发展的基本规律包括：基层民主政治参与主体的广泛性决定了基层民主的发展动力的多元性；基层民主目标体系的复杂性决定了基层民主内容形式的丰富性；基层民主发展的渐进性与系统性决定了基层民主指向性质的非颠覆性。② 李良栋则认为中国基层民主的发展实践证明"三个有机统一"可以实现③。

学者们关于中国政治体制改革问题的研究较深入全面，成果颇丰，但存在一定的不足：其一，理论研究有待系统化。部分研究还停留在对外国研究成果的客观介绍上，甚至还存在着"食洋不化"的问题，缺乏对我国国情的深刻认识，未能做到批判地吸收和借鉴。其二，实践研究不够深入。政治体制改革实践性比较强，因缺乏系统性和持久深入的社会体察与理论凝练，导致理论与实践相脱节，部分研究成果实际作用不大。其三，微观层面的操作性较强的研究还有待加强。对此，我们应系统深入研究国外政治体制改革的成功经验与教训，准确把握我国的具体实际，批判地吸收和借鉴国外成功经验，深入研究我国政治体制改革的突破口，探索可操作性强的改革途径。

（四）关于政党制度

1. 关于政党制度及其评判问题。

（1）关于我国的政党制度。张献生认为，不同国家实行的不同政党制度决定了政党关系的不同性质和特点，和谐是我国政党制度的本质属性和内在要求。④ 多党合作制度的形成是以中国人民政治协商会议的召开为基本标志的，中国共产党领导的多党合作和政治协商制度是我国社会主义民主政治的重要实现形式，发展人民民主是我国政党制度的根本价值取向，参政为民应当也可以成为中国民主党派最基本的核心价值。多党合作的基本经验集中到一点，就是要立足中国国情，坚持人民民主，走中国特色社会主义政治发展道路。⑤

（2）关于政治制度优劣的判断标准及中国政治优势。陈红太认为，判断制度的优劣更应该关注经济社会发展阶段对某种体制和制度的需求程度，中国政治文化有四大优势：集中效率、政治组织、制度创新、文化包容。⑥

---

① 朱光磊：《大部门体制改革周年纪》，《中国报道》2009年第3期。
② 杨海蛟：《基层民主发展中的几个理论问题》，《重庆社会科学》2010年第9期。
③ 李良栋：《基层民主发展与"三个有机统一"的实现》，《重庆社会科学》2010年第9期。
④ 张献生：《政党关系和谐是我国政党制度的本质属性》，《中央社会主义学院学报》2008年第4期。
⑤ 张献生：《我国多党合作的基本经验》，《中央社会主义学院学报》2009年第5期。
⑥ 陈红太：《中国政治优势的内在逻辑》，《人民论坛》2011年第6期。

2. 关于政党制度改革与国家建设问题。

（1）关于政党制度改革。房宁认为，多党制并没有改变西方资本主义国家政权是由占统治地位的资产阶级尤其是其中的大资本集团控制的实质，多党竞争具有扩大社会分歧的倾向，不利于社会和谐稳定。我国决不能搞西方的多党制，而必须走中国特色社会主义政治发展道路。①

（2）关于政党制度与国家建设。林尚立认为中国政党制度内含一体多元结构，以中国共产党为核心，既包含多党合作所形成的多元结构，也包含多党派、界别协商所形成的多元结构。国家的现代化和制度化也将使政党制度更全面、更深刻地嵌入国家制度之中，从而与其他制度一起共同支撑中国的现代国家建设和发展。②

近年来，关于中国政党制度问题研究较多，成果相对丰富，但还存在不足：其一，对西方政党制度研究相对肤浅，不够系统深入，较多看到其政党制度的优势，缺乏相对客观的评价；其二，研究方法相对单一，宏观叙事方式多，其他如实证分析、现场调查、数据统计等更有说服力的方法用得少，使得研究成果显得空洞无力；其三，研究视角相对狭窄，过多停留在中国政党制度的性质、特征、优势、政党关系上，而对中外政党制度的对比研究比较少，无法体现中国政党制度的独特优势、历史实践基础与理论依据。因此，如何立足中国国情，准确把握中国政党建设的特殊性，客观评价国外政党制度，通过中外政党制度的对比来彰显中国政党制度的必然性和独特优势，批判地借鉴国外政党建设先进经验，推动中国政党建设的快速发展，仍是一个紧迫的现实问题。

三、重点难点热点问题解析

（一）中国为什么"不搞联邦制"而必须坚持单一制

单一制指由若干地方行政区或自治区组成单一主权国家，地方政府由中央政府授权，并服从中央政府领导的国家结构形式。联邦制指由若干成员单位（邦、州、加盟共和国等）联合组成统一国家的国家结构形式，关键特征在于联邦政府的权力由各成员单位让予，各成员单位拥有高度自治权，即所谓有限的准国家权力。中国实行单一制国家结构形式，在改革开放前几乎没有疑义。但改革开放后，伴随"一国两制"基本方针的提出和实践，也伴随着港澳回

---

① 房宁：《我国决不能搞西方的多党制》，《理论导报》2009 年第 2 期。
② 林尚立：《中国政党制度与国家建设》，《毛泽东邓小平理论研究》2009 年第 9 期。

归后海峡两岸和平统一问题的日益凸显,关于中国国家结构形式和两岸统一模式等问题引起了政界学界的颇多关注和议论。1988年9月,台湾"立委"朱高正提出以"联邦制"模式实现两岸统一。1994年,台湾"行政院院长"连战提出:要实现中国的统一,"联邦"或"邦联"不失为未来可以考虑的途径之一。马英九2009年12月接受德媒专访时曾表示德国统一模式不适用两岸统一,但2012年5月又改口称:德国统一的模式或可作为两岸关系发展的借鉴。两德统一模式就是民主德国加入联邦德国,实行联邦制。对两岸统一模式的诸多提法,中国政府均及时作出回应。2011年吴邦国委员长再次申明:我们"不搞联邦制"。

中国为什么"不搞联邦制"而必须坚持单一制呢?其实,单一制和联邦制本质上并无好坏优劣之分,一个国家采取哪一种制度实是该国的历史文化传统与现实国情使然。他国如是,中国亦如是。

1. 单一制是1949年以来中国共产党领导中国人民进行国家制度建设的伟大成果,是适合中国国情的国家结构形式。在1949年新中国成立前夕就曾酝酿讨论过中国的国家结构形式,但最终确定为单一制。1949年9月7日,在中国人民政治协商会议第一届全体会议召开之前,周恩来在《关于人民政协的几个问题》的报告中指出:"关于国家制度方面,还有一个问题就是我们的国家是不是多民族联邦。现在可以把起草时的想法提出来,请大家考虑。""大家考虑"的结果就体现在中国人民政治协商会议第一届全体会议通过的《共同纲领》之中,即确立了单一制为新中国的国家结构形式,其重要特征为:

(1)在中央与地方的关系方面,地方政府权力由中央政府授予,中央政府对地方政府有较高的控制能力,中央政府与地方政府之间是领导与被领导的关系。《共同纲领》规定:"各下级人民政府均由上级人民政府加委并服从上级人民政府。全国各地方人民政府均服从中央人民政府";"中央人民政府与地方人民政府间职权的划分,应按照各项事务的性质,由中央人民政府委员会以法令加以规定,使之既利于国家统一,又利于因地制宜";"各少数民族聚居的地区,应实行民族的区域自治,按照民族聚居的人口多少和区域大小,分别建立各种民族自治机关"。

(2)在政权机关方面,只有一套包括最高国家权力机关、最高国家行政机关等在内的中央国家机关体系,国家权力高度集中和统一。《共同纲领》规定:"中华人民共和国的国家政权属于人民","国家最高政权机关为全国人民代表大会。全国人民代表大会闭会期间,中央人民政府为行使国家政权的最高机关";"制定保护人民的法律、法令,建立人民司法制度";"中华人民共和国建立统一的军队";中央和地方的各经济部门应"在中央人民政府统一领导之下各自发挥其创造性和积极性"；中央人民政府代表国家统一行使外交权；"政权机关一律实行民主集中制"；等等。

（3）在法律制度方面，拥有统一的宪法（即当时起临时宪法作用的《共同纲领》），地方政府和中央政府都在其规范下实施管理。《共同纲领》规定："中国人民政治协商会议一致同意以新民主主义即人民民主主义为中华人民共和国建国的政治基础，并制定以下的共同纲领，凡参加人民政治协商会议的各单位、各级人民政府和全国人民均应共同遵守。"

此后60多年过去了，经历了几次制宪修宪，单一制都一以贯之，并随着时代发展和国情变化而使它的内涵愈加明确和丰富。例如，我国现行《宪法》规定：中华人民共和国是全国各族人民共同缔造的统一的多民族国家；中央和地方的国家机构职权的划分，遵循在中央的统一领导下，充分发挥地方的主动性、积极性的原则；各民族自治地方都是中华人民共和国不可分离的部分；国家在必要时必须设立特别行政区，在特别行政区内实行的制度按照具体情况由全国人民代表大会以法律规定；台湾是中华人民共和国的神圣领土的一部分，完成统一祖国的大业是包括台湾同胞在内的全中国人民的神圣职责；等等。同时还根据《宪法》，于2005年制定了《反分裂国家法》，以遏制"台独"分裂势力的企图，促进两岸和平统一。

60多年来的坚守充分说明：单一制国家结构形式，不仅是新中国奠基者们的选择，而且也是中华民族和中国人民的选择；不仅在理论上实现了重大创新，形成了我国独特的民族区域自治制度和特别行政区制度，而且在实践上取得了伟大成就，推动了中华民族大家庭的繁荣和香港澳门的回归。单一制已成为中国特色社会主义政治制度的重要组成部分，也成为实现中华民族伟大复兴、祖国和平统一的重要制度保障。正因为如此，我们有什么理由舍弃这60多年来的坚守而实行联邦制呢？

2. "大一统"的理论和实践促进了"统一的多民族国家"的形成，也使单一制成为更适合我国历史文化特点的制度选择。"大一统"观念是中华文化的核心理念，源远流长且根深蒂固。"大一统"一词始见于《公羊传·隐公元年》："何言乎'王正月'？大一统也。"这里所言"大一统"，意指春秋时期诸侯一律听命于周天子，即以周天子为核心将社会有序地组织起来，实现国家的政治统一。后世学者对"大一统"思想也有诸多诠释和阐发，使其内涵扩大为万民归心、国家统一。"大一统"从一种思想和理念演变为一种现实和制度，其重要标志是公元前221年秦灭六国、统一中国。在"大一统"思想指导下，秦朝建立了皇帝制、三公九卿制、郡县制等一套比较完备的以皇权为中心的政治制度。在中央政权与地方政权的关系上，秦朝在全国范围内普遍推行郡县制度，加强中央对地方的管辖。初设36郡，后增至41郡；郡下设县，少数民族地区的县级行政单位称为"道";郡县的主要长官为郡守和县令,均由中央政权直接任免、调迁,并向中央政权负责,在政治、法律、军事上服从中央政令。郡县制是我国地方行政制度的一次重要变革,有利于中央对地方的管理,有利于维护国家的统一。正如张岂之所说:"秦始皇统一中国采用郡县制,奠定了'大一统'中央政权的政治制度基础。"① 其实,这也是单一制国家结构形式的滥觞,此后2000多年基本沿用这一制度。尽管今时单一制已非彼时单一制,但在内部结构和权力运作机制方面,其传承脉络还是清晰可见的。

戴逸曾对中国"大一统"和统一的历史进行了深入研究,他精辟地指出:"'大一统'是中国历史的鲜明特点",自周代的诸侯千百,变为战国七雄,到秦始皇统一全国后,中国统一时间之长久,在世界上无与伦比。从中国历史的发展过程来看,经历了从统一到分裂再到统一的两个历史大循环。第一个大循环是从秦汉的统一到魏晋南北朝的分裂,再到隋唐的统一;第二个大循环是从隋唐的统一到五代宋辽金西夏的分裂,再到元明清的统一。统一是大势所趋,人心所向。从秦始皇统一以后的2200年,中国统一的时间约占70%,分裂的时间约占30%。他进一步分析了中国统一局面形成的五个方面的原因:其一,经济原因。各民族和各地区经济联系密切、互通有无,且作为中华民族主体的汉族是农耕民族,亟须治理长江、黄河、淮河、运河那样巨大的水利灌溉和交通工程,也迫切需要一个强有力的中央政府。其二,民族原因。中国历史上古代民族的多次迁移及民族间的频繁往来和长期整合极大地影响了中国统一多民族国家的形成和广阔疆域的奠定。其三,文化原因。中国文化具有很强的包容性、认同性。各民族长期彼此吸收对方的文化成果,文化的融合为政治认同提供了基础。其四,地理原因。中国东、南濒海,北有沙漠,西和西南有高山,这种地理条件的限制和阻隔,使得周边地区各民族政权向内地发展易于向外发展,因而产生了一种自然的内向性,这也是形成国家统一和疆域完整的条件之一。其五,鸦片战争以来帝国主义的侵略激起了中国各族人民的反抗,振奋了爱国主义精神,各民族在反帝救亡斗争中结成了不可分割的中华民族整体。② 可见,在漫长而曲折的历史发展过程中,中国的"大一统"和统一之所以能够成为主旋律,是有其深厚而丰富的社会历史条件作铺垫作先导的。如果说"大一统"是中华民族的政治理想和目标,那么"统一"则是实现"大一统"

---

① 张岂之:《中国古代社会与朝代更替》,《中南海历史文化讲座》编辑组:《中南海历史文化讲座》(上册)(内部资料),2007年9月,第13页。

② 戴逸:《中国民族边疆史研究》,见《中南海历史文化讲座》编辑组:《中南海历史文化讲座》(上册)(内部资料),2007年9月,第19~33页。

的方式和手段，而"单一制"则是巩固"统一"和"大一统"的制度保障，也可以说，"统一"和"单一制"是"大一统"题中应有之义。

总之，"大一统"作为一种思想也作为一种信念，作为一种民族精神也作为一种政治体制，作为中华民族最重要的历史遗产也作为中国现代政治制度的有机要素，不仅长久地影响着中华民族的思维方式和价值观念，而且也成为中国国情的最重要组成部分之一。马克思指出："人们自己创造自己的历史，但是他们并不是随心所欲地创造，并不是在他们自己选定的条件下创造，而是在直接碰到的、既定的、从过去承继下来的条件下创造。"① 单一制而非联邦制，就是我们"直接碰到的"、"既定的"，也是"从过去承继下来"的"条件"，因此，在"单一制"的前提下，在"一国两制"的框架内，实现两岸和平统一，才是符合中国历史发展大趋势和中国政治文化传统以及现实国情的正确选择。而联邦制在中国，既缺少历史土壤，也缺少现实支撑；既有悖中国自古以来形成的"大一统"的国家观，也有损于中华民族的核心利益和整体利益，因而也是不可取的。

3. 长期水利社会治理与防御北方游牧民族所形成的"内忧外患"需要单一制的中央集权模式才能得到有效解决。我国的黄河、淮河、长江、珠江等主要河流都是东西方向的大河流，而我国的雨季基本上是从南到北渐次推进，因此，我国的各大流域在旱季全流域容易出现干旱，在雨季全流域容易出现水灾，而且因为我国地势落差比较大，是世界平均水平的 2 倍以上，雨季到来时极其容易出现大规模洪水泛滥。岑仲勉所著《黄河变迁史》系统归纳了我国黄河流域历史上频繁发生的旱灾和水灾。黄河多次改道造成华北平原和长江中下游平原相连，可见水灾破坏性之大。要治理好这些大江大河，就需要实现"大一统"和中央集权来共同抗灾救灾，单一制就成为必然的选择，这就是"风雨同舟"、"同舟共济"的含义所在，这种水利社会的治理也就成为中国最大的"内忧"。占中国人口绝大多数的农耕民族就生活在以上几大流域。生活在中国的北方和西北，也就是胡焕庸提出的"黑河—腾冲线"上方的，基本上是一些游牧民族，生活方式与生活水平的不同促使游牧民族长期以来纷纷南下，给中原农耕民族造成巨大威胁。在冷兵器时代，农耕民族难以战胜吃肉骑马的游牧民族，因此，中原农耕民族团结起来实现中央集权和"大一统"来共同应对北方游牧民族的侵犯，比如联合起来修筑万里长城，自然也就选择了单一制。这是中国长期以来面临的最大"外患"。

"内忧外患"的治理都需要单一制的政府和强有力的中央集权。当黄河流域出现全流域的旱灾水灾时需要动员其他流域救灾；当北方和西北战事发生时

---

① 《马克思恩格斯选集》第 1 卷，人民出版社 1995 年版，第 585 页。

也需要动员全国的力量进行抵御，平时为防备侵犯也需要动员全国之力修筑长城。这就需要政令与权威的高度统一，因此，中国成为世界上最成熟的单一制国家和实际"大一统"是历史自然形成的结果。

以上这些，只是从三个角度说明了中国实行单一制而非联邦制的理由，其实还可以从其他角度来论证这个问题，诸如台湾问题的性质和特点，"一国两制"的框架和创意，联邦制思想在近现代中国兴衰，中国共产党人在新民主主义革命时期对联邦制的态度及其变化，等等。由于篇幅所限，这里不再展开。

（二）如何正确看待西方资本主义民主政治制度

要正确认识到资本主义民主政治制度具有明显的两面性：

1. 资本主义民主政治制度既有其历史进步性，又有其阶级局限性。

（1）资产阶级的政治制度设计理论是反对封建专制主义的进步成果。其中，莫耐、洛克、卢梭等人倡导的"人民主权论"是核心组成部分："是人民立君，而不是君立人民"；政府的权力是人民转让的结果，政府的行为应当体现人民的意志；政府是人民公仆，政府受人民委托并接受人民的监督；等等。哈灵顿、李尔本、洛克等人提出了分权学说与制衡学说，孟德斯鸠提出的三权分立理论尤为完整，他把国家权力分为立法、行政、司法三部分，提出三权之间必须互相监督、互相制约和互相协调，因为"一切有权力的人都容易滥用权力"，要"防止滥用权力，就必须以权力约束权力"。密尔等人则提出了代议制政府学说，认为"理想上的最好政府形式"就是代议制政府，因为这种政府能够体现人民主权。这些资产阶级政治思想理论，都极大地批判和否定了"神权至上"、"王权至上"的封建意识形态和封建专制制度，阐明和论证了资产阶级政权建立的现实合理性，同时也为资产阶级民主政治制度的建立奠定了思想基础、理论原则和制度框架。毫无疑问，在当时的历史条件下，这些都具有重大的历史意义。

（2）资本主义政治制度的建立和发展是人类政治文明的巨大进步。资产阶级在推翻封建专制主义制度之后，便按照自己的政治理想和制度设计建立起了资产阶级的民主政治制度。经过300多年的发展，西方资本主义政治制度的具体表现形式已是纷繁复杂、各不相同，但其核心要素基本一致，即实行议会制度、选举制度和政党制度。其中，议会制是民主政治的主要象征，是依据"人民主权"原则建立起来的，议员通过选举产生，是选民和各政党的代表，议会一般具有立法权、财政权、监督权。选举制是西方民主政治制度的重要基石，是实现"人民主权"的重要方式，在选区划分、计票方法以及对选举过程的监督等方面都有具体规定。政党制度主要有两党制和多党制，即两个或多个政党通过竞选，轮流执政或联合执政。资产阶级的这些制度创新，无疑是人类迈向政治民主、政治文明的重要里程碑，它彻底否定了君权神授、朕即国家、以人治国、以言代法、世袭制、终身制等封建专制政治传统，第一次以完备的制度形态将民主化、法制化纳入人类政治发展的轨道，为人类追求更高级的社会政治形态、实现真正的民主政治理想开辟了道路。同时，资产阶级民主制度的建立和发展，大大解放和发展了生产力，促进了社会经济的发展和繁荣，也促进了生产关系的调整和改良。毫无疑问，资产阶级所创造的新型的物质文明、精神文明和制度文明，使整个人类社会文明跃上了一个新台阶，进入了一个前所未有的新世界。

当然，也应对资产阶级民主的阶级局限性有清醒的认识。任何政治关系都是一定的阶级关系的体现，资本主义民主政治制度的实质是资产阶级在本阶级内部的民主以及对全社会的政治统治，体现资产阶级的经济、政治要求，维护资产阶级的利益和统治。虽然资本主义民主从形式上、从法律条文上体现了"主权在民"的原则，但由于资本主义社会的经济基础是生产资料私人所有制，社会财富为资本家私人占有，广大人民不占有生产资料，因而作为建立在经济基础之上的上层建筑的民主，实际上就是少数资本家的民主。即使是身临其境的西方学者也认识到这种阶级本质或阶级局限性。如美国著名学者托夫勒曾对资本主义代议制民主有过不少批评：代议制政府的出现在历史上有一定的进步性，但它从一开始就没有达到由人民来统治的理想，"我们一向称之为民主政治的代议制政府，实际上是对工业技术不平等的确认。代议制政府是挂羊头卖狗肉的冒牌货"①。而对美国两党制的实质，美国学者也一针见血地指出："在这个国家并没有两党制，我们只有一党——'民主共和党'，这便是商团阶级的党，民主党和共和党只不过是这个党的两翼而已。"②

2. 资本主义民主政治制度既有其现实合理性，又有其被更高级社会民主政治制度所取代的历史必然性。

（1）资本主义的政治制度是适应资本主义各国国情的一种制度选择。自17世纪中叶英国最先建立人类历史上最早的资产阶级政权后，法国、美国等西方国家也都相继建立了资产阶级的政治统治，但西方资本主义民主政治的制度类型却是复杂多样的。政体类型有君主立宪制（英国、瑞典、荷兰等）、半议会半总统制（法国）、总统制（美国）、议会共和制（德国、意大利）、委员会制（瑞士）等；议会制则有一院制和两院制两种，目前实行议会制的资

---

① （美）阿尔温·托夫勒：《第三次浪潮》，黄明坚译，生活·读书·新知三联书店1984年版，第136页。
② （美）迈克尔·帕伦蒂：《美国的民主》，韩建中等译，河南人民出版社1988年版，第192页。

本主义国家有 136 个，其中 91 个实行一院制，45 个实行两院制；选举制有"地域代表制"、"职业代表制"或"混合选区制"等；计票方法有"多数代表制"、"比例代表制"或"混合代表制"；等等。政党制比较典型的是两党制和多党制，如美国实行两党制，而法国、德国、意大利、瑞典、日本等则实行多党制。可见，资本主义各国的现行政治制度模式也是依据本国国情和历史文化传统而确立的，也是民主政治基本理论、世界民主潮流与本国实际相结合的产物。

（2）资本主义政治制度作为资本主义社会的上层建筑与其经济基础是基本适应的。列宁曾经指出："世界各国资产阶级都不免要规定出两种管理方式，两种保护自己的利益和捍卫自己的统治的斗争方法，并且这两种方法时而相互交替，时而错综复杂地结合起来。第一种方法就是暴力的方法，拒绝对工人运动作任何让步的方法，维护一切陈旧腐败制度的方法，根本反对改良的方法。……第二种方法就是'自由主义'的方法，就是趋向于扩大政治权力，实行改良、让步等等的方法。"① 当代资本主义国家，资产阶级已较少使用"暴力的方法"，而更多地采用"改良的方法"，在不动摇资本主义政治统治的前提下，尽可能地使上层建筑适应经济基础的发展，使生产关系适应生产力的发展，如不断扩大公民权利，取消了以往对公民言论自由特别是新闻界批评自由的诸多限制，不同程度地实行了若干直接民主和半直接民主；再如，除了三权之间的分立制衡外，利益集团、新闻舆论、公民大众等社会力量也对国家权力形成了制约，形成了当代西方民主政治多元化格局；政党制度也在不断的变化与发展中逐步走向成熟，有效地保证着西方民主政治系统的正常运行。可以说，在当代资本主义国家，经济发展取得巨大成就，科技进步取得累累硕果，人民生活状态极大改善，阶级矛盾、社会矛盾得到缓和，社会稳定秩序井然，等等，都是与其政治制度所起的作用密切相关的。

同时还必须看到，当代资本主义政治制度正日益受到严峻的挑战，诸如经济危机、金融风暴、贫富差距、种族冲突以及各种社会矛盾的产生，实际上都与资本主义政治制度所存在的弊端有关。当代资本主义政治制度并未能达到人类民主政治发展的最高成就，它所包含的内在矛盾，即政治上的平等要求与财产上的不平等之间的矛盾，是其本身所难以克服的，因而使得"人民民主"的政治原则很难真正实现，进而也使得人民参与政治的热情与积极性严重受挫，对资本主义的民主政治失去信心。有些西方国家选举投票率呈下降趋势的状况就说明了这一点。美国学者迈克尔·帕伦蒂指出："这么多人不参加选举往往显示出他们的一种无能为力感，他们深信投票和游行都是白费，把宝贵的

---

① 《列宁全集》第 16 卷，人民出版社 1984 年版，第 349 页。

时间、精力和希望献给候选人也是白费，因为一切都不会改变。对于众多的普通市民来讲，不参加选举并不是心满意足、态度冷漠或缺少公民品德的结果，而是他们对所经历的政治现实做出的一种负面反应。"① 而导致这一情况的真正原因就在于资本主义民主的本质是少数有产者的民主，它从根本上排斥大多数人的民主。资本主义民主政治只是人类政治文明发展的阶段性产物，伴随着人类社会政治文明的进一步发展，它必将要被更高级的社会主义民主政治制度所代替。

3. 资本主义民主政治制度与社会主义民主政治制度之间既有本质上的不相容性，又有技术层面或经验层面的兼容性。 社会主义是资本主义的对立面和替代者，因此，社会主义民主政治是在批判和否定资本主义民主政治的基础上建立起来的。资本主义政治制度与社会主义政治制度性质完全不同，两者所反映的经济关系、所代表的阶级利益、所遵循的价值观念及所要达到的最终目的都截然不同。资本主义民主制度建立在生产资料私有制基础之上，只是在"少数服从多数"的政治程序上可以被称作民主制度，在政权性质上则只是统治阶级内部的民主、少数资本家的民主。中国特色社会主义民主建立在生产资料公有制基础之上，政治程序和政权性质相一致，经济基础和上层建筑相协调，是为广大劳动人民所享有的民主。西方资本主义的"三权分立"所反映的实际上是不同利益集团之间的博弈和制衡，而在中国特色社会主义条件下，广大人民的根本利益是一致的，不存在根本利益不同的利益集团；西方资本主义的两党制和多党制所反映的是不同利益群体特别是垄断资本集团对国家权力的分割，而中国特色社会主义的政党制度则以中国共产党领导的多党合作和政治协商制度为基本内容，以合作、协商为原则，充分发挥各民主党派参政议政的作用和对执政党的监督作用，体现了社会主义制度的本质要求。凡此种种，都表现出中国特色社会主义民主政治与资本主义民主政治的重要区别。

但同时，社会主义也是资本主义的伴生物和继承物，因此，社会主义民主政治也是在继承和吸收资本主义民主政治优秀成果的基础上建立起来的。如果从政治运行、民主程序、社会管理的技术层面或经验层面上进行考察，应该看到资本主义政治制度中的某些具体做法和经验对中国特色社会主义民主政治发展的借鉴作用不容小觑。例如，在西方国家的政治竞争机制中，除了总统竞选、议员竞选等活动外，还通过公开竞争来决定公职人员的录用和提升等，可以借鉴其中一些有益成分来完善我国人民代表的产生机制和公务员的选拔机制。又如，在西方权力制衡机制中，除了国家的三权之间互相制衡和监督外，还包括各种非国家权力对国家权力的制衡和监督，包括公民大众、利益集团、

---

① （美）迈克尔·帕伦蒂：《美国的民主》，韩建中等译，河南人民出版社1988年版，第206页。

新闻媒介及在野党等社会力量。吸收其中某些养料有助于我国在政治体制改革过程中更好地处理党政关系、民主政治协商的关系以及更好地解决权力过分集中、权力滥用和腐败行为等问题。再如，西方选举制度比较成熟和完善，选举操作过程的程序化、公开性、透明度较好，可以借鉴其中一些具体做法，这对我国进一步加强民主的程序性建设也大有裨益。此外，西方比较完备的法律体系和"法律至上"、"法律面前人人平等"的原则，使得一般公民和国家最高领导人都必须严格遵守法律。日本前首相田中角荣和美国前总统尼克松都因有违法行为而被迫下台。依法治国是我国的基本方略，我们也可以吸取日、美成熟的法制经验以加强我国的法治建设。总之，对于资本主义政治制度中的一些成功经验，我们应在不混淆社会主义与资本主义政治制度本质区别的前提下，对其加以有分析有选择地吸收和利用，以进一步促进中国特色社会主义政治制度的发展和完善。

资本主义政治制度已有300多年历史，其政治文明、政治制度经历了从不完备到比较完备、从不成熟到比较成熟的过程。必须正确认识西方民主政治制度，如同需要正确认识中国特色社会主义民主政治制度一样。如果说西方资本主义民主制度十全十美，那么社会主义就不可能有从理论到实践、从一国到多国的发展，就不会有资本主义国家内部各种批判资本主义的政治思潮兴起；如果说西方资本主义民主制度十恶不赦，那么就不会有资本主义社会长达300多年的稳定发展，就不会仍葆有生命活力，仍在与社会主义的竞争中保持着强势地位。因此，美化或丑化资本主义民主政治制度都不可取，同样，全盘西化或全盘儒化也不可取。

（三）"乌坎事件"为我国村民自治建设提供了的重要启示

村民自治是指农民直接行使民主权利，依法办理自己的事情，实行自我管理、自我教育、自我服务的一项基本制度，其主要内容为民主选举、民主决策、民主管理和民主监督。这是我国基层群众自治制度的一种类型，是改革开放以来党领导亿万农民逐渐摸索出的一条适合中国国情的推进农村基层民主政治建设的道路，业已成为当今中国发展农村基层民主、实现农民当家做主的有效途径，是中国特色社会主义民主政治的重要组成部分。

乌坎事件指2011年9月发生在广东省汕尾陆丰市东海镇乌坎村村民维权事件。21日上午，上千名村民拉着横幅、喊着口号，游行至陆丰市政府，强烈要求解决当地的各种问题。但后来事态进一步扩大，部分村民毁坏财物，打伤警察，赶走村干部，设置路障，自发"封村"。后来几经反复，曾一度在政府安抚后恢复正常秩序，但在警方拘捕村民薛锦波等5人且薛在押期间突然死亡之后，事件迅速升温，警干群矛盾空前恶化，村民群情激奋，事态趋于失控。12月21日，受广东省省委书记汪洋委托带领，以广东省委副书记为首的省工作组进驻陆丰市，乌坎事件遂出现重大转机。此后，在省工作组与村民代表协商下，较好地解决了一系列问题，惊动各级政府、深受境内外瞩目的乌坎事件也告一段落。

乌坎事件属于典型的群体性事件，"无论在规模、影响，还是在持续时间上，都达到了我国群体性事件新的高度，而且呈现出一些与以往群体性事件不同的新趋向"①，我们可从村民自治的角度对乌坎事件进行分析解读。事件的核心和关键是村民自治问题。作为中国特色社会主义民主政治不可或缺的有机成分，村民自治建设也必须遵循中国政治文明建设的基本方针和原则：要把坚持党的领导、人民当家做主和依法治国三者有机统一起来。在村民自治实践中，就是坚持党对农村基层民主的领导，坚持村民当家做主，坚持依法治村，三者之间，互相关联，有机统一，不可分割，更不可对立。这是乌坎事件给予我们最重要的启示。

1. 党对农村基层民主的领导是实现村民当家做主和依法治村的根本保证。中国共产党是中国农民根本利益的代表者，如何使占中国人口绝大多数的农民在其村庄真正当家做主，充分行使自己的民主权利，一直是党所面临并亟须解决的一项重大问题。当1980年广西宜山、罗城两县的一些农民开始自发组成村委会以管理村务并取得了良好效果之际，党和政府立即给予了充分肯定和高度重视，并在1982年的相关文件中要求在农村开展建立村委会的试点工作，紧接着在同年颁布的新《宪法》中更明确了"村民委员会是基层群众性自治组织"的法律地位。至党的十七大更把包括村民自治在内的基层群众自治制度正式纳入中国特色社会主义民主政治的制度体系之中。可见，正是因为有了党和政府的领导和重视，村民自治才有可能从几许零星分散的柔弱状态扩展到在全国农村的茁壮成长，才有可能从极少数农民的自发行为提升到制度化的国家意志。

乌坎事件的平息和解决，具有决定作用的也是党的领导。事件发生后，中央和省委省政府高度重视，省委多次听取汇报和研究部署处置工作，汪洋对依法依规处置事件及时做出重要指示，成立省专门工作组。尤为值得关注的是省工作组进驻当天立即宣布奉行"五个坚持"原则：坚持民意为重，以最大决心、最大诚意、最大努力解决群众的合理诉求；坚持群众为先，依靠群众解决乌坎问题；坚持以人为本，全力做好死者家属的安抚优恤工作；坚持阳光透明，及时公布调查处置工作的进展情况；坚持法律唯上，依法依规，讲情讲

---

① 梁惟等：《我国群体性事件的新趋向及其理性反思》，《重庆社会主义学院学报》2012年第3期，第71页。

理，妥善解决问题。正是这种胸怀和诚意以及一系列正确举措，消除了村民的疑虑和戒备，赢得了他们对党和政府的信任，从而为党群之间、政民之间、干群之间、工作组与乌坎村民之间的良性互动奠定了基础，进而为解决乌坎事件铺平了道路。

如果追溯乌坎事件发生的源头，不难发现，乌坎村党支部书记及部分党员干部以权谋私、村委会换届选举不公、地方党委政府工作中的某些失误及不作为等都是导致事件发生的重要原因。村支书薛昌和村委会主任陈舜意均任职几十年，操纵换届选举，不思为民服务，而以权谋私。特别是近年来，他们竟瞒着村民将数千亩土地卖出并将7亿多元卖地款项的大部分私分给当地官员和村干部，每个村民所得补偿只有550元。凡此种种，使矛盾愈积愈深。而当地党政部门对该村问题长期拖而不决并堵塞了村民申诉和解决问题的渠道，也加深了民怨。2009年6月村民就开始频频上访，至事件爆发有两年多时间，如果当地政府部门及相关官员能正确对待村民的合理诉求，那么后来的一系列过激行为就不会发生。痛定思痛，我们应该牢记：在村民自治的伟大实践中，必须正确坚持党的领导、加强党的领导、改善党的领导。

2. 村民当家做主是实现农村基层民主和村民自治的核心和关键。社会主义民主政治的本质是人民当家做主，具体到农村基层民主政治建设中，就是村民当家做主。只有真正实现亿万农民当家做主，才能真正实现中国特色社会主义民主政治，而且，中国农民不乏伟大的政治智慧和卓越的自组织能力，完全能够在党的领导下依法行使自己的权利，管理好自己事务。

从乌坎事件可以看到村民较强的组织能力、自治能力、公民意识和政策水平。当时村民们先后成立了两个组织，一个是全村以一人一票的方式选出林祖銮、杨色茂等13人组成了"乌坎村村民临时代表理事会"，另一个是组成了"乌坎村妇女代表联合会"，前者是核心，后者是辅佐。前者负责处理村民与政府、村民与外界以及村内的诸般事宜，如向政府反映村民诉求，召开村民大会，组织上访游行，制作标语横幅，接待来访人员，维护村内治安，捐款医治受伤村民，并借助互联网的力量，在网上发布游行时间、吁请中外媒体前来采访等信息。这是一个有公信力、号召力和行动力的组织，颇受村民拥戴，省工作组进驻后，也承认了其合法性，并依靠这个组织及其成员开展村内工作。在后来乌坎村"两委"重新选举中，该组织的重要人物林祖銮、杨色茂等均胜出，成为乌坎村众望所归的新的领导者。

同时也可以看到，以往处理类似事件时一些党政部门及官员面对村民们日益增长的"主人翁"、"自治"等意识和行为所表现出的两种不同态度和处理方式。一种是陈旧僵化的阶级斗争惯性思维和重拳出击的处理方式，把群体性事件视为"敌情"，出动警力以刚性维稳。在乌坎事件中，"乌坎村村民临时代表理事会"和"乌坎村妇女代表联合会"曾被汕尾市政府认为是"非法组织",要加以取缔;事件也被认为是"被村内外一些别有用心的人所炒作、利用、煽动",且"有境外势力对事件推波助澜",因此,派出警察抓捕村民代表。于是终于导致事件不断恶化升级,演变成激烈的警民冲突、官民冲突。另一种是与时俱进的以人为本的现代性思维和实事求是的处理方式,遵循党的宗旨和群众路线以化解社会转型期多发的人民内部矛盾。乌坎事件发生后,汪洋就曾指出:"乌坎事件的发生有其偶然性,也有必然性,这是经济社会发展过程中,长期忽视这个过程中发生的矛盾积累的结果,是我们的工作'一手硬一手软'的必然结果。"这种对事件原因和性质的基本分析是正确和深刻的。省工作组又本着"五个坚持"的原则和精神,进行深入细致的调查研究,与村民代表对话协商,满足村民的合理要求(如释放被拘押的代表,交还死者薛锦波的遗体,承认村临时代表理事会的合法性),纾解村民的激愤情绪,等等,从而使得事件出现良性转机。毫无疑问,上述两种思维和行为方式,前者是应当坚决避免和摒弃的,后者是应当坚持和发扬的。

3. 依法治村是实现党对农村基层的领导和村民当家做主的重要保障。依法治村,就是广大农民在党的领导下,依照宪法和法律的有关规定,直接行使民主权利。宪法和法律是党的主张与人民意志的统一,因此,依法治村也就成为在农村实现党的领导和村民当家做主的有效途径。

我国村民自治法制化建设始于 1982 年通过的《中华人民共和国宪法》。30 多年来,党和国家对村民自治的探索及法制化建设一直高度重视。1987 年 11 月全国人大常委会通过村民委员会组织法并开始试行,1998 年 11 月全国人大常委会通过了《中华人民共和国村民委员会组织法》并正式在全国施行。2009 年 12 月全国人大常委会首次修改这一法律,这一切都极大地推动了我国的村民自治发展。而广东省还结合本地实际出台了一系列与国家法律相配套的相关法律法规,如 1999 年的《广东省村民委员会选举办法》,2002 年的《广东省实施〈中华人民共和国村民委员会组织法〉办法》和《〈广东省村民委员会选举办法〉实施细则(试行)》,2010 年的《广东省村民委员会选举办法(修订)》,等等。应该说,以民主选举、民主决策、民主管理和民主监督为核心内容的"依法治村",无论是在全国抑或在广东,都已是"有法可依",但现在问题的症结却是能否真正做到"有法必依、执法必严、违法必究"。

乌坎事件发生的最重要原因,就在于村民的"四大民主"权利并没有真正落到实处,村民们打出的"反对独裁"、"打倒贪官"、"还我人权"、"还我民主选举"、"开放选举"的标语横幅,最真实最直接地表达了他们内心的强烈愿望和诉求。乌坎村民所要"反对"和"打倒"的"独裁者"和"贪官"就是村"两委"及其领导人,特别是党支书薛昌和村主任陈舜意。然而具有讽刺意味的是,薛昌多次被评为全国劳模,以他为核心的领导班子先后两次被评为"全国先进基层党组织"。后来经三个多月严查深究,省工作组2012年4月23日通报了原村"两委"干部涉嫌违纪违法的调查处理情况:已查实原"两委"干部非法转让土地、侵占村集体财产、行贿受贿、违规操作村委会选举等问题,对原村"两委"8名村干部追究党纪责任并收缴其违纪所得,薛昌、陈舜意被开除党籍;同时对涉案的当地政府机构12名干部给予了党政纪处分,另有2人被移送司法机关处理;继续调查原村委会非法转让土地使用权等问题,如进一步发现薛昌、陈舜意等人有违法行为,将与上述涉嫌违法的问题一并移送司法机关依法处理。① 可以说,乌坎事件的平息也得益于"依法治村"。

随着时间的推移,乌坎事件也许会逐渐淡出我们的视野,但它给我们带来的反思反省、经验教训、警示启迪,却是应当被记取的。正如广东省省长朱小丹所说:"'乌坎事件'出自基层,是社会管理不完善造成的,乌坎的经验教训要总结和吸取。……健全社会管理机制的核心,在于要在基层将党的领导、群众自治、依法办事三者有机统一。"②

四、延伸阅读与思考

(一)重要文献资料

高举中国特色社会主义伟大旗帜 为夺取全面建设小康社会新胜利而奋斗③

(节选)

人民民主是社会主义的生命。发展社会主义民主政治是我们党始终不渝的奋斗目标。改革开放以来,我们积极稳妥推进政治体制改革,我国社会主义民主政治展现出更加旺盛的生命力。政治体制改革作为我国全面改革的重要组成部分,必须随着经济社会发展而不断深化,与人民政治参与积极性不断提高相适应。要坚持中国特色社会主义政治发展道路,坚持党的领导、人民当家做主、依法治国有机统一,坚持和完善人民代表大会制度、中国共产党领导的多党合作和政治协商制度、民族区域自治制度以及基层群众自治制度,不断推进

---

① 《乌坎原村干部被查处》,《广州日报》2012年4月24日。
② 《广东省长朱小丹:改革不动真格"乌坎"还会出现》,《羊城晚报》2012年3月9日。
③ 胡锦涛:《高举中国特色社会主义伟大旗帜 为夺取全面建设小康社会新胜利而奋斗——在中国共产党第十七次全国代表大会上的报告》,人民出版社2007年版。

社会主义政治制度自我完善和发展。

深化政治体制改革，必须坚持正确政治方向，以保证人民当家做主为根本，以增强党和国家活力、调动人民积极性为目标，扩大社会主义民主，建设社会主义法治国家，发展社会主义政治文明。要坚持党总揽全局、协调各方的领导核心作用，提高党科学执政、民主执政、依法执政水平，保证党领导人民有效治理国家；坚持国家一切权力属于人民，从各个层次、各个领域扩大公民有序政治参与，最广泛地动员和组织人民依法管理国家事务和社会事务、管理经济和文化事业；坚持依法治国基本方略，树立社会主义法治理念，实现国家各项工作法治化，保障公民合法权益；坚持社会主义政治制度的特点和优势，推进社会主义民主政治制度化、规范化、程序化，为党和国家长治久安提供政治和法律制度保障。

习近平论我国政治制度[①]

设计和发展国家政治制度，必须注重历史和现实、理论和实践、形式和内容有机统一。要坚持从国情出发、从实际出发，既要把握长期形成的历史传承，又要把握走过的发展道路、积累的政治经验、形成的政治原则，还要把握现实要求，着眼解决现实问题，不能割断历史，不能想象突然就搬来一座政治制度上的"飞来峰"。

我们需要借鉴国外政治文明有益成果，但绝不能放弃中国政治制度的根本。中国有960多万平方公里土地、56个民族，我们能照谁的模式办？谁又能指手画脚告诉我们该怎么办？对丰富多彩的世界，我们应该秉持兼容并蓄的态度，虚心学习他人的好东西，在独立自主的立场上把他人的好东西加以消化吸收，化成我们自己的好东西，但决不能囫囵吞枣、决不能邯郸学步。

我们要坚持发挥党总揽全局、协调各方的领导核心作用，提高党科学执政、民主执政、依法执政水平，保证党领导人民有效治理国家，切实防止出现群龙无首、一盘散沙的现象。

我们要坚持国家一切权力属于人民，既保证人民依法实行民主选举，也保证人民依法实行民主决策、民主管理、民主监督，切实防止出现选举时漫天许诺、选举后无人过问的现象。

我们要坚持和完善中国共产党领导的多党合作和政治协商制度，加强社会各种力量的合作协调，切实防止出现党争纷沓、相互倾轧的现象。

我们要坚持和完善民族区域自治制度，巩固平等团结互助和谐的社会主义民族关系，促进各民族和睦相处、和衷共济、和谐发展，切实防止出现民族隔

[①] 摘自习近平在纪念全国人民代表大会成立60周年大会讲话，彭湃新闻网，2014年9月5日。

阂、民族冲突的现象。

我们要坚持和完善基层群众自治制度，发展基层民主，保障人民依法直接行使民主权利，切实防止出现人民形式上有权、实际上无权的现象。

我们要坚持和完善民主集中制的制度和原则，促使各类国家机关提高能力和效率、增进协调和配合，形成治国理政的强大合力，切实防止出现相互掣肘、内耗严重的现象。

"参与式民主"：中国式民主的一种实现形式①

当前，我们从现代民主政治发展实践中可以清楚地看到，除了"民主选举"这个主要形式之外，从公民个人到各种社会群体广泛的社会政治参与，已成为人民行使当家做主权力的一种重要形式，这种行使民主权力的方式可称为"参与式民主"。实践证明，积极稳妥地发展这种"参与式民主"，是建设中国式民主的一个有机组成部分，可以成为我国人民"当家做主"权力的一种有效实现形式。

（1）"参与式民主"可以补救"代议制民主"的缺点。在我国，"参与式民主"在本质上是一种社会意义上的政治参与，是指人民行使当家做主权力的方式主要不是民主选举或者表决，而是用其他参与方式，对人事安排、立法决策、制度安排等，进行一定程度的干预、影响。有学者认为："参与式民主"的政治参与内容十分广泛，在西方国家主要包含参加投票、资助政党、出席政党集会、致函选区国会议员、替政党或候选人工作、劝导他人采取相同政治观点、劝说他人投票给特定候选人等。这些内容可概括为两大范畴：一是关于政治参与的范围，不但包含公民的各种"行为"项目，而且包括政治兴趣、政党兴趣、阅读报章杂志、收听广播或观看电视新闻等一般用来测量"公民态度"的项目；二是关于政治参与的"行为"，乃指一般公民通过各种方式，试图影响政府人事与政策的活动。

在当今社会，"参与式民主"在一些民主政治发达的国家中越来越受到重视，其原因是：他们从自己的经验教训中日益明显地认识到，作为主流民主形式的"代议制民主"，出现了一些很难克服的弊病。人民选举出的政府，本来应是一个受人民委托、为实现人民意愿而服务的行政管理工具。但是，很难避免的是，一些政客们在获得多数选票之后经常违背其在竞选时许下的诺言，在这样的情况下，"代议制民主"就违背了民主的初衷，所以，他们就提出了与"代议制民主"不同而又能够补救其缺点的"参与式民主"。

---

① 选自宋昌会：《"参与式民主"：中国式民主的一种实现形式》，《北京日报》2011年11月21日。

(2) 科学、全面地认识"参与式民主"的实质。在当前我国民主政治中，"参与式民主"的主要内容是：公民个人或社会群体反映自己的政治要求，对政府或者执政党工作提出批评建议，对权力机构及其领导者行为的问责监督，等等。这些政治参与行为，本质上是公民和社会公众表达自己的利益诉求，其基本形式主要是通过各种渠道反映自己的意见，比如通过媒体来表达自己的某些要求，个人或者是群体的上访、参加听证会表达意见等。很显然，这种类似"横向民主"的形式与"纵向民主"相比，具有某种无序的特点，对于那些习惯了"有领导的民主"的地方领导者来说，会觉得难以适应，在某种情况下，还可能产生被动的局面。在有的地方领导者的潜意识中，还是认为"纵向民主"好，容易"控制"。

但是，随着人民的民主意识水平的不断提高，"参与式民主"已成为我国人民行使"当家做主"权力和表达诉求的一种越来越平常的手段和途径。从根本上说，我国社会公众政治参与意识的增强，既是我国政治进步的具体表现，也是社会主义民主政治水平提高的表现。所以，对于有的地方领导者来说，这不是一个习惯不习惯的问题，而是领导者在社会主义民主政治发展过程中必须具备的一种政治素质。因此，发展"参与式民主"一个基本的要求是，领导者对社会公众的政治参与这一民主形式的实质有科学而全面的认识。

当前，我国社会公众与权力机关及其领导者之间的某些矛盾，主要是由于某些利益上的冲突、意见上的冲突而造成的。对于这一切，社会公众自然是会以一定的方式表达出来的，而这种方式正是社会公众表达自己利益要求的一种正常民主形式，可以释放一部分民众的政治情绪，使之得到某种社会心理平衡。因此，从一定意义上说，这种"参与式民主"有利于社会的和谐稳定发展；对于权力机关及其领导者来说，也是听取民意、获得真实社会信息的可贵机会，对于纠正错误、制定正确政策有一定的价值。

(3) 发展"参与式民主"，不能套用西方社会的政治模式。在我国发展"参与式民主"，当然不能套用西方社会的政治模式。但是必须认识到，在我国广泛的社会生活中充分发展"参与式民主"，对于人民"当家做主"权力的实现有着重要的意义和不可忽视的作用。因为在我国当前民主政治的发展过程中，社会层面的政治参与，其主体主要是公民个人及其群体、社会团体（社会组织）、民主党派、企业（各种类型的经济组织）、新闻媒体等，它们都享有相应的宪法权利。作为社会政治参与者，它们都是平等、独立、自由的法律主体，这就意味着，它们的关系是横向的，而不是纵向的。在这个意义上说，"参与式民主"是一种"横向民主"而不是"纵向民主"，所谓"横向民主"，一般地表现为多元性质，这个特点使它在当前我国社会中充分地显示了其特殊作用。随着我国社会主义民主政治的发展，各种社会组织在政治参与中发挥着越来越重要的作用。

党的十七大报告明确提出：要支持工会、共青团、妇联等人民团体依照法律和各自章程开展工作，参与社会管理和公共服务，维护群众合法权益。近年来，我们可以看到，随着社会主义民主政治的深入发展，包括工会、共青团、妇联等在内的社会组织，在我国政治生活中的地位日益突出。但是也必须承认，我国的许多社会组织在发展民主政治中的实际作用，与人们的期望还有相当大的距离。其中的一个关键问题是，它们尚未成为独立的法律主体，无法真正发挥出在各自领域中特殊的社会政治参与作用。

（三）典型案例

深圳市"行政三分制"改革试点[①]

深圳正在实行"行政三分制"改革，出现若干决策局、执行局和一个监察局。决策局只有决策权而没有执行权；而执行局只有执行权没有决策权。监察局和审计局将作为监督部门直属市长管辖。深圳大学马敬仁教授作为深圳市行政体制改革试点方案起草专家之一，对"行政三分制"的构架进行了具体阐释。

"行政三分制"首先是在事务分析、职能分析的基础上，按照决策、执行和监督三项管理职能相对分离、制约和协调的原则对现有政府部门进行重组。重组的过程中按照大行业、大系统组建几个决策部门，然后在这些决策部门涉及的范围之内，组建专业化的执行机构。执行机构重组基本是按照专务、专责、专管的模式进行。比如作为试点单位之一——深圳市交通局，重组前是市交通局下面每个区还有一个交通分局，区分局的机构设置和市局基本上下对口，每一个分局什么业务都有，五脏俱全。市交通局既制定政策又负责监督执行。实行"行政三分制"后，根据交通局的职能，组建了规费征收办、稽查分局等8个专业分局，作为执行机构的专业分局，突出了专务、专责、专管的原则，全市的规费、稽查等业务都由相应的专业分局统管，执行业务全部交到下面的8个专业分局。市交通局改革后作为市政府的决策部门，今后的任务是调研、预测、规范、监管和战略规划等。设了8个专业执行局之后，区一级的交通分局已经不存在了，机关可能还在过去某个区的交通分局的原址上办公，但是过去的职能已经都变了。执行机构重组中还有一项重要工作，就是把一些可以由社区、中介组织和其他非政府组织承担的职能放下去。这些非政府组织同样执行决策部门制定的政策法规，前期政府从资金方面给予非政府组织一定

[①] 徐晓雯、丛建国著：《行政管理学》，经济科学出版社2004年版，第526页。

的扶持，条件成熟之后，实行政府监管下的自主、自律性公共管理和服务。

"行政三分制"中监督机构是个单独的含义，由市里的监察局、审计局统一履行内部监督职能。过去，一些政府机构可能本身就有监察审计部门，按照"行政三分制"的理想设置，今后它可能会设一个监察室，监察室人员由上级监察部门派驻，垂直领导，使监察的业务相对独立出来，实际上监察部门的权力大了、地位高了。这样就把政府的决策权、执行权和监督权适度分开了，三者成了一个相互制约和协调的关系。

参考书目

[1] 江泽民. 坚持和完善人民代表大会制度. 江泽民文选（第 1 卷），北京：人民出版社，2006.

[2] 胡锦涛. 在庆祝中国共产党成立 90 周年大会上的讲话. 北京：人民出版社，2011.

[3] 中华人民共和国国务院新闻办公室. 中国的民主政治建设. 北京：人民出版社，2005.

[4] 高健，佟德志. 中国式民主. 天津：天津人民出版社，2010.

[5] 闫健. 民主是个好东西——俞可平访谈录. 北京：社会科学文献出版社，2006.

[6] 李良栋. 社会主义政治文明. 南京：江苏人民出版社，2004.

[7] （美）阿尔温·托夫勒. 第三次浪潮. 黄明坚，译. 北京：生活·读书·新知三联书店，1983.

[8] （美）约翰·奈斯比特. 大趋势. 魏评，译. 北京：中国社会科学出版社，1984.

[9] （美）塞缪尔·P. 亨廷顿. 变革社会中的政治秩序. 李盛平，杨玉生，译. 北京：华夏出版社，1989.

思考题

1. 1945 年 7 月，在回答黄炎培先生如何使国家政权跳出"其兴也勃焉"、"其亡也忽焉"历史周期率的提问时，毛泽东明确指出："我们已经找到新路，我们能跳出这周期率，这条新路就是民主。只有让人民来监督政府，政府才不敢松懈；只有人人起来负责，才不会人亡政息。"请结合我国民主政治的发展历程，谈谈对人民当家做主是社会主义民主政治的本质和核心的理解。

2. 请结合我国应对四川汶川特大地震、青海玉树地震等自然灾害，以及成功举办奥运会和上海世博会等重大活动，谈谈中国特色社会主义政治制度的特点和优势。

3. 有人认为,30多年来,中国经济的改革和发展取得了巨大成就,而政治的改革和发展却相对滞后。请你谈谈对这一观点的认识。

4. 结合中国共产党领导的多党合作和政治协商制度发展的历史进程,谈谈你对健全社会主义协商民主制度意义的认识。

第四讲 中国特色社会主义文化建设

一、教学大纲基本内容

（一）中国特色社会主义文化建设概述

文化是民族的血脉，是人民的精神家园。中国共产党既是中华民族传统文化的忠实传承者和弘扬者，又是中国先进文化的积极倡导者和发展者，始终高度重视文化建设的重要作用，不断推动社会主义文化的繁荣和发展。

1. 文化和文化建设。文化是人类在改造自然和改造社会过程中的物质财富和精神财富的总和。它是一种社会历史现象，每一个社会都有与其相适应的文化，并随着物质生产的发展而发展。文化建设，就是围绕一定目标任务并体现一定价值取向的文化发展活动。一般来说，文化主要是指精神生产能力和精神产品，包括哲学社会科学、文学艺术、新闻舆论、文化事业和文化产业、社会思想，以及世界观、人生观、价值观等具有意识形态性质的部分，也包括科学技术、语言文字等非意识形态的部分。

文化建设，就是围绕一定目标任务并体现一定价值取向的文化发展活动。文化建设是中国特色社会主义事业总体布局的重要组成部分，与经济建设、政治建设、社会建设和生态文明建设相互联系、相互促进，其目的是更好地发挥文化引领风尚、教育人民、服务社会、推动发展的重要作用。

2. 中国特色社会主义文化理论。中国特色社会主义文化理论，是马克思主义文化理论与中国具体实际相结合的产物，体现了对中国特色社会主义文化建设的规律性认识，是中国特色社会主义理论体系的重要组成部分，是建设中国特色社会主义文化的根本指导思想。其内容主要包括：

（1）关于建设社会主义先进文化的思想。当代中国，发展社会主义先进文化，就是发展面向现代化、面向世界、面向未来的，民族的科学的大众的社会主义文化。坚持先进文化的前进方向，最根本的是要坚持马克思主义的指导地位。坚持为人民服务、为社会主义服务的方向和百花齐放、百家争鸣的方针，坚持继承和创新相统一，弘扬主旋律，提倡多样化，以科学的理论武装人，以正确的舆论引导人，以高尚的精神塑造人，以优秀的作品鼓舞人，在全社会形成积极向上的精神追求和健康文明的生活方式。

（2）关于建设社会主义核心价值体系的思想。社会主义核心价值体系基本内容包括马克思主义指导思想、中国特色社会主义共同理想、以爱国主义为核心的民族精神和以改革创新为核心的时代精神、社会主义荣辱观。社会主义核心价值体系是社会主义意识形态的本质体现，决定着中国特色社会主义的发展方向，是兴国之魂。坚持用社会主义核心价值体系引领社会思潮，在全党全社会形成统一指导思想、共同理想信念、强大精神力量、基本道德规范。

（3）关于文化建设根本目的的思想。中国特色社会主义文化必须以满足人民精神文化需求为出发点和落脚点。坚持以人为本，贴近实际、贴近生活、贴近群众，发挥人民在文化建设中的主体作用，坚持文化发展为了人民、文化发展依靠人民、文化发展成果由人民共享，促进人的全面发展，培养有理想、有道德、有文化、有纪律的社会主义公民，提高全民族的思想道德素质和科学文化素质。

（4）关于促进文化发展的思想。当今时代，文化越来越成为民族凝聚力和创造力的重要源泉，越来越成为综合国力竞争的重要因素，越来越成为经济社会发展的重要支撑，丰富精神文化生活越来越成为我国人民的热切愿望。要坚持一手抓公益性文化事业，一手抓文化产业，最大限度地满足人民日益增长的精神文化需要。正确把握文化产品的意识形态属性和商品属性的关系，正确处理社会效益和经济效益的关系。要不断增强文化自觉和文化自信，坚持走中国特色社会主义文化发展道路，建设社会主义文化强国，推动社会主义文化大发展大繁荣。

（5）关于推进文化体制改革的思想。改革创新是文化繁荣发展的强大动力。要坚持以解放思想为先导，牢固树立符合科学发展要求的新的文化发展理念。始终坚持文化体制改革的正确方向，紧紧抓住重要领域和关键环节，全面推进体制创新，着力解决制约文化发展的深层次矛盾和问题，加快建立健全科学的文化管理体制和富有活力的文化产品生产经营机制。

（6）关于提升国家文化软实力的思想。当今世界，文化与经济相互交融，软实力的作用渗透到各个方面，成为综合国力的重要组成部分，成为国家核心竞争力的重要因素。要大力弘扬中华优秀传统文化，创新文化"走出去"模式，不断扩大中华文化的国际影响力，形成与我国国际地位相称的文化软实力，切实维护国家文化安全。

3. **中国特色社会主义文化制度**。中国特色社会主义文化制度，是指现阶段国家通过宪法和法律规范社会文化生活，调整以社会意识形态为核心的各种文化生活的基本原则和规则的总和。它既包括直接反映和体现中国特色社会主义基本经济制度、基本政治制度的基本文化制度，也包括建立在这些制度基础上的文化体制等各项具体制度，即文化基本制度在文化发展各领域的具体体现，一般包括机构设置、隶属关系、管理权限和工作规则等方面的体系、制度、方法、形式等。

中国特色社会主义文化制度和体制涉及的内容十分广泛，主要包括坚持马克思主义在意识形态领域的指导地位，加强思想道德建设，繁荣发展教育事业和哲学社会科学事业，发展科学文化体育卫生事业，加强文化人才培养，以及文化产品创作生产、载体手段、传播流通、评价激励、规划管理、人员机构等方面的制度。

中国特色社会主义文化制度，是在中国特色社会主义文化理论指导下和文化建设实践中形成和发展起来的，并将在中国特色社会主义文化理论发展和文化建设实践中得到进一步的完善和发展。

（二）中国特色社会主义文化发展道路

中国特色社会主义文化发展道路，是中国特色社会主义道路在文化领域的具体运用和展开，是中国特色社会主义文化建设实践经验的集中体现，深入回答了文化建设中带有方向性、根本性、战略性的重大问题，指明了文化建设的前进方向和发展路径。

1. 中国特色社会主义文化发展道路的内涵。坚持中国特色社会主义文化发展道路，就是要高举中国特色社会主义伟大旗帜，以马克思列宁主义、毛泽东思想、邓小平理论、"三个代表"重要思想和科学发展观为指导，坚持社会主义文化前进方向，以科学发展为主题，以建设社会主义核心价值体系为根本任务，以满足人民精神文化需求为出发点和落脚点，以改革创新为动力，发展面向现代化、面向世界、面向未来的，民族的科学的大众的社会主义文化，培养高度的文化自觉和文化自信，提高全民族文明素质，增强国家文化软实力，弘扬中华文化，努力建设社会主义文化强国。

2. 坚持中国特色社会主义文化发展道路应遵循的重要方针。一是坚持以马克思主义为指导，推进马克思主义中国化、时代化、大众化，用中国特色社会主义理论体系武装头脑、指导实践、推动工作，确保文化改革发展沿着正确的道路前进。

二是坚持社会主义先进文化前进方向，坚持为人民服务、为社会主义服务，坚持百花齐放、百家争鸣，坚持继承和创新相统一，弘扬主旋律，提倡多样化，坚持文化发展一切为了人民、一切依靠人民，在全社会形成积极向上的精神追求和健康文明的生活方式。

三是坚持以人为本的核心立场，要充分发挥人民在文化建设中的主体地位，坚持文化发展由人民共享。

四是坚持把社会效益放在首位，坚持社会效益和经济效益有机统一，遵循文化发展规律，适应社会主义市场经济发展要求，加强文化法制建设，一手抓繁荣，一手抓管理，推动文化事业和文化产业全面协调可持续发展。

五是坚持改革开放，着力推动文化体制机制创新，以改革促发展、促繁荣，不断解放和发展文化生产力，提高文化开放水平，推动中华文化走向世界，积极吸收各国优秀文明成果，切实维护国家安全。

（三）加强社会主义核心价值体系建设

社会主义核心价值体系是兴国之魂，是社会主义先进文化的精髓，决定着中国特色社会主义发展方向。加强社会主义核心价值体系建设，要积极培育和践行社会主义核心价值观，毫不动摇地坚持马克思主义的指导地位。

1. 社会主义核心价值体系建设的重要意义和主要任务。价值观念是人们以自身需要为尺度对各种事物或现象所蕴含意义的认识和评价。人们受自身具体利益和具体需求的影响，必然会产生不同的价值观念，但是，在任何一个社会中，社会的主导价值观念，都是由其起主导作用的经济基础所决定的。核心价值体系作为上层建筑的灵魂部分，既是上层建筑的重要内容，又对维护上层建筑起着关键作用。社会制度的巩固和完善，国家的繁荣和发展，都需要核心价值体系提供理论指导、价值导向和精神支撑，因此它必然要集中反映这个社会的统一意志和思想。

社会主义核心价值体系建设是中国特色社会主义文化建设的根本任务。历史和现实反复证明，没有核心价值体系，一种文化就立不起来、强不起来，一个民族就没有赖以维系的精神纽带，一个国家就没有统一意志和共同行动。社会主义核心价值体系决定着中国特色社会主义文化建设的性质和方向，是一切文化产品创作、生产、传播的生命所在，如果离开了社会主义核心价值体系，中国特色社会主义文化就会失去精神价值的支撑，就会失去吸引力、影响力。社会主义核心价值体系也需要贯穿在中国特色社会主义文化发展的全过程，依托各种文化产品和服务的物质基础和传播形态而得到不断弘扬。

社会主义核心价值体系建设的任务主要有以下几个方面：

一是坚持马克思主义的指导地位。毫不动摇地坚持马克思主义基本原理，坚持解放思想、实事求是、与时俱进，大力推进理论创新，不断把党领导人民创造的成功经验上升为理论，推进马克思主义中国化、时代化、大众化，赋予当代中国马克思主义鲜明的实践特色、民族特色、时代特色，用中国特色社会主义理论体系武装全党、教育人民，用发展着的马克思主义指导新的实践。

二是坚定中国特色社会主义共同理想。坚持以理想信念教育为重点，深入开展形势政策教育、国情教育、革命传统教育、改革开放教育、国防教育，在重大思想理论问题上划清是非界限，不断增强坚持中国特色社会主义旗帜、道路、理论体系和制度的自觉性、坚定性。

三是弘扬民族精神和时代精神。大力弘扬爱国主义、集体主义、社会主义思想，弘扬一切有利于国家富强、民族振兴、人民幸福、社会和谐的思想和精神，大力发扬艰苦奋斗、劳动光荣、勤俭节约的优良传统。不断增强民族自尊心、自信心、自豪感，始终保持与时俱进、开拓创新的精神状态。

四是树立和践行社会主义荣辱观。推进公民道德建设工程，引导人们增强道德判断力和道德荣誉感，深化群众性精神文明创建活动，深入开展学雷锋活动，坚决反对拜金主义、享乐主义、极端个人主义，坚决纠正以权谋私、造假欺诈、见利忘义、损人利己的歪风邪气，在全社会形成知荣辱、讲正气、做奉献、促和谐的良好风尚。

2. 积极培育和践行社会主义核心价值观。 培育和践行社会主义核心价值观，是加强社会主义核心价值体系建设的特别重要的方面。核心价值观和核心价值体系是一个社会价值取向的高度概括。社会主义社会具有迥异于剥削阶级社会的价值选择和价值诉求，这种独特价值选择和价值诉求凝练在社会主义核心价值观和社会主义核心价值体系之中。社会主义核心价值观是从社会主义核心价值体系之中抽象提炼出来的价值内核，是社会主义核心价值体系的聚焦点，并渗透于社会主义核心价值体系的各个方面。培育和践行社会主义核心价值观，是建设社会主义核心价值体系的题中应有之义，是建设社会主义核心价值体系的根本任务。

培育和践行社会主义核心价值观，应在"三个倡导"上下功夫。"三个倡导"是在不同层面上提出的不同要求，一般地说，倡导富强、民主、文明、和谐，是国家层面的要求；倡导自由、平等、公正、法治，是社会层面的要求；倡导爱国、敬业、诚信、友善，是个人层面的要求。这三个层面的要求是有区别的，是培育和践行社会主义核心价值观的三个维度，分别规定着国家、社会、个人的价值取向，同时，又是相互联系、相互渗透和相互包含的，其区分只具有相对的意义，不能将它们机械地对立和割裂开来。正确认识和把握"三个倡导"及其相互间的辩证关系，对于培育和践行社会主义核心价值观的实践具有重要的意义。

3. 用社会主义核心价值体系引领社会思潮。 社会主义核心价值体系在我国各种思想文化和价值观念中居于统摄地位，关乎中国特色社会主义文化的发展方向和根本性质。当前，我国正处在社会变革、经济转型的加速期，各种社会思潮此起彼伏，各种社会力量竞相发出自己的声音。社会思潮是多样化社会思想的突出表现，是一定时期内反映一定阶层、群体的利益和要求，得到广泛传播、有较大影响的思想倾向、思想潮流。社会思潮对社会价值观念、社会心理产生着不同程度的影响。社会思潮有多种类型，既有马克思主义的主流意识形态，也存在着各种非马克思主义、反马克思主义的社会思潮，诸如新自由主义、民主社会主义、普世价值、宪政民主等。

在这样的背景下，一元化指导思想与多样化社会意识并存，传统思想观念与现代思想观念相互交融，本土文化与外来文化相互碰撞，社会思想意识呈现出多元、多样、多变的特点。

社会思潮越是纷繁复杂，越需要主旋律，越需要用一元化的指导思想引领多样化的社会意识，牢牢掌握意识形态的领导权和主导权。社会主义核心价值体系作为社会主义意识形态的本质体现，集社会主义价值理念之大成，把我们党倡导的基本理念、思想观念和价值取向系统凝练地整合在一起，深刻揭示了当代中国社会共同思想道德基础的基本内涵和基本要求。

必须坚持用社会主义核心价值体系引领各种社会思潮、凝聚社会共识，尊重差异、包容多样，要利用各种时机和场合，搭建弘扬社会主义核心价值体系的平台，形成有利于培育和践行社会主义核心价值观的生活情景和社会氛围。尊重广大人民群众在思想意识、核心价值观念上的差异性，有针对性地解决群众的思想疑虑。密切关注社会思想变化、因势利导、顺势而为，在尊重差异中扩大认同，在包容多样中形成思想共识，有力抵制各种错误思想和腐朽文化的影响，发展壮大积极健康向上的主流思想舆论。

（四）增强文化整体实力与竞争力

推动社会主义文化大发展大繁荣，建设社会主义文化强国，必须着力提高国家文化软实力，增强国家文化的整体实力和国际竞争力。

1. 提高国家文化软实力。

（1）建设社会主义文化强国，应着力提高国家文化软实力。改革开放以来，随着中国文化的改革发展，全民族思想道德素质和科学文化素质显著提高，文化"走出去"的步伐加快，多层次、宽领域对外文化交流格局逐步形成，中华文化影响力不断扩大，国家文化软实力显著增强。同时也要看到，我国是有着悠久历史和灿烂文明的文化大国，但丰富的文化资源还没有转化为较强的文化软实力，中国文化国际影响力与经济、政治国际影响力还不相称，文化产品输出国角色与物质产品输出国地位还不匹配，维护国家文化安全的任务更加艰巨。在这样的形势下，必须切实提高国家的文化软实力。

（2）提高文化软实力，必须继承中华优秀传统文化。优秀传统文化凝聚着中华民族自强不息的精神追求和历久弥新的精神财富，是发展社会主义先进文化的深厚基础，是建设中华民族共有精神家园的重要支撑。建设优秀传统文化传承体系，加强对优秀传统文化思想价值的挖掘和阐发，加强文化遗产的保护，发挥国民教育在文化传承创新中的基础作用和各类文化载体的重要作用，使优秀传统文化成为鼓舞人民前进的精神力量。

（3）提高文化软实力，必须推动哲学社会科学的繁荣发展。要巩固马克思主义理论学科，实施哲学社会科学创新工程，建设具有中国特色、中国风格、中国气派的哲学社会科学，使之更好地发挥认识世界、传承文明、创新理论、资政育人、服务社会的功能。

（4）提高文化软实力，必须积极吸收借鉴国外优秀文化成果。坚持以我为主、为我所用，学习借鉴一切有利于加强中国特色社会主义文化建设的有益经验、一切有利于丰富中国人民文化生活的积极成果、一切有利于发展中国文化事业和文化产业的经营管理理念和机制，在博采众长中不断赋予中华文化以强大生机。

（5）提高文化软实力，必须大力推进文化创新，把创新精神贯穿于文化创造生产全过程，适应时代和实践发展要求，积极运用高新科技成果，大力推进文化内容形式、体制机制、方法手段创新，不断创造新的文化样式，催生新的文化生态，努力创作生产更多思想性、艺术性、观赏性相统一，经得起历史和人民检验的优秀精神文化产品。

2．增强国家文化的整体实力与国际竞争力。文化实力和竞争力是国家富强、民族振兴的重要标志。增强文化整体实力和国际竞争力是建设中国特色社会主义现代化的必然要求，是增强民族凝聚力和创造力的重要源泉，是综合国力竞争的重要组成部分。

增强国家文化的整体实力与国际竞争力，要牢固树立强烈的发展意识、开阔的发展思路，拓展发展途径，转变发展方式，进一步解放和发展文化生产力。要坚持把社会效益放在首位，社会效益和经济效益相统一，推动文化事业全面繁荣、文化产业快速发展。加强重大公共文化工程和文化项目建设，完善公共文化服务体系，提高服务效能。促进文化和科技融合，发展新型文化业态，提高文化产业规模化、集约化、专业化水平。构建和发展现代传播体系，提高传播能力。增强国有公益性文化单位活力，完善经营性文化单位法人治理结构，繁荣文化市场。扩大文化领域对外开放，积极吸收借鉴国外优秀文化成果。营造有利于高素质文化人才大量涌现、健康成长的良好环境，造就一批名家大师和民族文化代表人物，表彰有杰出贡献的文化工作者。

（五）深化文化体制改革

文化体制改革就是适应文化生产力发展水平和要求，体现中国特色社会主义基本制度本质要求，在文化具体制度方面的改革。在新的历史起点上深化文化体制改革，推动社会主义文化大发展大繁荣，关系到实现全面建成小康社会奋斗目标，关系到坚持和发展中国特色社会主义，关系到实现中华民族伟大复兴。

丰富健康的文化生活是衡量人们生活质量的重要标志，也是实现人的全面发展的决定性因素。改革开放以来，中国文化建设取得了历史性重大成就，为坚持和发展中国特色社会主义提供了强大的精神力量。同时也要看到，中国文化领域正在发生广泛而深刻的变革，人民群众对精神文化生活提出了新的更高要求，推进文化改革发展既面临着难得的历史机遇，也面临不少新的矛盾和问题。

总体而言，中国文化发展同经济发展和人民日益增长的精神文化需求还不完全适应，同推动科学发展、促进社会和谐的要求还不完全适应，同扩大对外开放的新形势还不完全适应，同科学技术迅猛发展的新形势还不完全适应。这种不完全适应突出表现在：一些地方和单位对文化建设的重要性、必要性、紧迫性认识不够，文化在推动全民族文明素质提高中的作用亟待加强；一些领域道德失范、诚信缺失，一些社会成员人生观、价值观扭曲；舆论引导能力需要提高，网络建设和管理亟待加强和改进；有影响的精品力作还不够多，文化产品创作生产引导力度需要加大；公共文化服务体系不健全，城乡、区域文化发展不平衡；文化产业规模不大、结构不合理，束缚文化生产力发展的体制机制问题尚未根本解决；文化"走出去"较为薄弱，中华文化国际影响力需要进一步加强；文化人才队伍建设亟须加强。改变上述不适应的状况，根本的出路在于深化文化体制改革。

深化文化体制改革，必须根据社会主义文化建设的特点和规律，科学界定文化单位的性质和功能，紧紧围绕加快文化体制机制改革创新、加快构建公共文化服务体系、加快发展文化产业、加强对文化产品创作生产的引导这"三加快"、"一加强"的重点任务，牢牢把握推动文化科学发展这条主线，着力破解文化发展难题，着力转变文化发展方式，促进社会主义文化又好又快地发展。

一是加快构建有利于文化繁荣发展的体制机制。牢牢把握正确方向，建立健全党委领导、政府管理、行业自律、社会监督、企事业单位依法运营的文化管理体制和富有活力的文化产品生产经营机制，深化国有文化事业单位改革，健全现代文化市场体系，创新文化管理体制，发挥市场在文化资源配置中的积极作用，完善文化发展的政策保障机制，为文化繁荣发展提供强大动力。

二是加快构建覆盖城乡的公共文化服务体系，保障人民的基本文化权益。坚持政府主导，按照公益性、基本性、均等性、便利性的要求，加强文化基础设施建设，完善公共文化服务网络，构建技术先进、传输快捷、覆盖广泛的现代传播体系，加快城乡一体化发展，保障人民群众的基本文化权益。

三是加快发展文化产业，推动文化产业成为国民经济的支柱性产业。坚持把社会效益放在首位、社会效益和经济效益相统一，按照全面协调可持续的发展要求，构建现代文化产业体系，形成公有制为主体、多种所有制共同发展的文化产业格局，推进文化科技创新，扩大文化消费，推动文化产业跨越式发展，使之成为新的经济增长点、经济结构战略调整的重要支点、转变经济发展方式的重要着力点。

四是加强对文化产品创作生产的引导。贯彻为人民服务、为社会主义服务的方向和百花齐放、百家争鸣的方针，坚持以人民为中心的创作导向，立足发展先进文化、建设和谐文化，完善文化产品评价体系和激励机制，激发文化产品创作生产力，提高文化产品质量，热情讴歌改革开放和社会主义现代化建设伟大实践，生动展示我国人民奋发有为的精神风貌和创造历史的辉煌业绩，为人民提供更多更好的精神食粮。

二、学术前沿述评

（一）文化的内涵

"文化"是中国语言系统中古已有之的词汇。"文"的本义，指各色交错的纹理。"化"，本义为改易、生成、造化，后指事物形态或性质的改变，引申为教行迁善之义。西汉以后，"文"与"化"方合成一个整词，如"圣人之治天下也，先文德而后武力。凡武之兴，为不服也。文化不改，然后加诛"（《说苑·指武》），"文化内辑，武功外悠"（《文选·补之诗》），这里的"文化"，或与天造地设的自然对举，或与无教化的"质朴"、"野蛮"对举。因此，在汉语系统中，"文化"的本义就是"以文教化"。随着时间的流变和空间的转移，现在"文化"已成为一个内涵丰富、外延宽广的多维概念，成为众多学科探究、阐发、争鸣的对象。

英国文化人类学家泰勒（1832—1917）在所著的《原始文化》一书中，将"文化"与"文明"两个概念共用。他认为："所谓文化或文明乃是包括知识、信仰、艺术、道德、法律、习惯以及人类作为社会成员而获得的种种能力、习性在内的一种复合整体。"① 这个界定被认为是最早对"文化"进行的经典性定义，这一定义对后来的文化研究产生了深远的影响。美国文化人类学家克鲁克洪（1905—1960）在《文化概念的回顾》中认为："文化是历史上所创造的生存式样的系统，既包括显性式样也包含隐性式样；它具有为整个群体共享的倾向，或是在一定时期中为群体的特定部分所共享。"② 在文化史的研

---

① （英）泰勒著：《原始文化》，连树声译，上海文艺出版社1992年版，第1页。
② 转引自李燕：《文化释义》，人民出版社1996年版，第85页。

究中，克鲁克洪提出的"对文化作分析必然包括显露方面的分析也包括隐含方面的分析"具有划时代的意义。英国文化人类学家马林诺夫斯基（1884—1942）是文化功能学派的创始人。他从"满足人类需要"的角度来阐释文化概念，认为"文化是包括一套工具及一套风俗——人体的或心灵的特性，它们都是直接地或间接地满足人类的需要"①。他认为，一切文化要素都是在活动着、发生作用的而且是有效的。文化要素的动态性质指示了人类学的重要工作就是研究文化的功能。

国内对文化的界定也相当丰富。梁漱溟在1920年出版的《东西文化及其哲学》一书对文化下了这样的定义：文化乃是"人类生活的样法"②，分为精神生活、物质生活和社会生活三大内容。胡适在《我们对于西洋近代文化的态度》（1926年）一文中指出："文化是文明社会形成的生活的方式。"③ 当时，陈独秀对宽泛的文化定义提出了反驳，他在《文化运动与社会运动》一文中曾批评道："有一班人并且把政治、实业、交通都拉到文化里面了，我不知道他们因为何种心理看到文化如此广泛，以至于无所不包？"④ 他力主文化的传统理解，即文化"是文学、美术、音乐、哲学、科学这一类的事"。在20世纪80年代初的文化讨论中，著名历史学家庞朴把文化分为三大结构，即物质层、心物结合层、心理层。

目前，对"文化"的理解有广义和狭义之分。从广义上讲，是指人类在社会发展过程中所创造的物质财富和精神财富的总和；从狭义上讲，是指社会的意识形态及民族心理积淀，指意识形态所创造的精神财富，包括宗教、信仰、风俗习惯、道德情操、学术思想、文学艺术、科学技术、各种制度等。

从结构上来看，文化主要被区分为三大类别，即物质文化、制度文化和精神文化。

在众说纷纭的"文化"理解和定义中，我们还是可以得出一些共识：第一，文化是指世代相传的生活方式，文化研究就是对作为一种体系的人类生活方式的研究。由于界定角度不同，文化也可以进行不同的划分，比如从横向划分为政治、经济、社会、宗教、文学艺术、饮食娱乐等；从纵向划分为传统文化、现代文化等。第二，文化具有民族性和阶级性。第三，文化是对人的存在方式的描述。人存在于自然中，同时也存在于历史和时代中，时间是一个人或一群人存在于自然中的重要平台；社会、国家和民族（家族）是一个人或一

---

① 转引自李燕：《文化释义》，人民出版社1996年版，第85页。
② 《梁漱溟全集》（第1卷），山东人民出版社1989年版，第381页。
③ 《胡适文集》（4），北京大学出版社1998年版，第4页。
④ 《独秀文存》，安徽人民出版社1987年版，第154页。

群人存在于历史和时代中的另一个重要平台；文化是指人们在这种存在过程中的言说或表述方式、交往或行为方式、意识或认知方式。文化不仅用于描述一群人的外在行为，文化特别包括作为个体的人的自我的心灵意识和感知方式。

（二）国家文化软实力

国家文化软实力是近些年兴起的概念。最早由美国学者约瑟夫·奈在1990年出版的《注定领导：美国权力性质的变迁》一书中提出，约瑟夫·奈视文化为一国软实力的重要源泉。他指出：国家软力量主要来自三种资源："文化（在能对他国产生吸引力的地方起作用）、政治价值观（当它在海内外都能真正实践哲学价值时）及外交政策（当政策被视为具有合法性及道德威信时）"①。

我国较早探讨软权力的学者是王沪宁，他指出："把文化看作一种软权力，是当今国际政治中的崭新概念，人们已经把政治体系、民族士气、民族文化、经济体制、历史发展、科学技术、意识形态等因素看作是构成国家权力的属性。"② 软权力依赖于国际间对一定文化价值的体认，所以国家的"软权力"更加依赖国际文化的势能，即国际整个文化和价值的总趋向。张小明认为约瑟夫·奈所提的国家软实力主要包括文化（culture）的理论与改革吸引力、意识形态（ideology）或政治价值观念（political values）的吸引力、塑造国际规则和决定政治议题的能力。邓显超对此详述为"文化（culture）的吸引力；意识形态（ideology）和思想观念（ideas）的感召力；制定国际规则（international norms）和建立国际机构（international institutions）的能力；恰当的外交政策（foreign policy）"③。约瑟夫·奈《注定领导：美国权力性质的变迁》一书指出，中国在发展经济的同时，也应当建设适应当今时代的软实力。此后，软实力概念的使用频率越来越高，国内对软实力理论的研究逐渐升温。"它不仅频繁地出现在学术的讨论中，刊登在官方的报刊上，而且进入了人文社会科学诸多学科的话语里"④，提出的软实力十方面来源中就包括"具有吸引力的主流文化"。孙波也认为"软实力中的第一要素就是文化和文化力"⑤。门洪华教授从文化要素、观念要素、发展模式、国际制度和国际形象五个方面对中国的软实力进行评估，把文化要素作为国家软实力的第一要素，将文化视

---

① （美）约瑟夫·奈著：《软力量——世界政坛成功之道》，吴晓辉等译，东方出版社2005年版，第4页。
② 王沪宁：《作为国家实力的文化：软实力》，《复旦学报》1993年第3期。
③ 邓显超：《中国文化软实力建设的新起点》，《中共南昌市委党校学报》2008年第6期。
④ 刘德斌：《"软实力"说的由来与发展》，《吉林大学社会科学学报》2004年第4期。
⑤ 孙波：《文化软实力及其我国文化软实力建设》，《科学社会主义》2008年第2期。

为软实力的主要内涵和"内功"。

北京大学中国软实力课题组认为,文化(狭义)、政治价值观(以及国内政策)、制度、外交政策以及国民素质与形象是构成软实力的主要资源。① 他们甚至认为,广义的文化软实力就是软实力;狭义的文化软实力则是指构成软实力的基本要素②。蒋英州和叶娟丽也把形成内部软实力的文化列为软实力外延中的基本要素③。黄金辉和丁忠毅则把文化力作为国家软实力的基础之一,并指出文化即观念前提④。贾磊磊就指出"国家文化软实力主要是指那些在社会文化领域中具有精神的感召力、社会的凝聚力、市场的吸引力、思想的影响力与心理驱动力的文化资源"⑤。童世骏认为文化软实力是软实力的一个方面,"是以文化为基础的国家软实力"⑥。骆郁廷提出"文化软实力是一个国家的文化体现出来的凝聚力、吸引力、影响力"⑦。朱哲和权宗田也认为"文化吸引力和感染力构成文化软实力"⑧。贾旭东则指出"文化软实力就是价值观的吸引力"⑨。

综合起来,代表性的定义有五种:①文化软实力是文化的综合影响力;②文化软实力是国家和地区综合实力的重要组成部分,是综合国力中的文化、精神力量;③文化软实力是软实力的分支,是软实力的重要组成部分;④文化软实力概念是文化力和软实力概念的延伸;⑤从资源的角度来定义文化软实力。

学者们所概括的国家文化软实力的内容值得我们借鉴:一是从国家内部和国际社会两方面阐释国家文化软实力,二是将文化品牌、文化形象和文化环境等纳入国家文化软实力,三是强调了传统文化和现代文化的魅力。这是对军事、经济和科技等传统实力的重要补充。

(三) 社会主义核心价值体系

从党的十六届六中全会提出构建社会主义核心价值体系以来,社会主义核心价值体系已成为学术界研究的热点问题。

---

① 北京大学中国软实力课题组:《软实力在中国的实践之二——国家软实力》,http://theory.people.com.cn/GB/49157/49165/6962844.html,2008 - 03 - 06。
② 北京大学中国软实力课题组:《软实力在中国的实践之四——文化软实力》,http://theory.people.com.cn/GB/41038/6981953.html,2008 - 03 - 01。
③ 蒋英州、叶娟丽:《国家软实力研究述评》,《武汉大学学报(哲学社会科学版)》2010 年第 5 期。
④ 黄金辉、丁忠毅:《中国国家软实力研究述评》,《社会科学》2010 年第 5 期。
⑤ 贾磊磊:《国家文化软实力的主要构成》,《光明日报》2007 年 12 月 7 日。
⑥ 童世骏:《提高国家文化软实力》,《毛泽东邓小平理论研究》2008 年第 4 期。
⑦ 骆郁廷:《我国文化软实力的发展战略》,《马克思主义研究》2009 年第 5 期。
⑧ 朱哲、权宗田:《中国共产党与中华民族复兴软实力》,湖北人民出版社 2009 年版,第 24 页。
⑨ 贾旭东:《中国文化软实力:共赢、贡献与和谐》,《中国社会科学院院报》2008 年第 5 期。

1. 关于社会主义核心价值体系的内涵研究。 宋惠昌认为，要从两个方面来理解核心价值观：从一定社会中诸多价值观多元并存的这个角度，即从核心价值观与非核心价值观的区别来说，核心价值观是该社会各种价值观中居于主导地位或者支配地位的价值观，在存在着阶级的社会中，核心价值观就是与统治阶级那种占统治地位的意识形态相一致的价值观；从价值观本身的理论内容来看，核心价值观就是指该价值观中有决定意义的内容，即能够充分体现主导意识形态的那些本质内容，如指导思想、理想信念等。所谓核心价值观，就是那种反映一定社会中主导意识形态本质内容的、并且在该社会诸多价值观中居支配地位的价值。① 韩振峰认为，社会主义核心价值体系是以中国特色社会主义核心价值观为内核、全面体现中国特色社会主义先进意识形态本质要求、科学化、系统化的核心价值理论，是由马克思主义指导思想、中国特色社会主义共同理想、以爱国主义为核心的民族精神和以改革创新为核心的时代精神、从社会主义荣辱观为基本内容所构成的科学价值体系。②

2010 年 9 月在上海举行的全国社会主义核心价值体系高层学术研讨会上，众多学者认为社会主义核心价值体系的内涵应该拓展。如邱柏生认为分析社会主义核心价值体系教育问题需要从术语、意义和言说方式三方面入手，其中尤应以对一定术语（概念）的意义建构、诠释与发散分享为核心。③ 徐惟诚、张博颖认为，求真、民主、公正、和谐应该属于社会主义核心价值理念的内容④。

2. 社会主义核心价值体系的研究的不同视角。 从伦理学的角度来看，"社会主义价值体系"应该是"价值存在体系"和"价值观念体系"的辩证统一，从伦理学的视角来看，作为价值观念的社会主义核心价值体系包括理想信念、行为规范和心理品格三个层次。从思想政治教育的视角来看，它与社会主义核心价值体系关系密切。众多学者就社会主义核心价值体系的解读与建设、社会主义核心价值体系视域中的思想政治教育理论创新与发展、大学生思想政治教育改革与实践等问题进行了探讨与研究。从哲学的角度来看，一个国家、一个民族、一个社会在满足需要的共同实践中，必然形成一定的社会价值体系，并通过人们的价值目标和价值追求表现出来。在中国社会转型期，中国共产党坚持把远大的理想和现实目标统一起来，使社会主义核心价值体系居于社

---

① 宋惠昌：《社会主义核心价值观专题解读》，中共中央党校出版社 2010 年版，第 42 页。
② 韩振峰：《社会主义核心价值体系几个深层次问题探析》，《科学社会主义》2010 年第 5 期。
③ 邱柏生：《试论开展社会主义核心价值体系教育的话语体系支撑》，《思想理论教育导刊》2010 年第 10 期。
④ 徐惟诚、张博颖：《关于社会主义核心价值理念的思考》，《天津行政学院学报》2011 年第 5 期。

会主义价值体系的主导地位，体现了社会主义的本质和最根本的价值追求。

3. **社会主义核心价值体系的实践。**韩庆祥主张从大众维度回答"怎样实现"社会主义核心价值体系的问题。他提出，应由理论诉求转化成为实践诉求，使人民大众从实践上认同社会主义核心价值体系；由主导要求转化为主体需求，使人民大众从思想上认同核心价值体系；由只注重主流的先进性向注重支流的广泛性转化，使人民大众在被尊重、被包容中认同核心价值体系；把政治话语转化成为大众话语，使人民大众从语言上认同核心价值体系；由过于抽象的理性化向生动的感性化转化，使人民大众在生动直观的感知中认同核心价值体系；把单向灌输转化成为双向互动，真正使人民大众在参与中认同核心价值体系。① 陈立新从心理学的角度对社会主义核心价值体系的建设提出了看法，通过对社会主义核心价值体系内化的心理机制的基本形态、动力系统、运作过程的规范性分析，来探寻社会主义核心价值体系内化过程的心理活动规律。有学者提出，受伦理学价值论、规范论和德性论的启发，我们才看到了社会主义核心价值体系建设中，也包含着理想信念、行为规范和心理品格三个层面。这三个层面的核心价值体系建设既与国家主体、社群主体和个人主体相对应，又与马克思主义伦理学的价值论、规范论和德性论视野相对应。②

除上述几个方面外，学术界对社会主义核心价值体系的理论渊源、与中国传统文化的关系、必要性及重要意义等问题进行了讨论。

三、重点难点热点问题解析

1. **为什么说文化软实力是综合国力的重要组成部分。**第二次世界大战后，国家综合国力竞争中的主导因素，经历了军事力、经济力、资源力、科技力、信息力的历史嬗变。这种嬗变的时代标志，就是20世纪末21世纪初"软实力"概念的提出和放大。"软实力"概念最早是由美国哈佛大学肯尼迪政府学院院长约瑟夫·奈提出的，在他看来，全球化时代国家之间的竞争是综合国力的竞争，而文化力作为一种"软实力"逐渐成为国际间的核心竞争力。他认为，一个国家的综合实力，既包括经济力量、科技力量、军事力量等在内的硬实力，也包括文化、政策和价值观念等在内的软实力。在世界政治中，软实力比强制性威胁的方式更文明，也更持久，一个国家可以通过软实力，使别的国家理解、认同甚至模仿其在国际社会的主张和行为，换句话说，谁占据文化发展的制高点，拥有强大的文化软实力，谁就能够在激烈的国际竞争中赢得主动

---

① 韩庆祥：《关注现实问题 推进理论创新》，《光明日报》2010年12月28日。
② 陈立新：《社会主义核心价值体系内化的心理机制探讨》，《求索》2012年第4期。

权。在此时代话语的凸显背景下，包括中国在内的全世界各国逐渐将"文化软实力"作为一项重要的国家战略提上议事日程。2006年11月10日，胡锦涛《在中国文联第八次全国代表大会、中国作协第七次全国代表大会上的讲话》中指出："面对当今世界各种思想文化相互激荡的大潮，面对国家发展和人民生活改善对文化发展的要求，面对社会文化生活多样活跃的态势，如何找准我国文化发展的方位，创造民族文化的新辉煌，增强我国文化的国际竞争力，提升国家软实力，是摆在我们面前的一个重大现实课题。"① 在此，"文化软实力"作为中国改革发展的一项核心国家战略被正式提出，随后又在2007年党的十七大上就提升国家文化软实力的重要意义达成了共识，党的十七大报告指出："当今时代，文化越来越成为民族凝聚力和创造力的重要源泉、越来越成为综合国力竞争的重要因素，丰富精神文化生活越来越成为我国人民的热切愿望。要坚持社会主义先进文化前进方向，兴起社会主义文化建设新高潮，激发全民族文化创造活力，提高国家文化软实力，使人民基本文化权益得到更好保障，使社会文化生活更加丰富多彩，使人民精神风貌更加昂扬向上。"② 从学理层面来分析，文化软实力构成了一国综合国力的重要部分，主要基于以下几个方面的理由：

（1）提高国家文化软实力是增强民族凝聚力的必然要求。著名的文化人类学家本尼迪克特在《文化模式》的序言中指出："我们必须把个体理解为生活于他的文化中的个体，把文化理解为由个体赋予其生命的文化。"③ 本尼迪克特的论述充分体现了人作为个体与其文化之间的一体化关系，以至于我们可以把人的本质界定为文化的表现形式。民族的团结、国家的统一，不仅需要制度作保障，更需要精神的契合。作为一个民族长期的精神积淀，文化可以整合各行为主体的精神追求和行为规范，满足全社会参与的整体性活动的精神需求，它可以指引个体追求社会整体的完善和自身人性的和谐完美。同时，它可以依附于语言和其他载体，形成一种社会文化环境，以协调、整合各行为主体的力量，从而形成和强化为一个民族或国家的向心力和凝聚力，从这个意义上讲，我们说文化是凝聚社会的黏合剂，是凝聚全国各族人民的精神纽带。一个国家和民族的进步与发展的最深层的动力源自于这个国家和民族的文化底蕴。中国是一个有13亿人口和56个民族的发展中的大国，客观上存在着思想文

---

① 胡锦涛：《在中国文联第八次全国代表大会、中国作协第七次全国代表大会上的讲话》，《光明日报》2006年11月11日。
② 胡锦涛：《高举中国特色社会主义伟大旗帜 为夺取全面建设小康社会新胜利而奋斗——在中国共产党第十七次全国代表大会上的报告》，人民出版社2007年版，第8页。
③ （美）露丝·本尼迪克特：《文化模式》，王炜译，生活·读书·新知三联书店1988年版，第13页。

化、生活方式、民族心理、习俗等方面的多样化与差异性，也决定了中国必须以共同的理想信念和价值观来协调内部关系，增强全社会的凝聚力。文化作为政治经济的观念反映，是维系国家、民族团结和政治稳定的重要基础，形成民族凝聚力和文化认同感的安全屏障。综观历史和现实，只有具备文化内聚力并以此进行价值整合的国家，才能保持政权稳定，并成功地发挥其应有的作用。一旦文化遭遇威胁和侵略，则必然会给民族和国家带来深刻的文化危机乃至民族危机。在当代中国，中国特色的社会主义文化既继承了民族文化的传统，又深深植根于中国特色社会主义的实践中，是凝聚和激励全国各族人民的重要因素，是保障民族生生不息、国家兴旺发达的巨大力量。

（2）提高国家文化软实力是确保国家文化安全的必然选择。文化作为国家力量中软力量的组成部分，日益成为国家安全的有力保障，同时也是唯一能够渗透到任何领域、联结国家实力各要素的关键。一个民族在发展过程中，文化是其和世界其他民族相区别的重要标志，同时也是确定其人类学身份的根本依据，因此，文化安全就成为确保一个民族和国家的生存安全的一种战略要素。"冷战"结束后，西方一些国家一直把意识形态、社会制度等文化因素放在与军事、经济同等重要的地位，积极利用其先进的科技和庞大的传媒，向全世界宣传其价值观（如自由、平等、民主、人权），不遗余力地以各种手段和方式输出西方文化价值、政治制度、宗教信仰等。比如布热津斯基就在《大失控》一书中明确表露：削弱民族国家的主权，增强美国文化作为世界各国"榜样"的文化和意识形态力量，是美国维持其霸权地位所必须实施的战略。历史经验表明，当一国"软实力"丧失或被严重削弱，无论多么强大的经济实力都挽救不了这个国家衰败的命运。苏联解体分化就其外部原因来看固然与美国的"冷战"政策相关，但从内部根源来看，无疑与其文化即它的政治哲学、官方意识形态、民族凝聚力等失去了原创动力而日趋僵化紧密关联。环顾世界，"文化全球化"已成为不可阻挡的发展趋势，面对"文化全球化"带来的机遇和挑战，中国一方面必须从文化心态上积极与世界各民族文化加强相互交流和学习，从其他民族文化中汲取有益于中国特色社会主义建设的文化资源，为我所用；另一方面必须从维护国家文化安全的高度化解和回应"文化全球化"带来的负面影响和冲击，坚定不移地坚持马克思主义的指导地位，将马克思主义中国化最新成果用于武装全党、教育人民，用中国特色社会主义共同理想凝聚人心，用以爱国主义为核心的民族精神和以改革创新为核心的时代精神鼓舞斗志，用社会主义荣辱观引领风尚，巩固全党全国各族人民团结奋斗的共同思想基础。唯此，才能在日趋激烈的国际综合国力竞争中保持不败之地。

（3）提高国家文化软实力是树立中国国家形象的根本需要。伴随着中国综合国力的发展及国际地位的不断提高，中国在国际上的影响也更加广泛而深刻。对国际秩序而言，中国是一个可能挑战国际力量格局的新变量，无论是西方发达国家还是广大发展中国家，都对日益强大的中国高度关注，看重我国的战略分量，把我国的发展视为机遇，加强同我国的交流与合作。国际社会正在对中国进行重新定位，迫切希望了解中国发展的价值取向，明了中国自身的国家定位，知道它的未来走向。在这种背景之下，能否树立与我国国际地位相称的、为国外公众所理解的国家形象，关系到我国的国际地位、发展空间和战略资源，关系到和平发展进程。而要在国际舞台上真正获得其他民族国家尤其是世界强国的认同，提升和发展文化软实力是达成这一目标的必要途径。这要求中国首先要强化自身文化功底，加强对本民族文化的认识和理解，通过挖掘中华民族文化宝库的重要思想资源，增强文化自信心和自豪感。同时，又要在清楚认识本民族文化的同时加强文化外交，主动认识理解异域文化，形成文化自觉意识。文化外交寻求的是表现和传播良好的国际形象，以推进国家整体外交的运作，世界上许多国家都高度重视以文化外交为手段来构筑良好的国际形象。就中国而言，良好的国际形象有助于政权的巩固和人民的团结；有助于吸收国外文明的同时弘扬中国文化；有助于扩大对外文化贸易，开拓我国的国外文化市场。北京奥运会、上海世博会、孔子学院的发展等为我们提供了文化外交的宝贵经验，通过文化外交，既向世界说明了当代中国，展示了中华文化的魅力，也树立了中国和平发展的道路、主持正义与合作共赢的国际形象。

2. 文化建设为什么要在多元中立主导、在多样中谋共识。多元文化的孕育、生长和碰撞是中国社会转型的文化发展的必然趋势。多元文化是指文化主体在价值取向、价值规范、思想观念乃至行为方式上呈现出的异质性和多样性。这里的"多元文化"是就当代中国发展过程中的一种独特文化现象而言的，特指伴随着改革开放和全球化的发展，由东方文化与西方文化、传统文化与现代文化、主流文化与非主流文化、精英文化与大众文化等构成的系统。在当下中国，这些文化板块相互交错、碰撞，呈现出一种文化多元化的景观，这种多元文化并存的现象在社会意识形态领域表现为"一元"与"多元"的矛盾：

"一元"特指主流文化、主流意识形态和价值观，而"多元"特指与此相对应的多种多样的非主流文化、非主流意识形态和价值观。一元与多元矛盾的生成，一方面是随着我国改革开放的深化发展，在全面对外开放的态势下，国外特别是西方各种思想道德价值观念夹着经济全球化的浪潮涌入国门，日益影响着我们的广大民众；另一方面是我国在社会主义市场经济条件下，多种经济成分的迅猛发展，利益主体的不断分化，反映这些多种经济成分和不同利益主体要求的思想道德价值观念也如雨后春笋般地涌现。在这种"外入"与"内生"双重夹击与交错发展的形势下，当今中国的思想道德价值观念已经从传统的一元转向多元。然而，任何社会的主流价值形态和思想道德观念在核心价值体系上总是一元化的，也正因此，当前我国提出了建设社会主义核心价值体系的重要思想，但是，经济主体多元化和多元化的利益诉求必然引起其道德价值观念多元化与一元化的矛盾。

这种一元与多元的矛盾，从"统一"的方面来看，固然有益于人们解放思想，激发人们的创造力，有利于"百花齐放、百家争鸣"方针的贯彻执行，有助于我们利用更多的文化资源来推动社会主义文化大发展大繁荣，但是，从"对立"的方面来看，它给我们带来的冲击是前所未有的。这种巨大的冲击造成的直接后果，一方面是由于多元的思想道德价值观念对主流思想道德价值观念的传播，会形成一种强大的阻隔和消解力量，极大地影响到主流思想道德价值观念传播的效果，导致民族凝聚力的削弱与民族离散力的增长；另一方面，使人们在众说纷纭的价值评价中，无法把握是非真假、善恶美丑，容易造成价值观念、荣辱观念的混乱与颠倒，从而引发了中国改革开放以来遭遇到的最大价值困境——道德失范现象的滋生蔓延。而道德失范不仅加剧了民族离散力的增长，而且进一步推进了社会各种消极、腐败现象的增长。

要解决这一矛盾，就必须通过社会主义文化大发展大繁荣，建立和完善社会主义核心价值体系和社会规范体系，使全体人民有一个共同的社会规范和价值导向。任何一个国家、任何一个民族，不管其精神生活多么复杂、思想文化如何多样，都必然有一种占据主导地位的文化形态和思想体系，否则社会就会成为一盘散沙，从而失去思想灵魂。因此，各种思想文化要实现和谐发展，离不开一个主心骨。和谐文化不是只要多样不要统一，正如一曲美妙的音乐虽然需要不同的音符来表达，但多样的音符只有统一于共同的主旋律，才能演奏出和谐的乐章。在意识形态领域，这个主旋律就是马克思主义。众所周知，马克思主义是在吸收大量人类文明成果的基础上创立的。列宁说过，马克思的学说"依靠了人类在资本主义制度下所获得的全部知识的坚固基础"①。马克思主义要不断向前发展，必须研究、吸收、借鉴人类所取得的各种新的思想成果，包括自然科学和社会科学发展的最新成就。所以，社会文化和意识的多样化能为马克思主义的发展提供丰富多样的思想营养。马克思主义正是在不断吸收人类的文明成果中向前发展的，也是在同各种错误思想的辩论和斗争中向前发展的。只有坚持社会意识的多样化，才能使社会意识的内容和形式更加丰富多彩，使人们的精神生活更加生动活泼，使我们的思想文化百花齐放，呈现空前繁荣的景象，为马克思主义提供取之不竭的思想泉源。同时，马克思主义又能够为社会思想文化的蓬勃发展提供科学的世界观和方法论。马克思主义是关于

---

① 《列宁选集》第 2 卷，人民出版社 1995 年版，第 418 页。

自然、社会和人类思维一般规律的科学，它能为我们认识和改造世界、探索和揭示科学真理、繁荣和发展思想文化提供正确的世界观和方法论。在马克思主义的指导下，我们对外部世界的认识就会比较自觉并力求按照客观规律去办事，我们的思想就会更加科学、更加符合实际，从而避免或减少盲目性。

有人担心，强调指导思想的一元化，会不会影响哲学社会科学的繁荣发展，会不会影响学术和艺术上的自由争鸣，会不会影响我们学习借鉴资本主义国家的有益文化成果呢？我们说，这种担心是多余的。

首先，坚持指导思想一元化，不会妨碍哲学社会科学的繁荣和发展。实际上，我们强调以马克思主义为指导，并不是说要简单照搬它的现成结论，用它代替具体的科学研究，用它裁剪丰富多彩的现实生活，而是强调要善于运用它的立场、观点、方法去分析问题、研究问题、解决问题。马克思主义既是近现代以来哲学社会科学发展的伟大成果，也是引领哲学社会科学进一步繁荣发展的正确向导。正是在马克思主义的影响下，五四运动以来我国现代哲学社会科学才获得了一系列重大发展，形成了新的科学方法、思维方式、学术范式和学科体系。即使在西方，一些著名学派也不讳言自己的学说受过马克思主义的影响。

其次，坚持指导思想一元化，不会影响我们贯彻"百花齐放、百家争鸣"的方针。我们所说的"指导思想"，是指各种学术学派、艺术流派都坚持以马克思主义世界观和方法论为指导；我们所说的"百家"、"百花"，是指在马克思主义指导下的社会主义文化应允许有不同的学派和流派。只有坚持"百花齐放、百家争鸣"，才能避免思想停滞、观念僵化、声音单调，增强社会主义学术和文化的生命力、吸引力和影响力，这本身就是马克思主义所要求的；只有坚持以马克思主义为指导，才能使各种流派和学派更好地把握正确的方向，坚持正确的立场、观点和方法，更好地服务人民、服务社会。所以，坚持以马克思主义为指导同坚持"百花齐放、百家争鸣"，两者相辅相成、不可分割。必须坚持在马克思主义指导下，大力营造"百花齐放、百家争鸣"生动局面，促进各种学术学派和艺术流派的发展，促进社会主义文化的繁荣。

最后，坚持指导思想一元化，不会影响我们吸收和借鉴包括西方发达国家在内的、世界各国人民创造的有益思想文化成果。马克思主义既是与时俱进的科学理论，同时也是一个包容性很强的开放的思想体系，它勇于和善于汲取人类社会创造的一切优秀文明成果。马克思主义正是批判地汲取德国古典哲学的合理内核、英国古典政治经济学的思想成果和法国空想社会主义的理论精华，才得以创立；马克思主义也正是同中国具体实际相结合，汲取国外优秀文明成果和中国传统思想精华，才形成了毛泽东思想和中国特色社会主义理论体系；马克思主义具有与时俱进的理论品格，这使它既能海纳百川、博采众长，又能扎根实践、坚持根本。因此，坚持马克思主义的指导地位，不仅不会阻碍对其他优秀思想文化成果的吸收和借鉴，而且只会有利于我们以更加积极的态度、更加广阔的视野、更加包容的胸怀，去学习、去吸收、去借鉴。①

因此，在新的历史条件下，用马克思主义思想和社会主义核心价值体系引领、统摄、整合多样化的价值观，通过倡导积极的、支持有益的、改造落后的、抵制腐朽的，来实现社会主义核心价值体系主导下的社会思想道德价值观的和谐，意义不言而喻。这种核心价值体系与多样化价值观之间既有"一元统领"、"协调有序"，又有"兼容并生"、"和而不同"，从而体现了文化发展的一元性与多样性的统一、主导性与兼容性的统一。

3. 如何理解马克思主义指导思想是我们文化发展的根本。马克思主义在当代中国文化建设上处于主导地位，是我国文化发展的根本。对于这个判断，主要可以从以下几个方面来理解：

（1）这是由马克思主义理论本身的品质所决定的。马克思主义是当代最科学、最先进、最革命的理论。一方面，马克思主义本身就是人类优秀文化成果的精华，它既以人类先进文化为基础，又代表着人类先进文化前进的方向。马克思主义坚持辩证唯物主义和历史唯物主义的世界观和方法论，用生产力和生产关系、经济基础和上层建筑的矛盾运动来解释人类历史的发展变化，把生产力作为推动社会前进最活跃、最革命、最根本的力量，科学分析了资本主义社会的内在矛盾，深刻揭示了历史发展的客观规律，创立了科学社会主义，为人类社会发展进步指明了正确方向。在人类思想史上，还没有一种学说像马克思主义那样对世界历史产生如此巨大的影响。甚至一些并不赞同马克思主义的人也承认，马克思主义是人类文明史上不朽的思想丰碑。一位法国学者说，没有马克思，没有对马克思的记忆，也就没有将来；不去阅读而且反复阅读和讨论马克思，将永远都是一个错误。另一方面，马克思主义不仅揭示了人类社会发展的一般规律，为社会发展指明了正确方向，而且申明自己代表的是最广大人民群众的根本利益，是争取工人阶级和广大劳动人民解放、最终实现全人类解放的理论。马克思曾经在《关于费尔巴哈的提纲》中指出：以往一切的哲学家们只是用不同的方式解释世界，而问题在于改变世界。它道明了马克思主义不是书斋里的学问，不是只用来供人把玩和欣赏，它在本质上是世界无产阶级和劳苦大众获得自身解放的行动指南。鲜明的实践性和科学的价值指向是马克思主义的重要特征，这一点使得马克思主义彻底改变了人们关于"文化"的形而上学的看法和观念。这就是说，在马克思主义那里，"文化"不是孤立

---

① 参见中共中央宣传部理论局《六个"为什么"——对几个重大问题的回答》，学习出版社2009年版，第13～15页。

自存的，而是社会有机体的一部分，是社会上层建筑的一部分，根本上受制于社会的经济基础。挽救衰亡的文化命运，也不是单靠"文化"的手段可以解决的，根本上在于改变这个民族和国家落后的生产方式。由此而言，马克思主义作为一种社会思潮和理论观点，对于现代中国的意义与其说是引发了文化上的变革，毋宁说是为我们的民族解放指明了方向。也正是这种理论自身的先进性和科学性，决定了它与一切剥削阶级的理论不同，与任何狭隘、自私、僵化、保守无缘，从而使它能够成为一个与时俱进的开放体系，指引着中国文化建设甚至世界文化建设的方向。

（2）这是由我国的社会性质和文化建设自身所决定的。从国体来看，我国是以公有制为主体、人民民主专政的社会主义国家，共产党的执政地位，作为这种经济关系和政治关系在观念形态上的反映，只能是马列主义、毛泽东思想和中国特色社会主义理论体系而不能是任何其他意识形态在社会和国家生活中处于支配地位。从我国文化建设的自身特点来看，中国特色社会主义文化是以马克思列宁主义、毛泽东思想和中国特色社会主义理论体系为指导的社会主义性质的文化。这种性质的文化的确立是由中国的社会主义性质决定的，在任何时候都绝不能改变，特别是在当今世界各种文化相互激荡交融，资本主义文化对社会主义文化进行侵蚀、瓦解并极欲取而代之的情况下，更应当保持文化上的自觉，清醒而坚定地坚持文化的社会主义性质。目前，我们既面临着加快发展的难得机遇，也面临着西方发达国家在经济、科技、军事优势方面的压力，面临着激烈的国际文化竞争，特别是西方资本主义国家凭借着经济优势、技术优势和人才优势，对我国进行文化的扩张和渗透，抢占、争夺我国的文化市场、文化资源和文化阵地。因此，如何在坚持扩大开放中积极吸收世界一切优秀文化成果，不断丰富和发展本民族文化，同时大力弘扬民族文化，振奋民族精神，旗帜鲜明地反对和坚决抵制资本主义与一切腐朽思想文化，保持中华文化的独立品格；如何使文化工作配合我国政治外交和经济外交大局，为我国改革开放营造良好的外部环境，树立中国改革开放的新形象；如何快速发展文化产业，扩大我国文化产品和服务的出口份额，缩小文化贸易逆差，扩大国际市场占有率，增强我国文化的综合实力和国际竞争力；等等，这些难题都是我们亟待研究解决的问题。而对此类难题的解决，必须坚持马克思主义对文化建设的指导地位，以中国化的马克思主义文化建设理论指导开展文化实践活动。

（3）这是由80多年的实践证明所决定的。马克思主义从开始传播，到成为中国社会占主导地位的意识形态，它对包括精神文明在内的整个中国社会发展所起的巨大推动作用是任何西方思潮、中国传统文化所不能比拟的。正如毛泽东同志所说："我们说马克思主义是对的，决不是因为马克思这个人是什么'先哲'，而是因为他的理论，在我们的实践中，在我们的斗争中，证明了是对的。"中国人民正是在争取民族独立和人民解放、实现国家富强和人民富裕的长期奋斗中，选择了马克思主义作为自己的思想武器。近代以来，为拯救民族危亡，先进的中国人尝试过、寻觅过西方的各种思想武器，西方的各种思潮，如改良主义、自由主义、社会达尔文主义、无政府主义、实用主义、民粹主义、工团主义等，都在我国先后出现过甚至流行过，又都成为匆匆的历史过客，因为它们都不能解决中国的问题。十月革命一声炮响，为我们送来了马克思列宁主义。马克思列宁主义以科学的宇宙观，为中国先进分子提供了"观察国家命运的工具"。马克思主义从俄国人那里传入中国以后，很快便与当时蓬勃发展的中国工人运动结合起来，成为中国工人阶级的先锋队——中国共产党的指导思想。以后的历史进程表明，以马克思主义为理论指导的中国共产党的诞生，不仅宣告中国旧式民主革命的终结和新民主主义革命的开始，而且也意味着中国文化开始走出封建主义和革命民主主义的阶段，步入民族的、科学的、大众的新民主主义文化进而走向社会主义文化的新时代。客观地审视一部中国现代史，不难发现，近代以来苦难深重的中华民族抵御外侮、争取民族解放的抗争历程，是以马克思主义在中国的传播并不断中国化为思想文化主线的历程；中国新民主主义革命取得最后胜利的历史过程，其实也是马克思主义不断中国化并最终成为全党全国各民族的根本指导思想的过程。因此，马克思主义之所以能够在中国这个古老的东方社会生根、发芽、开花、结果，并不是偶然的，而是有着深刻的历史文化渊源、时代要求以及实践根据的。在文化全球化的发展背景下，中国要在世界各种文明和社会制度长期共存、多种思想文化相互激荡的环境中，始终保持先进文化的发展和繁荣，仍然必须继续坚持马克思主义、毛泽东思想和中国特色社会主义理论体系的指导，可以说这是文化建设的根本原则。

4. 为什么说文化的灵魂是核心价值观。文化主要指的是以观念形态存在的文化。它是一定现实生活的观念表现，用不同的形式反映现实的生活和实践活动，同时又积极地作用于现实生活和实践。毋庸置疑，一定的文化作品、文化形式和文化活动，都与一定的文化观念联系在一起，这些作品、形式和活动就是文化观念的外化和具体化，而文化观念主要由价值观念构成。一定的价值观总是通过文化表现出来，而一定的文化总是蕴含一定内容的价值观念，因而，不同时代、不同民族、不同社会在文化方面的差别，主要表现为价值观特别是核心价值观上的差别。比如个人主义是资本主义与自由主义的核心价值观，从意识形态上看，个人主义的核心与被视为个人权利的内容有关，它应高于社会的集体需求。而社会主义的核心价值观是与个人主义相对立的集体主义，其主要要求是追求个人利益与集体利益的和谐。与此价值观相符，资本主义社会在文化观念、文化作品、文化形式和文化活动上处处都展现了清晰的个人主义痕迹，而社会主义社会文化观念及其表现形式上则充满着集体主义的色彩。从这个意义上，我们可以说："价值是文化组成的要素。价值为文化质料的组织提供种种罗聚的方式。我们要充分了解一个文化，必须深入地去了解它的价值系统。……价值是有生物禀赋并且在社会中生活着的人之文化的心灵活动之产品。这种文化的心灵活动回头又延续，丰富，或改变文化。文化的改变常为价值的改变。"① 这里所说的"价值"，准确地说是"价值观念"——它是文化构成的必要条件。

"价值观作为人们对于价值的总体观念和看法，始终与人的生命意识、生活目标、生活理想等结合在一起，是关于人的幸福生活及其各种条件的一种总体性规定和基本态度。它植根于现实的生活，又具有一定的超越性，是对合理的理想生活及其条件的规定，是具有应然性的一种期许"②。现实的东西作为一种客观的东西和实然的生活过程，是人所无法逃避、必须面对的，人们通过文化创造将自己的理想和这些应然的东西在文化世界中展现出来，以弥补现实生活的不足和缺憾。同时，文化创造也提供着一种烛照现实生活的参照，引导和鼓励着人们向理想的境界迈进，至少也提供着一种精神的慰藉，以此来提升人的精神需要和现实价值。当然，价值观作为各种价值观念的总和，本身就是由多种价值理想构成的，蕴含着不同意义的价值精神，自然也就发散到文化的不同方面，发散到社会政治思想的、道德的、艺术的、宗教的、教育的各个领域，形成它们之间的一种内在的关联性和逻辑的统一性。领域的殊相、文化形式的殊性，正是借着价值观的纽带而统一，而保持着一种相互支持、相互补充的关系。在各种殊异的文化形式和文化领域中，价值观构成了文化间进行比较的核心依据，换句话说，社会多元文化的差异主要表现为价值观的差异。例如，中国传统社会存在着儒、释、道所谓三教，它们各自代表着一种相对对立的文化传统，都表征对于生命意义、人生价值和社会理想状态的不同价值观。在此需要指认的是，它们之间的差异和区别并非是绝对的，在许多具体要素和具体观念方面都具有很大的一致性，只是在最高价值或核心价值的设定、价值优先顺序的排列不同而已。同样道理，中华民族的价值观与其他一些民族的价值观的差别，也并非各个方面都不相容，更多的是要素排列或结构上的不同而已。由此可知，价值观的差异主要是一种系统性的差异，价值观的历史变迁表现为一种整体性的变迁。

以上论述的是文化需要通过价值观来设定自身内涵，或者说价值观构成了文化的核心内容。而从另一个方面来看，价值观也要通过文化形式、文化产

---

① 王中汝：《社会主义核心价值观与当代中国的文化发展》，《科学社会主义》2010 年第 6 期。
② 马俊峰：《价值论的视野》，武汉大学出版社 2010 年版，第 321 页。

品、文化活动等来塑造和传扬本身。众所周知，价值观不是一种先验的、既定的东西，而是在文化创造过程中提炼和形成的，是一种不断生成的规范性的东西。现实生活中，价值观通过文化权力、话语权力形成了一定的"规定"，树立模范，确立理念，借以论证一定的秩序合理性，论证一定的制度和标准的正当性，从而范导人们的思想动机和行为。在价值观的产生和塑造过程中，拥有一定地位，掌握着社会知识资源的社会精英特别是文化精英占据着重要地位，他们借助于自己掌握的历史文化资源形成文化优势，利用自己的话语权力，提出一定的思想和规范，塑造出一定的模范，表现着一定时代的精神诉求，获得人们的认同，拥有一定的信众。这些模范可以是一种人格化的存在，可以是一种境界或状态，还可以是一些理论化或观念化的东西。这些规范、模范主要是通过人们内心的信念、信仰来起作用，对自己的行为进行约束、范导、形塑，也是自觉认同一定社会规范的依据。在此价值传扬和价值引导过程中，文化精英通过知识创作和理论建构组合一系列核心价值观念，这些观念构成了一定的评价标准、合理与不合理的标准，正当与不正当的标准，忠奸、贤愚、善恶、美丑的标准，再通过一定的文化形式、文化产品，通过形象的人物、故事，化成感性的形象化的东西，影响着人们的理智，潜移默化地内化为人们的情感层面的东西，从而影响人们的价值判断和价值选择。在一定的意义上说，核心价值观的传扬普及并不是以理论知识的形式进行的，而是通过按照一定的价值观设计的制度形式，形成具有一定刚性的奖惩机制；或是通过一定的文化教育和宣传，形成一定的舆论、习俗等来普及。"价值观不是以抽象的概念形式存在于人的思想之中，而是以文化素养的形式蕴含于文化知识背景之中，是通过各种社会知识和社会观念，如哲学、政治思想、法律思想、道德、艺术、审美、科学等，以及新闻媒介、社会舆论、社会思潮、社会风俗习惯等文化的形式作用于人的价值活动和行为"①。中国传统所谓的"文以载道"即为鲜明体现。各种文化都承载着一定的道，这里的道就是一定的价值观。文化宣传的实质就是一种教化活动，通过教育、媒体和一定的文化产品对现实中的个人进行自上而下的知识、理论及价值观的理解和掌握，使其对一定的价值观产生认同感，接受并内化成自己的东西。通常而言，文化宣传的形式有两种：一种是国家机关以制定的路线、方针、政策和国家主导的意识形态向社会成员灌输社会主导的价值观（或核心价值观），使社会成员认同和接受；另一种是社会上知名的文化精英人士和文化人通过举行文化活动与创造以不同形式出现的文化产品来宣传其价值观，以文化精神塑造人，以优秀的作品鼓舞人。

5. 如何理解文化产品的意识形态属性和商品属性。 随着社会主义市场经

---

① 马俊峰：《价值论的视野》，武汉大学出版社2010年版，第321页。

济的发展，文化产品作为商品进入了市场。文化产品进入市场，就以一种特殊的功能在市场上运转流通，这个特殊的功能表现为文化产品的二重属性，一是商品属性，二是意识形态属性。

（1）文化产品的商品属性。商品属性首先表现在文化产品也是一种劳动产品，是人类脑力劳动和体力劳动的凝结，具有价值和使用价值。作为观念形态的文化产品的生产过程，是一种具有独创性、个体性、主动性为特征的劳动过程，同其他物质产品一样，生产过程中消耗了一定量的社会必要劳动，而且这种劳动的复杂程度之高、劳动消耗之大非寻常物质产品可比，其价值量也就难以估量。文化商品是文化产品的特殊社会形式，是指文化产品消费者在交换过程中所得到的文化娱乐服务的总和。文化商品不是从来就有的，只是在商品生产高度发展的条件下文化产品才具有商品的形式。在相当长的历史岁月中，文化产品不用于交换，不是商品。它的创造活动只是一种特权，附属于特权阶级的特定社会集团，文化创造是特权阶级闲暇的一种方式。例如在我国漫长的封建社会里，宫廷文艺居于文化发展的主导地位，主要是为皇亲贵族的享乐服务，不具有商品流通的特点。在社会主义市场经济条件下，文化产品开始进入市场，用于交换，因此，文化产品也应遵守市场规则，文化商品受到价格机制、供求机制、竞争机制等市场机制的制约，等价交换原则、利润最大化原则也在文化生产、流通和消费的全过程中起作用。文化商品同一切商品一样，具有使用价值和价值。就其使用价值而言，文化艺术产品的生产和经营活动，与饮食、商业、邮电、科研、咨询、教育、卫生等行业一样都是向社会提供劳务的行业，或者叫提供服务的行业。正如马克思所说："服务这个名词，一般地说，不过是指这种劳动所提供的特殊使用价值，就像其他一切商品也提供自己的特殊使用价值一样；但是，这种劳动的特殊使用价值在这里取得了'服务'这个特殊名词，是因为劳动不是作为物，而是作为活动提供的，可是，这一点并不使它例如同某种机器（如钟表）有什么区别。"① 马克思在谈到某些文化艺术产品与一般物质产品的不同特点时曾经说过："一个歌唱家为我提供的服务，满足了我的审美需要；但是我所享受的，只是同歌唱家本身分不开的活动，他的劳动即歌唱一停止，我的享受也就结束；我所享受的是活动本身，是它引起我的听觉的反应。"② 这反映了文化商品的双重属性。过去，人们往往把使用价值仅仅局限在"有形性"的实物商品中，事实上，文化产品虽然不表现为商品价值的物质承担者，却表现为"观念的"、"想象的"东西。优秀的文化产品，会使人们更深刻地认识社会生活，启迪思想，丰富美感，解除疲

---

① 《马克思恩格斯选集》第3卷，人民出版社1995年版，第146页。
② 《马克思恩格斯选集》第3卷，人民出版社1995年版，第147页。

劳，满足多方面的精神需求，而且它可以超越时空的界限，具有广泛的辐射性和持久的流传性，为人类所共享。

现阶段，文化产品的商品属性凸显，最主要的原因有二：一是由于社会化大生产的存在和发展。社会化大生产打破了原始状态的自给自足的产品生产结构形式，社会分工越来越细，交换越来越频繁，文化商品生产者只有通过一定的方式与社会交换自己的劳动产品，才能换回自己需要的生活资料。二是由于不同所有制形式的存在和发展，以公有制为主体、多种所有制经济共同发展，是我国社会主义初级阶段的一项基本经济制度。各单位之间是独立的或相对独立的经济利益实体。特别是随着文化体制改革的不断深化，逐步打破了国家统包统养文化事业的传统模式，出现了国家、集体、个体、合资等文化事业发展的新格局，这些不同的所有制形式代表着不同的利益，体现着不同价值交换关系。各种所有制形式并存及物质利益的差别性，是市场经济产生和存在的根本前提，它决定了文化商品必须相互交换的商品属性。随着我国改革开放逐步深化，文化艺术事业有了迅猛的发展，出现了包括演出市场、文化娱乐市场、书刊市场、电影市场、音像市场、文化旅游市场、文物市场、业余艺术培训市场等分支在内的各类文化市场，文化商品在市场竞争中日益活跃起来，其发展之势势不可挡。

（2）文化产品的意识形态属性。文化商品同时具有社会意识形态属性。文化商品所反映出的思想性、艺术性和审美观，表现出它作为社会意识形态的本质特征，具有社会意识形态性。马克思、恩格斯在《德意志意识形态》一书中指出："统治阶级的思想在每一时代都是占统治地位的思想。这就是说，一个阶级是社会上占统治地位的物质力量，同时也是社会上占统治地位的精神力量。"[①] 文化是一种社会意识形态，属于上层建筑范畴，一定的文化艺术是一定的社会经济和现实生活的反映，并服务于一定社会的经济基础。在阶级社会中，文化艺术产品是一定阶级的意志和情感的反映，并为其阶级利益服务，超阶级的文化艺术或为艺术而艺术实际是不存在的。作为一种观念形态的东西，必然要传达某种思想、某种精神、某种价值取向、某种意识形态，否则就不构成文化的内容。

文化产品和消费物质产品不同之处在于需求层次不一样，消费物质产品是人类生存的必需，而消费文化产品是享受和自由发展的需要，是一种高层次的需求。文化产品作为一个精神寄托和精神归属的完美结合体，不仅仅代表了一个时代所具有的特征，更能表达当时人类的生活状态和精神需求。作为一个以社会意识形态性为本质的产品，文化产品必然能满足人类的某种精神因素的需

[①] 《马克思恩格斯选集》第 1 卷，人民出版社 1995 年版，第 26 页。

求,这些因素无外乎是教育、思想、艺术、哲学意蕴、社会思想、审美价值。文化产品所表达的社会意识,其独特之处在于它是通过具体生动的艺术形象来展现社会生活和反映客观真理的,它融思想性、艺术性、知识性、审美性、群众性于一体,它的教育作用寓于潜移默化的影响之中。文化产品可以是各个时代不同人们的消费对象,人们可以根据自己的爱好自由地选择某一时代某人创造的文化产品加以消费,但许多文化产品不会在消费中立即消失。文化商品的影响是深远的,具有不可估量的社会效益,它不仅能满足某个人或某些人的消费需要,而且能满足人类世世代代的需要,对于整个人类都有价值,属于全人类共同的精神财富。在社会主义市场经济条件下,文化的意识形态性使文化产品具有社会引导的功能。唱响社会主义主旋律,进一步提高引导文化产品的社会引导能力。当今全球化社会,社会主义主流意识形态不仅要靠组织力量来推行,还要更多地通过文化产品来影响社会舆论和调动群众情绪。好的文化产品可以使我们加强团结,鼓足干劲,不断增强吸引力、感染力。文化产品要不断增强政治意识、大局意识和社会责任感,遵循文化市场的发展规律,契合受众心理,使文化产品具有亲和力,让广大群众爱读、爱听、爱看,使文化产品真正做到正确引导社会舆论,满足人民群众期盼社会稳定、和谐的愿望。同时,由于其本身的意识形态性,文化产品的存在和发展就涉及国家文化的安全,涉及文化竞争力甚至是国家战略竞争,文化产品也就随之和国家的竞争力联系起来,特别是文化在国家竞争力的地位越来越重要的情况下,文化已经成为国家"软实力"的代表。

(3) 文化产品的双重属性关系。马克思曾经指出:"一切劳动,从一方面看,是人类劳动力在生理学意义上的耗费;作为相同或抽象的人类劳动,它形成商品价值。一切劳动,从另一个方面看,是人类劳动力在特殊的有一定目的形式上的耗费;作为具体的有用劳动,它产生使用价值。"① 马克思又说:"生产创造出适合需要的对象;分配依照社会规律把它们分配;交换依照个人需要把已经分配的东西再分配;最后,在消费中,产品脱离这种社会运动,直接变成个人需要的对象和奴役,被享受而满足个人需要。因而,生产表现为起点,消费表现为终点,分配和交换表现为中间环节。"② 文化艺术产品同其他商品一样,能够满足人们某种消费需求,通过流通过程,实现它的价值和使用价值。文化商品的商品属性和社会意识形态属性是文化商品具有的两种基本属性。商品属性是文化产品与其他劳动产品相交换时所体现的属性,意识形态属性是文化产品在履行社会功能时所体现的属性,二者是有机统一的。正是文化

---

① 《资本论》第1卷,人民出版社2004年版,第60页。
② 《马克思恩格斯选集》第2卷,人民出版社1995年版,第91页。

产品的特殊性使文化产业不同于其他一般的物质生产部门，一方面，它担负着宣传科学理论、传播先进文化、坚持正确导向、塑造美好心灵的社会责任和历史使命，任何时候都应该把社会效益放在第一位；另一方面，它又不能忽视经济效益，必须坚持市场取向，按照市场规律办事，尽可能地以最小的投入去创造最大的经济价值。因此，我们"要正确处理文化产品意识形态属性和商品属性的关系、社会效益和经济效益的关系，不能因为多数文化产品具有意识形态属性这一特殊性而否定其商品属性，也不能因为多数文化产品具有商品属性这一一般性而忽视其意识形态属性的特殊性，任何时候都要把社会效益放在首位，努力实现社会效益和经济效益的统一"①。

四、延伸阅读与思考

（一）重要文献资料

创造中华文化新的辉煌——关于建设社会主义文化强国②

一个国家、一个民族的强盛，总是以文化兴盛为支撑的。没有文明的继承和发展，没有文化的弘扬和繁荣，就没有中国梦的实现。中华民族创造了源远流长的中华文化，也一定能够创造出中华文化新的辉煌。要坚持走中国特色社会主义文化发展道路，弘扬社会主义先进文化，推动社会主义文化大发展大繁荣，不断丰富人民的精神世界，增强人民的精神力量，努力建设社会主义文化强国。

1. 坚守我们的核心价值体系和核心价值观。核心价值体系和核心价值观，是决定文化性质和方向的最深层次要素，是一个国家的重要稳定器。2014年5月4日，习近平总书记在同北京大学师生座谈时指出："人类社会发展的历史表明，对一个民族、一个国家来说，最持久、最深层的力量是全社会共同认可的核心价值观。核心价值观，承载着一个民族、一个国家的精神追求，体现着一个社会评判是非曲直的价值标准。"我国是一个有着13亿多人口、56个民族的大国，确立反映全国各族人民共同认同的价值观"最大公约数"，使全体人民同心同德、团结奋进，关乎国家前途命运，关乎人民幸福安康。

党的十六届六中全会提出建设社会主义核心价值体系的重大战略任务，强调马克思主义指导思想、中国特色社会主义共同理想、以爱国主义为核心的民

---

① 《全面落实科学发展观　深入推进文化体制改革——李长春同志在全国文化体制改革工作会议上的讲话》，《求是》2006年第10期。

② 选自《习近平总书记系列重要讲话读本》，学习出版社、人民出版社2014年版，第92～107页。

族精神和以改革创新为核心的时代精神、社会主义荣辱观构成社会主义核心价值体系的基本内容。党的十八大又提出，倡导富强、民主、文明、和谐，倡导自由、平等、公正、法治，倡导爱国、敬业、诚信、友善，积极培育和践行社会主义核心价值观。

社会主义核心价值体系和核心价值观内在一致，都体现了社会主义意识形态的本质要求，体现了社会主义制度在思想和精神层面的质的规定性，凝结着社会主义先进文化的精髓，是中国特色社会主义道路、理论体系和制度的价值表达。社会主义核心价值观在社会主义核心价值体系的基础上，更加突出核心要素，更加注重凝练表达，更加强化实践导向。它所强调的"三个倡导"24个字，是社会主义核心价值体系的内核，是对社会主义核心价值体系的高度凝练和集中表达。它把涉及国家、社会、公民的价值要求融为一体，既体现了社会主义本质要求，继承了中华优秀传统文化，也吸收了世界文明有益成果，体现了时代精神，回答了我们要建设什么样的国家、建设什么样的社会、培育什么样的公民的重大问题。

习近平总书记强调，要"坚守我们的价值体系，坚守我们的核心价值观"。2014年2月，他在中央政治局第十三次集体学习时指出："我们要从巩固全党全国各族人民团结奋斗的共同思想基础、巩固党的执政地位的战略高度，持续加强社会主义核心价值体系建设，把培育和弘扬社会主义核心价值观作为凝魂聚气、强基固本的基础工程，作为一项根本任务，切实抓紧抓好。"要通过教育引导、舆论宣传、文化熏陶、实践养成、制度保障等，使社会主义核心价值观内化为人们的精神追求，外化为人们的自觉行动。

培育和弘扬社会主义核心价值观，教育引导是基础性工作。要在全社会深入开展理想信念教育，开展中国特色社会主义和中国梦宣传教育，积极引导各种社会思潮，坚定人们的道路自信、理论自信、制度自信，把全国各族人民紧紧团结和凝聚在中国特色社会主义旗帜下。社会主义核心价值观宣传教育要区分层次、突出重点。第一，榜样的力量是无穷的，要充分发挥广大党员、干部的带头作用，用他们的模范行为和高尚人格感召群众、带动群众。第二，要从娃娃抓起，从小抓起、从学校抓起，把社会主义核心价值观的基本内容和要求渗透到学校教育教学之中，体现在学校日常管理之中，做到进教材、进课堂、进头脑，使社会主义核心价值观的种子在少年儿童心中生根发芽、真正培育起来。广大青年要勤学、修德、明辨、笃实，身体力行社会主义核心价值观。第三，要润物细无声，发挥精神文化产品潜移默化的作用，运用各类文化形式，生动具体地表现社会主义核心价值观。

培育和弘扬社会主义核心价值观，必须使之融入社会生活，让它的影响像空气一样无所不在、无时不有。要把社会主义核心价值观与人们日常生活紧密联系起来，在落细、落小、落实上下功夫。按照社会主义核心价值观的基本要求，健全各行各业规章制度、行为准则，使社会主义核心价值观成为人们日常工作生活的基本遵循。建立和规范礼仪制度，组织开展形式多样的纪念庆典活动，传播主流价值，增强人们的认同感和归属感。把社会主义核心价值观的要求融入各种精神文明创建活动之中，利用各种时机和场合，形成有利于培育和弘扬社会主义核心价值观的生活情景和社会氛围。政策制度、法律法规、社会治理都要体现社会主义核心价值观的要求，使符合核心价值观的行为得到鼓励、违背核心价值观的行为受到制约。

培育和弘扬社会主义核心价值观，要突出道德价值的作用。国无德不兴，人无德不立。一个民族、一个人能不能把握自己，很大程度上取决于道德价值。要继承和弘扬我国人民在长期实践中培育和形成的传统美德，加强社会公德、职业道德、家庭美德、个人品德建设，激发人们形成善良的道德意愿、道德情感，培育正确的道德判断和道德责任，提高道德实践能力尤其是自觉践行能力，向往和追求讲道德、尊道德、守道德的生活。深入开展学习宣传道德模范活动，激励人们崇德向善、见贤思齐，鼓励全社会积善成德、明德惟馨，培育知荣辱、讲正气、作奉献、促和谐的良好风尚。只要中华民族一代接着一代追求美好崇高的道德境界，我们的民族就永远充满希望。

培育和弘扬社会主义核心价值观，必须立足中华优秀传统文化。牢固的核心价值观，都有其固有的根本。习近平总书记指出："中华文明绵延数千年，有其独特的价值体系。中华优秀传统文化已经成为中华民族的基因，植根在中国人内心，潜移默化影响着中国人的思想方式和行为方式。今天，我们提倡和弘扬社会主义核心价值观，必须从中汲取丰富营养，否则就不会有生命力和影响力。"要利用好中华优秀传统文化蕴含的丰富的思想道德资源，使其成为涵养社会主义核心价值观的重要源泉。

2. 弘扬主旋律，传播正能量。新闻舆论是思想文化传播的重要渠道，巩固壮大积极健康向上的主流舆论是社会主义文化建设的重要任务。要弘扬主旋律，传播正能量，激发全社会团结奋进的强大力量，为坚持和发展中国特色社会主义提供强大精神动力和舆论支持。

坚持团结稳定鼓劲、正面宣传为主的方针。展示昂扬向上的社会主流、反映光明进步的社会本质，是正面宣传的根本要义，是新闻舆论工作围绕中心、服务大局的必然要求。要坚持党管媒体原则不动摇，坚持马克思主义新闻观，牢牢把握正确导向，大力弘扬一切有利于坚定共同理想、凝聚奋进力量的思想和精神，一切有利于推动科学发展、促进社会和谐的思想和精神，一切有利于实现国家富强、增进人民幸福的思想和精神，一切有利于全面建成小康社会、实现中华民族伟大复兴中国梦的思想和精神，发挥正面宣传鼓舞人、激励人的作用。

提高正面宣传的质量和水平。要改进文风，创新方式，做好形势宣传、成就宣传、典型宣传、主题宣传，在真实可靠上动脑筋，在可亲可敬上做文章，在入脑入心上下功夫，增强吸引力感染力，让群众爱听爱看、产生共鸣。要把握好舆论引导的时、度、效，引导广大群众多看主流，不受支流支配；多看光明面，不受阴暗点影响；多看本质，不受表面现象迷惑。

坚持党性和人民性相统一。党性和人民性从来都是一致的、统一的。我们党是全心全意为人民服务的马克思主义政党，从本质上说，坚持党性就是坚持人民性，坚持人民性也就是坚持党性，因此必须把体现党的主张和反映人民心声统一起来。要旗帜鲜明坚持党性原则，坚持正确政治方向，站稳政治立场，坚定宣传党的理论和路线方针政策，坚定宣传中央重大工作部署，坚定宣传中央关于形势的重大分析判断，坚决同党中央保持高度一致，坚决维护中央权威。要坚持以民为本、以人为本，解决好"为了谁、依靠谁、我是谁"这个根本问题，树立以人民为中心的工作导向，把服务群众同教育引导群众结合起来，把满足需求同提高素养结合起来。

理直气壮唱响网上主旋律。互联网的迅猛发展，以惊人的深度和广度影响着经济社会生活，深刻改变着舆论生成方式和传播方式，改变着媒体格局和舆论生态。要把网上舆论工作作为重中之重来抓，善于运用网络传播规律，改进创新网上宣传，发展健康向上的网络文化，形成网上正面舆论强势。大力推进传统媒体和新兴媒体融合发展，增强主流媒体的传播力公信力影响力和舆论引导能力。加强网络社会管理，加强网络新技术新应用的管理，推进网络依法有序规范运行，确保互联网可管可控，使我们的网络空间清朗起来。

有理有利有节开展舆论斗争。坚持正面宣传为主，绝不意味着放弃舆论斗争。在事关大是大非和政治原则问题上，必须增强主动性、掌握主动权、打好主动仗，绝不能似是而非、模棱两可，更不能沉默失语、没有声音。要敢抓敢管，敢于亮剑，着眼于团结和争取大多数，对错误思想观点进行有力批驳，针砭要害、揭露本质，帮助干部群众划清是非界限、澄清模糊认识。增强阵地意识，加强阵地管理，不给错误思想提供传播渠道。

3. 中华文化是我们民族的"根"和"魂"。2013年11月26日，习近平总书记来到历史文化名城山东曲阜，参观考察孔府、孔子研究院并同专家学者座谈。他强调，中华优秀传统文化是中华民族的突出优势，中华民族伟大复兴需要以中华文化发展繁荣为条件，必须大力弘扬中华优秀传统文化。

中华民族具有五千多年连绵不断的文明历史，创造了博大精深的中华文化，为人类文明进步作出了不可磨灭的贡献。中华文化积淀着中华民族最深沉的精神追求，包含着中华民族最根本的精神基因，代表着中华民族独特的精神标识，是中华民族生生不息、发展壮大的丰厚滋养。中国共产党自成立之日起，就既是中华优秀传统文化的忠实传承者和弘扬者，又是中国先进文化的积极倡导者和发展者。要用中华民族创造的一切精神财富来以文化人、以文育人，决不可抛弃中华民族的优秀文化传统。

要以科学态度对待传统文化。习近平总书记指出："不忘本才能开辟未来，善于继承才能更好创新。"中华传统文化是我们民族的"根"和"魂"，如果抛弃传统、丢掉根本，就等于割断了自己的精神命脉。要坚持马克思主义的方法，采取马克思主义的态度，坚持古为今用、推陈出新，有鉴别地加以对待，有扬弃地予以继承，既不能片面地讲厚古薄今，也不能片面地讲厚今薄古。

要很好地传承和弘扬传统文化。要讲清楚中华优秀传统文化的历史渊源、发展脉络、基本走向，讲清楚中华文化的独特创造、价值理念、鲜明特色，增强文化自信和价值观自信。系统梳理传统文化资源，让收藏在禁宫里的文物、陈列在广阔大地上的遗产、书写在古籍里的文字都活起来。认真汲取中华优秀传统文化的思想精华，深入挖掘和阐发其讲仁爱、重民本、守诚信、崇正义、尚和合、求大同的时代价值。大力宣传中国人民和中华民族的优秀文化和光荣历史，通过学校教育、理论研究、历史研究、影视作品、文学作品等多种方式，加强爱国主义、集体主义、社会主义教育，引导人们树立和坚持正确的历史观、民族观、国家观、文化观，增强做中国人的骨气和底气。

要对传统文化进行创造性转化、创新性发展。中华优秀传统文化与社会主义市场经济、民主政治、先进文化、社会治理等还存在需要协调适应的地方。弘扬中华优秀传统文化，要处理好继承和创造性发展的关系，重点做好创造性转化和创新性发展。创造性转化，就是要按照时代特点和要求，对那些至今仍有借鉴价值的内涵和陈旧的表现形式加以改造，赋予其新的时代内涵和现代表达形式，激活其生命力。创新性发展，就是要按照时代的新进步新进展，对中华优秀传统文化的内涵加以补充、拓展、完善，增强其影响力和感召力。

传承和弘扬中华传统文化，并不意味着固步自封，闭上眼睛不看世界。中华民族是一个兼容并蓄、海纳百川的民族，在漫长历史进程中，不断学习他人的好东西，把他人的好东西化成我们自己的东西，这才形成我们的民族特色。文明因交流而多彩，文明因互鉴而丰富，对各国人民创造的优秀文明成果，我们当然要学习借鉴，而且要认真学习借鉴，在不断汲取各种文明养分中丰富和发展中华文化。

4. 提高国家文化软实力。文化软实力集中体现了一个国家基于文化而具有的凝聚力和生命力，以及由此产生的吸引力和影响力。古往今来，任何一个大国的发展进程，既是经济总量、军事力量等硬实力提高的过程，也是价值观念、思想文化等软实力提高的进程。2013年12月，习近平总书记在中央政治局第十二次集体学习时指出，提高国家文化软实力，关系我国在世界文化格局中的定位,关系我国国际地位和国际影响力,关系"两个一百年"奋斗目标和中华民族伟大复兴中国梦的实现。

要努力夯实国家文化软实力的根基。提高国家文化软实力要"形于中"而"发于外",切实把我们自身的文化建设搞好,朝着建设社会主义文化强国的目标不断前进。要继续深化文化体制改革,加快完善文化管理体制和文化生产经营机制,建立健全现代文化市场体系,构建现代公共文化服务体系,提高文化开放水平,形成有利于创新创造的文化发展环境。要大力繁荣发展文化事业,以基层特别是农村为重点,深入实施重点文化惠民工程,进一步提高公共文化服务能力,促进基本公共文化服务标准化、均等化。繁荣发展哲学社会科学,广泛普及科学知识,广泛开展全民健身运动。要加快发展文化产业,着眼提高质量和效益,推进结构战略性调整,优化产业布局,提高规模化、集约化、专业化水平,推动文化产业成为国民经济支柱性产业。在推进文化体制改革、繁荣发展文化事业和文化产业的过程中,要把握好意识形态属性和产业属性、社会效益和经济效益的关系,始终坚持社会主义先进文化前进方向,始终把社会效益放在首位。无论改什么、怎么改,导向不能改,阵地不能丢。

要努力传播当代中国价值观念。当代中国价值观念,就是中国特色社会主义价值观念,代表了中国先进文化的前进方向。我国成功走出了一条中国特色社会主义道路,实践证明我们的道路、理论体系、制度是成功的。要加强提炼和阐释,拓展对外传播平台和载体,把当代中国价值观念贯穿于国际交流和传播方方面面。要加强中国梦的宣传和阐释,注重从历史层面、国家层面、个人层面、全球层面等方面说清楚、讲明白,中国梦意味着中国人民和中华民族的价值体认和价值追求,意味着全面建成小康社会、实现中华民族伟大复兴,意味着每一个人都能在为中国梦的奋斗中实现自己的梦想,意味着中华民族团结奋斗的最大公约数,意味着中华民族为人类和平与发展作出更大贡献的真诚意愿。

要努力展示中华文化独特魅力。民族文化是一个民族区别于其他民族的独特标识。要使中华民族最基本的文化基因与当代文化相适应、与现代社会相协调,以人们喜闻乐见、具有广泛参与性的方式推广开来,把跨越时空、超越国度、富有永恒魅力、具有当代价值的文化精神弘扬起来,把继承传统优秀文化又弘扬时代精神、立足本国又面向世界的当代中国文化创新成果传播出去。要以理服人、以文服人、以德服人,提高对外文化交流水平,完善人文交流机制,创新人文交流方式,综合运用大众传播、群体传播、人际传播等多种方式展示中华文化魅力。要注重塑造我国的国家形象,让当代中国形象在世界上不断树立和闪亮起来。

要努力提高国际话语权。国际话语权是国家文化软实力的重要组成部分。现在国际舆论格局总体是西强我弱,我们往往有理说不出,或者说了传不开。

要着力推进国际传播能力建设，创新对外宣传方式，精心构建对外话语体系，发挥好新兴媒体作用，增强对外话语的创造力、感召力、公信力，讲好中国故事，传播好中国声音，阐释好中国特色。

5. 牢牢掌握意识形态工作领导权和话语权。2013年8月，习近平总书记在全国宣传思想工作会议上指出，"意识形态工作是党的一项极端重要的工作"，"能否做好意识形态工作，事关党的前途命运，事关国家长治久安，事关民族凝聚力和向心力"。历史和现实反复证明，只有物质文明建设和精神文明建设都搞好，国家物质力量和精神力量都增强，全国各族人民物质生活和精神生活都改善，中国特色社会主义事业才能顺利向前推进。在集中精力进行经济建设的同时，必须一刻也不放松和削弱意识形态工作，把意识形态工作领导权和话语权牢牢掌握在手中，不断巩固马克思主义在意识形态领域的指导地位，巩固全党全国人民团结奋斗的共同思想基础。

必须坚持全党动手。各级党委要负起政治责任和领导责任，加强对宣传思想领域重大问题的分析研判，加强对重大战略性任务的统筹指导，推动重大部署、重要任务的落实。特别是在大是大非问题、政治原则问题上，一定要有鲜明的态度、坚定的立场，领导干部要敢于站在风口浪尖上进行斗争。党委主要负责同志要带头抓意识形态工作，带头阅看本地区本部门主要媒体的内容，带头把住本地区本部门媒体的导向，带头批评错误观点和错误倾向。要树立大宣传的工作理念，动员各条战线各个部门一起来做，把宣传思想工作同各个领域的行政管理、行业管理、社会管理更加紧密地结合起来，形成强大合力。

做好意识形态工作，宣传思想部门承担着十分重要的使命，必须守土有责、守土负责、守土尽责。宣传思想部门工作要强起来，首先是领导干部要强起来，班子要强起来。要选好配强宣传思想部门领导班子，坚持政治家办报、办刊、办台、办新闻网站，确保宣传思想工作领导权牢牢掌握在忠于党和人民的人手里。各级宣传思想部门领导干部要加强学习、加强实践，真正成为在理论上、笔头上、口才上或其他专长上有"几把刷子"、让人信服的行家里手。高度重视做好知识分子工作，加强团结和引导，加强政治引领和政治吸纳，最大限度把他们凝聚在党的周围。

随着国内外形势的深刻变化和现代信息技术的迅猛发展，做好宣传思想工作比以往任何时候都更加需要创新。有些做法过去有效，现在未必有效；有些过去不合时宜，现在却势在必行；有些过去不可逾越，现在则需要突破。重点要抓好理念创新、手段创新、基层工作创新。要保持思想的敏锐性和开放度，努力以思想认识新飞跃打开工作新局面。积极探索有利于破解工作难题的新举措新办法，充分运用新技术新应用创新媒体传播方式，占领信息传播制高点。把创新的重心放在基层一线，充实队伍力量，改善工作条件，扎实做好抓基层、打基础的工作。

(二) 典型案例

案例一

新加坡：在现代化进程中倡导共同价值观①

实现国家政治认同从感情认同到认知认同的转变

国家生存的基础，是人民对国家的认同和在国家根本利益下的力量凝聚。新加坡的国家认同碰到两个问题，一是新加坡是个移民国家，国民来自中国、印度、马来半岛和印度尼西亚诸岛，不同种族带来不同的语言、文化、宗教和价值观念，组成一个罕见的多元社会、一个五彩缤纷的文化和宗教大观园。各民族保留和弘扬他们的文化传统和宗教信仰，并从各自的文化和宗教中寻找着精神支柱，铸造着自己的价值观念。由于人们还没完全走出传统的乡土眷恋，由于种族、宗教、风俗习惯和利益造成人们之间的隔阂还没有完全消除，国民只把新加坡作为谋生地，对国家的归属感情很脆弱，只是因为大家共同生活在新加坡，存在共同地域形成的较低层次的认同。二是新加坡在现代化建设中取得良好的成就，人们在感情上也给予认同，但这些认同都表现出本能、移情的特点。

新加坡政府认为，为了根除殖民地时期留下的种种问题，以及抵制在引进西方文明的同时，不可避免地伴随而来的物质至上、无视自律、容忍和社会义务等消极因素的影响，必须引导人们建立崭新的国家意识。于是"有国籍"的共同价值观教育提上了议事日程。1988 年，时任第一副总理的吴作栋提出发展国家意识的主张，1990 年政府提出"一个民族，一个国家，一个新加坡"的口号，1991 年国会公布了共同价值观白皮书，提出在全民中开展五大共同价值观教育：国家至上，社会为先；家庭为根，社会为本；社会关怀，尊重个人；协商共识，避免冲突；种族和谐，宗教宽容。这五条共同价值观，博采了新加坡各民族价值观的精华，规定了新加坡和谐、统一、繁荣、稳定的国家意识导向，蕴含着促进新加坡长治久安的精神动力。

有国籍的共同价值观教育，成为公民道德教育的核心内容，培养国民共同的基本社会行为准则、社会价值观以及道德信条，塑造完整的新加坡公民。

实现个人意识从强调权利到重视容忍的转变

新加坡逐步工业化之后，西方社会自由主义思想广泛流行，随心所欲的个

---

① 选自唐鹏：《新加坡：在现代化进程中倡导共同价值观》，《广西日报》2008 年 11 月 14 日。

人权利大为扩张，人们强调民主人权，崇尚个人至上。新加坡领导人认为，在多元民族的新加坡社会，还没有形成巩固的民族团结，加上缺乏天然资源，经济发展脆弱，不能冒自由主义的风险，应该使容忍和讲理的品质成为人们的普遍的追求，构建相互容忍的社会。于是，新加坡从价值追求、思维模式、品质塑造三方面加强国民的容忍品质修养。

一是推动包容和忍让成为国民的价值追求。新加坡开展的几大价值观教育，既强调社会、国家比个人重要，又强调国家尊重个人；既强调国家之本在家庭，又强调成功之举在于协作；既强调和谐比冲突更有利于维持秩序，又强调各宗教之间应该互补和包容，其核心不是个人的权利优先，而是族群、社会利益优先；不是个人自由重要，而是容忍和团结更重要。要求群众理解本国的价值结构、序列和核心，是突出群体，突出容忍，突出和谐。新加坡把包容和忍让变成国民的价值追求的另一个做法是，把容忍、和谐精神贯穿在中小学教育之中，每天学校的学生都升国旗、唱国歌和背诵信约：我们是新加坡的公民，誓愿不分种族、语言、宗教，团结一致，建立公正平等的民主社会，并为实现国家之幸福、繁荣与进步共同努力。

二是努力培养包容和忍让文化。一个民族，一个社会，要达到民主和谐，就要有包容和忍让的思维，不能简单照搬革命时期势不两立、你死我活的思维方式，而应该强调自己活、也让别人活的思维方式。很快，新加坡人民改变了过去在英国殖民地统治时期，不顾公司状况一味要求提高工资和改善福利的做法，达成一致共识：我们大家共乘一条船，劳工、经营者和政府都必须把这条船稳定下来。工会组织注意教育和培养工人的积极性和具有合作精神，工人与雇主关系改善了，与雇主合作加强了，与政府合作加强了，共同克服国家面对的挑战，团结一致，战胜影响国家、社会稳定与繁荣的威胁。

三是塑造包容的品质。新加坡从中华传统文化中吸取教育资源，倡导忠、孝、仁、爱、礼、义、廉、耻"八德"为人生哲学和价值观念，充分挖掘新加坡各种族的优秀传统，又从西方现代文化中吸取养料，使东方和西方的精华有机地融合在新加坡人的身上，儒家的伦理观念、马来人的传统、兴都人的精神气质，以及西方追根究底的科学调查方法、客观寻求真理的推理方法结合在一起。在这种文化融合中培养出来的新加坡公民，既有西方文化的长处又有东方文化的精华，既有谋生的本领又有做人的规矩，既懂现代科技又保持着东方的伦理价值观念，既能吸收别人的长处又能宽容和不存在排他性，既倡导平等竞争和个人奋斗又坚持奉行东方集体主义和国家至上。这就是新加坡公民宽容和建设性的品德。

案例二

孔子学院开辟传播中华文化新丝路①

日前，第五届世界孔子学院大会在北京举行。全球数百位大学校长及孔子学院中外方代表与会，围绕孔子学院的发展和规划交流经验、献言献策，共同推动孔子学院和汉语国际推广工作迈上新台阶。

六年前，第一所孔子学院在韩国首尔成立，为汉语推广和中华文化传播搭建了一个新的载体和平台。当今是"软实力"竞争日益激烈的时代，文化软实力成为国家软实力的重要组成部分，并越来越受到各国重视，如法国的"法语联盟"、意大利的"但丁学院"、西班牙的"塞万提斯学院"和德国的"歌德学院"等均属此类。孔子学院可谓应运而生，生逢其时。迄今，中国已在世界96个国家和地区建立了322家孔子学院和369所孔子课堂，它们将汉语和中华文化推向世界五大洲，取得了令人鼓舞的成绩。

21世纪是经济全球化的世纪，也是多样文明大放光彩的世纪。当中国与世界的融合与依存日益加深之时，中国渴望进一步了解世界，世界也需要进一步了解中国。语言作为文化载体和交流工具，架起了文明间对话的桥梁；文化作为民族智慧和心理特征的精神反映，促进国家间相互的了解。孔子学院蕴含着"语言"和"文化"两大特性，使它不仅成为国际汉语教育与推广的重要品牌，更成为中华文化传播的重要载体和开展民间外交的友好平台。世界各地的孔子学院结合中国传统节日和特色文化，举办形式多样、主题鲜明的活动，在树立中国良好形象、提升中国软实力、促进中外人文交流方面起到了举足轻重的作用，可谓是21世纪的文化"新丝绸之路"。

近年来，中国综合国力、国际地位和影响力不断提升，中国的发展理念和文化价值越来越受到国际社会的关注。中国国家领导人多次利用出访之机考察孔子学院。国内相关部门与驻外使领馆通力合作，积极争取驻在国政府和各界对孔子学院的支持，组织和提供良好的师资力量。同时，随着中国改革开放不断深化，中外人员往来日趋活跃，越来越多的外国人学习汉语、了解中华文化不仅出于浓厚的兴趣，也是现实的需求，为孔子学院在海外健康发展提供了强劲的推力。数以千计的汉语教师和志愿者，更是通过辛勤的付出不断发扬和传播着中华文化广博深邃的内涵和仁爱和谐的理念。孔子学院在驻在国打开了一扇友谊之窗，它所传承的中华民族的优秀品德和文化底蕴深深地吸引着世界上所有热爱和平的人。

尽管如此，孔子学院仍然是新生事物，发展的道路上机遇与挑战共存。我

---

① 选自岭谈：《孔子学院开辟传播中华文化新丝路》，《光明日报》2010年12月22日。

们应清醒地看到，孔子学院在完善教材编写、教师队伍建设、科学管理模式、整合国内外资源等方面仍有许多改进和创新的空间。但我们有理由相信，孔子学院开启的这条传播中华文化、构建和谐世界的"新丝绸之路"会越走越宽，成为连接中国与世界的又一条重要纽带。

参考书目

[1] 坚定不移沿着中国特色社会主义道路前进　为全面建成小康社会而奋斗——在中国共产党第十八次全国代表大会上的报告. 求是，2012（22）.
[2] （日）福泽谕吉. 文明论概略. 北京编译社，译. 北京：商务印书馆，1959.
[3] （美）丹尼尔·贝尔. 资本主义文化矛盾. 严蓓雯，译. 上海：三联书店，1989.
[4] 李宗桂. 中国文化导论. 广州：广东人民出版社，2002.

思考题

1. 党的十八大提出扎实推进社会主义文化强国建设，增强文化整体实力和竞争力，请从理论和实践结合的角度谈谈你的认识。

2. 在现实生活中，有人提出，发展社会主义市场经济，社会经济成分多样化，指导思想可以搞多元化。也有人提出，多种分配方式并存，利益关系多样化，社会思想、价值观念日益多样化，就要搞指导思想多元化。请对上述观点作出评析。

3. 有人提出，发展就是硬道理，提高国家文化软实力也是硬道理。请谈谈你对这个问题的看法。

4. 请分析积极培育和践行社会主义核心价值观与建设社会主义核心价值体系的关系问题。

5. 请分析建设社会主义文化强国，文化市场化、产业化与文化事业的关系问题；文化的社会效益与经济效益问题。

第五讲　中国特色社会主义社会建设

一、教学大纲基本内容

（一）中国特色社会主义社会建设理论

中国特色社会主义社会建设是一个系统工程，既涉及基本理论问题，又涉及建设任务和管理问题，这都是中国特色社会主义社会建设的理论问题。

1. 中国特色社会主义社会建设的基本理论。中国特色社会主义社会建设理论的内涵涉及经济社会各个领域，涵盖社会建设各个方面，主要包括：

一是构建和谐社会理论。社会和谐是社会主义的本质属性。

二是保障和改善民生的理论。保障和改善民生是社会建设的重点。

三是实现和维护社会公平正义的理论。在发展基础上，实现和维护社会公平正义是马克思主义的基本立场和基本观点，是社会主义制度的内在要求。

四是促进城乡协调发展的理论。城乡协调发展是社会建设的基础。

五是兼顾不同阶层利益的理论。统筹不同阶层利益是社会建设的关键。

六是加强和创新社会管理的理论。社会管理创新的根本目的在于维护社会秩序、促进社会和谐、保障人民安居乐业，为党和国家事业发展营造良好的社会环境。

2. 中国特色社会主义社会建设制度和体制。社会建设制度是指与国家经济、政治、文化、生态文明等相对应的社会领域的制度。社会建设制度与国家经济、政治、文化等相对应，我国在实践中形成了教育制度、劳动就业制度、基本医疗卫生制度、社会保障制度、社会管理制度等一系列制度和体系，为实现和构建社会主义和谐社会总体目标提供了制度保障。

（1）教育制度。教育制度是为规范各类教育机构与组织体系及其运行而制定的各种规则和原则的总和。

（2）劳动就业制度。劳动就业制度是为调整劳动和就业社会关系而制定的各种规则和原则的总和。

（3）基本医疗卫生制度。基本医疗卫生制度是为规范医疗卫生行为而制定的规则和原则的总和。

（4）社会保障制度。社会保障制度是为保障社会全体成员的基本生存与生活需要而制定的有关社会福利、社会保险、社会救助、社会优抚和社会安置等一系列规则和原则的总和。

（5）社会管理制度。社会管理制度是为维护人民群众权益、促进社会公平正义、保持社会良好秩序而制定的各种规则和原则的总和。

（二）保障和改善民生

加强社会建设，必须以保障和改善民生为重点。

1. 民生问题的主要表现及原因。民生主要指人民的基本生存和生活状态，以及人民的基本发展机会、基本发展能力和基本权益保护的状况等。当前我国民生问题主要包括：社会保障水平低，城乡统筹层次低；教育发展不均衡，资源分配不合理；就业结构性矛盾突出，社会就业压力较大；收入分配差距大，利益矛盾加剧等。

民生问题产生的原因是多方面的，它包括：一是二元经济结构造成的城乡差距；二是传统发展理念在经济建设与社会发展的关系不协调，社会建设被忽视；三是社会建设的政策机制与社会主义市场经济的要求不相符合，难以适应经济社会发展的需要；四是社会管理过于行政化，社会管理主体单一。

2. 保障和改善民生的主要内容。

一是努力办好人民满意的教育。

二是推动实现更高质量的就业。

三是千方百计增加居民收入。

四是统筹推进城乡社会保障体系建设。

五是提高人民健康水平。

（三）统筹协调社会利益关系

社会矛盾运动是推动社会发展的基本力量。加强社会建设，要遵循经济社会发展的规律，妥善处理人民内部矛盾和其他社会矛盾，协调好各方面的利益关系。

1. 正确处理人民内部矛盾。人民内部矛盾是在全体人民根本利益一致基础上的矛盾。现阶段人民内部矛盾是非对抗性的，但呈现出一些新特点：

一是利益矛盾日益凸显。在经济体系变革、社会结构变动的结构性变迁下，利益格局发生变化，社会不同阶层、不同利益群体之间在收入分配和资源配置方面差距明显，矛盾加剧。

二是矛盾的复杂性增强。非对抗性矛盾和对抗性矛盾相互交织、相互影响，解决的难度明显增大。

三是矛盾朝对抗性演变的可能性依然存在。人民内部矛盾若处理不当，有可能激化矛盾，使非对抗性矛盾向对抗性矛盾转化，扰乱社会秩序，危害国家安全。

正确处理人民内部矛盾，要注重从源头上减少矛盾，注重维护群众权益，以及做好群众工作，建立健全党委领导、政府负责、社会协调、公众参与的社会管理格局，提高基层群众自治组织自我管理、自我服务、自我教育、自我监督能力。

2. 妥善处理各种利益矛盾。人民内部矛盾是一个由许多矛盾构成的多层次、多领域、多类型的纵横交错的复杂系统，其中利益矛盾是其他矛盾产生的根源。改革开放以来，我国社会利益关系呈现出一些新特点：

一是利益主体趋于多样化。利益主体的分化，导致利益需求呈现出多样化的特点。

二是利益差距有所扩大，突出表现在不同社会成员收入差距呈逐步拉大的趋势。

三是利益冲突有所增强，主要表现为经济利益矛盾突出，成为影响当前社会稳定的重要因素。

统筹协调各种利益关系，妥善处理各种利益矛盾，需要做到以下几个方面：

一是健全诉求表达机制，拓宽社情民意表达渠道，使群众利益诉求逐步走入制度化、规范化、法制化的轨道。

二是健全利益协调机制，包括健全利益引导机制、利益约束机制、利益调节机制和利益补偿机制。

三是进一步完善矛盾调处机制，科学有效地调整各种利益关系，努力缩小不同阶层、不同群体的利益差距，减少由此产生的利益矛盾。

四是加强权益保障机制建设，形成基本覆盖城乡居民的社会保障体系。

3. 维护社会公平正义。公平是一种合理的社会状态，包括社会成员之间的权利公平、过程公平和结果公平。准确把握公平正义的内涵，必须用历史的、具体的、发展的眼光来分析：①公平正义是历史的，应放在一定的历史环境中来讨论；②公平正义是具体的，必须针对具体问题和具体人群进行分析；③公平正义是发展的，受经济政治文化发展的制约，随着经济社会发展而逐步提高。

中国社会主义制度的建立为实现真正意义上的公平正义创造了根本条件，但还需要通过经济社会的不断发展来提供物质条件和经济基础，并逐步建立以权利公平、机会公平、规则公平和分配公平为主要内容的社会公平保障体系。

4. 加大收入分配调节力度。加大收入分配调节力度，合理调整收入分配关系，优化收入分配结构，缩小收入分配差距，关系经济发展、政治稳定、社会和谐，是社会建设的紧迫任务。

5. 促进基本公共服务均等化。基本公共服务均等化，就是要确保国家和社会制定的基本公共服务政策、确立的基本公共服务制度、提供的基本公共服务的机会对全体公民是均等的。基本公共服务均等化设计包括优化政府职能结构、公共财政体制改革、建立健全考核体系等方面。主要途径包括：

一是转变政府职能，创新基本公共服务体制机制。

二是加大财政投入，保障资金到位。

三是建立基本公共服务监测评价体系，把基本公共服务数量和质量指标纳入政府绩效考核体系，建立多元化的绩效评估体系。

（四）推进社会管理创新

社会管理创新是社会建设的重要内容，是维护社会和谐稳定的必要条件。

1. 当前社会管理存在的问题。社会管理指以政府为主导的包括其他社会组织和公众在内的社会管理主体，在法律、法规、政策的框架内，通过各种方式对社会领域的各个环节进行组织、协调、服务、监督和控制的过程。基本任务包括协调社会关系、规范社会行为、解决社会问题、化解社会矛盾、促进社会公正、应对社会风险、保持社会稳定等。

社会管理具有阶段性、复杂性和长期性的特点。当前社会管理存在一些问题，主要表现为：①社会管理理念还不科学，存在重经济建设、轻社会管理，重管理控制、轻社会服务，重强势群体利益、轻弱势群体保障等问题；②社会管理机制不健全，存在政府管理职能越位、缺位等问题；③社会管理法律政策不完善，存在社会管理立法滞后、社会管理执法不公等问题；④社会管理方法还不适应发展需要，存在社会管理过于行政化、社会管理渠道不畅、社会管理体制新旧转化缺位等问题。

2. 构建社会管理体系。

加快形成党委领导、政府负责、社会协同、公众参与、法治保障的社会管理体制。

加快形成政府主导、覆盖城乡、可持续的基本公共服务体系。

加快形成政社分开、权责明确、依法自治的现代社会组织体制。

加快形成源头治理、动态管理、应急处置相结合的社会管理机制。

3. 提高社会管理科学化水平。推进社会管理体制创新，要以最大限度地激发社会创造力、最大限度地增加和谐因素、最大限度地减少不和谐因素为目标，不断推进社会管理的理念思路、体制机制和方法手段的创新，探索一条具有中国特色、体现时代特征、与社会主义市场经济相适应的社会管理之路。

一是进一步加强和完善社会管理格局，切实加强党的领导，强化政府社管理职能，强化各类企事业单位社会管理和服务职责，引导各类社会组织加强自身建设、增强服务社会的能力，支持人民团体参与社会管理和公共服务，发挥群众参与社会管理的基础作用。

二是进一步加强与完善党和政府主导的维护群众权益机制，形成科学有效的利益协调机制、诉求表达机制、矛盾调处机制、权益保障机制，统筹协调各方面利益关系，加强社会矛盾源头治理。

三是进一步加强与完善流动人口和特殊人群管理和服务，建立覆盖全国人口的国家人口基础信息库。

四是进一步加强与完善基层社会管理和服务体系，强化城乡社区自治和服务功能，健全新型社区管理和服务体制。

五是进一步加强与完善公共安全体系，健全食品药品安全监管机制，建立健全安全生产监管体制，完善社会治安防控体系，完善应急管理体制。

六是进一步加强与完善非公有制经济组织、社会组织管理，明确非公有制经济组织管理和服务员工的社会责任，推动社会组织健康有序发展。

七是进一步加强与完善信息网络管理，提高对虚拟社会的管理水平，健全网上舆论引导机制。

八是进一步加强与完善思想道德建设，持之以恒地加强社会主义精神文明建设，加强社会主义核心价值体系建设，增强全社会的法制意识，深入开展精神文明创建活动，增强社会诚信。

二、学术前沿述评

自2007年党的十七大报告提出要"加快推进以改善民生为重点的社会建设"以来，社会建设作为一个理论话题引起了我国学术界的高度关注和热烈讨论。学者们从不同学科、不同视角对社会建设进行了广泛深入的研究，取得了较丰硕的研究成果，现将这四个方面的主要学术观点作如下综述和回顾。

（一）关于社会建设的内涵

关于社会建设的内涵，学者们进行了多维解读，其中有代表性的观点有以下几种：

1. 词源考证说。国内有学者考证了"社会建设"的词源出处，指出1917年孙中山在为《建国方略》之三《民权初步·社会建设》一书所做的序言里，就已经涉及了社会建设的思想。孙中山把"民权初步"作为社会建设的狭义理解，认为集会议事的种种法则就是社会建设。另外，孙本人在1935年出版的《社会学原理》中曾界定了"社会建设"的概念，认为"依社会环境的需要与人民的愿望而从事的各种社会事业,谓之社会建设,社会建设之范围甚广,举凡关于人类共同生活及其安宁幸福等各种事业,皆属之"。而国民党在阐释"总理遗教"时,完全认可和援引了这一种关于社会建设的广义解释。①由此可见,社会建设首先是一个历史概念。

2. "正向"、"逆向"说。郑杭生撰文指出,对于社会建设应抓住"社会资源和社会机会合理配置"这一核心,应从正向和逆向两个方面加以把握。从正向说,社会建设就是要在社会领域不断建立与完善各种能够合理配置社会资源和社会机会的社会结构、社会机制,并相应地形成各种良性调节社会关系的社会组织和社会力量;从逆向说,社会建设就是根据社会矛盾、社会问题和社会风险的新表现、新特点和新趋势,不断创造与完善正确处理社会矛盾、社会问题和社会风险的新机制、新实体和新主体,通过这样的新机制、新实体和新主体,更好地弥合分歧、化解矛盾、控制冲突、降低风险、增加安全、增进团结、改善民生。②

3. "现代化"说。陆学艺对社会建设有独到理解,他认为,根据长远发展和国际国内的实践观察,社会建设就是要建设社会现代化。而建设社会现代化,就是必须实现民生事业现代化、社会事业现代化(例如教育现代化、科技现代化、医疗卫生现代化等)、社会体制现代化、社会管理现代化、社会组织现代化、社会生活现代化、社会结构现代化等。③

4. 社会行动说。邹农俭从社会行动的角度,将社会建设定义为有组织地改善民生的社会行为和过程。这一定义主要包含如下几个含义:一是强调社会建设是一项有组织的活动;二是社会建设的内涵一般都直接关系到人民的实际生活、切身利益;三是社会建设有承担的主体,即政府和民间组织共同起着主要的作用;四是社会建设是一项实践活动,往往需经历一个较长的过程才能达到目标。④

从已有的研究来看,不同的学者对社会建设的内涵有不同的解析,但都有其合理性的一面。当然,如何综合各家之言并形成一个有关社会建设的经典内涵,还需要学术界进一步研究和探讨。

(二) 关于社会建设的主要内容

社会建设的主要内容有哪些?对此,学者们从不同角度进行了阐释。

---

① 赵立彬:《孙中山政治设计中的社会建设考量》,《广东社会科学》2008年第1期。
② 郑杭生:《社会建设和社会管理研究与中国社会学使命》,《社会学研究》2011年第4期。
③ 陆学艺:《社会建设就是建设社会现代化》,《社会学研究》2011年第4期。
④ 邹农俭:《社会建设的若干问题研究》,《江海学刊》2009年第1期。

1. 从类型和层次的角度，论述了社会建设的主要内容。 郑杭生认为，从类型上看，社会建设包括社会规范体系及其物质体现两种类型的建设；从层次来看，社会建设可以分为三个层次：第一层次的社会建设包括马克思主义意识形态和哲学社会科学有关社会思想的深层理念；第二层次的社会建设包括保证"小政府、大社会"的规范体系、城乡逐步一体化的规范体系、保证社会公平的规范体系；第三层次的社会建设包括社会团体、基金会和民办非企业单位等在内的各类社会组织。①

2. 从社会建设是一个特殊领域的角度，划定了社会建设的主要内容。 梁树发认为，社会建设的内容所指不是包括经济、政治和文化在内的社会生活构成的一切方面，而是有其具体的确定的内容，即社会价值整合、社会制度建设、社会组织建设和社会事业发展等。正因为具有这一确定的具体的内容，社会建设才可能成为中国特色社会主义事业总体布局中的相对独立的"一体"。②

3. 从社会建设具体包括哪些方面建设的角度，阐发了社会建设的主要内容。 陆学艺认为，社会建设的主要内容可以概括为以下九个方面：社会结构的调整与构建、社会流动机制建设、社会组织建设、社会阶层利益关系协调机制建设、社会事业建设、社会保障制度建设、社区建设、社会安全体制建设、社会管理机制建设。③ 邹农俭认为，社会建设的基本内容有：对经济建设提出了新的要求、社会体制建设、社会事业建设、社会保障建设、社会公平建设、社会秩序建设、社会福利建设等。④

以上这些观点反映出我们要进行的社会建设是一个涵盖社会各个层面、各个领域的系统工程，必须根据中国具体国情和具体实践经验有步骤、有组织地加以推进。

（三）关于社会建设的目标

关于社会建设的目标，有的学者侧重于从价值层面进行研究，有的学者侧重于从实体层面进行研究，形成了一些有价值的学术观点。

1. 关于价值层面的研究。 持这一思路的学者多把社会建设的目标看作价值性目标。孙立平认为，社会建设的目标是促进社会进步。⑤ 王忠武认为，富

---

① 郑杭生：《关于和谐社会建设的几个问题》，《江苏社会科学》2005 年第 5 期。
② 梁树发：《关于社会主义社会建设的几个问题》，《东岳论丛》2005 年第 11 期。
③ 陆学艺：《关于社会建设的理论和实践》，《国家行政学院学报》2008 年第 2 期。
④ 邹农俭：《从以经济建设为中心到以社会建设为中心》，《社会科学》2007 年第 7 期。
⑤ 孙立平：《社会建设的目标是促进社会进步》，《北京工业大学学报（社会科学版）》2009 年第 2 期。

裕、文明、公平、协调、民主、自由和幸福构成了和谐社会建设的价值目标。① 王小章认为,社会建设的目标是"好社会";这个"好社会"应兼顾协调社会整合和个人的自由尊严。② 李培林认为,实现公平正义是和谐社会建设的价值目标,必须立足国情,重点推进机会公平和能力建设。③ 杨方则单独把"正义"看作和谐社会建设的核心价值目标④。

2. **关于实体层面研究**。持这一思路的学者多把社会建设的目标看作具体的、实在的目标。如丁元竹分析指出,社会建设的最终目标是提高人民福祉;在新时期,中国应把提高人民生活质量作为评价社会建设的标准和目的。⑤ 陆学艺则把社会建设的目标分为三个阶段:第一阶段是先从人民群众最关心、最现实、最紧迫要求解决的保障和改善民生事业、社会事业建设做起,着力解决好就业难、上学难、看病难、社保难、住房难、养老难等基本民生问题;第二阶段是要着力推进社会体制改革,创新社会政策,完善社会管理,推进新型的城镇化,破解城乡二元结构,逐步实现城乡一体化;第三阶段是实现社会现代化,即实现"民主法治、公平正义、诚信友爱、充满活力、安定有序,人与人和谐相处的社会主义和谐社会"。⑥

通过以上论述可以看出,价值层面的研究和实体层面的研究代表了两种不同的研究路径,它们各有特色,而且具有互补性。当然,随着社会建设事业的不断推进,人们对社会建设目标的认识会更加清晰具体。

(四)关于社会建设的现实进路

怎样推进社会建设?这是学术界关注和研究的重点问题,不同学科的专家学者在研究进路和论述上虽各有侧重,但大都从改善民生、社会管理、民间组织、社区建设等具体层面来探索社会建设的现实进路。

1. **关于改善民生与社会建设**。学术界一致认为,胡锦涛同志在党的十七大报告上提出"加快推进以改善民生为重点的社会建设",并分别从教育、就业、收入分配、社会保障、医疗、社会管理等六大领域阐述了如何保障和改善民生,具有十分重要的理论和实践意义。结合党的十七大报告关于改善民生和

---

① 王忠武:《论和谐社会建设的价值理念主导与价值目标追求》,《东南大学学报(哲学社会科学版)》2008年第3期。
② 王小章:《"自由"和"共同体"之间——从西方社会理论看社会建设的价值取向和实践层面》,《浙江社会科学》2011年第11期。
③ 李培林:《和谐社会十讲》,中华书局2009年版。
④ 杨方:《正义:和谐社会建设的核心价值目标》,《伦理学研究》2009年第1期。
⑤ 丁元竹:《中国社会建设战略思路与基本对策》,北京大学出版社2008年版。
⑥ 陆学艺:《社会建设就是建设社会现代化》,《社会学研究》2011年第4期。

社会建设的相关阐释，学者们从不同的角度做了进一步的深入研究。有的学者把注意力放在民生的内涵和外延上，如林祖华认为民生的内涵不仅包括公民的生计与生活，还包括公民的政治需求、文化需求和精神需求，公民的生命价值、健康价值和尊严价值等内容；民生的外延包括生存的民生、发展的民生和享受的民生三个方面。① 有的学者把注意力放在对某一方面民生的研究，如柳礼泉和肖冬梅②、刘莲香③等学者的文化民生论。有的学者鉴于国内贫富差距过大的严峻现实，提出当前改善民生亟待解决收入分配问题。张晓东认为，保障和改善民生必须坚持以公有制为主体和按劳分配为主导，扩大就业，搞好收入分配调控。④ 周宇认为当前解决收入分配问题不能寻求过度的市场化改革，而必须积极发展公有制经济，诉诸"民生导向的社会主义化"。⑤ 此外，还有的学者从共同富裕的角度展开探讨。潘玲霞认为，以改善民生为重点的社会建设必须致力于使改革成果共同分享，最终实现共同富裕。⑥ 马正其认为，实现共同富裕必须加大民生领域的财政支出：一是坚持科学理财，努力做大"蛋糕"；二是加大民生投入，调整支出结构；三是发挥财税调节作用，促进共同富裕。⑦

2. 社会管理与社会治理。党的十八届三中全会通过的《中共中央关于全面深化改革若干重大问题的决定》提出，要推进社会治理改革，创新社会治理体制，改进社会治理方式，激发社会组织活力。"社会治理"这一新概念第一次出现在党和国家重要文献中，取代了过去的社会管理创新的提法，它的提出意味着中国社会改革有了全新的理念。社会管理偏重于强调政府为达成社会秩序而对社会实施的单向度管控，而社会治理则注重政府与社会对公共事务的合作治理，强调多主体、多向度、参与与合作等要素。从"社会管理"走向"社会治理"具有必然性：首先，从"社会管理"走向"社会治理"是全面深化改革的必然要求。其次，从"社会管理"走向"社会治理"是释放社会活力的新要求。从"社会管理"到"社会治理"是治理理念的升华，第一，

---

① 林祖华：《论民生的内涵和特点》，《理论与改革》2012年第3期。
② 柳礼泉、肖冬梅：《文化民生：改善民生进程中一个需要深切关注的领域》，《湖南大学学报（社会科学版）》2010年第6期。
③ 刘莲香：《关于文化民生的思考》，《科学社会主义》2011年第6期。
④ 张晓东：《关注什么样的"民生"——基于唯物史观的实践理性省察》，《学术研究》2011年第12期，第86页。
⑤ 周宇：《"过度市场化"，还是"民生导向的社会主义化"？——浅议现阶段居民收入分配问题的解决思路》，《马克思主义研究》2011年第7期。
⑥ 潘玲霞：《"共同富裕"与"成果共享"——中国特色社会主义理论体系中的民生思想》，《社会主义研究》2009年第1期。
⑦ 马正其：《实施民生财政，促进共同富裕》，《求是》2012年第3期。

主体由"一元"走向"多元";第二,方式由"单一"走向"多样";第三,方向由"垂直"走向"扁平"。①

3. 社会治理改革应该遵循的原则问题。

(1) 政府与社会共治原则。明确政府与公民社会的关系定位,由"政府本位"向"社会本位"转变,坚持政府与社会共同治理格局。

(2) 政府主导原则。树立政府在社会治理改革中占主导地位的思想,主动承担社会治理职责,强化政府的社会治理职能。

(3) 积极扶持原则。政府与公民社会共同治理要求政府重视社会力量在社会治理中的作用,体现参与、平等、合作和民主的原则。

(4) 寓管理于服务原则。坚持政府的社会治理应以公共服务为基础和前提条件,逐步从管制走向服务。在我国,政府的管理职能定位于经济调节、市场监管、社会管理和公共服务。

(5) 基层社会自治原则。社会治理首先应该强调公民社会的自我组织和自我管理,因为从根本上说,最广泛起作用的、维持社会稳定和社会秩序的自动调节机制必定是公民和社会组织的自我管理。

(6) 公共服务均等化原则。建立服务型政府,提供优质的、均等化的公共服务,为社会治理改革提供坚实的物质保障。

(7) 公平正义原则。社会治理改革的出发点和落脚点在于实现好、维护好和发展好最广大人民的根本利益,正确反映和协调各个方面、各个层次、各个阶段的利益诉求与社会矛盾,真正体现社会管理和公共服务的公平正义原则。

(8) 动态稳定原则。当前和今后一个时期的社会治理改革,需要着力从源头治理、动态协调和应急处置三个层面,构建相互联系、相互支持的一整套规范、机制和制度体系,尽可能减少社会问题,及时化解社会矛盾,果断处置社会冲突与社会对抗,最大限度地激发社会创造活力,最大限度地增加和谐因素和减少不和谐因素。②

综上所述,学术界关于社会建设现实进路的研究涉及了政治学、社会学、哲学、管理学、经济学等多个学科领域,并取得了一系列有价值的阶段性理论成果。但要指出的是,社会建设的现实进路是一个实践性很强的研究课题,而目前的研究理论整合多,实证研究少;宏观把握多,微观研究少;定性研究多,定量研究少。如何克服这些研究方法上的问题,将成为进一步创新和发展

---

① 李永彩:《理念升华与体制创新:从社会管理走向社会治理的理性审视》,《党政干部论坛》2014 年第 5 期。

② 周红云:《社会治理改革的原则》,《当代世界与社会主义》2014 年第 2 期。

社会建设理论的突破口。

三、重点难点与热点问题解析

社会建设是中国特色社会主义社会发展的要求，在计划向市场、传统向现代两个结构性转变背景下同时进行。改革开放以来，中国基层社会经历了从单位制向社区制的转变，社会建设面临来自社会结构变化的多方面挑战，如阶级阶层结构发生变化、城乡二元结构体系变化、收入分配结构不合理导致的利益格局变化、人口与家庭结构的变化等，以社会主义核心价值观为主的核心价值体系在逐步构建之中，但社会规范与价值理念趋向多元化，矛盾进一步凸显。社会管理创新是中国特色社会主义发展的必然选择，强调公平正义、核心社会、权利与义务的统一等价值理念。同时，逐步从社会管理发展到社会治理，并着手构建现代化的社会治理模式。在社会结构变化的挑战下，以下五个问题需要重点解决，以形成更为完善的社会建设体制，并逐步凸显社会治理的价值。

（一）在利益诉求格局变化的背景下，群体性事件频发，应如何看待和化解日益严峻的社会矛盾

马克思曾经指出："人们为之奋斗的一切，都同他们的利益有关。"[①] 人们围绕着自身利益而行动，在社会分工中形成了不同的利益群体。社会建设的出发点在于社会的构建，以不同社会群体的良性互动、整合为基础，如何化解不同利益群体之间的社会矛盾是和谐社会的重点。

1. 转型期社会矛盾和冲突的现状。 改革开放以来，中国的社会结构发生了极大变化，不同的利益群体不断分化、组织，社会重新整合，形成了新的利益格局。20世纪80年代，改革开放初期释放出了市场，资源扩散，人们通过自身努力获得了上升的空间，社会经济活力弹性较足。90年代以来，改革开放进入纵深阶段，资源重新集聚，阶层固化，底层群体严重受损且出现被抛出社会结构之外的趋势，孙立平将之形容为"断裂社会"[②]。断裂社会彰显了利益格局变化所带来的影响，是一个利益失衡的社会。目前，中国社会群体大致可分为四类：一是绝对获利群体，包括掌握权力及经济资源的强势群体；二是中等收入群体，规模比较小，主要包括高级知识分子、中高层干部等；三是弱势群体，主要包括困难职工群体，农民群体以及其他低收入群体；四是边缘群

---

① 《马克思恩格斯全集》第1卷，人民出版社1995年版，第187页。
② 孙立平：《失衡：断裂社会的运作逻辑》，社会科学文献出版社2004年版。

体,主要包括生活在绝对贫困线以下的人群。①

利益分化是现今社会矛盾和冲突出现的重要背景,不同群体陷入了利益博弈的恶性循环,社会冲突往往伴随着强势群体对资源的垄断,弱势群体在社会结构中难以寻获利益表达途径,而通过群体性事件的方式表达出来。群体性事件涉及政治、经济、社会各个方面,而表现出矛盾多发时期社会冲突的多元化状况。有研究统计表明,1993—2005 年,我国群体性事件发生起数增加了 7.7 倍(如表 5-1 所示),而 2006—2009 年又增加了 1 倍。

表 5-1 20 世纪 90 年代以来群体性事件的发生起数   单位:万起

年份	1993	1995	1997	1999	2003	2004	2005
起数	1	1.1	1.5	3.2	6	7.4	8.7

数据来源:于建嵘:《转型期中国的社会冲突》,《凤凰周刊》2006 年第 176 期。

群体性事件数量在增加,参加人数、规模不断扩大,形式越发多元化。参与主体日益多元化,社区市民、工人、农民、学生等群体,主体相互交错,更显复杂化,在处理过程中不能单一化。在群体性事件中,城市社区居民等利用法律进行维权,工人群体依靠社会组织或自身组织进行谈判,而农民在权益受损时要么沉默、要么可能以群体暴力进行维权。群体性事件对抗性明显,呈现出组织化的特征,涉及利益诉求内容也从经济、文化到政治等相关领域。值得关注的是,在全国各地都出现了无直接利益相关者等参与的"泄愤事件",这种泄愤事件由民众长期累积的不满情绪而导致,主要源于对有钱人、有权人等强势群体的不满,并且发生频率增加,暴力倾向明显。②

群体性事件体现了转型过程中产生的利益冲突,尤其是 20 世纪 90 年代以来贫富差距日益扩大所带来的问题,我国的基尼系数从 1988 年的 0.382 上升到 2005 年的 0.467③,已经成为世界上贫富差距比较大的国家。问题的关键在于,在民众认知中,财富的迅速分化并非是平等竞争的结果,而是政府腐败、官商勾结等不公正竞争所导致的。在改革开放过程中民众形成了强烈的"相对剥夺感",而民众的情绪却未能获得宣泄的出口,当一件事情(尤其是指向官方或有钱人的)成为导火索时,很多人则借机发泄,形成了暴力性的群体性事件。

群体性事件纷起成为社会不稳定的因素之一,也成为社会建设、社会治理

---

① 陈振明:《社会管理——理论、实践与案例》,中国人民大学出版社 2012 年版,第 216 页。
② 陈漫清:《于建嵘:泄愤源于社会不公》,《南方人物周刊》2011 年第 20 期。
③ 连玉明、武建忠:《中国国力报告》,中国时代经济出版社 2005 年版,第 369 页。

的重要问题。在以往的社会矛盾化解机制中，信访是最重要的利益协调处理的机制，是新中国成立以来发展起来的政府与民众的链接渠道。但信访现阶段却成为另一个矛盾聚集地：一方面，强调民众通过信访获得矛盾的解决；另一方面，地方政府通过拘留、劳教等方式阻碍信访，消解了信访应有的功能[①]，甚至往相反的方向发展。信访是国家较为缓和的利益协调机制，而诉讼则是追寻权益更为直接的出口，但现阶段司法救济也出现了较多问题。这些社会矛盾化解机制并未有效发挥作用，而使矛盾积累，群体性事件频繁发生，需要进一步思考有效对策。

2. 多元价值认同下的利益博弈失衡。 在社会结构变化的背景下，价值多元化成为社会价值观念的现状，不同群体拥有不同的价值观，与主流的社会价值观出现差异化。由于利益多元化、价值失范状况产生，社会群体很容易被情绪煽动和动员起来，因而形成了较大的矛盾与冲突。社会矛盾往往源于不同群体利益格局的变化，更确切地讲是不同群体在多元价值认同下的利益博弈失衡。

（1）民间社会意识的同质性与异质性。在计划经济时期，市场被压制，国家和民间社会维持了意识形态的统合性，但这种表面的异质性弱化使民间社会失去了活力，不利于整体社会的发展。而在转型时期，异质性逐步加强，民间社会成为社会经济发展的动力来源。但社会结构的多元化、意识形态的异质性所带来的破坏性也是显而易见的，从各地的群体性事件中显示出来。民众赖以信任的社会公平正义等规则倍受质疑，政府部门、企业、民众等处在极强的张力之中。很多群体性事件的产生源于社会怨恨的积累，而政府、企业往往成为矛盾指向。

（2）地方政府的部门利益化。各地的群体性事件很多指向政府部门。由于政绩展示的需要，政府部门往往以 GDP 为主导发展经济，而对民众利益诉求保障的机制一直未能有效地建立起来。在经济发展的过程中，"地方政府法团主义"、"地方政府即厂商"等概念都指出了地方政府部门利益化的倾向，在财政收入获得增长的过程中，地方政府也出现了与民争利的状况，如对于土地的规划、与房地产商等大企业的合作等。在政绩的指引下，地方政府部门之间的竞争使民众的利益诉求陷入了无处解决的困境之中，从而引发了更多的社会冲突。

（3）市场的不健康发展。社会主义市场经济已经成为我国社会的经济主导形态，良性的市场是发展的重要方面。但在经济发展过程中，某些企业破坏市场规则，与某些政府部门结合在一起，成为压制弱势群体的重要力量。相对于

---

① 陈漫清：《于建嵘：泄愤源于社会不公》，《南方人物周刊》2011 年第 20 期。

个体来说，大企业拥有大量的社会资源，并以统一的姿态出现在社会竞争之中，获得了极大的优势。它们掌握着社会的话语权，拥有统一的利益诉求，并且利用所掌握的资源谋取自身利益，而损害弱势群体的利益。市场的不健康发展体现为大企业对农民工等的剥削、产品生产的垄断、不良竞争秩序的产生等，这些状况给社会建设及社会治理造成了巨大的难题。

（4）弱势群体的弱组织化。在转型进程中，底层群体缺乏话语权，他们难以通过电视、网络、报纸等媒体公开宣传他们的利益诉求，而成为"失语"的群体。另外，他们也缺乏统一的社会组织为他们争取权益，而成为弱组织化的群体。弱势群体的弱组织化导致社会矛盾的分散化，抗争的多元化、暴力化。其直接后果是，权益受损的弱势群体只能通过信访（个人或集体）、诉讼等渠道去争取权益，一旦这些渠道被堵，他们要么选择沉默，要么铤而走险，以暴力手段解决问题，从而成为社会不稳定的重要因素之一。

3. 对策：社会安全阀的构建与完善。社会安全阀（social safety valve）是社会学家科塞在《社会冲突的功能》（1956）一书中提出的用以形容社会冲突积极作用的概念。社会安全阀制度的构建与完善指出了社会利益协商的方向，给社会群体提供了正常的发声渠道，将积累的社会怨恨宣泄出来，进而维护社会稳定。

（1）弱势群体的互助机制建设。加强弱势群体互助机制建设，是将个体联合起来、整合成为共同体进而互助的思路。市场化的进程使人们原子化为个体，脱离集体，从而丧失了群体互助的力量。互助机制建设可增强弱势群体的话语权，解决其弱组织化的问题，从而增强其与其他社会群体（如企业、政府单位、社会组织等）的协商能力，也较方便使其在有组织、有序的对话中解决社会矛盾。

（2）利益诉求渠道建设。多元化的利益诉求表达是现代社会的重要特征，如何吸纳、解决这些利益诉求则是社会现代化的重要方面。在西方社会中，使集体性抗议活动常规化[①]是重要的方面，也是社会安全阀的重要措施。抗议的制度化要求有弹性的利益诉求表达、完善的利益冲突化解机制等，一是必须建立不同利益诉求的表达机制，使不同的话语都有表达的空间；二是落实科学发展观，用多元化的方式化解社会矛盾，充分利用信访、诉讼等方式，使其发挥应有的作用。鉴于此，首先，要充分掌握社会不同阶层、群体的利益诉求状况，主动出击，将矛盾化解于萌芽期，建立社会矛盾预警系统；其次，落实、创新信访工作制度，使政府与民众沟通的渠道顺畅，避免阻碍信访的问题产

---

① 皮文、克劳沃德：《使集体性抗议活动常规化》，见莫里斯、缪勒主编：《社会运动理论的前沿领域》，刘能译，北京大学出版社 2002 年版。

生，使其成为真正的社会安全阀；最后，有效回应不同阶层、群体的利益诉求，避免问题的处理陷于形式化、无效化。

（3）权利保障机制建设。有效的权利保障机制是应对利益冲突的重要步骤，只有合法权益能够得到保障，人们才能够在社会公平正义的环境中良性互动。权利分配机制是权利保障机制的基础，解决该问题首先必须规范政府、企业等的运作，使其在健康、有序的制度中行动，在公正平等的准则下以竞争的方式去进行利益分配。在此基础上，当发生合法权益受损的情况时，通过严厉惩罚等措施的制定，使个体的利益诉求得到保障。

（二）在贫富差距日益扩大的情况下，如何建立健全帮扶弱势群体的社会保障机制

2005年我国的基尼系数已达0.467，2014年仍然达到0.469，突破国际基尼系数的警戒线。贫富差距扩大成为我国现阶段社会经济面临的重要难题之一，也成为很多社会问题的根源。在资源日益集聚的"马太效应"作用下，弱势群体更难以从已有的经济体中获得较多的收益。弱势群体是社会结构的产物，是我国社会保障体制建设的重要服务对象，但他们很多时候为其他社会群体所忽视。将弱势群体整合进主流社会是社会建设的重要目的，如何建设帮扶弱势群体的社会保障机制，是社会建设的难点、热点。

1. **贫富差距与弱势群体问题现状**。贫富差距并非是不合理的，而是市场经济发展的必然现象。历史表明，实行市场经济的国家在初次分配中都会出现较大的差距，该差距也反映了不同的资本在经济领域中作用的结果。我国在改革开放之后，实现"先富带动后富"、"效率优先、兼顾公平"等政策，有效地拉动了经济的增长，但欠缺公平的竞争时有发生。人们对贫富差距的心态并非否定合理、合法地勤劳致富，而在于对不平等竞争、非法致富、以权谋私、官商勾结等现象的憎恶。

贫富差距扩大已成为我国普遍认可的社会状态，但经济运行制度不健全、税收制度不合理，尤其是社会保障机制不健全，造成了庞大的弱势群体，该群体未能获得正常的生活所需及改善生活的能力，已有被甩出社会结构之外的趋势。"弱势群体"一词2002年首见于官方文件[①]，提出要对弱势群体给予特殊的就业援助，以帮助其改善生活。学界更多地将弱势群体界定为难以依靠自身能力维持基本的生活水准，而需要国家和社会给予帮助的社会群体。弱势群体的产生从表面上看是个人生存能力弱化所致，但与社会的改革、社会结构的变化等有密切的关系。在我国市场经济改革深入发展带来巨大的社会财富，同时

---

① 朱镕基：《2002年政府工作报告》，2002年3月5日，第九届全国人民代表大会第五次会议。

也造成严重失业及贫困问题时，我国的福利制度需进一步加强"社会福利社会化"，使弱势群体通过国家、市场等获得保障，改变他们的弱势地位。

20世纪90年代以来形成的底层群体主要由三部分构成：贫困农民、进入城市的农民工、城市中以下岗失业者为主的贫困阶层。[①] 底层群体在某种意义上可等同于弱势群体，包括生理性弱势群体和社会性弱势群体等，前者是个人能力上的绝对弱势群体，而后者在社会结构中处于不利地位，如贫困、失业等群体。[②] 在新中国成立以来的城乡二元结构形成后，通过工农业剪刀差确定了农业低于工业的位置，而导致了数量庞大的贫困农民，成为现阶段弱势群体的主要部分。城乡户籍制度使城市居民与农民区分开来，在政治、教育、文化、劳动与就业等诸多方面使农民低人一等。在社会保障方面也区分开来，使农民在社会各方面都处于边缘地位。而贫弱的农民进城务工后，并未改变原先的地位，他们虽然进入城市，但城乡二元的户籍制度影响仍然存在，在企业中农民工的权益也难以得到保障。而在城市，转型时期，下岗职工、失业人员、体弱多病的鳏寡孤独群体、低保户等构成了弱势群体的主要部分，他们处在城市社会的底层，经济上贫困，更加缺乏改变自身命运的能力。

在贫富差距持续扩大的背景下，弱势群体的生活状况进一步恶化，在社会经济生活中进一步被边缘化。1978年我国城乡居民收入比是2.37∶1，1978—1983年持续缩小，至1983为1.70∶1，但之后持续扩大，至2007年为3.33∶1，2008年为3.31∶1。占全国人口近65%的农民存款余额不足1/5[③]，农民群体的进一步边缘化也导致社会张力进一步加大。在城市中，由于经济转轨、体制改革等的结构性变化，失业群体进一步增加，原先处于单位职工也由于下岗、退休等原因退出社会中心，而被边缘化，成为新的弱势群体，从单位向社区的转化使他们一方面不能获得单位的支持，另一方面社会化的福利体制也未能跟进。

2. 现有社会保障体系对弱势群体的支持与不足。党的十七大报告明确指出"要加快建立覆盖城乡居民的社会保障体系，保障人民的基本生活"。社会保障体系是通过正式或非正式的制度设计，为全体国民提供安全保障的制度体系，所以，社会保障本身并非只是针对特定的弱势群体。但社会保障的初始目的在于保障弱势群体免于被社会生活完全排除在外，并获得一定的生存、发展空间。以弱势群体为重要对象的社会保障制度主要为社会救济、社会保险制度

[①] 苑歌：《关注社会弱势群体——访清华大学社会学系教授孙立平》，《社会学》月刊，2002年第6期。

[②] 王思斌：《改革中弱势群体的政策支持》，《北京大学学报（哲学社会科学版）》2003年第6期。

[③] 孙立平：《关注90年代中期以来中国社会的新变化》，《社会科学论坛》2004年第1期。

以及更高层面上的社会福利制度等。

（1）社会救济：以最低生活保障制度等为主。随着贫富差距的扩大、贫困人口的增加，新中国成立以来推行的社会救济制度出现救济对象有限、救济标准过低、救济经费严重不足的状况，从而迫切需要建构最低生活保障制度①。1993年6月1日，上海市率先建立了城市最低生活保障制度，随之全国其他城市社会救济制度纷纷改革，建构了社会保障体系的最重要一环，这被称为"最后一道安全网"。1995年，有12个城市建立了城市最低生活保障制度；1997年8月，最低生活保障制度上升为国务院的一项重要决策，国务院发出了《国务院关于在各地建立城市居民最低生活保障制度的通知》，提出实施低保制度"三步走"的时间表，要求到1999年底，全国所有的城市和县政府所在的镇都要建立这项制度。② 1999年9月28日，国务院颁布了《城市居民最低生活保障条例》，标志着最低生活保障进入规范实施阶段。

从2003年开始，城市低保资金支出稳定在150亿元以上，低保对象稳定在2200万人以上，2006年达2240.9万人，③ 可见，城市低保制度惠及范围较广，主要为城市贫困群体，包括以上提及的若干类群体等。现阶段最低生活保障制度已经较为完善，基本实现了"应保尽保、动态管理"的政策要求。从民政部统计的数字看，下岗失业人员家庭在低保对象中占较高比例，而以往的"三无"人员等所占比例较低。

从政策效果看，城市最低生活保障制度覆盖面广，在缓解城市贫困、缓解社会矛盾方面起了较为积极的作用，各地政府力图通过增加最低生活保障的投入来解决民生问题。但归根到底，最低生活保障制度只能是"补救型"的制度类型，并非综合的社会福利制度，而将社会福利体系建设的期望寄予该制度，只能是徒劳无功。最低生活保障制度并不能彻底解决贫困问题，数量庞大且稳定的低保对象体现了弱势群体并未从最低生活保障中走出来，反而陷入了依赖福利的状况之中，使低保受众维持在低收入水平。一方面，以家庭为单位的低保制度，对于只有一个劳动者的家庭来说，如果家庭成员在3～4个或以上，不劳动获得的低保收入比正常劳动收入可能稍高，这促使其不参与劳动；另一方面，与低保制度捆绑在一起的其他福利制度也发挥了一定的负面作用，现阶段社会福利供给不足，所以教育、医疗等相对应的某些福利并不能全面覆盖，只能通过低保制度来鉴别福利的享有对象，这使低保者努力维持该身份，

---

① 唐钧：《最后的安全网——中国城市居民最低生活保障制度的框架》，《中国社会科学》1998年第1期。
② 曹海涛：《城市居民最低生活保障制度保障效果研究》，西北大学2007年硕士学位论文。
③ 曹海涛：《城市居民最低生活保障制度保障效果研究》，西北大学2007年硕士学位论文。

但这本身对其他国民不公平。另外，最低生活保障制度现阶段主要覆盖城市区域，而农村最低生活保障资金投入比例少之又少，这使农民、农民工等弱势群体的主要组成部分并不能从此项制度中获益。

（2）社会保险。社会保险包括养老保险、医疗保险、失业保险、工伤保险等，其并非直接针对弱势群体，而是覆盖到大部分国民，使被保险者在遇到年老退休、重病、失业、工伤等事件时能够得到相应的社会经济保障，从而为国民免于沦为弱势群体创造了条件。①

1990—2000年，养老保险、医疗保险、失业保险到工伤保险等制度条例的先后颁布宣告我国社会保险体系的初步建立。基本养老保险要求保持职工的基本生活水平，使老年人免于陷入穷困的境地；医疗保险的目的在于满足国民的基本医疗需求，使人不至于因病致穷；失业保险的目的在于免除职工工作的后顾之忧，使他们即使失业也能保证基本生活需求。社会保险体系的目的在于通过公民互助体系的建立，解决因为个人及社会风险所导致的短时间内出现的生活困难。

多方面的社会保险条例的出台有效地推动了社会保险的制度化建设，使公民的权益得到保障，在弱势群体的权益帮扶方面也起到了积极的作用。但从总体上看，首先，社会保险覆盖面较窄，现有社会保险体系主要从就业状况和户籍两个角度来保障不同人群，但排除了未就业的城市居民和大量"农转非"的被征地农民，另外，城市职工、农民等参保的比例不高。其次，统筹层次低。社会保险资金由个人、雇主和国家三方共同筹措，由个人账户和统筹账户共同管理，但未建立全国统一的社保转移制度，这对农民工等高度流动的群体而言是一个极其不利的问题。② 社会福利社会化等福利体系的建立在一定程度上拓展了社会保险的资金来源，但也使国家的社会福利服务等投入不足普遍存在。

3. 对策与建议：建立赋权为本的弱势群体社会保障机制。社会救济以维持基本生活水平为出发点，社会保险以降低个人社会风险为落脚点，而社会福利则以广泛覆盖为基本特征。现阶段社会保障体系尚存在盲点，政府公共投入比例小，统筹层次低，尚未建立起综合的社会保障体系。对于弱势群体的帮扶机制而言，现阶段社保体系更多以直接服务为主，而未考虑如何转变其弱势地位，促其发展。

弱势群体可理解为个人能力的弱势及社会能力的弱势，前者指公民个体能力的缺失，后者指公民个体在社会中的位置被边缘化，所以帮扶弱势群体的重

---

① 管志文：《社会保障制度下的弱势群体保护研究》，武汉大学2004年硕士学位论文。
② 彭杰：《风险预防与社会保障机制》，王宁主编：《社会管理十讲》，南方日报出版社2011年版。

心在这两个方面。因此,针对弱势群体的社会保障机制应该着重于对该群体的赋权,即两个方面的能力的提升。在社区心理学(community psychology)的研究中,赋权是个人、组织与社区借由一种学习、参与、合作等过程或机制,使获得掌控(control)自己本身相关事务的力量,以提升个人生活、组织功能与社区生活品质(quality of life)①。

在贫困差距巨大的社会结构中,贫困的弱势群体在社会、政治、心理三方面都处于去权(disempowerment)②状态,缺乏获得生计所必需的资源,在社会中缺乏话语权,在心理上觉得自身毫无价值,消极生存。在最低生活保障制度实施过程中,获得保障者也被贴上了"无能"的标签,但由于前述所提及的捆绑等原因导致其维持低保身份,所以,建设弱势群体的社会保障帮扶机制要着眼于"赋权"的视角,着重于提升弱势群体的个人及社会的能力。

(1)注重个人能力的培训与提升是首要的,要加强弱势群体的就业与再就业的培训,通过社区、企业、政府等多方面的努力,建设良好的就业渠道,使其融入工作中来。尤其是对农民工群体及城市中失业群体,应多方面向他们提供就业信息。在就业中,个人能获得成就感,在心理上也能得到赋权。最低生活保障制度的构建并非直接地给予,而是通过助人自助的方式给弱势群体赋权,达成个人能力的提升。

(2)社区互助网络的构建。在农村,可通过城乡合作等方面构建社区互助经济。如广州市从化区正在实施的农村社会工作试点,则以农村社区互助、城乡合作为主要切入点,在社区层面上提高弱势群体的能力。城乡社会保障的一体化、城市"反哺"农村是重要的一环。

(3)在社会层面上,社会保障必须提高统筹层次,实现跨地区统筹,以提高弱势群体向上流动的可能性。在珠三角广州与佛山之间,长三角上海、宁波、杭州三地已经初步实现了医疗保险的异地结算③。社会保障机制的跨地区统筹使农民工等弱势群体能够跨地区流动,而没有太多的后顾之忧。

(三)在城市化进一步加快进程中,如何科学管理庞大而又复杂的农民工等流动人口,建立社会包容体系

现代社会是一个流动的社会,流动是社会的常态。伴随着改革开放以来城

---

① Marc A. Zimmerman, Julian Rappaport, *Citizen Participation*, Perceived Control, and Psychological Empowerment, *American Journal of Community Psychology*, Vol. 16, No. 5, 1988.
② 约翰·弗里德曼:《再思贫困:赋权与公民权》,《国际社会科学杂志(中文版)》1997 第 2 期。
③ 彭杰:《风险预防与社会保障机制》,见王宁主编:《社会管理十讲》,南方日报出版社 2011 年版。

乡二元结构的逐步松动，大量农村人口流入城市务工，成为城市经济建设的主力军，他们也是中国流动人口的主要部分；另外，城市之间的人口流动也在加剧。人口流动瓦解了原先以户籍制度、档案制度等为主的社会监控体系，社会整合弱化，而带来了新的社会问题和挑战，成为现阶段社会建设的难点问题。

1. 改革开放以来的流动人口问题。2013 年我国人户分离的流动人口已达到了 2.45 亿，占全国人口总数的 1/6。第六次全国人口普查数据显示，大陆 31 个省、自治区、直辖市的人口中，居住地与户口登记地所在的乡镇街道不一致且离开户口登记地半年以上的人口为 2.6139 亿人，同 2000 年第五次全国人口普查相比，居住地与户口登记地所在的乡镇街道不一致且离开户口登记地半年以上的人口增加 1.16995 亿人，增长 81.03%。可见，人口流动已成为我国社会的一个普遍的现象，主要从西北部流入东南沿海，从农村流入城市。

城乡收入差距是我国人口流动的主要原因，新中国成立直至后改革开放前，各种制度（如户籍制度、单位制、档案制度等）隔断了从农村向城市迁移的渠道，人口在不同区域保持相对稳定的状态，而资源分布极其不均匀，造成了城乡二元的经济格局。城市与农村贫富差距大，1978 年城市居民收入高达农村居民收入的 3.57 倍，农村的贫穷成为人口外流的最大推力，而城市的相对富有则是其最大的拉力。改革开放以来各项制度的逐步放宽是人口流动的政策性背景。现阶段，北京以及天津、辽宁、上海、江苏、浙江、广东、山东、福建、海南等沿海地区都成为净迁入区，广东迁入数量最大。人口流动主要以就业为目的，从农村向城市转移，主要的流动主体为农民工群体。

我国流动人口管理制度包括人口登记制度、计划生育制度、流动人口治安制度等，现阶段以属地化社会监控管理体制为主，由当地政府对流动人口进行直接管理。属地化管理的政策反映了我国对人口流动的管理趋向宽松，城市对外来流动人口逐步接受与融合。但是，该政策重管理而轻服务，以治安管理为主，而在实际操作中往往是计划生育部门较为重视，突出对流动人口计划生育的管理。在对流动人口进行管理的过程中，不同的政府部门经常协调不一致，而出现一些管理上的问题。流动人口管理是一个系统、复杂的工程，我国的流动人口管理体制在逐步改善之中，但其中亦发生较为严重的问题，如 2003 年的孙志刚事件所折射出来的政策对于外来人口的歧视与排斥等。

2003 年 3 月 17 日晚上，任职于广州某公司的湖北青年孙志刚在前往网吧的路上，因缺少暂住证，被警察送至广州市"三无"人员收容遣送中转站收容。次日，孙志刚被收容站送往一家收容人员救治站，在这里，孙志刚受到工作人员以及其他收容人员的野蛮殴打，于 3 月 20 日死于这家收容人员救治站。孙志刚事件发生后，除了对涉案人员的处理之外，《城市流浪乞讨人员收容遣送办法》被废除，《城市生活无着的流浪乞讨人员救助管理办法》出台，意味着我国对外来流动人口的制度管理上了一个新台阶。

在我国的流动人口统计中,很多并非处于流动过程中,而已经在城市中安居。在城市中居住半年以上的算是常住人口,而很多未有当地户籍的人口中有很多居住已满半年甚至十几二十年。社会建设强调不同群体的社会整合问题,对于流动人口而言则是如何通过公共服务体系的完善使流动人口能够进入城市社会生活中,使他们成为城市的一部分。

2. 流动人口在城市中的社会融入问题。农民工等流动人口离开家乡,来到城市谋生,为城市经济发展贡献了自己廉价的劳动力,却未能享受到城市给予的服务,更多体验到的是城市社会对他们的社会排斥,有学者称之为农村流动人口的"半城市化"①。

(1) 就业问题。农民流入城市之中,被称为"农民工",大量进入工厂之中或从事非正规就业。非正规就业指得不到法律法规的承认与保护的行业,由于不受法律保护,经常被剥夺了七种基本保障:劳动力市场保障、就业保障、工作保障、生产保障、技能保障、收入保障和代表性保障②。在中国城市,2000 年有 112251 亿非正规就业人员,其中 11134 亿是从农村劳动力转移过来的。从城乡分布来看,城镇非正规就业人员占多数,达 7046 万,其中农村转移劳动力达 6135 万。③

农民工在城市中从事的职业大部分是简单、重复的生产工作,如在工厂中生产线上的工人,日复一日,重复一个动作。这些工作报酬低,工作环境恶劣,工作时间长,缺乏发展的机会,政府、企业等很少对其进行职业提升的教育与培训等,社会保障也相对较弱。这些问题累积在一起,显然不利于农村流动人口在城市中的发展。

(2) 子女教育问题。农民工进入城市社会中,子女教育大多采取两种方式:第一种是跟随其进入城市就学,进入本地的公办学校或者民办学校;第二种是在家中接受教育,如果夫妻双方进城务工,其子女则成为留守儿童。虽然现阶段城市公办学校已经逐步取消了对农民工小孩收取赞助费,允许符合计划生育政策的小孩进入本地学校读书,但是学校对农民工子女存在的歧视并未消除,一方面,办理入学手续需要冗繁的手续,使有些农民工打退堂鼓;另一方面,即使进入公办学校,农民工的子女与城市子女在各方面的差距之大往往使前者学不下去。对于留守儿童而言,自小缺乏父母的关心与照顾,心理也很容易扭曲。

---

① 王春光:《农村流动人口的"半城市化"问题研究》,《社会学研究》2006 年第 5 期。
② 王春光:《农村流动人口的"半城市化"问题研究》,《社会学研究》2006 年第 5 期。
③ 王春光:《农村流动人口的"半城市化"问题研究》,《社会学研究》2006 年第 5 期。

（3）居住问题。大部分农民工群体入城之后，居住大多有几种方式：其一，居住在工厂提供的宿舍之中，密集居住；其二，租住城中村、城乡结合部等低租金、非正式的房屋之中，环境较为恶劣、简陋等；其三，在郊区务农的群体，在田中央自己搭建大棚居住。农民工居住的地方往往离城市中央较远，远离城市公共服务，而被边缘化，另外，密集居住、城中村、大棚等居住条件隐埋着火灾等不安全的隐患，但城中小区的租金之贵使他们只能选择简陋的住处。

（4）医疗问题。进城务工的农民工群体往往正值青壮年阶段，身体较少病痛，但也难免会出现一些疾病。他们主要参与的是农村合作医疗，该制度实行先看病、后报销的程序，而且必须在公立医院看病，获得正式的报销票据。而农民工群体生病之后，往往采取先拖着的态度，实在拖不下去了，就到药店买一些药吃，不然就到城中村的小诊所或社区医院就医。

（5）犯罪问题。流动人口的犯罪问题突出，已成为城市犯罪的主体部分，这也是改革开放初期城市居民对农民工抱有歧视的重要原因。在流动人口犯罪的解释中，相对剥夺感是一个很重要的变量，农民入城之后，很难勤劳致富，相比较之下却发现城市人获取财富相对他们容易很多，城市人的社会保障也明显比他们好，遂产生了强烈的相对剥夺感。而在城市化的进程中，农民所赖以生存的土地又被资本所吞噬，他们却未能在城市化中获得利益，一系列的剥夺使他们铤而走险，走向了犯罪的道路。

3. 对策与建议：建立社会包容的流动人口管理体系。以上问题都是社会排斥的体现，违背了社会建设的目的。完善的社会建设体系，应该是社会包容的体系，针对流动人口，则应该建立以公共服务均等化为中心的综合的社会包容服务与管理体系。

（1）综合管理模式。综合管理模式要求对流动人口不再区别对待，不再实行以治安管理为主的模式，而应该全方位地管理，加强政府部门之间的协调，强调服务的职能。要改变现阶段政府对流动人口管理的分立并行、多头管理的现象，建设统一的管理部门，以协调各个部门之间的关系。对流动人口的服务要扭转以计划生育为主推动的状况，而拓展至住房、医疗、子女教育、劳动和社会保障等各个方面。在综合管理模式中，与社会保障相关的城乡统筹层次相对应地需要提高，逐步淡化城乡身份之间的差异。对流动人口社会包容体系建设的核心即在于基本公共服务的均等化，我国各地已经在逐步探索及实施。

广州市2011年提出的"新广州人"的理念是综合管理模式的体现。"新广州人"新称呼具有五大内涵：新身份、新服务、新地位、新认同和新家园。推进公共服务均等化，将"新广州人"纳入广州市的公共服务体系，让"新广州人"享有越来越多的市民待遇和公共服务。新广州人的身份构建主要在于"接纳机制"的完善,包括公平就业机制、社会管理服务机制、"融城"能力机制和社会保障机制等,最主要在于公共服务均等化,全面降低对外地人的社会排斥。①

湖北省人大常委会第31次会议对《湖北省流动人口服务和管理条例(草案)》进行审议,明确了流动人口所享有的权益和公共服务。规定,年满16周岁的流动人口在流入地居住30日以上,应持身份证等有效身份证明向居住地公安派出所或流动人口服务和管理站申请领取居住证。居住证持有人可享有规定的权益和基本公共服务。其中,随居住证持有人共同居住生活且已在居住地接受完整初中或高中阶段教育的子女,可以在当地参加中考或高考。②这些措施都有力地推进了基本公共服务均等化,使流动人口对公共服务有更高的可达性。

(2)社区参与式管理模式。现阶段实行流动人口属地化管理模式,但却在管理中将流动人口从社区中隔离开来,而未在行动中推动城市居民与流动人口之间的融合。社会包容体系提倡群体之间的共融,而在城市中,除了要在企业中消除人与人之间的隔阂之外,还需通过生活场所的转换,实现社会生活的彻底共融,即社区参与式管理模式的构建。

社区参与式管理模式强调城市社区的开放性,对流动人口的接纳,要求居委会等基层单位从单纯的管理转向主动的服务,如社区综合服务中心的完善、活动中心的建设、帮扶小组的创建等,创造流动人口与本地居民的交流空间。更重要的是,该模式强调流动人口参与到管理中来,逐步建立起他们对本城市的认同感,成为城市的一分子。

(四)在社会组织发展孱弱的情况下,如何使其发展成为社会建设的重要主体

在社会格局中,政府部门等公共权力机构、企业等营利机构、社会组织等第三部门是三个重要方面,政府对应政治建设,企业对应经济建设,而以非政府组织为主体的社会组织则对应社会建设。我国社会组织发展一直处于较为孱弱的状况,而未能较好地承接社会建设的任务。如何推动其进一步发展,成为社会建设的重要任务。

1. 社会组织发展的孱弱。20世纪90年代以来,我国进入"社会组织爆炸"的阶段,社会组织数量增长迅速,但出现了重数量、不重质量的问题。

---

① 谢建社:《建构"新广州人"的"接纳机制"》,《南方日报》2011年8月1日。
② 胡孙华:《湖北将给流动人口办居住证 随迁子女可就地中高考》,《长江日报》2012年7月24日。

数量的增长与政府部门的统计变化相关，民政部在 1988 年 8 月份组建了社团管理司，承办全国性社团的审批工作，对社会组织进行监控管理。1989 年 10 月 25 日《社会团体登记管理条例》颁布之后，民政部开始清理整顿社会团体，用了两年多的时间对社团进行复查登记，这期间基本未登记新的社团组织。而在 1990—1992 年，社会组织数量疯狂增长，1989 年为 4544 个，1990 为 10855 个，1991 年为 82814 个，1992 年达到 154502 个。1992—1997 年进入稳步、平缓发展阶段。到 1998 年，新修订的《社会团体登记管理条例》发布，提高了社团登记注册的门槛，社会组织有所减少，1998 年比 1997 年减少了 15718 个，1999 年又比 1998 年减少了 22935 个。2000 年开始，社会组织迎来了新一轮的直线增长，到 2014 年 6 月底达到 56.1 万个之多。

数量的增长并非意味着社会组织的发展壮大，在各地社会建设的过程中，能较好地承接政府外包公共服务项目的社会组织少之又少。在原有登记的社会组织中，以专业性社团、行业性社团、学术性社团、联合性社团为主，这些社会组织的主要功能在于行业内的协调、合作，以社团会员之间的权益为出发点。在社会组织中，自下而上自我管理的社会组织比例较小，民间自发成立的社团只占到 14%[①]，绝大多数是由业务主管部门发起成立或相关政府机构脱钩而来的，这就导致了社会组织的非独立性，其自我管理机制的作用未能显现出来。长期对政府部门的依赖使社会组织的规模、能力方面稍显欠缺，未能承担其自主、自治的重要功能，而难以成为社会建设的重要主体。

2. 社会组织发展的困境。美国霍普金斯大学萨拉蒙教授认为非政府组织必须具备如下五个特点：非政府性、非营利性、自治性、志愿性、组织性。总体而言，中国社会组织这五个方面都是不足的，其在现阶段发展的过程中面临着制度、社会及自身三个方面的困境。

（1）制度困境：双重监管体系的制约。社会组织强调公民自己组织起来，管理自身的生活以达成自治，其重要的特征即是独立于政府和市场企业之外。但在现阶段《社会团体登记管理条例》的管理之下，组织自主性普遍受到政府尤其是业务主管部门的干涉。1998 年，新修订的《社会团体登记管理条例》发布，要求更加严格，强化了双重管理体制，要求社会团体需有主管单位，并在民政部门进行登记，这使很多非营利组织虽然正常开展业务，却未能在政府部门合法登记，或者只能通过注册为商业机构运作，而在形式上缺乏"民办非企业"的实体。在特别法层面，现行最为重要的规范社会组织的条例有《社会团体登记管理条例》、《民办非企业单位登记管理暂行条例》、《基金会管

[①] 何建宇、王绍光：《中国式的社团革命——对社团全景图的定量描述》，见高丙中、袁瑞军：《中国公民社会发展蓝皮书》，北京大学出版社 2008 年版。

理条例》等，这些条例给社会团体加了诸多限制，阻止了社会团体的登记与合法化，阻碍了社会组织的发展。

社会组织数量的多少在一定程度上反映了一个国家和地区文明民主的发展程度。欧美等发达国家中每万人拥有的非营利组织（NPO）的数量明显高于其他国家，如 2009 年法国每万人拥有的非营利组织数达 110.45 个，日本为 97.17 个，比利时为 80.39 个，美国为 51.79 个。而中国在 2013 年，每万人拥有的社会组织（包括所有社会组织）数量仅为 3.3 家，广东省为 2.75 个，这个比例远远低于发达国家。

正式社会组织登记的门槛高使体制外的非正式社会组织发展缓慢，在现实社会生活中，缺乏政府资源的民间组织只能游离于法律秩序之外，自生自灭，难以壮大，被压抑的结社需求唯有在法律框架之外寻求释放，从而出现秩序的紊乱和规范的缺失。

（2）社会困境：社会信任的弱化与公民参与不足。社会组织的发展需要一个良好的社会氛围，需要具有高度志愿精神的公民积极参与到社会服务中来，真正体现非营利组织的社会性。在该社会氛围中，社会信任是主要的要素之一，人与人之间相互信任，整合在一起，形成一个互助合作的共同体。

但现阶段，社会信任危机成为中国转型社会的关键词，弥漫于社会各个阶层、各个角落之中①。在中国，社会信任危机表现在三个重要方面：其一，政府与公民之间的不信任。由于某些腐败情况的存在，政府的公信力受到部分影响，导致公民对政府的不信任感。其二，市场企业与消费者之间的不信任。食品安全、医疗用品安全等事故频发，导致消费者对企业行为的不信任；其三，公民个体之间的互相不信任，在社会中体现为对陌生人的不信任。

在信任危机中，人们以互相提防的心态与他人相处，影响了公民参与社会组织的热情，较少参与社会活动。红十字会与"郭美美"事件即是公民对社会组织不信任的典型例子，该事件直接导致了人们捐款的热情下降。现阶段，公民在公共生活中呈现"弱参与"的状况，退而独善其身，严重地影响了社会组织的发展。

（3）自身困境：规范欠缺下的不正常发展。在正式登记的社会组织中，对于合法性的保持要求它们迎合某些政策的要求，甚至将某些科层等级制度挪移到社会组织中来，实现了社会组织的科层化管理。虽然科层化的管理能获得更多的资源，但并不符合非营利组织本身的自治要求，使组织出现了形同质异的状况。

另外，更大比例的正式社会组织及游离于体制之外的非正式组织面临着严

---

① 郑永年、黄彦杰：《中国的社会信任危机》，《文化纵横》2011 年第 2 期。

重的规范不足的困境,社会资源欠缺,组织发展缓慢,时刻面临着被取消的危险。大量的文体组织规模较小,资金筹措能力较低,动员社会资源能力弱小,这都是诸类公益性团体在发展过程中面临的一大瓶颈。同时,由于团队的成员专业水平不够强,且学历水平普遍偏低,造成开展的活动质量不高,未能真正满足公民的需求,影响了团体在居民中的认同度和影响力。

3. 推进社会组织有序、健康发展。我国《国民经济和社会发展十二五规划纲要》第三十八章指出:"积极培育社区服务性、公益性、互助性社会组织,发挥业主委员会、物业管理机构、驻区单位积极作用,引导各类社会组织、志愿者参与社区管理和服务。"第三十九章指出:"坚持培育发展和管理监督并重,推动社会组织健康有序发展,发挥其提供服务、反映诉求、规范行为的作用。"现阶段,中央及地方政府已经逐步转变思路,以解决以上困境,走出一条具有中国社会主义特色的社会组织发展之路。

(1) 制度建议:降低门槛、引导发展。社会组织的发展首先要解决的问题是政府对社会组织的观念转变,要从原先的监控转向引导,降低社会组织的门槛。广东省社会组织发展的经验即是这种转向的体现。

广东省2006年出台了《关于加强社区民间组织培育发展和登记管理工作的指导意见》,适当降低了民间组织的注册"门槛",如社区社团的注册经费,国家规定要3万元,广东省规定是不低于1万元,社区民办非企业单位不低于2万元;社团人员方面,国家规定是50人,广东省规定是20人以上。

2012年4月,广州市发出《印发〈关于实施"广州市社会组织直接登记"社会创新观察项目的工作方案〉的通知》(穗民〔2012〕123号)。通知指出,社会组织坚持"简化登记、依法管理"的基本思路和"民间化、自治化、规范化"的发展方向,建立健全"登记管理机关统一直接登记、部门各司其职依法监管"的社会组织管理体制,加快推进社会组织"去行政化"、"去垄断化",努力实现"民间化、自治化、法人治理规范化"的社会组织发展目标,社会组织在社会建设中的功能日益突出,作用日益凸显,地位日益重要。广州市政府对于社会组织的孵化与培育是现阶段社会组织发展的契机,由国家孵化社会组织,大力投入建设社会组织发展的平台。

(2) 社会氛围:社会志愿精神的培育。社会组织在社会建设中的关键作用,在于将公民个体有效地整合进社会共同体中;反过来,公民的参与也是社会组织发展的关键因素。在此,社会志愿精神的培育是社会组织发展的必要条件,也是中国特色社会主义社会组织文化的体现。

社会志愿精神强调一种公民文化,要求培育公民的社会责任感,关怀社会。社会志愿精神的构建首先要在制度层面上建立一种参与的氛围,吸纳积极公民参与进来,再逐步影响其他人。鉴于此,准官方的非营利组织必须起示范作用，在运作上公开透明，使捐款落到实处，使参与发挥作用，重新培育人们对非营利组织的信心，进而建立起有利于其他非营利组织生存的制度氛围。

（3）社会组织自身：公共投入、规范及能力建设。社会建设需要大量专业化程度高、目的性强、结构功能完备、良性运转的社会组织。在制度环境改善、社会文化氛围营造的外部结构基础上，社会组织自身规范的建立以及自身能力的建设应成为重中之重。

首先，政府通过公共服务外包项目的方式培育社会组织发展，加大公共服务项目投入。资源的缺乏向来都是社会组织发展的瓶颈所在，而政府购买服务恰恰提供了社会组织发展的绝佳契机。其次，社会组织必须树立崇高的服务意识，加强其规范建设。一个社会组织的宗旨意识是其发展的灵魂，是其存在的根本。最后，社会组织本身的能力建设是最为重要的。在发展过程中，社会组织必须有目的地培育管理型骨干，吸纳社会工作专业人才参与管理与前线的服务工作，提升服务水平。

（五）新时期社会治理创新的制约因素是什么，如何解决社会治理的阻碍因素

创新社会治理体系是党的十八届三中全会提出的重要论断。管理到治理的一字之差，折射出执政者对新时期社会治理创新的高度关怀和重拳指向。当前，自上而下的精英主义思维、阶层群体冲突和人口流动与交往方式变化等因素制约或影响着新时期社会治理的创新进程，必须用以人为本引领，实现从精英主义思维向理性妥协思维转变，用公平正义推动，实现从管理管控到服务治理的转变，用民主法治促进，实现从控制维稳到协商维稳的转变，才能有效推进社会治理创新。

1. 制约社会治理创新的主要因素。

（1）自上而下的精英主义思维的制约。所谓精英主义思维，是与人民群众主体观相对立的精英主义历史观持有者所具有的思维，其观点主要是在现代社会中只有具备特殊技能的精英式的职业政治家才能处理日益复杂的公共事务，政治过程的核心和支配力量是少数精英，而不是人民大众。这严重制约了民意、民智、民力在社会治理创新中的主体作用，因为这一思维轻视甚至漠视群众的创造性作用，对立化、妖魔化群众，并会变质为官僚主义，从而延缓甚至阻碍社会治理创新。

（2）阶层群体冲突的影响。改革开放以来，我国工人阶级队伍不断壮大，素质不断提高，为党的发展壮大奠定了坚实的阶级基础。但是，随着我国社会经济成分、组织形式、就业方式、利益关系和分配方式日益多样化，群众这一主体结构和利益要求也出现多元化发展。突出表现在两个方面：一是新兴社会

阶层大量出现；二是群众基础的弱势化。

（3）人口流动与交往方式变化的影响。一是流动大军中育龄人口占大多数，少数地方因流动而超生、因超生而流动的现象还比较突出。这既对人口和计划生育工作提出了挑战，更对加强和创新社会治理提出了更高要求。二是"80后"渐成流动大军主角，但新生代农民工生存发展面临新问题，迫切需要创新性治理服务予以保障与支撑。三是流动人口普遍存在社会融入难、社会保障水平低、公共服务难享受等问题，迫切需要社会治理制度创新加以解决。

2. 创新社会管理的民主路径。加强和创新社会治理是一个系统工程，当前，必须用以人为本引领、用公平正义推动、用民主法治促进才能有效推进社会治理创新。

（1）用以人为本引领。从精英主义思维向理性妥协思维转变。社会治理，说到底是对人的管理和服务，涉及广大人民群众的切身利益，必须始终坚持以人为本、执政为民，切实贯彻党的全心全意为人民服务的根本宗旨，才能不断实现好、维护好、发展好最广大人民的根本利益。以人为本的价值理念要求我们加强和创新社会治理，首先要用思维的转变打造创新社会治理的思维利器，即将自上而下的精英主义思维转变为现代民主政治下的理性妥协的思维方式。

（2）用公平正义推动。从管理管控到服务治理的转变。传统的社会管理有一个约定俗成的观念，认为把社会管住就可以了，社会不发生乱子就可以了。但是，随着现代社会的发展，社会管理不是把社会管住、管死，而是着眼于增加社会活力，营造和谐有序的社会环境。

（3）用民主法治促进。从控制维稳到协商维稳的转变。全面加强和创新社会治理，根本目的是维护社会秩序，促进社会和谐，保障人民安居乐业，为党和国家事业发展营造良好社会环境。这既有管控维稳的要求，但又不是简单的管控维稳。简单的维稳是基于暴力手段之上的控制，但在新的历史条件下，面对越来越多的利益诉求，以及大量社会治理矛盾和问题，如果停留在简单的管控维稳观念上而不尽快加以纠正，社会治理就不仅不能维稳，反而会使政府和人民、社会之间进入一个恶性对立甚至对抗模式。因此，我们要用民主法治手段促进社会治理由"控制维稳"向"协商维稳"转变。[①]

---

① 张雪梅：《新时期社会治理创新的制约因素与民主路径解析》，《社会主义研究》2014年第1期，第111～118页。

四、延伸阅读与思考

（一）重要文献资料

加快推进以改善民生为重点的社会建设①

（节选）

社会建设与人民幸福安康息息相关。必须在经济发展的基础上，更加注重社会建设，着力保障和改善民生，推进社会体制改革，扩大公共服务，完善社会管理，促进社会公平正义，努力使全体人民学有所教、劳有所得、病有所医、老有所养、住有所居，推动建设和谐社会。

（1）优先发展教育，建设人力资源强国。教育是民族振兴的基石，教育公平是社会公平的重要基础。要全面贯彻党的教育方针，坚持育人为本、德育为先，实施素质教育，提高教育现代化水平，培养德智体美全面发展的社会主义建设者和接班人，办好人民满意的教育。优化教育结构，促进义务教育均衡发展，加快普及高中阶段教育，大力发展职业教育，提高高等教育质量。重视学前教育，关心特殊教育。更新教育观念，深化教学内容方式、考试招生制度、质量评价制度等改革，减轻中小学生课业负担，提高学生综合素质。坚持教育公益性质，加大财政对教育投入，规范教育收费，扶持贫困地区、民族地区教育，健全学生资助制度，保障经济困难家庭、进城务工人员子女平等接受义务教育。加强教师队伍建设，重点提高农村教师素质。鼓励和规范社会力量兴办教育。发展远程教育和继续教育，建设全民学习、终身学习的学习型社会。

（2）实施扩大就业的发展战略，促进以创业带动就业。就业是民生之本。要坚持实施积极的就业政策，加强政府引导，完善市场就业机制，扩大就业规模，改善就业结构。完善支持自主创业、自谋职业政策，加强就业观念教育，使更多劳动者成为创业者。健全面向全体劳动者的职业教育培训制度，加强农村富余劳动力转移就业培训。建立统一规范的人力资源市场，形成城乡劳动者平等就业的制度。完善面向所有困难群众的就业援助制度，及时帮助零就业家庭解决就业困难。积极做好高校毕业生就业工作。规范和协调劳动关系，完善和落实国家对农民工的政策，依法维护劳动者权益。

（3）深化收入分配制度改革，增加城乡居民收入。合理的收入分配制度

---

① 节选自胡锦涛：《高举中国特色社会主义伟大旗帜　为夺取全面建设小康社会新胜利而奋斗——在中国共产党第十七次全国代表大会上的报告》，人民出版社2007年版，第37～41页。

是社会公平的重要体现。要坚持和完善按劳分配为主体、多种分配方式并存的分配制度，健全劳动、资本、技术、管理等生产要素按贡献参与分配的制度，初次分配和再分配都要处理好效率和公平的关系，再分配更加注重公平。逐步提高居民收入在国民收入分配中的比重，提高劳动报酬在初次分配中的比重。着力提高低收入者收入，逐步提高扶贫标准和最低工资标准，建立企业职工工资正常增长机制和支付保障机制。创造条件让更多群众拥有财产性收入。保护合法收入，调节过高收入，取缔非法收入。扩大转移支付，强化税收调节，打破经营垄断，创造机会公平，整顿分配秩序，逐步扭转收入分配差距扩大趋势。

（4）加快建立覆盖城乡居民的社会保障体系，保障人民基本生活。社会保障是社会安定的重要保证。要以社会保险、社会救助、社会福利为基础，以基本养老、基本医疗、最低生活保障制度为重点，以慈善事业、商业保险为补充，加快完善社会保障体系。促进企业、机关、事业单位基本养老保险制度改革，探索建立农村养老保险制度。全面推进城镇职工基本医疗保险、城镇居民基本医疗保险、新型农村合作医疗制度建设。完善城乡居民最低生活保障制度，逐步提高保障水平。完善失业、工伤、生育保险制度。提高统筹层次，制定全国统一的社会保险关系转续办法。采取多种方式充实社会保障基金，加强基金监管，实现保值增值。健全社会救助体系。做好优抚安置工作。发扬人道主义精神，发展残疾人事业。加强老龄工作。强化防灾减灾工作。健全廉租住房制度，加快解决城市低收入家庭住房困难。

（5）建立基本医疗卫生制度，提高全民健康水平。健康是人全面发展的基础，关系千家万户幸福。要坚持公共医疗卫生的公益性质，坚持预防为主、以农村为重点、中西医并重，实行政事分开、管办分开、医药分开、营利性和非营利性分开，强化政府责任和投入，完善国民健康政策，鼓励社会参与，建设覆盖城乡居民的公共卫生服务体系、医疗服务体系、医疗保障体系、药品供应保障体系，为群众提供安全、有效、方便、价廉的医疗卫生服务。完善重大疾病防控体系，提高突发公共卫生事件应急处置能力。加强农村三级卫生服务网络和城市社区卫生服务体系建设，深化公立医院改革。建立国家基本药物制度，保证群众基本用药。扶持中医药和民族医药事业发展。加强医德医风建设，提高医疗服务质量。确保食品药品安全。坚持计划生育的基本国策，稳定低生育水平，提高出生人口素质。开展爱国卫生运动，发展妇幼卫生事业。

（6）完善社会管理，维护社会安定团结。社会稳定是人民群众的共同心愿，是改革发展的重要前提。要健全党委领导、政府负责、社会协同、公众参与的社会管理格局，健全基层社会管理体制。最大限度激发社会创造活力，最大限度增加和谐因素，最大限度减少不和谐因素。妥善处理人民内部矛盾，完善信访制度，健全党和政府主导的维护群众权益机制。重视社会组织建设和管理。加强流动人口服务和管理。坚持安全发展,强化安全生产管理和监督,有效遏制重特大安全事故。完善突发事件应急管理机制。健全社会治安防控体系,加强社会治安综合治理,深入开展平安创建活动,改革和加强城乡社区警务工作,依法防范和打击违法犯罪活动,保障人民生命财产安全。完善国家安全战略,健全国家安全体制,高度警惕和坚决防范各种分裂、渗透、颠覆活动,切实维护国家安全。

和谐社会要靠全社会共同建设。我们要紧紧依靠人民,调动一切积极因素,努力形成社会和谐人人有责、和谐社会人人共享的生动局面。

创新社会治理体制①
（节选）

创新社会治理,必须着眼于维护最广大人民根本利益,最大限度增加和谐因素,增强社会发展活力,提高社会治理水平,全面推进平安中国建设,维护国家安全,确保人民安居乐业、社会安定有序。

（1）改进社会治理方式。坚持系统治理,加强党委领导,发挥政府主导作用,鼓励和支持社会各方面参与,实现政府治理和社会自我调节、居民自治良性互动。坚持依法治理,加强法治保障,运用法治思维和法治方式化解社会矛盾。坚持综合治理,强化道德约束,规范社会行为,调节利益关系,协调社会关系,解决社会问题。坚持源头治理,标本兼治、重在治本,以网格化管理、社会化服务为方向,健全基层综合服务管理平台,及时反映和协调人民群众各方面各层次利益诉求。

（2）激发社会组织活力。正确处理政府和社会关系,加快实施政社分开,推进社会组织明确权责、依法自治、发挥作用。适合由社会组织提供的公共服务和解决的事项,交由社会组织承担。支持和发展志愿服务组织。限期实现行业协会商会与行政机关真正脱钩,重点培育和优先发展行业协会商会类、科技类、公益慈善类、城乡社区服务类社会组织,成立时直接依法申请登记。加强对社会组织和在华境外非政府组织的管理,引导它们依法开展活动。

（3）创新有效预防和化解社会矛盾体制。健全重大决策社会稳定风险评估机制。建立畅通有序的诉求表达、心理干预、矛盾调处、权益保障机制,使群众问题能反映、矛盾能化解、权益有保障。

改革行政复议体制,健全行政复议案件审理机制,纠正违法或不当行政行为。完善人民调解、行政调解、司法调解联动工作体系,建立调处化解矛盾纠纷综合机制。

---

① 节选自《中共中央关于全面深化改革若干重大问题的决定》(2013年11月12日)。

改革信访工作制度，实行网上受理信访制度，健全及时就地解决群众合理诉求机制。把涉法涉诉信访纳入法治轨道解决，建立涉法涉诉信访依法终结制度。

（4）健全公共安全体系。完善统一权威的食品药品安全监管机构，建立最严格的覆盖全过程的监管制度，建立食品原产地可追溯制度和质量标识制度，保障食品药品安全。深化安全生产管理体制改革，建立隐患排查治理体系和安全预防控制体系，遏制重特大安全事故。健全防灾减灾救灾体制。加强社会治安综合治理，创新立体化社会治安防控体系，依法严密防范和惩治各类违法犯罪活动。

坚持积极利用、科学发展、依法管理、确保安全的方针，加大依法管理网络力度，加快完善互联网管理领导体制，确保国家网络和信息安全。

设立国家安全委员会，完善国家安全体制和国家安全战略，确保国家安全。

（二）典型案例

案例一

收入分配改革将进入深水区[①]

收入分配问题关系到每一个中国老百姓的切身利益。蛋糕分得好坏不但关乎社会安定，而且对中国经济发展产生深远影响。进入新世纪以来，我国收入分配差距仍在继续拉大，但扩大的势头在逐渐趋缓。收入分配进入一个转折期，但是目前的差距仍处于高位。

在中国收入分配差距中，城乡差距和地区差距已经占据支配性地位，城乡差距的影响尤其突出。2007 年城乡差距对总体收入差距的贡献占 50% 左右。近年来，一个可喜的变化是，城乡和地区差距都有不同程度的缩小，为收入分配的改善带来了一线曙光。

我国居民总体收入基尼系数从 2001 年的 0.45 左右上升至 2007 年的 0.48。2007 年以后尚没有最新的有代表性的全国收入调查数据，课题组综合分析认为，最近三四年全国收入分配差距可能略有上升，处于一个相对稳定且高水平的状态。但是，"灰色收入"问题还在相当程度上存在，腐败带来的部分人群的巨额"黑色收入"更是不容忽视，这些因素都给总体收入差距的变化带来新的不确定性。

从 20 世纪 90 年代末开始，特别是 2003 年以后，中国政府采取了一系列

[①] 选自金辉：《收入分配改革将进入深水区——访"转折期的中国收入分配"课题组组长、中国发展研究基金会秘书长卢迈》，《经济参考报》2012 年 7 月 20 日。

的政策，起到了一定的抑制收入差异扩大的效果。这些政策旨在使发展更加平衡、协调和可持续，并促进发展成果的更广泛和公平地共享。这些政策包括：西部大开发、东北老工业基地振兴和中部崛起这三大均衡性区域发展战略；社会主义新农村建设；农村扶贫战略；社会保障体系建设；户籍制度和劳动力市场改革、农产品价格开放、农村土地流转政策改革、取消农业税和所得税改革、财政转移支付政策、教育普及政策，在很大程度上是对过去城乡二元体制等非均等化制度和政策的纠偏。

随着我国进入城镇化中期以及刘易斯拐点的到来，加上一系列有利于公平分配的政策的推动，我国的收入分配变化可能已经迎来一个转折期。导致当前收入分配差距扩大缓解的因素中，既有农产品价格上涨、经济刺激政策带来农民工就业扩张和工资上升等临时性因素，更有劳动力供求态势逆转带来劳动者工资上升、人口流动和城市化程度不断提高等长期性因素，后者为收入分配状况的改善提供了有利的基础性条件。未来几年里，收入分配差距的扩大可能进一步趋缓甚至出现短暂的下降。

我国的收入分配已进入转折期，但这个转折期的长短取决于政府改革的力度有多大。收入分配制度改革要高度重视初次分配。居民收入来源中初次分配占主要地位，初次分配的不平等对总体不平等具有支配性作用，应是政策的着力点。但是，强调初次分配改革的重要性，需要政府打破阻碍市场有效运行的各种体制和政策障碍，推动市场的整合，而不是直接干预市场运行甚至直接管制要素、商品和劳务的价格。针对不同收入人群，政策上应各有侧重：对于低收入群体，重点在"多予"，使再分配政策发挥更重要作用；对于中等收入群体，重点在"少取"，提高中等收入家庭的劳动收入和经营性收入比重；对于高收入群体，应发挥税收的再调节作用。

案例二

城市智慧治理典型[①]

以信息平台为依托，推动与"智慧治理"相适应的政府职能体系建设。

信息技术的引入使得政府的组织体系发生了变化，它需要政府管理从过去的科层化体系转变为网络化的和以技术为依托的新组织框架。因此，随着各大信息平台的建设与投入运营，迫切需要一个与信息化相适应的新的政府职能体系。杭州市上城区政府认识到政府职能体系与信息化融合的重要性，通过推动

---

① 选自汪锦军：《城市"智慧治理"：信息技术、政府职能与社会治理的整合机制——以杭州市上城区的城市治理创新为例》，《观察与思考》2014 年 7 月。

公共服务标准化、政府联动机制和全新的考评体系建设，打造一个适应信息化时代社会治理要求的政府职能体系。

首先，通过公共服务标准化体系建设界定政府的行为标准和职能边界。现代信息技术是一种协同网络，要求不同环节能够在同一体系下对接运转，因此它是政府管理标准化的催化剂。为了适应信息化平台下政府职能的有效运转，需要构建一个与信息化相适应的政府管理标准化体系。自 2007 年开始，杭州市上城区全面启动政府行政管理与公共服务标准化建设。2009 年，杭州市上城区被国家标准化管理委员会列为国家级标准化试点项目，其主要做法是：以规范公权、服务民权为目的，以构建政府职能标准化体系为核心，以制定具体职能管理标准为基础，以推进标准实施和动态完善为重点，全面推进区一级政府行政职能的标准化管理，经过梳理，确定了 5309 项由政府职能细化出的具体工作事项及与之对应 880 项法律法规、政策依据，针对"无法可依"的工作事项，完成了 154 项标准编制并分别作为国家、省、市、区级标准颁布实施。重点全面清理了 2323 项行政执法权力事项，已全部完成标准化流程编制，有 113 项已形成标准颁布实施。通过对政府具体职能的标准化，弥补现行法律法规制定的空白与执行中的缝隙，使每一项具体事项都有标准可依循、可操作、可检查、可评价。在标准化基础上，区政府通过已建立的三大信息化平台和 10 个信息化应用系统，把具体标准的实施和评价流程在网上进行重构和固化。标准化管理和信息技术的有机结合，使各项职能的履行过程和结果均可以实现标准化控制，信息反馈更加直观顺畅，全面提升了政府精细化管理水平。

其次，通过政府联动机制建设推动不同职能部门的协同运行。信息时代政府管理的一大特点便是要求多部门的快速回应，而信息技术平台恰恰又成为多部门协同的有效平台。杭州市上城区依托多个信息技术平台，在联动机制建设方面适时推进了相关创新。

在应急管理方面，在一些诸如台风等自然灾害的应急处置中，区政府将信息平台整合成一个多方协同运行的联动机制。通过信息平台将散落在各领域各方位的信息输入终端实时上报信息，然后处置中心根据具体信息发出指令，所有信息内容可以瞬间传送至所有部门，由此大大提高了政府的应急处置和多部门协同联动能力。在日常的事务处理中，上城区依托信息技术平台推动完善不同职能部门之间的事务协调机制。比如，在一些非常琐碎的民生事务中，这些事务往往很难界定是由哪一个政府部门来负责的，由此过去往往出现各职能部门相互推诿的情况。杭州市上城区近些年依托信息技术平台，设定了一些职能部门协调联动处理这些民生琐事的原则和机制。其中一条重要原则是"跨出一步"原则，即当出现难以具体界定由哪个职能部门来处理时，政府要求各部门以群众需求为中心，凡是不属于违法的，原则上应当由政府承担责任的，都通过一定的机制保证政府部门处理。在这个过程中，区政府依托信息技术平台的信息传送、信息处置中心的权威型派单和相关领导的协调作用，形成了一个信息时代的政府日常事务处理联动机制，提高了政府运行效能，树立了政府的权威。

再次，通过全面改进考评体系提升政府效能。信息技术的运用使得精细化考评成为可能。比如，智能城管的建设不但提高了城市管理的智能化水平，而且及时推动了城市内部管理机制创新。杭州市上城区智能城管建设开始后，在运行机制方面按照标准化、精细化和流程化目标，以"量化考核、标准测评、网络支撑、全面覆盖"为目标，达到"工作任务定量、工作质量定性、工作纪律规范、工作标准统一、工作责任落实"。社会服务管理联动网（平安365平台）的建设也改进了区政府对社区和各个职能部门的考核体系。由于信息平台能够使社会反映的所有问题和处理过程都留痕，因此使得对各职能部门更注重政府公共服务质量、更有效回应群众诉求的考评得以可能。

参考书目

[1] 共产党宣言. 北京：人民出版社，1997.
[2] 毛泽东文集第8卷. 北京：人民出版社，1999.
[3] 邓小平文选第3卷. 北京：人民出版社，1993.
[4] 十六大以来重要文献选编（下）. 北京：中央文献出版社，2008.
[5] 十七大以来重要文献选编（上）. 北京：中央文献出版社，2009.
[6] 李强. 转型时期中国社会分层. 沈阳：辽宁教育出版社，2004.
[7] 丁元竹. 走向社会共同体：谈社会建设. 北京：中国友谊出版公司，2010.
[8] 郑杭生. 社会建设：理论与实践创新. 上海：上海人民出版社，2007.
[9] 郑莉，仝雅莉. 和谐社会的探求：西方社会建设理论文选. 杭州：浙江大学出版社，2010.
[10] 黄旺生. 哲学视野中的社会主义和谐社会建设. 北京：中国农业出版社，2007.

思考题

1. 社会建设与其他领域的建设有哪些联系和区别？
2. 你如何认识中国共产党民生思想的理论渊源？
3. 目前中国是否需要从"以经济建设为中心"转变为"以社会建设为中心"？为什么？
4. 如何看待当今中国社会治理的现代化？

第六讲 中国特色社会主义生态文明建设

一、教学大纲基本内容

（一）中国特色社会主义生态文明建设理论和制度

中国特色社会主义生态文明建设理论是对马克思主义关于生态环境思想的继承和发展，是中国特色社会主义理论体系的重要组成部分，随着社会主义现代化建设的深入推进，这一理论也将不断丰富和发展。

1. 中国特色社会主义生态文明建设理论。

（1）关于建设生态文明的理论。建设生态文明是人类文明发展的必然结果，也是人类文明进一步发展的必然要求。自然界是包括人类在内的一切生物的摇篮，是人类赖以生存发展的基本条件。建设中国特色社会主义，不仅要进行经济建设、政治建设、文化建设、社会建设，而且要进行生态文明建设；不仅要实现生产发展、生活富裕，而且要实现生态良好。

（2）关于统筹人与自然和谐发展的理论。在推进中国特色社会主义建设中，必须统筹好促进经济发展与保护自然的关系，实现人与自然的和谐发展。要树立尊重自然、顺应自然、保护自然的生态文明理念，科学认识和正确运用自然规律，合理利用自然资源，保护和优化生态环境，实现人与自然和谐相处，把生态文明建设融入经济建设、政治建设、文化建设、社会建设各方面和全过程。

（3）关于实施可持续发展战略的理论。经济社会发展要有长远的战略眼光，既要考虑当前经济社会发展的需要，又要考虑子孙后代的发展需要；既要遵循经济规律，又要遵循自然规律；既要讲究经济社会效益，又要讲究生态环境效益，坚决防止急功近利的短期行为，努力实现经济社会的永续发展。

（4）关于建设资源节约型、环境友好型社会的理论。必须处理好经济建设、人口增长与资源利用、生态环境保护的关系，坚决禁止掠夺自然、破坏自然的做法，坚决摒弃先污染后治理、先破坏后恢复的做法。要加快转变经济发展方式，把节能减排作为促进科学发展的重要抓手，加快形成节约能源资源和保护生态环境的产业结构、增长方式、消费模式，努力建设环境友好型社会。

（5）关于走文明发展道路的思想。要把推进生产发展、实现生活富裕、保持生态良好有机统一起来，坚持以生产发展为基础，以生活富裕为目的，以生态良好为条件，走生产发展、生活富裕、生态良好的文明发展道路，努力实现社会经济系统和自然生态系统的良性循环，实现社会进步和人的全面发展。

2. 中国特色社会主义生态文明建设的目标和意义。 党的十八大提出了到2020年全面建成小康社会时生态文明建设的目标：资源节约型、环境友好型社会建设取得重大进展；主体功能区布局基本形成，资源循环利用体系初步建立；单位国内生产总值能源消耗和二氧化碳排放大幅下降，主要污染物排放得到有效控制，生态环境质量改善总量显著减少；森林覆盖率提高，生态系统稳定性增强，人居环境明显改善。

建设生态文明，是关系中华民族生存和发展的根本大计。建设生态文明是克服资源短缺、环境污染、生态破坏和实现节约发展、清洁发展、安全发展的根本途径，是在保护自然与生态的基础上经济社会可持续发展的根本条件，是为人民群众创造良好生产生活环境的根本举措。

建设生态文明，就要把文明发展的理念贯彻到生产、生活、生态各个领域，依靠科技进步，探索代价小、效益好、排放低、可持续的新路子；发挥市场机制和经济杠杆的作用，增强节约能源资源的能力；倡导科学合理的消费理念和低碳生活方式，逐步形成与国情相适应的资源节约型消费模式；综合运用法律和经济手段，形成节约能源资源的体制机制；坚持保护环境的基本国策，加大保护环境的力度，逐步改善生态环境；等等。

3. 中国特色社会主义生态文明制度建设。 保护生态环境必须依靠制度。生态文明建设不仅涉及人与自然的关系，也涉及人与人、人与社会之间的关系，是一个复杂的系统工程。党的十八大报告提出加强生态文明制度建设，突出强调了制度建设对生态文明建设的极端重要性。生态文明建设不仅要牢固树立保护生态环境的理念，更重要的是要把理念落实在行动上，落实到制度上，通过制度建设形成强有力的约束和保障机制。只有建立完善的制度体系，才能使生态文明建设成为整个社会的自觉行动。

生态文明制度建设要解决的主要问题有两个方面：一是促进资源节约高效利用，有效保护自然和生态环境；二是协调各个个体的行为，实现经济社会整体发展的成本最小化或收益最大化。这两个方面的制度结合，就是生态文明建设要实现保护生态环境和促进经济社会发展的统一。

生态文明制度建设的主要任务：一是要把资源消耗、环境损害、生态效益纳入经济社会发展评价体系，建立体现生态文明要求的目标体系、考核办法、奖惩机制；二是建立国土空间开发保护制度，完善最严格的耕地保护制度、水资源管理制度、环境保护制度；三是深化资源型产品价格和税费改革，建立反映市场供求和资源稀缺程度、体现生态价值和代际补偿的资源有偿使用制度和生态补偿制度；四是积极开展节能量、碳排放权、排污权、水权交易试点，建立资源环境领域的市场化机制；五是加强环境监管，健全生态环境保护责任追究制度和环境损害赔偿制度。

（二）优化国土空间开发格局

促进经济社会发展与人口资源环境相协调，是建设中国特色社会主义生态文明的重要任务，也是解决生态环境问题的必然要求。

1. 优化国土空间开发格局的重要意义和基本目标。我国正处于全面建成小康社会的关键时期，也是工业化、城镇化加快发展的重要时期，对土地、能源资源的需求持续增加，生态和环境的压力也将持续加大。因此，我们必须处理好有限的国土空间与日益扩大的发展需求之间的矛盾，使有限的国土空间发挥更大的承载能力。优化国土空间布局，统筹谋划人口分布、经济布局、国土利用和城镇化格局，引导人口和经济向适宜开发的区域集聚，保护农业和生态发展空间，促进人口、经济与资源环境相协调，是一项关系全局和长远发展的重要战略任务。

优化国土空间开发格局的基本目标是：控制开发强度，调整空间结构，促进生产空间集约高效、生活空间宜居适度、生态空间山清水秀，给生态和环境留下更多修复空间，给农业留下更多良田，给子孙后代留下天蓝、地绿、水净的美好家园。

2. 加快实施主体功能区战略。加快实施主体功能区战略，是解决我国国土空间开发中存在问题的根本途径，也是当前生态文明建设的紧迫任务。要根据《全国主体功能区规划》，推动各地区严格按照主体功能定位发展，构建科学合理的城市化格局、农业发展格局、生态安全格局。

（1）构建"两横三纵"为主体的城市化格局。以陆桥通道、沿长江通道为两条横轴，以沿海、京哈京广、包昆通道为三条纵轴，以国家优化开发和重点开发的城市化地区为主要支撑，以轴线上其他城市化地区为重要组成的城市化战略格局。构建这一格局，是在优化提升东部沿海城市群的基础上，在中西部一些资源环境承载能力较好的区域，培育形成一批新的城市群，促进经济增长和市场空间由东向西、由南向北拓展。

（2）构建"七区二十三带"为主体的农业发展格局。形成以东北平原、黄淮海平原、长江流域、汾河平原、河套灌区、华南和甘肃新疆等农产品主产区为主体，以基本农田为基础，以其他农业地区为重要组成的农业战略格局。这是根据我国农业自然资源状况的特点和基础，并结合主要农产品向优势产区集中新变化提出来的，对于保障全国耕地数量质量和农产品供给安全至关重要。

(3) 构建"两屏三带"为主体的生态安全格局。以青藏高原生态屏障、黄土高原—川滇生态屏障、东北森林带、北方防沙带和南方丘陵山地带以及大江大河重要水系为骨架,以其他国家重点生态功能区为主要支撑,以点状分布的国家禁止开发区域为重要组成的生态安全战略格局。这一战略把国家生态安全作为国土空间开发的重要战略任务和发展内涵,充分体现了尊重自然、顺应自然的开发理念,对于在现代化建设中保持必要的"净土"、实现可持续发展具有十分重要的战略意义。

随着生态文明建设的不断深入,主体功能区战略在优化国土空间开发格局中的作用和效果将越来越得到凸显。

3. 提高海洋资源开发能力。海洋是国家安全、经济发展等国家核心利益的重要载体和实现途径。我国是海洋大国,在海洋有着广泛的战略利益。在陆地资源约束趋紧、环境污染严重、生态系统退化的严峻形势下,对海洋资源、空间的依赖程度大幅提高。提高海洋资源开发能力,建设海洋强国,是我国海洋事业发展的重大战略,也是社会主义生态文明建设的重要内容。

要提高海洋资源开发能力,坚持规划用海、集约用海、生态用海、科技用海和依法用海,提高资源利用效率和水平,实现海洋资源的节约、集约和可持续利用。发挥科学技术的带动作用,针对国家发展对海洋资源的需求和海洋资源开发存在的问题,明确产业需求,部署重大项目和重要研究方向。着力加强海洋资源开发技术的成果转化和产业化。建立和完善严格的海洋资源开发和保护管理制度,推动海洋主体功能区战略实施,引导海洋资源利用产业健康发展,促进海洋资源利用走向科学、合理、永续发展的道路。提高全民珍惜海洋、保护海洋的意识。

(三) 建设资源节约型、环境友好型社会

建设资源节约型、环境友好型社会是我国的基本国策,是解决资源、生态、环境问题,实现文明发展、永续发展的必然选择。

1. 当前我国资源环境面临的突出问题。目前,我国发展面临着越来越突出的资源环境约束,人民群众对良好生态环境的要求越来越迫切。主要问题是:资源约束加剧。我国石油对外依存度已上升到56.7%,重要矿产资源对外依存度也在快速上升,我国年均缺水量达536亿立方米,2/3的城市缺水,耕地面积已接近18亿亩红线。环境污染突出,环境状况总体恶化趋势还没有得到根本遏制,一些重点流域水污染严重,部分城市灰霾现象凸显,环境群体性事件增多。生态系统退化,全国水土流失面积占国土面积37%,沙化土地面积占国土面积18%,90%以上的草原不同程度退化,地面沉陷面积扩大,

生态系统破坏带来的自然灾害频发。①

这些问题的产生，一方面是因为我国人口众多，资源短缺，环境容量有限，生态脆弱，加之我国发展速度快，发达国家几百年发展进程中逐步显露的问题在我国被压缩到几十年集中显现；另一方面是因为经济发展方式没有根本转变，生态文明理念没有牢固树立，不讲生态文明的做法还很普遍。

2. 资源节约型、环境友好型社会的基本内涵。 中国坚持什么样的发展理念、选择什么样的发展战略，决定中国未来的发展前途。没有发展，就不可能摆脱贫困、实现温饱、迈向小康，但发展代价过于沉重，又势必导致发展的不可持续。建设资源节约型、环境友好型社会，是根据中国国情和可持续发展要求作出的正确选择。

资源节约型社会，是指以能源资源高效率利用的方式进行生产、以节约的方式进行消费为特征的社会体系，它不仅体现为经济增长方式的转变，更是一种全新的发展模式。它要求在生产、流通、消费的各个领域，在经济社会发展的各个方面，以节约使用能源资源和提高能源资源利用效率为核心，以节能、节水、节材、节地、资源综合利用为重点，以尽可能少的资源消耗获得尽可能大的经济和社会效益，从而保障经济社会的可持续发展。

环境友好型社会，是人与自然和谐发展的社会，通过人与自然的和谐来促进人与人、人与社会的和谐。具体来说，它是一种以人与自然和谐相处为目标，以环境承载能力为基础，以遵循自然规律为核心，以绿色科技为动力，倡导环境文化和生态文明，追求经济、社会、环境协调发展的社会体系。

3. 建设资源节约型、环境友好型社会的基本途径。

（1）实施可持续发展战略。把经济的发展、生活水平的提高和实现可持续发展有机统一起来，正确处理经济建设、人口增长与资源利用、生态环境保护的关系，坚决禁止掠夺自然、破坏自然的做法，坚决摒弃先破坏后治理、边治理边破坏的做法，实行最严厉的环境保护措施。

（2）推动节能减排。通过加大节能环保投入，发展环保产业，开发和推广节约、替代、循环利用和治理污染的先进适用技术，发展清洁能源和可再生能源。努力解决影响经济社会发展特别是严重危害人民健康的突出问题，重点抓好水污染防治、城乡饮用水安全保障、城市大气污染治理、土壤污染治理等。改善城乡人居环境，促进生态修复。

（3）发展循环经济。以提高资源产出效率为目标，加快资源循环利用产业发展，推进生产、流通、消费各环节循环经济发展。加强矿产资源综合利用，鼓励产业废弃物循环利用，推进资源再生利用产业化。开发应用源头减

---

① 杨伟民：《大力推进生态文明建设》，人民网，2012年12月12日。

量、循环利用、再制造、零排放和产业链技术，推广发展循环经济典型模式。

（4）加强宣传教育。推进生态文明建设需要得到全社会的广泛关注、共同参与和大力支持。通过加强宣传、教育和培训，大力弘扬人与自然和谐相处的价值观，增强公众保护生态环境的自觉意识，牢固树立生态文明与可持续发展的理念，提倡从我做起，使生态文明建设成为每个家庭和每个公民的自觉行动。

（5）完善体制机制。节约资源、保护环境不仅要解决发展观念的认识问题，还必须在实践中形成可持续发展的体制机制。通过进一步完善有利于节约能源资源和保护生态环境的法律和政策，建设科学合理的能源资源利用体系，在宏观规划、制定政策、经费投入上体现节约资源和保护环境的明确导向，为可持续发展提供有力的制度保障和政策支持。

（四）应对重大环境问题挑战

当前，我国生态文明建设取得了一定成绩，但仍然面临环境污染严重、生态系统退化等严峻形势。我们必须增强危机意识，积极应对环境问题的挑战。

1. **治理大气污染，改善空气质量**。我国大气环境面临的形势非常严峻，大气污染物排放总量居高不下。在传统煤烟型污染尚未得到控制的情况下，以臭氧、细颗粒物（PM2.5）和酸雨为特征的区域性复合大气污染日益突出。

要实施大气多污染物的协同治理，制定综合防治战略和控制对策，积极推进区域协调治理。目前，靠单个地方进行污染防治难以有效改善空气质量，需要借鉴北京奥运会、上海世博会、广州亚运会空气质量保障工作的经验，树立区域视野，建立大气污染的联防联控工作机制和支撑技术体系。

2. **治理水污染，提高水资源利用效益**。中国干旱缺水严重，人均水资源仅为世界平均水平的1/4，时空分布极不平衡。水资源质量不断下降，水环境持续恶化。地表水资源污染严重，地下水污染正由点状、条带状向面上扩展，由浅层向深层渗透，由城市向周边蔓延。

要大力建设节水制度和水资源配置工程体系基本完善，产业结构、布局与水资源承载能力相协调的节水防污型社会，建立以总量控制、定额管理为核心的管理体系。加大经济手段的运用力度，明晰水权，形成水权交易市场，通过价格杠杆调控用水行为，提高水资源利用效益。加强宣传教育，在全社会形成自觉节水的风尚和合理的用水方式。

3. **改善土壤质量，提升土壤承载力**。当前，我国土壤有毒化工和重金属污染较为严重，并且出现了由工业向农业转移、由城市向农村转移、由地表向地下转移、由上游向下游转移、由水土污染向食品链转移的趋势。污染的加剧导致土壤质量下降，自净能力减弱，影响农业生产，污染事故频发。

要高度重视土壤环境保护，充分考虑土壤环境承载力，统筹当前发展和未来发展的需要，既关注经济指标，又关注土壤环境质量指标；既积极实现当前的经济发展目标，又为未来发展创造有利条件，实现可持续发展。完善法规政策，研究起草土壤环境保护专门法规，制定农用地和集中式饮用水水源地土壤环境保护的监管等管理办法。强化科技支撑，完善土壤环境保护标准体系，研发推广适合我国国情的土壤环境保护与综合治理技术和装备。引导公众参与，制订实施土壤环境保护宣传教育行动计划，广泛宣传土壤环境保护相关科学知识和法规政策。严格目标考核，建立土壤环境保护和综合治理目标责任制，制定相应的考核办法。

4. 治理水土流失，防治土地沙化。 长期以来，由于滥垦、滥伐等违背自然规律的掠夺性开发，我国水土流失日益严重。目前总的状况是：小片治理，大片加重；上游流失，下游淤积；灾害加剧，恶性循环。同时，中国是土地沙漠化最严重的国家之一，近4亿人的生存遭遇沙化的严重威胁。

要树立人与自然和谐相处的思想，减少人对自然的过度干扰与侵害，做好水土资源的持续利用。坚持以水资源承载能力为前提，优化水资源配置，合理开发、节约和保护水资源，强化水资源的统一管理。坚持保护优先、退耕还林、封山禁牧，加强综合治理，给林草以休养生息的机会，做好水土资源的持续利用，支持经济社会的持续发展。

二、学术前沿述评

（一）关于生态文明的科学内涵和重要意义

自从美国学者米都斯等人的著作《增长的极限》于1972年发表以后，书中对工业文明发展模式的不可持续性的批判，已引起了世界各国的关注。随着我国现代化进程的不断推进，生态文明逐渐被重视起来，如何界定生态文明的科学内涵及其重要意义，也成为学界关注的热点问题。

从发展进程的维度来看，生态文明是继原始文明、农业文明、工业文明之后人类社会的一种新型文明形态，它以生态产业、生态经济、绿色消费为核心，关注人与自然的和谐相处，主张生物多样性、社会文明多样化，尊重自然规律，改变以往文明形态中破坏自然的状况，维护生态平衡，是人类文明的现代形态。[①] 与之前的文明相比较，它强调人类在对待大自然的方式上应更加文明，从某种程度上来说，生态文明是对现有文明的整合和重塑，是人类文明史

---

① 张波：《生态文明：新世纪人类的最佳抉择》，《湖北社会科学》2012年第3期。

上的一种新型的文明形态,主张人与自然之间平等的关系,反对人类破坏自然、征服自然的理念和行为。① 对于此观点,目前学术界普遍认为,生态文明是在之前文明的基础上形成的一种新型文明。但也有学者补充指出,这种观点未能全面把握生态文明的本质及其在整个人类文明历程中的历史定位。对文明的理论和现实分析表明,文明本身蕴含着生态本性,潜在的是生态文明,而生态文明则是文明之本质的真实显现,是文明本身所追求终极目的的彻底达成。② 该观点既承认了生态文明是整个人类文明的历程中的新文明,同时还进一步指出生态文明是一种真文明,原始文明、农业文明和工业文明由于不完全合乎文明的本质规定性,因而并不是一种真文明,只是一种前文明。当然,将生态文明之前的文明视为前文明,这似乎过于绝对,值得商榷。

从生态文明的内容及其价值的维度来看,生态文明是在人类历史发展过程中形成的以人与自然、人与人、人与社会和谐共处、良性循环、全面发展为宗旨的一种文化形态。生态文明是为了实现人与自然的和谐理念,进而实现自然、经济与社会的可持续发展,促进人的全面发展。所谓人与自然和谐,既不是人性服从于自然性,也不是自然性服从于人性,而是将人性融入自然性,在人性中体现自然性,实现人性与自然性的和谐统一。③ 对于生态文明内容的把握,既要立足于社会文明发展的现实状况,又要联系人类文明发展的规律和基本趋势,运用综合方法反映和把握其基本内涵。有学者进一步分析生态文明的内在价值,生态文明体现了人与自然的双向价值关系:一方面是基于主体的以人为本观和群际共享观,另一方面是基于人格化客体的尊重自然观。④ 生态文明彰显出万物和谐的诗意之美,蕴含着自然性美和构建性美的统一,发展了人的审美意识进而提供了一种哲学关照。

如何正确理解生态文明与物质文明、精神文明、政治文明之间的关系,也是把握生态文明的一个重要维度。生态文明是与物质文明、精神文明、政治文明协调发展和相互统一的主要文明组成部分,对社会结构或文明结构的认识必须随着时代的发展而发展,自然生态环境的恶化及其对人类社会的已有的和可能的威胁,需要我们把对自然生态系统的保护纳入人类社会实践的自觉认识与规划之中,需要在理论上承认人类社会的基本结构是经济、政治、精神和生态保护四个方面的统一,相应地,社会文明结构也应该包含这四种文明形式,而

---

① 贾治邦:《履行建设生态文明重大使命,推进现代林业又好又快发展》,《林业经济》2008 年第 1 期。
② 徐海红:《生态文明的历史定位——论生态文明是人类真文明》,《道德与文明》2011 年第 2 期。
③ 王玉庆:《生态文明——人与自然和谐之道》,《北京大学学报》2010 年第 1 期。
④ 盛跃明:《生态文明之哲学要义》,《求索》2012 年第 1 期。

社会文明发展就是由这四个文明交互作用而推进的过程。① 对于生态文明在人类文明中的地位，从人类文明发展的过程性来看，生态文明萌生于工业文明的母体中，是对工业文明的扬弃，将是工业文明之后新的人类文明形态；从人类文明系统的结构性来看，生态文明只是人类文明系统中的一个方面，但具有基础地位，与物质文明、精神文明、政治文明之间存在交叉渗透的相互作用。②

以上从三个不同的维度对生态文明的内涵进行分析，基本上正确把握了生态文明的内涵及其价值。然而，对于生态文明的把握需要从多方面多维度进行综合，从整体上进行理解，既将生态文明放在历史发展的过程中，又要把握其内容及其与其他文明的关系。总而言之，生态文明作为一种新型的文明形态，它的出现和崛起，是一场涉及生产方式、生活方式和价值观念的重大变革，是继原始文明、农业文明、工业文明后进行的一次新的选择，是人类文明发展史上的一次新飞跃，生态文明不再是单纯的经济发展系统，而是一个经济、社会和自然三者和谐发展的整体系统。生态文明观的立足点从以前对事物的单纯真理性认识，转移到真理价值与生态价值和社会价值相结合，力图从大自然的普遍和谐背景而不是单纯的人类利益角度来看待事物，从而保证了人类社会与生态环境的协调发展。

（二）关于生态文明建设与经济社会发展

国外有不少学者专门研究生态文明与经济社会发展之间的协调问题。美国克莱蒙林肯大学菲里普·克莱顿教授就这一问题提出建议，认为人类追求经济发展对地球生态环境造成的破坏，其形势极其严峻，人类必须将现代发展模式转换到可持续发展上来，这一新的经济模式就是将追求物质和 GDP 的增长转变为追求人民幸福指数和可持续性的发展，这是人类所必须坚持的。③ 现代经济学对生态学和物理学规律的忽略引发了包括从全球气候变化和生物多样性丧失到自然资源耗竭、石油峰值和金融崩溃在内的一系列危机。传统经济学没有解释这些危机的共同根源，没有提前预警，并且没有在揭示问题的同时给出解决办法。生态经济学以物理学规律和生态学规律为基础，以生态可持续和分配公正这些明确的道德目标为指导，把我们当前的危机视为经济不断增长产生的必然后果，并提供了可行的解决方案。然而改变我们的复杂体系需要改变我们对两个问题的理解，即在生态学和物理学意义上什么是可能的以及在社会、心

---

① 黄爱宝：《生态文明与政治文明协调发展的理论意蕴与历史必然》，《探索》2006 年第 1 期。
② 徐春：《生态文明在人类文明中的地位》，《中国人民大学学报》2010 年第 2 期。
③ 菲里普·克莱顿：《没有一种新型的经济就没有生态文明》，《武汉理工大学学报》2012 年第 1 期。

理和伦理意义上什么是值得拥有的,只有这样,我们才可能采纳需要用来建设生态文明的规则和体系。① 如果说工业文明的发展体现了人类线性的发展,那么,生态文明的发展则将是非线性的可持续发展。因此,从工业文明到生态文明,将发生一系列重大的变化。

就国内而言,生态文明建设的问题逐渐被诸多学者重视,在此过程中,如何处理好生态文明与经济发展的关系亦是重要课题之一。生态文明经济是对工业文明经济的扬弃,是生态文明社会的经济基础。生态文明要求必须将现代社会的经济发展转移到可持续发展这一层面上来。生态文明的产生需要与之相适应的物质基础,即经济发展模式,因此支撑农业文明和工业文明的传统发展模式必须转换到经济的生态发展模式上来。② 建设生态文明,不同于过去传统意义上的污染控制和生态恢复,而是克服工业文明弊端,探索资源节约型、环境友好型以及科学发展道路的过程。当前,建设生态文明、迎接经济全球化的环境挑战,必须高度重视转变发展方式,从发展低碳经济和循环经济入手,力争做到废物最小化、资源无害化,从而最大限度地减少对资源的消耗和对环境的污染。③ 而基于生态文明理念的循环经济的提出具有不可忽视的价值有学者指出,生态文明是发展循环经济的指导思想和价值追求,剖析了发展循环经济是落实科学发展观、实现生态文明的基本途径。生态文明与循环经济是一致的,都追求环境保护、经济发展与社会进步的协调统一和可持续发展。总之,建设生态文明和发展循环经济的实践表明,可持续发展既是生态文明和循环经济在内涵上的一致要求,又是两者在实践中的共同追求。④ 目前,在全球范围内,关于循环经济、生态经济的讨论日益普遍,同时,关于人的发展的经济学也日益成为学术研究的热点。但是,关于建设生态文明、发展循环经济与人的发展经济学的关系问题的研究还有待大力开展。有学者针对建设生态文明、发展循环经济与人的全面发展三者之间的关系进一步提出,在人的全面发展的基础上构建建设生态文明、发展循环经济的微观动机。只有实现人的全面发展,努力提高人的素质,才能使经济、社会可持续发展能力不断增强,生态环境得到根本改善,资源利用效率显著提高,从而使人和自然环境得到和谐发展。⑤ 目前国内诸多研究注重从多方面研究生态文明与经济发展之间的关系,确实为解决

---

① 乔舒亚·法利:《生态文明和稳态经济》,《武汉理工大学学报》2011 年第 5 期。
② 程启智:《论生态文明社会的物质基础:经济生态发展模式》,《中国地质大学学报》2010 年第 3 期。
③ 束洪福:《建设生态文明,转变发展方式》,《科学社会主义》2010 年第 3 期。
④ 乔刚:《生态文明理念与循环经济新发展方式的分析》,《环境污染与防治》2010 年第 5 期。
⑤ 许崇正、焦未然:《建设生态文明、发展循环经济与人的发展》,《改革与战略》2009 年第 10 期。

问题提供了有借鉴价值的思路和路径。

由此可见，建设生态文明与转变经济发展方式之间有着内在的密切联系。国外学者试图在生态文明与经济发展之间实现一个最佳方案，即稳态经济，实际上就是可持续发展的一种形式。国内学者更加注重从生态环境、经济发展及人的全面发展等多方面来考量两者之间的关系，实现一种良性的和谐发展，既注重经济发展，又保护自然环境，同时实现人的全面发展。实际上，生态文明与经济发展都强调可持续发展。生态文明是可持续发展的前提和基础，生态文明注重在合理开发利用资源、发展经济的同时建设良好的生态环境，强调现代经济社会的发展必须建立在生态系统良好循环的基础之上。生态文明蕴含着丰富的持续发展内涵，可持续发展只有在人与自然协调发展的状态中才能实现。因此说，建设生态文明和转变经济方式是可持续发展观的题中应有之义，是贯彻落实科学发展观的必然要求。

（三）关于生态文明建设实践

从理念上，我们需要树立科学的生态观，增强环保意识。建设生态文明，是构建和谐社会在生态与经济发展方面的升华，是贯彻落实科学发展观的新任务，亦是党的执政兴国理念的新发展。建设生态文明要在加强生态道德教育、培育全民的生态文明意识的同时，倡导绿色消费，保护生态环境，加强生态工程建设，促进可持续发展。① 其中，发展理念的转变至关重要。传统的发展工业只考虑产量、产值、利润、税收与经济增长，不考虑对自然生态环境带来的影响。而生态文明的发展理念把人与自然的和谐发展放在首位，生态环境建设优先，对工业项目建设带来的环境影响进行评价，分析它对整个区域和行业的影响。② 当然，和谐社会视角下的生态文明观念涵盖了多个方面，如生态文明的价值观、生态文明的发展观、生态文明的消费观及生态文明的政绩观。

从制度保障的层面来看，生态文明是人类文明发展的必然趋势，生态文明需要依托制度建设才能够健康发展。我国生态文明的制度建构存在一系列不足，制约了生态文明建设。我国加强生态文明建设，必须强化制度保障，需要在政治、政策和法律三个方面采取相应的措施。③ 当然，建设生态文明应有层次性和阶段性，从初级层次看，生态文明建设指的是在工业文明已经取得的成果基础上用更文明的态度对待自然，不野蛮开发，不粗暴对待大自然，努力改善和优化人与自然的关系，认真保护和积极建设良好的生态环境。这是通常意

---

① 杨文武、李婉玲:《生态文明建设探析》，《人民论坛·学术前沿》2011年第3期中。
② 黄顺基:《建设生态文明，转变发展方式》，《河南大学学报》2008年第6期。
③ 张瑞、秦书生:《我国生态文明的制度建构探析》，《自然辩证法研究》2010年第8期。

义上建设生态文明的含义,也是生态文明所具有的初级形态。在推进中国实现可持续发展的道路上,我们现在努力建设的也是这个层次的生态文明。中国特色社会主义的生态文明建设既不能脱离人类文明的发展轨道,也不能脱离中国现代化建设的发展实际。中国处于不发达的工业文明阶段,面临的资源环境问题异常严峻,如果能够认真吸取借鉴发达国家的经验教训和先进技术,转变工业发展模式,采取有效的制度管理措施,是有可能实现走生态文明路,完成工业化进程的跨越式发展。①

从消费角度来看,生态文明建设需要倡导绿色消费,提高生态消费力。我国当前生态消费存在不少问题,要建设好生态文明,消费模式的生态化转型既是一个重要的切入点和突破口,也是走向生态文明的终极支撑。生态消费应该而且必须符合生态环境系统协调平衡的时代要求,并有助于建立消费者身心健康的一种状态积极、调控自觉和规模适度的现代消费模式。它所力主倡导的消费观念、结构和模式不仅有利于自然资源的合理利用和生态环境的保护增殖,而且体现人们良好的生态文明素质和较高层次的精神文化内涵。这就要求人们深入探索和通晓生态环境的演变规律,在认识其结构与功能,维护其生产能力、恢复能力、循环能力和补偿能力的前提条件下,积极培育并不断引领生态消费行为规范,自觉开创并持续提升生态文明建设格局。② 于是要从文化的高度提高生态消费力,这样有利于提高人的素质,促进社会、经济协调发展,促进三大消费力、三大文化协调发展,促进社会文明。③ 而实现"良心的革命",摒弃物质主义、经济主义和消费主义价值观;必须促成科技的生态学转向;必须使制度建设摆脱"资本的逻辑"的束缚,激励生态经济的成长和发展,鼓励绿色消费。④ 绿色消费是遵循生态规律的消费,是耗费最少资源而获得最大满足的消费,也是当今生态文明建设的必由之路。

综上所述,建设中国特色的生态文明,以上三个方面必不可少,树立正确的理念,制定保障措施,将绿色的消费理念深入贯彻到生活中去。当然,在当代中国生态文明建设的实践过程中,我们需要整合资源,一切有利于生态文明建设的经验和措施都可以吸收进来,所以借鉴包括西方发达国家在内的所有国家在生态文明建设方面的有益经验也不无裨益。需要提出的是,中国特色的生态文明建设实践,必须结合中国的具体国情发挥社会各阶层保护环境的热情和潜能,共同构建具有中国特色的生态文明。

---

① 徐春:《对生态文明概念的理论阐释》,《北京大学学报》2010 年第 1 期。
② 包德庆:《消费模式转型:生态文明建设的重要路径》,《中国社会科学院研究生院学报》2011 年第 2 期。
③ 尹杰:《提高生态消费力 弘扬生态文明》,《湖南社会科学》2012 年第 2 期。
④ 卢风:《生态文明与绿色消费》,《深圳大学学报》2008 年第 5 期。

三、重点难点热点问题解析

（一）生态文明建设，中国传统文化有何思想资源

生态文明建设，对于中国传统文化来说，是一次实现自身价值和展现丰富内蕴的契机。作为众多文明形态的中国传统文化，包含丰富的生态思想。下面，我们将以儒家为主兼谈道家和佛家，以传统三大家的剖面来展现中国传统文化的生态智慧。同时，将结合当代生态实践，对这些生态智慧进行总括性的简要分析与评价。

1. 中国传统儒家的生态智慧。 中国儒家生态思想既缘于仁爱之心、悲悯情怀以及对生生之德的敬畏，又深深植根于其形而上的天人合一思想，体现了对宇宙本质、人与自然关系的独特思考。作为一种深刻的东方文化智慧，其中蕴含着人类与自然界和谐相处、共同进化的价值观念。

（1）"天人合一"和谐一体的思想。"天人合一"是中国传统文化的根本观念，认为自然界不是一个被动的、寂死的机械世界，而是一个生机弥漫、生命流行的有机世界。孔子说："天何言哉，四时行焉，百物生焉，天何言哉！"（《论语·阳货》）在孔子看来，四时运行，万物生长，是自然界的最大特点和基本功能。《易传》更为明确地说"天地之大德曰生"（《系辞下》），并且提出"生生之谓易"（《系辞》），认为自然界最大的特点和基本功能是不断开创生机。《易传·文言》明确提出："夫大人者，与天地合其德，与日月合其明，与四时合其序，与鬼神合其吉凶，先天而天弗违，后天而奉天时。"可见，在儒家视野里，天地的大德是生生不息地化育万物，不断开创生机，并将这种生机弥漫一切万物，充塞一切众生。人也要秉承天地这种生生之德，不断促使万物生生不息。可见，"天人合一"思想不是以人和自然二分为认识前提，进而使人成为自然界的主宰并对自然界进行改造，而是以人和自然合一为前提，使人与自然之间成为和谐相处的有机整体。

（2）"民胞物与"共存并生的思想。孟子讲"亲亲而仁民，仁民而爱物"（《孟子·尽心上》），由"亲亲"达至"仁民"，由"仁民"达到"爱物"，形成了一种由我及人、由人及物的"宗族—国家—万物"一体化的泛血缘或拟血缘价值体系。宋儒张载则明确提出了"民胞物与"的思想，其《西铭》一开篇便说："乾称父，坤称母；予兹藐焉，乃混然中处。故天地之塞，吾其体；天地之帅，吾其性。民吾同胞，物吾与也。"这段话将天地视作人类的父母，认为人类在天地当中其实是极其渺小的，人在天地面前应保持谦卑态度，不要认为自己无所不能，可以任意宰制天地。宇宙间一切万物，无论是动物还是植物，

都是伙伴式存在。张载的这一思想表明人类是万物中的成员,人类应该像对待朋友一样善待地球上的万物。人类对待天地也应有"孝"的亲情,不要任意凌虐和破坏,进行宰制和征服。"人定胜天"一旦超出"民胞物与"的制约,就会导致生态失衡,最终伤害的是人类自己。因此,人类与万物应该像家庭里的成员一样彼此平等友好相处,相敬如宾。可见,这种超脱人类利己之私而主动以拟血缘关系对自然肩负道德责任,并且以"人心"的感通来实现宇宙生命在人和万物中的化育流行,有利于实现人与自然万物的共存并生、协调发展。

(3)"成己成物"良性循环的思想。《中庸》说:"能尽其性,则能尽人之性;能尽人之性,则能尽物之性;能尽物之性,则可以参天地之化育;可以参天地之化育,则可以与天地参矣。"人作为与天地并列为三的存在,积极地完成和实现宇宙生命的流行发用,使自然界生生不息、化育万物。"如果充分完成之和实现之,则就'尽性',能'尽性',则就完成和实现了人的使命、天职,即尽人之性。能'尽人之性',由于人和万物的生命一体合流,所以也就实现和完成了自然万物的生生不息,即'尽物之性'。'尽己之性'是成己,'尽物之性'是成物。'成己'即完成自己的德性生命提升,'成物'即实现万物生生不息的生命潜能。如果成物,则实现了'参天地之化育'。人就'与天地参',取得了立于天地间的尊严和独立意义,实现与天合一"①。儒家还认为"天地之道,可一言而尽也;其为物不贰,则其生物不测",即每一物都有自己独立的价值和存在的必要,从而形成形形色色、千变万化的自然万物。正是在此意义上,儒家主张以"中和"思想进行合理开发、利用和保护自然资源,实现人类社会的可持续发展和保护生物多样性。这里的"中"是一种态度,要求人类在利用资源时,不要无节制地利用。这里的"和"不是单纯的"和谐",而是在"不同"基础上的多样性的统一。所以说,达到"致中和",天地就可不断化育万物,万物生长发育各得其所,整个自然系统就能"万物并育而不相害",从而实现青山绿水间人与自然相得益彰、生机盎然。

2. 中国传统道家的生态智慧。在当代,中国传统道家思想被重新发现和赋予了世界意义。人们注意到,道家思想对人类和自然界关系的和谐智慧,对自然循环过程的解释,对生态保护、健康生活方式的内在支持,如今都成为当代人类智慧的源头活水。

(1)"人与天一"顺应自然的智慧。老子说:"人法地,地法天,天法道,道法自然。"在他看来,天、地、人都是"道"派生出来的,人效法天地,天地效法道,道最终要以自然为法,在自然的层面上,天与人达到了同体合一。

---

① 吴蕊:《新文明路标:儒家生态智慧管窥》,《山东大学学报(哲学社会科学版)》2003年第1期,第78页。

他还说:"道生一,一生二,二生三,三生万物。万物负阴而抱阳,冲气以为和。"万物都是由"道"派生出来的,作为万物之一的人,要把握天道,顺应自然。庄子则明确提出了"人与天一"的说法:"无受天损易,无受人益难,无始而非卒也,人与天一也。"他认为包括人在内的万物都是由"道"这个共同根源所创造的,在"道"的统摄下,"万物皆一"、"道通为一"。各种生命体相互依存,达到自然万物的和谐共生,即"天地与我并生,而万物与我为一"。进一步追问,如何才能达到"人与天一"的境界呢?道家认为应该效法自然之道,无为而无不为。老子说:"是以圣人处无为之事,行不言之教,万物作焉而不辞,生而不有,为而不恃,功成而弗居。"人的正确行为应该顺乎自然而无为:"以辅万物之自然而不敢为。"人类行为如果违背了自然规律,用自己的技术方法超出了生态系统的阈值,就会招致自然的报复。所以道家要求人与自然之间要相互和谐,过度的"勘天役物"是违反自然本性的,结果只能导致生态灾难乃至自然的灭亡,最终人也会受到自然的惩罚。所以,人类的活动与行为要遵循自然的规律,"举事而顺天",无为而治以达到"人与天一"的境界。

(2)"物无贵贱"万物平等的观念。道家主张万物与人平等自化、物无贵贱的平等观念,在他们看来,有德之人,由于能够以慈爱之心对待万物,"生之畜之"而不伤害万物,就具有"玄德",就能够与自然和谐相处,享受"和之至也"的生活乐趣。《列子》也明确提出"天地万物与我并生",人类与万物平等,人没有什么高贵之处,而是自然生态系统内彼此共生的存在。庄子在《秋水篇》中说:"以道观之,物无贵贱。"那种以自己对物的需求程度不同,有差别地对待万物,是违反自然本性的。人是万物的组成部分,和万物一样始于道终于道,因此作为万物之灵的人类所得到的权利以及伦理关怀同样也应该赋予万物,万物生而平等。那种人类中心主义的观点是未达到道的境界,如果达到道的境界去看待万物,那么"万物一齐",不存在"孰短孰长"的问题。总之,道家从天人并生、物我齐一的生物平等观念出发,为我们勾画了一幅人与动物、人与自然和谐相处、万物平等自我化育的生命图景。在此图景中,万物平等,共同繁衍发展,充分享受并育而不悖的快乐,真正是"万类霜天竞自由"的理想境地。

(3)"寡欲知足"适可而止的态度。道家从道法自然、万物平等的原则出发,提出了一系列节制物欲、适度消费的价值规范。老子说:"见素抱朴,少私寡欲"和"祸莫大于不知足;咎莫大于欲得。故知足之足,常足矣"等思想,告诉人们要合理控制欲望,珍惜自然资源的宝贵。"庄子把老子知足寡欲的价值观发展为'重生轻物';'重生'是重视生命的价值,'轻物'是轻视物质的享受,也就是轻视对名利富贵的追求"①。也就是说,要合理处理物质财富与生命存在的关系,不能把本来是用来养育生命的物质财富当作人生目的,沉溺于物质贪欲,那就是本末倒置的错误理解。庄子说:"能尊生者,虽富贵不以养伤身,虽贫贱不以利累形。今世之人居高官尊爵者,皆重失之。见利轻亡其身,岂不惑哉!"可见,道家提倡的这些思想,对于今天如何合理配置人与自然的关系,合理利用自然资源万物,有很好的认知价值;对于树立淡泊财富和节制过盛的物质欲望,建立合理健康的生活消费方式,遏制暴殄天物与破坏资源环境的行为,无疑是很好的警示。

3. 中国传统佛家的生态智慧。 佛家关于慈悲众生、平等无差、依正不二、圆融无碍的思想,是当今生态文明建设的重要理论资源,它将有利于调整人与社会、人与自然以及人类主体自身的关系,是建设和谐的生态环境的又一重要的智慧源泉。

(1) 人性本净的慈悲情怀。佛法作为外来文化,传入中国经历本土诠释之后,最终得以生根发芽和传播。在人性理解上,基本上是秉持人性本善的人性理念,推崇对"善"与"正念"的觉解,以此弘扬佛者的慈悲之心。如:华严宗以"净心缘起"为基础考察心性的善恶,禅宗强调人人本有恒常清净的佛性和自在无污的善性等,所以说,"善"是佛家伦理关怀最主要的表现形式。在此意义上,佛家和儒家的"亲亲、仁民、爱物"似乎有一定的相似性,不过,佛家"慈悲"情怀较儒家,无论在关怀的广度还是深度上都更进一步,"它提倡的'无缘大慈,同体大悲'精神,则是立足于万物缘起平等和皆有佛性的基础之上,上自诸佛菩萨,下至有情无情,都是佛性的体现,都有生命的尊严。其'慈悲'的着重点放置在宇宙自然之中,讲求'拔苦与乐'、'自觉觉他'、'自利利他',设计了一套无有差别、涵盖众生且非功利主义的生态价值体系"②。可见,这种"同体慈悲"的情怀有利于引领主体用"以己度物"的方式去关怀体认自然,去体认自然万物的生命美学化境,从而有益于推进人与其他生物和谐友爱的共生关系的建立。

(2) 众生平等的伦理理念。《大般若经》说"上从诸佛,下至傍生,平等无所分别",佛陀在打破我执、破除神创论之后,从万物和合的"缘起"说出发,承认万物都有佛性,都具有内在价值,正可谓"郁郁黄花非般若,青青翠竹皆是法身"。佛家最初的所谓"平等"大致包含众生与佛的平等、人与人的平等、人与动物的平等、有情与无情的平等几个层次。但经过中国佛学者的

---

① 刘本锋:《对道家生态智慧的解读》,《江西教育学院学报(社会科学版)》2008 年第 5 期,第 25 页。

② 李琳:《佛家环境伦理与生态智慧》,《东岳论丛》2010 年第 7 期,第 28 页。

本土化处理后,将"众生"的范围由"有情众生"扩展到"无情众生",革命性地将人类对生命的伦理疆界进一步扩容。比如,华严宗提倡"净心缘起",倡导"一花一世界,一叶一如来"的境界,将无情之物当作佛性的显现。又如禅宗慧能主张"佛性平等",无南北之分,这有点类似于现代生态主义者的哲学走向荒野的倾向,强调人类应该拥抱万物和自然。总之,佛家将万物看作佛性的显现,从观念深层消解了主客、内外、物我的分别,有利于人类与自然万物和谐共处、平等共生。

(3) 依正不二的生态责任。在佛家看来,主体的任何行为都将是对客观环境所作的"业",而这种"业"又将反过来作用于主体,因而应注重二者"牵一发而动全身"的联系性。特别是天台宗湛然的"依正不二"(《十不二门》)伦理思想,强调作为"正报"的有情众生与作为"依报"的国土世间是不可分割的,成为佛家处理主观与客观、人类与自然关系的基本立场。但是,人类在向自然疯狂攫取资源来获得经济增长的过程中,陷入了恶性循环:人类的贪欲恶化了环境,环境反过来染污人的身心,助长人的贪婪习气,人性的贪婪是导致环境恶化的祸首。怎么办? 必须寻求贪欲背后的原因。佛教认为,贪欲之根就是"我执",就是割裂自我与世界缘起关系的自我扩张的占有欲,扩大到群体层面就是极端的人类中心主义。因此,人类必须破除"我执",化解人类与自然的冲突,回归依正不二的思想境界,学会从与自然相互关联的角度出发,去认识自然环境状况的变化。只有这样,才能清除贪欲,树立生态伦理责任,促成生态平衡。

(4) 圆融无碍的亲和之境。如果说儒家注重天人合一下的人伦之"和",道家注重与物齐平下的自然之"化",那么佛家则注重事事无碍下的万物之"圆融",都十分注重与自然间的亲和融通关系。"'圆融'是中国佛者在阐发佛教的过程中形成的新词汇,体现了中国佛家重视现象与现象、现象与本体间各有差异却毫无挂碍的和谐性的特质,即善于在'现象圆融'思维的引导下,清除内心欲望及功利性追求,亲证自身与自然之境的亲和关系,体验万物空灵之美与圆融之境"①。智通禅师《法界观》也这样说道:"物我元无异,森罗镜像同。明明超主伴,了了彻真空。一体含多法,交参帝网中。重重无尽处,动静悉圆通。"以上这些论述和观点都表明,在生态文明建设的今天,佛教同情有情无情,倡导宇宙万象互相映现和互相含摄的圆融平衡,充分展示了生态大美与精神领域圆融的美妙境界。

无论是中国传统的儒家还是道家抑或佛教,都主张人与自然和谐相处,确实有望成为今天生态文明建设的宝贵思想资源。但必须注意的是,在工业文明

---

① 李琳:《佛家环境伦理与生态智慧》,《东岳论丛》2010 年第 7 期,第 29~30 页。

席卷全球、资本依旧统治世界、金钱左右人们的行为选择的情境中，以小农经济为基础，以血缘伦理为纽带，以重义轻利为尺度的中国传统智慧必须审慎运用，切不可简单照搬和过分放大其文化功能。恰恰相反，传统生态智慧思想只有根据时代变迁与价值转换进行现代性理解与整合，方可更好地为当代生态建设提供精神滋养。

（二）气候变化的政治：怎样看？怎么办

伴随全球气候问题的多样而频繁的发生，气候问题已成为人类有史以来面临的最大挑战，成为当今世界的核心议题之一。面对气候变化的国际形势，国际社会开展了怎样的因应行动？其蕴含着哪些核心的政治议题？中国作为负责任的大国，又采取了什么样的积极回应？针对这些热点问题，拟从以下三个方面作出归纳与梳理：

1. 气候谈判的演进历程。从历次气候谈判所取得的进展角度来看，气候谈判是一个逐步深化和具体化的进程，其中充满诡异和艰辛。对此，很多学者撰写过文章进行论述，这里将其划分为三大阶段：

第一阶段是以科学认知为主的初步共识形成阶段。这一阶段从 1990 年 12 月联合国启动《联合国气候变化框架公约》（以下简称《公约》）谈判算起，到 1994 年文件生效为止。这一阶段通过形成法律文件，从法律上确立国际气候治理的基本原则，达成的共识有二：一是确立了《公约》的目标，即"将大气中温室气体的浓度稳定在防止气候系统受到危险的人为干扰的水平上，而且实现稳定在这一水平的时间范围应当足以使生态系统能够自然适应气候变化、确保粮食生产免受威胁并使经济发展可持续地进行"。二是确立了"共同但有区别的责任原则"，即发达国家与发展中国家因为在现代化序列上的时间先后性，目前全球温室气体的最大部分源自发达国家，因此，发达国家对气候变化负有更多的历史和现实责任，应当首先采取行动并为发展中国家提供相应的技术和资金支持。这两大共识成为国际气候问题及政治解决的基本共识，有利于国际气候治理的开展与推进。

第二阶段是以经济层面为聚焦的责任承担具体化阶段。这一阶段从 1995 年柏林会议开始，到 2005 年《京都议定书》（以下简称《议定书》）正式生效为止。《议定书》首次为发达国家与经济转轨型国家规定了具有法律约束力的量化减排指标；而对于广大发展中国家，《议定书》则没有规定具体的减排义务。此外，《公约》还在减排方式上引进了排放贸易（ET）、联合履行（JI）、清洁发展机制（CDM）等三种灵活的机制。"共同但有区别的责任原则"还具体表现在发达国家在《议定书》第一承诺期内，必须在 1990 年基础上整体减排 5%，而发展中国家可以采取国家自愿、自主减排的原则。其中，由于美国国会没有批准《议定书》，在2001年，布什政府以"减少温室气体排放将会影响美国经济发展"和"发展中国家也应该承担减排和限排温室气体的义务"为由，拒绝接受其减排额度和设定相应时间表，宣布退出《议定书》，从而使国际气候谈判一度陷入僵局。

第三阶段是以地缘政治大国或国家集团为主体的新的义务划分阶段。这一阶段始于2005年的蒙特利尔会议，此次气候大会启动了《议定书》第二阶段减排谈判，自此之后叫作"后京都时代"。在这一阶段，联合国需要考虑制订新的国际气候协定。从2007年《公约》缔约方第13次会议暨《议定书》缔约方第3次会议在巴厘岛召开形成的"巴厘路线图"，到2009年哥本哈根大会完成《议定书》承诺到期后全球应对气候变化的新安排并签署有关协议，再到2010年的坎昆谈判等，都展示了后京都时代气候谈判利益诉求的不一，基本形成了气候谈判的"三足鼎立"的气候政治格局：一是以美国为代表的伞形国家集团（地图上呈现伞形），包括加拿大、日本、澳大利亚、欧盟以外的一些欧洲国家等；一是以欧盟为代表的发达国家；一是"中国+77国集团"等一些发展中国家。当然，这只是大致的划分，并且在具体利益诉求中也有变化。在新的义务划分阶段谈判中矛盾重重，使气候变化成为大国政治博弈的重要新场域。

2. 国际气候政治博弈的议题。综观气候谈判的历史进程，大致可以梳理出以下主要的三类气候政治博弈的论争议题：

第一类是谁来为气候变化负责的问题。尽管国际社会在《公约》中为解决气候问题的责任承担确立了"共同但有区别的责任原则"基本共识，但问题是，这一原则本身并没有任何明确的权利与义务的法律关系，也就是说，这样的原则无法对缔约国设定明确的量化责任。因此，在现实操作层面上，国际社会就面临着如何将"共同但有区别的责任原则"进行可操作的量化问题，包括对发达国家在第一期承诺的具体减排量和时间表的制定这一重要问题的争论。可以说，原则上似乎显得大家都能接受，但一进入现实的量化和可操作层面，就变成非常复杂的博弈过程。特别是在后京都时代，大国集团的政治因素、各国的义务重新洗牌等问题交错在一起，责任的可操作问题变成了僵局问题。可以预料，这一问题在今后的气候谈判中作为责任承担主体问题将继续存在。

第二类是气候变化的减排行动如何运行的问题。一是单轨双轨机制的争论。"巴厘路线图"就气候谈判所做的制度安排是双轨制，毫无疑问有利于维护公平、保障发展中国家的权益。但是，从哥本哈根谈判开始，"发达国家意将双轨并为一轨。美国联合欧盟以及其他西方发达国家提出要在《京都议定书》基础上建立一个包括《京都议定书》要素绑定的法律协议，宣称发达国家和发展中国家必须在统一的框架下谈判,共同做出减排承诺"①。与这样的主张相反,发展中国家则要求必须坚持实行双轨制的谈判底线,切实贯彻"共同但有区别的责任原则"。二是减排目标的博弈。也就是说减排的具体目标到底是多少。按照 IPCC 的建议,到 2020 年,发达国家至少要减排 25%~40%,所以发展中国家要求发达国家做出相关的中期承诺。可是,发达国家为逃避减排责任,采取了只谈长期减排目标而避谈短期减排目标的策略,它们热衷于谈论到 2050 年的长期减排目标,对中期减排目标或者附加诸多条件,或者干脆避而不谈。实质上,西方发达国家是以此策略变着法子试图摆脱以前的承诺。这些都是关系到现实操作中减排行动如何运行的大问题。

第三类是气候变化的减排效果如何保障的问题。要想保障减排的运行效果,必须有两大重要的外在保障机制:一是主要对发达国家来说,应承担减排的资金技术支持。"实质性的减排行动需要资金和技术的支持,发展中国家期望发达国家提供相应的援助来实现产业转型和低碳发展,发达国家却对此顾左右而言他,不愿承担这样的成本……在技术支持问题上,发达国家依然是老调重弹,大谈知识产权保护,而不愿无偿或低价向发展中国家提供相关技术,这实质上是要借全球气候治理的共识来实现自身的经济利益"②。所以,在实际的减排过程中,如果发达国家对发展中国家不能切实提供资金技术的支持,单纯依靠发展中国家去进行减排投入是不公平也是不现实的。二是主要对发展中国家来说,切实履行自己的承诺并接受具体的减排安排。这里既包括通过何种方式来认定减排的成效,比方说发达国家在如今的气候谈判中,也明确要求发展中国家要做到"三可"(可测量、可报告、可检查)的问题。当然,不顾发展中国家国情而强加的"三可",发展中国家是不会全盘接受的。但是,确定一个公认的衡量减排成效的标准是保障减排效果的不可或缺的重要考量因素,只有这样,才能对违背协议的行为采取适当的约束。

当然,气候政治博弈不只是这些议题,一些新的议题如碳交易等也在不断地探讨和尝试中,各国(集团)都有不同的利益诉求并着力于实现自身利益的最大化,气候政治将成为 21 世纪世界政治的重要问题。

3. 国际气候政治的中国视角。应对气候变化形成的一种新型国际政治现象,中国应有充分的认识和主动的应对思路。在国际气候政治中,中国必须面对三个重要的考量因素,即继续保持高速的 GDP 增长、国际气候谈判中的话语权与影响力、节能减排和透明减排。中国在此过程中,可以针对此三者做出

---

① 朱虹:《从哥本哈根会议看国际气候政治博弈》,《红旗文稿》2010 年第 2 期,第 35 页。
② 李海涛、毛旻铮:《气候政治博弈背景下的中国战略选择》,《南京政治学院学报》2011 年第 2 期,第 48 页。

自己的解读与回应。

（1）高速的 GDP 增长模式需要转型。"中国等发展中国家不能走西方的老路。气候政治的实质固然是各国在争夺发展空间，争取经济利益。但从另一方面来说，国内实行积极的节能减排政策和实现经济发展模式的转变反而可能开辟更大的经济成长空间。实际上，国内已经掀起了一场围绕低碳经济和新能源革命浪潮的热烈讨论，而在此领域中国显然与西方国家站在同一起跑线上。如果中国能够像抓住全球化的机遇那样，迎接新能源革命的挑战，那么气候政治带来的挑战和压力反而会成为中国赢得下一轮世界经济的控制权和主导权的强大动力。"① 所以，中国作为发展中的大国，必须在气候政治的契机下，化压力为动力，实现经济发展从快字优先向又好又快转变，开辟出一条有别于发达国家工业化道路的新模式。这种经济发展的华丽转身既能跳出能源资源紧张的内在困局，也能顺应低碳发展的时代潮流和人们生活环境宜居的现实诉求。

（2）树立负责任的大国形象，增强气候谈判的影响力和领导力。一方面，要澄清事实，有力批驳中国气候威胁论。中国作为碳排放大国和最大的发展中国家，其迅速崛起将会面对越来越大的国际压力。在气候政治的背景下，所谓的中国气候威胁论出台了。对此，中国政府必须予以理智的反驳与澄清。有学者曾用数据作出这样的概括，"首先，中国温室气体历史排放量很低。根据世界资源研究所的研究结果，1950 年中国的化石燃料燃烧二氧化碳排放量为 7900 万吨，仅占当时世界总排放量的 1.31%；1950—2002 年间中国化石燃料燃烧二氧化碳累计排放量占世界同期的 9.33%。其次，中国人均排放水平低。2004 年人均二氧化碳的排放量，中国是 3.65 吨，仅为世界平均水平的 87%，为经济合作与发展组织国家（OECD）的 33%。还有一组数据，1950—2002 年的 50 余年间，从世界平均排位来看，中国人均二氧化碳排放量只占到第 92 位。第三，中国单位国内生产总值（GDP）的二氧化碳排放强度总体呈下降趋势"②。在这些数据对比面前，我们会清晰地看到中国气候威胁论的深层悖论，要予以有力的澄清，同时也需要积极应对压力，将低碳发展提到国家战略层面上加以考虑。另一方面，在气候变化领域，积极寻求国际合作，树立负责任的大国形象。包括：可以考虑在应对气候变化方面主导建立起中国与某些发展中国家集团的非正式南南合作机制（例如金砖四国集团或中非之间），化被动为主动；加强与欧盟在新能源新技术领域的合作，推动国内可持续发展战略

---

① 张胜军：《全球气候政治的变革与中国面临的三角难题》，《世界经济与政治》2010 年第 10 期，第 114 页。

② 马建英：《中国"气候威胁论"的深层悖论》，《世界经济与政治论坛》2009 年第 3 期，第 4 页。

的实施,积极参与国际交易体制相接轨的碳交易市场体制建设;弥合与美国等的气候政治分歧,拓展中美在节能减排、能源安全、新能源开发等方面的合作领域。

（3）全社会动员,节能减排、透明减排。不仅工农业生产时如此,人们日常生活消费也应如此。所以,必须在全社会开展一场声势浩大的低碳生活方式倡导宣传活动。在国人方面,树立绿色低碳生活的行为理念,摒弃奢侈浪费、讲排场摆阔气的浮躁心态和消费文化。节能减排、低碳生活,人人有责。只有每个人都行动起来,从身边做起、从点滴做起,在全社会营造一种以节能减排绿色生活为荣、以奢侈浪费暴殄天物为耻的社会氛围,低碳生活节能减排才会从口号变成切实的行动。还有,在节能减排中,中国政府需要进行系统的诸多方面的总体规划,建立评价指标和统计制度体系,需要各级行政部门和官员领导自觉行动、透明减排和积极减排。诚如此,在气候政治中既能显大国气度,又能造福于国内民众。

（三）为什么企业会选择环境违法?企业如何成为绿色公民

企业作为生态文明建设重要主体,承担建设生态文明的公民责任,已成为社会关注的重要议题。但现实却并不如想象的那么美好,有些企业存在着废水废气偷排超排常态化、以罚代治制度化等行为。那么,为什么企业会选择环境违法?它背后有什么深层次的原因?如何推进企业绿色公民责任的承担?这些就成为我们必须思考的问题。

1. 企业选择环境违法问题的提出。《21 世纪经济报道》2006 年 11 月 7 日曾报道,北京有一家电厂长期超标排放,按照法律规定,对这类常见的超标排污行为,环保局处罚上限为 10 万元人民币。而这家电厂年初就做了 120 万元的罚款预算,将环境保护机关的罚款列入企业运营成本,以准备环保局一年来罚 12 次。这样极端的典型个案再次提醒我们必须关注企业环境违法问题。由此我们不得不思考,企业为什么要违背科学发展的时代潮流,而选择环境违法这一危害百姓生活质量的做法呢?对此,齐晔、董红卫两位有过精彩的分析,"我们不能将原因简单地归结为企业的环保意识和法制意识淡薄。企业是以营利为目的的组织,追求利润最大化是其'本分',而我国企业环境违法的成本比环境守法的成本低,环境违法比环境守法可以获得更大的经济利益"[①]。另据有关方面统计,我国企业环境违法成本不及环境治理成本的 10%,不及危害环境代价的 2%,这样一来,我们可以想象,单纯地依靠喊口号和提倡节

---

① 齐晔、董红卫:《守法的困境:企业为什么选择环境违法?》,《清华法治论衡》2010 年第 1 期,第 282 页。

能减排绿色生产是很难奏效的。一方面，在巨大的比较利益面前，企业作为理性的经济人，存在追逐巨大利润的逐利冲动。马克思曾对此有过精彩的分析：如果有10%的利润，资本就会保证到处被使用；有20%的利润，资本就能活跃起来；有50%的利润，资本就会铤而走险；为了100%的利润，资本就敢践踏一切人间法律；有300%以上的利润，资本就敢犯任何罪行，甚至去冒绞首的危险。诚如此，企业也如资本的逐利本性一样，会冒着风险进行环境违法，如果环境查处率偏低而处罚力度又较小的话，其风险会更低，环境违法的可能性就更大。另一方面，在"劣币驱逐良币"效应中，会形成环境遵守的逆示范效应。具体地讲，如果两个企业其他条件相当，违法超标排放企业不能得到有效控制和处罚，而达标排放企业因排污处理、购买环境设备等大增生产成本且不能得到国家政府的政策支持和资金补偿，这样一来，达标排放企业就会在市场竞争中处于劣势，会在残酷的竞争中败下阵来。所以，它们要想生存发展，也只能违背自己的环保意愿，"逼良为娼"地干起明知故犯、超标排污的事情来。

2. "违法成本低、守法成本高"的分析。沿着成本分析的视角，可以从行政处罚、民事赔偿和刑事制裁三个方面入手，分析现有企业环境责任行政处罚、民事赔偿和刑事制裁的制度缺陷，探寻导致"违法成本低、守法成本高"的成因。

（1）行政处罚的惩处力度小。我国企业承担环境违法责任的主要形式是行政责任，监管机关主要通过实施行政处罚，惩处违法企业。但是，由于行政处罚力度小，不能对企业的环境违法行为起到威慑作用。首先，处罚方式单一，以罚款为主，并且罚款数额设定上限，远远低于违法所得和对社会造成的损失。比如，我国《水污染防治法》第83条对企业造成的污染事故规定了两种处罚标准：一是对造成一般或者较大水污染事故的，按照水污染事故造成的直接损失的20%计算罚款；二是对造成重大或者特大水污染事故的，按照水污染事故造成的直接损失的30%计算罚款。我们要问的是，为什么只承担20%或30%的罚款，而不是按100%的比例计算罚款？这样的罚款计算方式使遏制企业违法的效果大打折扣。其次，处罚数额计算依据不合理。对于污染事故罚款的依据是违法行为"造成的直接损失"，将间接的环境损害排除在外，大大缩小了企业对其违法行为承担责任的范围。再次，环保机关只能罚款，无权关停。关停处罚决定权在当地人民政府，而地方政府在地区利益的驱动之下，往往难以下手、不愿处罚。对于中央直辖企业，关停处罚还必须报国务院批准，这在具体实施中有相当的困难。最后，对持续性违法行为的处罚规定不明确，导致企业规避处罚。根据《行政处罚法》第24条规定："对当事人的同一个违法行为，不得给予两次以上罚款的行政处罚。"由于法律没有明确规定,实践中,环保机关一般按月处罚,一年处罚12次。这在某种程度上鼓励了企业继续违法或者为企业规避法律惩处提供了机会。

(2) 民事赔偿的法律机制不完善。我国环境损害赔偿的法律规定不完善,救济渠道不畅通,致使环境损害受害者获得赔偿仍举步维艰,许多环境损害案件的当事人走上了上访道路。1996—2005年,每年因环境污染纠纷而上访的人次逐年攀升,平均每年高达49万人次。无论是关于损害赔偿的实体性规定,还是关于损害赔偿的程序性规定,都不完善。在实体性规定方面,存在着现行立法对环境损害赔偿制度问题的规范比较简单,有大量的立法空白和立法过于原则等问题。比如,"造成环境污染危害的,有责任排除危害,并赔偿损失"、"造成他人损害的,应当依法承担民事责任"等原则性规定,因其立法过于原则,基本上缺乏可操作性。在程序性规定方面,存在着起诉难、举证难、团体诉讼制度不健全等问题,导致受害人利益很难得到有效的保障,这在一定程度上就降低了违法企业的遭受处罚的概率和代价。

(3) 刑事制裁的环境犯罪轻刑化。近年来,全国每年发生的环境污染事故很多,但真正依照刑法追究刑事责任的只有寥寥几起,并且,重点惩罚的是结果犯,忽视追究行为犯和危险犯。但是,环境污染事故的发生,往往是由于长期的违法排污累积而爆发,而刑法所规定的环境犯罪主要是结果犯,致使那些处于蓄积状态但尚未爆发为重大环境污染事故的,以及那些对周围环境、公私财产和居民健康造成严重影响的污染环境的行为,难以追究其刑事责任。还有,环境犯罪规定的范围过窄。现行环境刑事立法遗漏了对许多环境要素的保护,如海洋、草原、自然保护区、风景名胜区等。这些环境要素如果遭到破坏,所带来的后果也是相当严重的。刑罚处罚畸轻。刑法规定的重大环境污染事故罪,最高可以判处有期徒刑七年,最低为拘役,达不到威慑犯罪、遏制环境违法的目的。①

当然,以上只是从成本的角度分析企业为什么会选择环境违法的原因,但并不是说我们国家的环境立法很差。相反,我们应将其放在环境立法从空白到初步建立和不断完善的历史链条中来认识。应该说,除了环境立法有待继续完善之外,环境执法存在的不到位或执行力差也是导致违法成本低的重要原因。另外,除了违法成本低这一利益的考量因素之外,企业的社会责任之道义的软约束也是重要的因素。因此,在治理企业环境犯法时,要将法律的利益硬约束与社会责任的软约束有机结合起来,方可有力地推动企业绿色公民建设。

3. 加大治理力度,培育企业绿色公民。要使企业成为生态文明建设中的

---

① 以上成因的分析主要参考齐晔、董红卫:《守法的困境:企业为什么选择环境违法?》,《清华法治论衡》2010年第1期,第284~295页。

公民主体，必须加大治理力度，双管齐下：既要健全市场机制，提高企业的社会责任感，增强对环境保护的绿色自觉；又要加大对违法行为的惩治力度，迫使企业将生态文明作为自身发展的必然选择。

（1）提高企业公民履行环境责任的自觉性。企业公民理念引进中国的时间不长，公众对此还比较陌生。因此，要从三个方面加大宣传力度："一是要让更多的相关政府部门和领导认识、了解实施企业公民战略的必要性，通过政府的声音自上而下地推广企业公民理念。二是要充分发挥媒体尤其是经济类媒体的导向性，加大力度宣传、传播企业公民的典型案例和做法，使企业公民、环境责任成为家喻户晓的概念，使企业公民价值观在较大范围内取得共识。只有建立在文化自觉基础上的企业公民，才能真正担当起生态文明的微观主体。三是要做国内大型企业的工作，使它们自觉地加入到企业公民的行列中来。大型企业是国民经济的支柱，具有代表性、号召力，也有能力从其丰厚的利润中拿出一部分来承担公共环境责任。作为领跑者，大企业对中小企业承担环境责任起着示范和促进的作用，当它们对下游的供货厂商提出相应的环境要求时，这种作用更为明显，其榜样力量必将大大推动中国企业公民事业的发展"①。除此宣传路径之外，还必须利用市场机制对此进行利益的诱导和调节。一方面，要真正重视环境资源的有限性和不可再生性，改变长期以来"资源无价，原料低价"的错误观念。这样一来，就将企业的追逐利益与环境保护、资源节约有机结合起来了。另一方面，可通过消费者"用脚投票"的行为来推动企业绿色公民行动建设。也就是说，建立环境信息披露制度和完善环境标志等制度，使顾客能够对企业产品的绿色化程度较易认识和鉴别，从而以顾客的购买倾向外在逼迫企业加快绿色化建设。总之，通过文化宣传、价格驱动和公众参与等多种途径，使企业能从绿色环保建设中获得正能量，增强其承担环境责任的意愿和内在自觉。

（2）强化政策法规对企业公民的激励和约束作用。这里至少可以从三个方面来予以推进：一是在融资和投入上，加大对环境友好企业的资助力度。各级政府可以综合运用财税扶持、信贷优惠、技术示范、政府采购等手段，对厂商的环境友好行为给予经济援助和鼓励，降低企业实施清洁生产的风险和成本。二是在环保技术工艺改进上，政府和行业协会可以通过向中小企业传播节能减排经验、推广技术、提供信息、加强人员培训等措施，帮助企业提高能效水平和环境绩效，提高其推进与落实生态环保理念的能力。三是在履行环境责任上，通过法律法规加大对环境违法行为的行政处罚力度，继续完善环境损害民事赔偿制度以及强化环境刑事责任追究，通过政府的权威性和法律的威慑作

---

① 张云：《生态文明视阈中的企业公民》，《石家庄学院学报》2008年第5期，第19页。

用来迫使企业治理污染。一句话，一定要根治"违法成本低、守法成本高"的问题，通过加大企业环境违法的成本，促使其形成自觉的环境守法意愿和行动。

总之，在建设生态文明过程中，只有将引导企业自觉地履行其社会责任和企业环境违法责任追究机制的完善有机结合起来，才能相互促进和落实到位，真正减少企业环境违法现象，才能有效地培育健全的企业绿色公民形象。

四、延伸阅读与思考

（一）重要文献资料

中国环境状况[①]

淡水环境：2011年，全国地表水总体为轻度污染。湖泊（水库）富营养化问题突出。

河流：长江、黄河、珠江、松花江、淮河、海河、辽河、浙闽片河西南诸河和内陆诸河十大水系监测的469个国控断面中，Ⅰ～Ⅲ类、Ⅳ～Ⅴ类和劣Ⅴ类水质断面比例分别为61.0%、25.3%和13.7%。主要污染指标为化学需氧量、五日生化需氧量和总磷。

湖泊（水库）：2011年，监测的26个国控重点湖泊（水库）中，Ⅰ～Ⅲ类、Ⅳ～Ⅴ类和劣Ⅴ类水质的湖泊（水库）比例分别为42.3%、50.0%和7.7%。主要污染指标为总磷和化学需氧量（总氮不参与水质评价）。中营养状态、轻度富营养状态和中度富营养状态的湖泊（水库）比例分别为46.2%、46.1%和7.7%。与上年相比，滇池由重度富营养状态好转为中度富营养状态，白洋淀由中度富营养状态好转为轻度富营养状态，鄱阳湖、洞庭湖和大明湖由轻度富营养状态好转为中营养状态；于桥水库、大伙房水库和松花湖由中度富营养状态变为轻度富营养状态；其它湖泊（水库）营养状态均无明显变化。

海洋环境：全海海域海水中无机氮、活性磷酸盐、化学需氧量和石油类等指标的综合评价结果显示，2011年，中国管辖海域海水水质状况总体较好，符合第一类海水水质标准的海域面积约占中国管辖海域面积的95%。

近岸海域：2011年，全国近岸海域水质总体一般。近岸海域监测点位代表面积共281012平方千米。其中，一类、二类、三类、四类和劣四类海水面积分别为64809平方千米、120739平方千米、39127平方千米、18008平方千

---

① 节选自2011年《中国环境状况公报》。

米和38329平方千米。按监测点位计算，一、二类海水点位比例为62.8%，比上年提高0.3个百分点；三、四类海水点位比例为20.3%，比上年提高1.6个百分点；劣四类海水点位比例为16.9%，比上年降低1.9个百分点。主要污染指标为无机氮和活性磷盐酸。四大海区中，黄海近岸海域水质良好，南海近岸海域水质一般，渤海和东海近岸海域水质差；9个重要海湾中，黄河口和北部湾水质良好，胶州湾和辽东湾水质差，渤海湾、长江口、杭州湾、闽江口和珠江口水质极差。

大气环境：全国城市环境空气质量总体稳定，酸雨分布区域无明显变化。空气质量：地级及以上城市，2011年，325个地级及以上城市（含部分地、州、盟所在地和省辖市）级别比例中，环境空气质量达标城市比例为89.0%，超标城市比例为11.0%。

声环境：2011年，全国77.9%的城市区域噪声总体水平为一级和二级，环境保护重点城市区域噪声总体水平为一级和二级的占76.1%。全国98.1%的城市道路交通噪声总体水平为一级和二级，环境保护重点城市道路交通噪声总体水平为一级和二级的占99.1%。全国城市各类功能区噪昼间达标率为89.4%，夜间达标率为66.4%。4类功能区夜间噪声超标较严重。

固体废物：2011年，全国工业固体废物产生量为325140.6万吨，综合利用量（含利用往年贮存量）为199757.4万吨，综合利用率为60.5%。

辐射环境：2011年，全国辐射环境质量总体良好。环境电离辐射水平保持稳定，核设施、核技术利用项目周围环境电离辐射水平总体未见明显变化；环境电磁辐射水平总体情况较好，电磁辐射发射设施周围环境电磁辐射水平总体未见明显变化。辐射监测数据表明，日本福岛核事故未对中国环境及公众健康产生影响。

自然生态：自然保护区，截至2011年底，全国（不含香港、澳门特别行政区和台湾地区）已建立各种类型、不同级别的自然保护区2640个，总面积约14971万公顷，其中陆域面积约14333万公顷，占国土面积的14.9%。其中，国家级自然保护区335个，面积9315万公顷。湿地保护，2011年，实施全国湿地保护工程项目42个，新增湿地保护面积33万公顷，恢复湿地2.3万公顷，新增4处国际重要湿地和68处国家湿地公园试点。截至2011年底，国际重要湿地达41处，面积为371万公顷，湿地示范区面积达到349万公顷。生物多样性，中国是世界上生物多样性最为丰富的12个国家之一，拥有森林、灌丛、草甸、草原、荒漠、湿地等地球陆地生态系统，以及黄海、东海、南海、黑潮流域海洋生态系统等。拥有高等植物34792种，其中，苔藓植物2572种、蕨类2273种、裸子植物244种、被子植物29703种，此外几乎拥有温带的全部木本属。约有脊椎动物7516种，其中，哺乳类562种、鸟类1269

种、爬行类403种、两栖类346种、鱼类4936种。列入国家重点保护野生动物名录的珍稀濒危野生动物共420种，大熊猫、朱鹮、金丝猴、华南虎、扬子鳄等数百种动物为中国所特有。已查明真菌种类10000多种。外来物种入侵最新统计，入侵中国的外来生物已达500种左右，近10年对中国造成严重危害的入侵物种至少29种，平均年递增2~3种。初步估计外来物种入侵每年对中国造成的直接或间接损失达1198.8亿元。

土地与农村环境保护：水土流失情况，现有水土流失面积356.92万平方千米，占国土总面积的37.2%。其中，水力侵蚀面积161.22万平方千米，占国土总面积的16.8%；风力侵蚀面积195.70万平方千米，占国土总面积的20.4%。农村环境状况，随着农村经济社会的快速发展，农业产业化、城乡一体化进程的不断加快，农村和农业污染物排放量大，农村环境形势严峻。突出表现为部分地区农村生活污染加剧，畜禽养殖污染严重，工业和城市污染向农村转移。

（二）典型案例

案例一

国内典型——株洲模式[①]

作为全国两型社会建设试验区之一，株洲积极响应党的十八大提出的"树立生态文明理念，推动绿色发展、循环发展、低碳发展"的号召，充分利用试验区先行先试的权力，在生态文明建设中不断创新机制体制，不断尝试生态文明建设新路径，形成了富有成效的"株洲模式"。概括起来，大致包括以下几个方面：

第一，生态文明建设的意识导向路径。作为一个老工业城市，株洲历来都背负着环境污染较严重的印记，要彻底改变这种状态，全民必须树立"生态优先"的经济发展方式和文明生活的意识。通过各种媒介引导市民，使市民保有强烈的生态意识，树立绿色消费观念、养成文明生活、礼貌行车等文明举止；同时生态文明意识也必须渗透到企业的生产经营中去，"三高"的企业必须转型，全力推进绿色发展、循环发展、低碳发展。经过几年"文明城市"、"卫生城市"、"交通模范城市"的创建，株洲大力宣传和践行生态文明建设，株洲城市整个生态文化素质得到了提高，逐渐形成了环境优先观、资源成本观、民本政绩观，为建立具有生态道德特色的社会道德准则和行为规范体系打下了坚实的基础。

[①] 选自刘连香：《生态文明建设路径分析：以株洲为例》，《商》2013年第16期，第348页。

第二，生态文明建设的生态修复与投资路径。株洲近几年来突出湘江污染综合治理，打造"东方莱茵河"，完成250多个湘江流域水污染综合整治项目。政府也先知先觉，加大了污染治理力度和经费投入，先后投资7亿元建设近10家生活污水处理厂，投资5亿多元建设工业污水处理厂，依法关停取缔污染企业和生产线落后的企业多家，关停并转清水塘地区中小企业约175家，拆除烟囱320座，改造绿化面积约1700公顷，城市绿化率达到48.95%。同时在市区建立了500多个公共自行车停放站，近2万辆公共自行车，鼓励大家绿色低碳出行，近700台公交车置换成环保电动车。经过一系列的生态文明建设举措的实施，株洲的空气质量和市民的生活环境以及工厂的清洁生产率都得到了很大的提升。目前，株洲成功创建国家卫生城市、国家园林城市、中国优秀旅游城市，还力创国家环保模范城市和交通模范城市，已成功地走出了污染城市之列。

第三，生态文明建设的技术创新与产业布局路径。如果真正摒弃"高投入、高消耗、高排放"的粗放式的经济发展模式，技术创新是关键。这就要求人类的生产劳动活动和生活消费活动遵循可持续发展的要求，不断创新和采用新型的绿色技术，合理节约综合利用自然资源，科学布局产业，实现产业生态化。株洲乘两型社会建设东风，树立"以现代工业文明为特征的生态宜居城市"的建设目标，力争形成以轨道交通装备制造业、高新技术产业、新能源产业、环境保护产业、文化创意产业、城市旅游产业、生态农业为主的产业结构，逐渐实现第一、第二、第三产业协同带动发展。具体着力发展培育轨道交通制造业、汽车制造和零部件制造业、航空航天业、服饰批发、陶瓷制造等"五大千亿产业集群"，努力打造高端服务业、绿色产业和转型方式的先导区，实现株洲的生活文明、生产文明、生态文明的建设目标。

第四，生态文明建设的科学规划路径。生态文明建设要讲究新旧有效衔接，要站到战略的高度去进行规划。既要在现有的基础上进行改良和重新布局，还要高瞻远瞩地规划城市的生态文明建设工作。株洲在两型建设示范片区建设上一直勇于创新、力求探索发展新模式。云龙示范片区建设立足于"生态城、文化城、旅游城"的高定位，着力打造两型典范，发展高端服务业、总部经济园、职业教育大学城等现代产业；天易示范片区突出"生态工业园、创新科技园、生态宜居区"的两型定位，重点发展高新技术产业，构建两型产业体系；对于清水塘示范片区，在加大治理的同时也规划搬迁重化工企业，探索建设生态新城。

第五，生态文明建设的制度创新路径。制度创新路径生态文明建设离不开法律制度的保证，良好的法制建设是生态文明建设的基本保障，而先行的法律政策与生态文明建设并不是能天然融合的。在全国范围内的生态文明建设中此环节比较薄弱，所以尽快建立和完善支持生态建设的财税、金融、价格、用地、产业、技术等政策迫在眉睫。这也是后期生态文明建设中的重点和目前的薄弱点。近几年，株洲先后制定了 150 多个政策性文件，在全省率先探索排污权有偿使用和交易机制，建立农村社区治理新模式等，多维运用财税、金融、价格、信贷等各种经济手段，引导和规范各类经济主体的行为，促进经济建设与环境保护协调发展。

案例二

国外典型——德国模式 ①

德国历届政府一直为实现经济、生态环境和社会的良性循环不断地推出和完善相关的政策，并将其作为国家社会经济发展的重要目标之一列入德国的基本法。经过多年的努力，德国被公认为在改善生态环境和促进可持续发展方面走在世界前列，其成功的新模式值得借鉴。

第一，德国模式高度重视以人为本，以和谐求发展。联邦政府认为生态环境保护与可持续发展的核心观点在于：以人为本，促进人与自然的和谐发展。根据生态学和市场经济的准则，经济、社会和生态三位一体是可持续发展模式的本质要求，只有这三个方面达到彼此协调才能认为是可持续发展的。德国政府认为，实施可持续发展不仅仅是政府部门的职责，还需要各种非政府力量的积极参与。在推进 21 世纪议程中，不仅各级政府发起各种活动以加强非政府力量在环境保护和可持续发展中作用，而且社会公众也自发地开展活动以改进自己行为方式的生态影响。目前有 400 万德国公民加入各种环境团体和自然保护协会，许多民众把环境保护融入他们的日常生活中。

第二，德国模式注重大力开发可再生能源和降低能源消耗。为促进可再生能源的开发和利用，德国决定逐步放弃已初具规模的核电，并以此为契机，大力开发太阳能、风能、生物能等可再生能源。德国政府希望通过能源结构调整，到 2010 年使可再生能源成为国民使用的主要能源。为达到上述目标，德国制定了《可再生能源法》等政策法规，并实施了一系列鼓励使用新型能源的计划。德国已经安装了 1.3 万个风力发电机组，总功率超过了 1 万 MW，达到了全球风力发电总量的 36%，居世界之首，超过了美国和丹麦。在太阳能开发利用方面，1998 年，联邦政府提出了用 6 年时间投资 9 亿马克，启动"10 万座屋顶太阳能"项目，在一些住宅区安装 10 万套光电设备，总容量达

---

① 选自刘助仁：《德国改善生态环境和实施可持续发展战略的经验启示》，《节能与环保》2005 年第 1 期，第 38～40 页。

30万KW，为居民提供足够的电量；夏天盈余的电量可并入电网中。德国通过大力促进可再生能源的发展，取得了多重效益：一是利用风能和太阳能这样的可再生能源使得德国温室气体排放量近年来减少了200余万吨，为德国竭力实现《京都议定书》的减排目标作出了巨大贡献；二是可再生能源的开发利用极大地促进了德国能源全行业的战略调整，使德国可持续发展动力增强；三是在目前德国经济持续低迷、失业人数屡创新高的情况下，可再生能源行业成为一个全新的"就业发动机"：在过去4年内，制造商和供应商的员工数量翻了一倍，与此同时，该行业销售额每年增长45%。

第三，德国模式大力发展资源回收再利用和减少存量资源消费。德国对生活垃圾的管理是建立生产者责任制度，它要求生产者和销售者有收集、再利用和处置废弃物的责任，更全面体现了"污染者付费"原则，生产者和销售者需按照法律规定，承担生活垃圾的收集、分类和处置工作或费用，尽可能达到"物质闭合循环的回路"。生产者责任制度的确立不仅解决了垃圾的管理和后续处置费用，而且通过影响产品成本起到引导生产者行为、鼓励生产者减少原材料的使用量以及采用可回收利用的材料制造产品的作用。德国的垃圾处理技术等级规定垃圾的处理顺序为：源削减→回收利用→焚烧回收能源→最终填埋处理。只有在高层次的技术方案不能利用时，才能使用低层次的技术方案，并规定包装废弃物只能以物质回收的方式，不可以采用能源回收的方式。该技术等级保证了最大程度上的物质回收和能量回收。

第四，德国模式全力打造有竞争力和可持续发展的环保农业。目前，德国农业政策的根本点是发展有竞争力和可持续的环保农业，在提高农业现代化水平的同时，促进生态平衡，保护环境。德国制定环境无害化可持续农业的主要目标有：促使农业为社会公众提供优质粮食，确保农民收入和财产的增加，保护人类生活的自然基础和生物多样性，保护和发展农村地区的生态和景观。因此，德国的农业政策要求土地所有者严格按照适当的耕作技术和环境无害化方式使用植物保护剂和化肥，进一步减少所有土地的污染物投入，大力发展环保农业，认真执行"优质农业耕作规则"，改善环境能够承受的常规耕作方式，保护自然的生存基础，特别是物种的多样性、地下水、气候和土壤的良性发展，同时保护自然景观不受破坏，使自然资源可以持续使用。为此，德国制定了多部相关法律，如《植物保护》法和《土壤保护》法等；向农业提供财政补贴，促进农村地区的经济和自然保护；还通过对农户的培训，使他们有意识地减少对生态体系的人为损害。

第五，依靠法制规范可持续发展战略实施。德国政府强烈意识到，实现经济与生态的协调和可持续发展需要有关可持续发展的战略方针与基本政策长期稳定不变，并能有效地贯彻执行，而法律的稳定性能满足这一稳定政策的要求。可持续发展涉及所有产业和众多的产业部门，发展战略的变革，不可避免地带来不同产业部门和产业部门资源的重新分配，涉及各行各业、个人的利益。必须依靠法制加以规范。德国实施可持续发展战略的最基本手段就是立法与可持续发展有关的法律涉及面很广，包括生态、环境资源、能源、人文、经济、社会等领域。联邦德国从20个世纪60年代制定第一部环保法即《保护空气清洁法》以来，先后出台了《垃圾管理法》、《三废清除法》、《环境规划法》、《有害烟尘防治法》、《洗涤剂法》、《水管理法》、《区域整治法》、《自然保护法》、《森林法》、《渔业法》、《循环经济法》等。德国的《循环经济法》是目前最完整地体现了废物减量化、资源化和无害化，符合可持续发展要求的废弃物管理的专门性法规。该法强调了对固体废弃物的处理是为了实现整个环境、资源与经济的良性循环，而不再是对废弃物简单的处置，应该作为资源加以回收利用，实现物质"摇篮—坟墓—摇篮"的闭合循环，充分体现了循环经济的思想。

参考书目

[1] 中共中央宣传部. 习近平总书记系列重要讲话读本. 北京：学习出版社，人民出版社，2014.

[2] 李惠斌. 生态文明与马克思主义. 北京：中央编译出版社，2008.

[3] （美）德尼·古莱. 发展伦理学. 高铦等，译. 北京：社会科学文献出版社，2003.

[4] 余谋昌，严耕. 生态文明论. 北京：中央编译出版社，2010.

[5] （加）威廉·莱斯. 自然的控制. 岳长龄，李长华，译. 重庆：重庆出版社，2007.

[6] 杨通进，高予远. 现代文明的生态文明转向. 重庆：重庆出版社，2007.

[7] （捷）瓦茨拉夫·克劳斯. 环保的暴力. 宋凤云，译，北京：世界图书出版公司北京公司，2012.

[8] （美）詹姆斯·奥康纳. 自然的理由. 唐正东，臧佩洪，译. 南京：南京大学出版社，2003.

思考题

1. 为什么必须把生态文明建设融入经济建设、政治建设、文化建设、社会建设各方面和全过程？

2. 生态文明建设不只是政府的事，也不只是企业的事，它更是关乎每个人的重要事情。因此，需要提倡从我做起，使生态文明建设真正成为每一位公民的自觉行动。请你谈谈在日常生活中,我们能为生态文明建设做些什么?

3. 在现实生活中为什么会出现先污染、后治理的现象?你认为这些现象产生的根本原因是什么?

4. 怎样认识当前我国面临的重大环境问题挑战?

第七讲　中国特色社会主义领导力量

一、教学大纲基本内容

（一）中国共产党的执政党建设理论

1. 中国共产党的性质和领导地位。

（1）中国共产党的性质。中国共产党是马克思主义与中国工人运动相结合的产物，是中国工人阶级的先锋队，同时是中国人民和中华民族的先锋队。

（2）中国共产党的地位。中国共产党是中国特色社会主义事业的领导核心，代表中国先进生产力的发展要求，代表中国先进文化的前进方向，代表中国最广大人民的根本利益。

中国共产党的领导地位是历史和人民的选择，是在中国长期的革命、建设、改革实践中逐步形成并巩固起来的。中国共产党对国家和社会的领导主要是政治、思想和组织领导，即按照党的理论、路线和纲领，通过制定大政方针，提出立法建议，推荐重要干部，进行思想教育，发挥党组织和广大党员的先锋模范作用，实现党的领导。

2. 中国共产党执政党建设理论的主要内容。

（1）关于推进伟大事业与伟大工程的理论。坚持把推进党领导的伟大事业同推进党的建设伟大工程紧密结合起来，保证党始终成为社会主义事业的坚强领导核心。紧紧围绕和服务党领导的伟大事业，按照党的政治路线来进行，围绕党的中心任务来展开，朝着党的建设总目标来加强，为抓好发展这个党执政兴国的第一要务、建设富强民主文明和谐的社会主义现代化国家、坚持和发展中国特色社会主义提供根本保证。

（2）关于把思想理论建设放在首位的理论。坚持党的思想路线，坚持真理、修正错误，不断推进马克思主义中国化、时代化、大众化，用马克思主义中国化最新成果武装全党、教育人民，建设马克思主义学习型政党，提高全党的马克思主义水平，提高运用科学理论改造主观世界和客观世界的能力，使党的理论和实践始终体现时代性、把握规律性、富于创造性。

（3）关于加强党的执政能力建设和先进性、纯洁性建设的理论。以执政能力建设、先进性和纯洁性建设为主线，坚持科学执政、民主执政、依法执政，着力提高党总揽全局、协调各方的能力和水平，建设高素质干部队伍，凝聚各方面人才和力量，充分发挥党委领导核心作用、基层党组织战斗堡垒作用、共产党员先锋模范作用，使党始终代表中国先进生产力发展要求、中国先进文化前进方向、中国最广大人民根本利益。

（4）关于立党为公、执政为民的理论。坚持全心全意为人民服务的根本宗旨，坚持以人为本这个核心立场，贯彻马克思主义群众观点和党的群众路线，保持党同人民群众的血肉联系，实现好维护好发展好最广大人民的根本利益，做到权为民所用、情为民所系、利为民所谋，不断增强党的阶级基础、扩大党的群众基础，使党始终得到人民群众的支持和拥护。

（5）关于以改革创新精神加强党的建设的理论。坚持继承和创新相结合，坚持用时代发展要求审视自己、以改革创新精神提高和完善自己，不断推进党的建设的实践创新、理论创新、制度创新，建立健全以党章为根本、以民主集中制为核心的制度体系，不断提高党的建设科学化水平，推进党的建设科学化、制度化、规范化，发展党内民主，保障党的团结统一，增强党的创造活力。

（6）关于党要管党、从严治党的理论。治国必先治党、治党务必从严，实行党建工作责任制，坚持严格要求、严格教育、严格管理、严格监督，开展批评和自我批评，严肃党的纪律，从关系人心向背和党的生死存亡的战略高度加强党风廉洁建设，坚决纠正损害群众利益的不正之风，不断解决党内存在的问题，提高管党治党水平，始终保持党的先进性和纯洁性。

（二）党的建设面临的新课题新考验

1. 党的建设面临的"四个考验"。

（1）执政考验。面对国际形势的深刻变化和国内改革发展的繁重任务，如何坚持以经济建设为中心，抓住发展这个执政兴国的第一要务，促进经济又好又快发展；面对社会主义民主政治的深入发展，如何坚持科学执政、民主执政、依法执政，创新执政理念、转变执政方式，为人民掌好权、执好政；面对人们思想活动的独立性、选择性、差异性日益增强，如何巩固马克思主义在意识形态领域的指导地位；面对我国社会空前变革中社会阶层分化、价值观念多样、利益诉求多元、社会矛盾凸显的情况，如何激发社会的创造活力，把各方面力量凝聚起来，有效维护社会稳定、促进社会和谐；等等，所有这些，都对中国共产党执政提出了新的要求。

（2）改革开放考验。面对改革开放日益呈现出的新旧矛盾、长期性矛盾和阶段性矛盾，可以预料和难以预料的矛盾相互交织的复杂局面，排除来自

"左"和右的各种干扰,坚定不移地继续推进改革开放,进一步解放思想和发展生产力,是执政党面临的重大课题和根本任务。

(3) 市场经济考验。不断完善社会主义市场经济体制,既发挥好市场在资源配置中的决定性作用,又发挥好社会主义制度的优越性,仍然是中国共产党需要不断探索和回答的重大课题。此外,经济领域中的交换原则也会不同程度地反映到政治生活领域乃至党内生活中来,导致拜金主义、享乐主义、极端个人主义侵蚀党的肌体。如何既能领导好社会主义市场经济,又能始终保持党的先进性和纯洁性,也是摆在党面前的一个重大考验。

(4) 外部环境考验。当前,我国发展的外部环境总体上是有利的,但也要看到,随着世界多极化、经济全球化深入发展,国际金融危机影响深远,综合国力竞争和各种力量较量更趋激烈,不稳定不确定因素增多,也给我国发展带来了新的机遇和挑战。如何以敏锐的眼光洞悉发展先机,始终保持清醒头脑,统筹国内国际两个大局,牢牢掌握发展的战略主导权;如何既积极参与国际经济合作和竞争,又有效抵制西方敌对势力的渗透破坏,维护国家安全,为中国改革和发展创造良好外部环境,是党面临的重大考验。

2. 党的建设面临的"四个危险"。

(1) 精神懈怠的危险。在长期执政和改革发展取得巨大成就的情况下,如何避免精神懈怠、始终保持积极进取的精神状态,是一个重大而紧迫的问题。要坚决克服一些党员干部安于现状、贪图享乐、不思进取、不爱学习、理想信念动摇、缺乏忧患意识的思想,坚定理想信念,始终为人民的幸福不懈奋斗。

(2) 能力不足的危险。在国际国内复杂形势下,做好工作的艰巨性、复杂性、挑战性更加突出,对领导者素质、能力的要求越来越高。克服一些党员干部能力素质不高、应对复杂局面的能力不强、工作主动性和创造性不够等问题,不断提高领导改革开放和现代化建设的能力和本领,更加突出地摆在全党的面前。

(3) 脱离群众的危险。密切联系群众是中国共产党的最大政治优势,脱离群众是中国共产党执政后的最大危险。当前,一些党员干部宗旨意识淡薄、官本位思想严重,有些党员干部还存在脱离群众、脱离实际、不讲原则、不负责任,言行不一、弄虚作假,形式主义、官僚主义、享乐主义、奢靡之风等问题。如果对这些问题重视不够、整治不力,党的执政地位就有丧失的危险。

(4) 消极腐败的危险。消极腐败是危害党的肌体健康的毒瘤。坚决反对腐败,是中国共产党必须始终抓好的重大政治任务。要清醒地看到,目前一些党员干部法治意识、纪律观念淡薄,铺张浪费、奢靡享乐,跑官要官、买官卖官等问题屡禁不止,一些领导干部特别是高级干部中发生的腐败案件影响恶劣，一些领域腐败现象易发多发，等等，这些现象严重削弱了党的创造力、凝聚力、战斗力，严重影响党的执政地位的巩固和执政使命的实现，必须引起警醒，抓紧加以解决。

3. 增强"四种意识"。

（1）忧患意识。党的先进性和党的执政地位都不是一劳永逸、一成不变的。唯有始终保持忧患意识，居安思危，谦虚谨慎，戒骄戒躁，始终保持清醒头脑，清醒地看到所面临的困难和挑战、矛盾和问题，艰苦奋斗、同心同德，才能将党和国家的事业不断推向前进。

（2）创新意识。面对新形势、新任务、新问题新挑战，唯有创新才能不断推进科学发展。全党必须牢固树立创新意识，着力提升创新素质和创新能力，坚持解放思想、实事求是、改革创新、求真务实，坚持真理，修正错误，始终保持奋发有为的精神状态和创造活力，不断开辟事业发展的新局面。

（3）宗旨意识。增强宗旨意识，就要时刻防止脱离群众，牢记权为民所用、情为民所系、利为民所谋，相信群众，依靠群众，始终把人民放在心中最高位置，深入实际察民情、听民声、知民意、解民忧，把人民群众是否满意作为衡量工作的标准，真正做到问政于民、问需于民、问计于民，不断提升人民群众的生活福祉。

（4）使命意识。党自诞生之日起，就担当起带领中国人民实现中华民族伟大复兴的历史使命，但实现这个目标任重而道远。我们要继续实现推进现代化建设、完成祖国统一、维护世界和平与促进共同发展这三大历史任务，就必须增强使命意识，时刻牢记党的崇高使命和人民重托，求真务实，艰苦奋斗，始终保持共产党人的政治本色，不断谱写事业发展新篇章。

（三）全面提高党的建设科学化水平

1. 提高党的建设科学化水平的总要求。 全党要增强紧迫感和责任感，牢牢把握加强党的执政能力建设、先进性和纯洁性建设这条主线，坚持解放思想、改革创新，坚持党要管党、从严治党，全面加强党的思想建设、组织建设、作风建设、反腐倡廉建设、制度建设，增强自我净化、自我完善、自我革新、自我提高能力，建设学习型、服务型、创新型的马克思主义执政党，确保党始终成为中国特色社会主义事业的坚强领导核心。

2. 提高党的建设科学化水平的主线。

（1）加强党的执政能力建设。党的执政能力，就是党提出和运用正确的理论、路线、方针、政策和策略，领导制定和实施宪法和法律，采取科学的领导制度和领导方式，动员和组织人民依法管理国家和社会事务、经济和文化事业，有效治党治国治军，建设社会主义国家的本领。

加强党的执政能力建设的总体目标是：通过全党共同努力，使党始终成为立党为公、执政为民的执政党，成为科学执政、民主执政、依法执政的执政党，成为求真务实、开拓创新、勤政高效、清正廉洁的执政党，带领全国各族人民实现国家富强、民族振兴、社会和谐、人民幸福。

加强党的执政能力建设的主要任务是：不断提高驾驭社会主义市场经济的能力、发展社会主义民主政治的能力、建设社会主义先进文化的能力、构建社会主义和谐社会的能力、应对国际局势和处理国际事务的能力。

（2）加强党的先进性和纯洁性建设。先进性和纯洁性是马克思主义政党的根本特征和本质要求，也是马克思主义政党的生命所系、力量所在。中国共产党自成立以来，之所以能够在各种政治力量的长期斗争和反复较量中脱颖而出，最根本的就在于始终保持了马克思主义政党的先进性和纯洁性。

加强党的先进性和纯洁性建设，就是要通过推进思想建设、组织建设、作风建设、反腐倡廉建设和制度建设，使党的理论和路线方针政策合乎时代发展的潮流，顺应我国社会发展进步的要求，反映全国各族人民的利益和愿望，使各级党组织不断提高创造力、凝聚力、战斗力，始终发挥领导核心作用和战斗堡垒作用，使广大党员不断提高自身素质，始终发挥先锋模范作用，使党不断提高执政能力、巩固执政地位、完善执政使命。

党的先进性和纯洁性，体现在党的思想、政治、组织和作风各个方面。新形势下保持党的先进性和纯洁性的基本要求是：坚持党要管党、从严治党，坚持强化思想理论武装和严格队伍管理相结合、发扬党的优良作风和加强党性修养与党性锻炼相结合、坚决惩治腐败和有效预防腐败相结合、发挥监督作用和严肃党的纪律相结合，不断增强自我净化、自我完善、自我革新、自我提高能力。

3. 提高党的建设科学化水平的战略任务。建设学习型、服务型、创新型的马克思主义执政党，体现了我们党一贯重视学习、善于学习的政治传统，服务人民、造福人民的政治责任，与时俱进、改革创新的政治品质，是新形势下全面提高党的建设科学化水平的战略任务。

建设学习型的马克思主义执政党，要按照科学理论武装、具有世界眼光、善于把握规律、富有创新精神的要求，坚持以思想理论建设为根本，坚持解放思想、实事求是、与时俱进、求真务实，不断推进马克思主义的中国化、时代化、大众化的进程，提高运用科学理论改造主观世界和客观世界的能力，使党的理论和实践始终体现时代性、把握规律性、富于创造性。

建设服务型马克思主义执政党，要坚持以人为本、执政为民，始终保持党同人民群众的血肉联系。坚持问政于民、问需于民、问计于民，从人民伟大实践中汲取智慧和力量。坚持实干富民、实干兴邦，勇于开拓、勇于担当，多干让人民满意的好事实事，为人民群众排忧解难。

建设创新型马克思主义执政党，要在坚持党的优良传统的基础上，坚持从新的实际出发，用时代发展要求审视自己，以改革创新精神提高和完善自己，不断推进党的建设创新、理论创新、制度创新，使党的建设不断适应党的事业的发展要求，永葆党的生机活力。

4. 深入开展党的群众路线教育实践活动。 开展党的群众路线教育实践活动的指导思想和总体部署：高举中国特色社会主义伟大旗帜，坚持以马克思列宁主义、毛泽东思想、邓小平理论、"三个代表"重要思想、科学发展观为指导，紧紧围绕保持和发展党的先进性和纯洁性，以为民、务、实、清廉为主要内容，以县处级以上领导机关、领导班子和领导干部为重点，切实加强全体党员的马克思主义群众观点教育，把贯彻落实中央八项规定作为切入点，进一步突出作风建设，坚决反对形式主义、官僚主义、享乐主义和奢靡之风，着力解决人民群众反映强烈的突出问题，提高做好新形势下群众工作的能力，保持党同人民的血肉联系，发挥党密切联系群众的优势，为推动经济持续健康发展、全面建成小康社会、实现中华民族伟大复兴的中国梦提供坚强保证。

开展党的群众路线教育实践活动的总要求："照镜子、正衣冠、洗洗澡、治治病"。

二、学术前沿述评

（一）关于依法治国与中国共产党执政方式转变的问题

2014年10月，党的十八届四中全会在北京胜利举行。会议以"依法治国"为主题，这在改革开放以来历次党的全会中还是第一次，因而引起了举国关注。习近平总书记在会上重申了党的十八大报告的提法："依法治国是党领导人民治理国家的基本方略，法治是治国理政的基本方式"，这既是当下社会的一种共识，也是对中国共产党转变执政方式提出了更高要求。

1. 转变执政方式的必要性。 随着"五四宪法"的颁布和社会主义改造的基本完成，中国从法律和实践两个层面实现了由各革命阶级联合专政向人民民主专政的转变。然而，接踵而来的政治运动使国家政权建设遭到严重破坏。党的十一届三中全会后，政治体制改革逐步铺开，受苏联解体、东欧剧变和国内政治波动影响又被随即叫停。尽管其后中央和地方陆续进行了各种理论创新和一系列实践探索，但以党政一体独大为特征的金字塔式的权力架构并没有得到真正意义上的突破。迄今，从中央到地方再到基层，国家政权机关及其执行机关和监督机关、统一战线组织、军队、公安司法、企事业单位、民主党派、群众团体、社会阶层都在同级地方党委的统一领导下，各单位的日常工作也都在本单位党组织的直接领导下，各单位的主要领导都由党员担任，各单位的党组织和党员干部都在同级地方党委的直接领导下，充分体现了党的三重领导或绝对领导。① 这种毛细血管式的管理方式，将经济、社会、文化等都纳入政治的视野和控制范围之内，构成了特殊的权力系统并产生了重大影响。它同时也决定了在当前政党—国家的政治生态中，其他主体究竟能扮演什么角色、发挥什么功能，既取决于各自的发展状况，更取决于整体的环境和氛围。换言之，基层探索固然重要，顶层设计才是关键。从这个意义上讲，只有突破党政二元一体的权力安排，才可能催生继续改革的动力，才可能逐渐实现国家治理的现代化，才可能消除人们对"党大还是法大"的疑问。否则，依法治国将成为空谈。

2. 转变执政方式的整体思路。

（1）转变思维。新中国成立60多年来，中国共产党领导人民取得了举世瞩目的成就。但不可否认，其执政思维依然徘徊在革命与改革之间、计划与市场之间、人治与法治之间、自由与保守之间，时左时右，摇摆不定，尚未完全走出"格瓦拉困境"——一定历史阶段、特定社会形态和特殊政治活动基础上形成的思维方式和价值观念。② 从目前情况来看，中国在经济发展方面已基本转型，但政治和精神领域的改革还存相当难度，并由此导致了一系列悖论。首先，革命信仰的乌托邦与物质利益最大化追求之间的矛盾；其次，政治话语体系和社会话语体系渐相背离的矛盾；再次，宏大理论叙事与具体社会实践之间的矛盾。这是执政党转型首先要克服的一大难题，不仅需要广大党员干部与时俱进，更需要高层决策者的勇气、智慧和担当。

（2）创新理论。面对形势巨变，执政党亟待解决的另一难题是其理论创新的速度和力度难以满足现实的需要。问题的一大症结就在于，研究者还没有真正跳出意识形态的圈子，一方面，教条式的马克思主义不断遭到批判；另一方面，对新问题、新情况的解析和论证却总要有意无意回到马克思的著作中寻找依据，似乎只有马恩说过的才够权威，这是一种不自信的表现。同时，在理论创新的过程中，有一种倾向值得特别关注，即以国情为说辞，排斥并拒绝学习别国的长处；以普世为借口，漠视甚至否认自身存在的弊端。如果理论创新建立在这种双重标准之上，不仅其可信度、说服力大打折扣，而且最终将沦为自说自话。为此，要坚定"理论自信"，更大程度地鼓励和支持"自由之精神、独立之思想"。

---

① 云谷川：《党、政二元体制辨析》，http://cpc.people.com.cn/GB/74166/74193/5345608.html.
② 公方彬：《"格瓦拉困境"与中国共产党转型》，《人民论坛》2013年第24期。

（3）限制权力。党权的过度扩张，强化了对社会的控制，也造成了严重的后果，最劣者当属腐败滋生。解决之道，在于限制权力，"把权力关进制度的笼子里"。首先是确权，执政党要有画地为牢的魄力，通过建立权力清单制度并广而告之，在全社会形成党权的边界意识。其次是放权，除核心权力外，将其他权力分由政府、社会、市场各自承担，"党权"、"国权"（政权）、"社权"（民权）各有所归。最后是督权，通过建立专门独立的督查机构，既要监督权力的运行，避免权力滥用，又要督查权力的行使，避免权力的不作为。在此过程中，执政党要做好顶层设计，既要加强中央的大局控制力，更要强化地方的具体执行力，严防和严惩权力触角的四处伸展，其中，后一点在当下尤为重要。

（二）关于党是否存在自身利益的问题

国内较早关注这一问题的是涂大杭，他在《论党的利益》[①]一文中对此进行了初步探讨，其后王长江等人又做了更为深入的研究。2010年4月、5月，《学习时报》先后刊发了方工的《党没有自身利益应成为全党共识》和王长江的《党有自身利益是一种客观存在》，两篇论点针锋相对的文章，迅速引发了一场关于党有无自身利益的大讨论。迄今，学界在关于"党的利益"的有无、内涵及其实现路径等方面已取得了初步成果。

1. 党有没有自己的利益。 目前主要有四派观点：

第一派以方工为代表。他认为，"所谓党有利益说，在当前的社会和政治背景下，不具备政治上的合理性，也不符合社会实际情况，而且会形成误导，不利于党员正确理解'立党为公执政为民'的宗旨，亟需正本清源"[②]。

第二派以王长江为代表。他认为，"党有自身利益是一种客观存在"。由于通常强调共产党是代表最广大人民的根本利益，强调"党的利益"和人民利益的一致性，也由于"党和人民的利益"、"党和国家的利益"经常被联在一起使用，致使"党的利益"问题被忽视。[③]

第三派以胡承槐为代表。他认为，方、王两人都依据了马克思、恩格斯的一些论述，但只是部分地合乎马克思主义的观点。他从研究方法和逻辑推演上对方文进行了批驳，同时对王文进行了补充。[④]

第四派以顾金喜为代表。他认为，党有自身利益是一种客观存在，这是一

[①] 涂大杭：《论党的利益》，《理论探讨》2001年第3期。
[②] 方工：《党没有自身利益应成为全党共识》，《学习时报》2010年4月12日。
[③] 王长江：《党有自身利益是一种客观存在》，《学习时报》2010年5月3日。
[④] 胡承槐：《论马克思主义的党的利益观——兼与王长江、方工二位先生商榷》，《学习论坛》2010年第9期。

种实然状态的分析，是实事求是、客观求真的结果。而党没有自身利益应成为全党共识，则是一种应然状态的规范分析，是一种规范党员行为，鼓励、号召党员干部全心全意为人民服务的一种政治动员。两者是辩证统一的。①

2. 党的利益的内涵和层次。 关于"党的利益"的内涵，学者们分歧很大，归结起来主要有以下观点：

（1）"一致说"。党的利益与国家利益、人民利益是一致的，共产党除了人民的利益之外没有自己的任何私利，实际上是变相地否认了党自身利益的存在。

（2）"超越说"。认为党没有自身利益，这只是表面现象，事实是，党在代表国家和人民利益的名义下，获取了超越人民利益的特殊利益。

（3）"成本说"。党有自身独立的利益追求，执政就是党的最大利益所在。在执政中不讲党的利益，就必然出现不讲执政成本的问题。承认党有自身的利益追求，不仅不会影响党的形象，而且有利于降低执政成本。

（4）"目的说"。党有自身的利益，但是党追求利益的最终结果是为了广大人民群众的福祉，而不是为了党本身。

目前，多数研究者认为，党不仅有自己的利益，而且党的利益是分层次的。它至少包括如下方面：首先，党的利益主要体现为政治利益，政治利益是政党的第一位追求，即通过执掌国家政权来实现党的政治纲领。其次，党作为社会政治组织需要物质利益来支撑其政治活动，包括取得财政拨款及必需的活动场所等，这是维持党的运作、发挥党的作用必需的物质资源。对这个问题争议较大的是，党员个人利益算不算党的利益。大部分研究者认为，应对两者进行严格区分。但也有不同声音。例如，有人指出，党是执政党，掌握着公共权力，因此，党员作为执政党的一分子，其利益与党的利益之间存在着千丝万缕的联系，因而与非党员群众的利益有很大的区别。

3. 如何实现党的利益。

（1）从提高执政能力的角度。在党的执政理念方面，强化和落实党的立党为公、执政为民的执政理念；在党的执政方式方面，要按照"总揽全局，协调各方"和依法治国的原则要求，改革和完善党的领导方式和执政方式，体现出执政的科学性与有效性；在党的执政基础方面，要不断巩固党的阶级基础，扩大党的群众基础；在党的执政能力方面，要突出作为整体的党的五种能力建设和领导干部的五种能力建设；在党的自身建设方面，要围绕着执政的利益要求，以改革的精神加强党的自身建设，保持党的先进性。

（2）从利益整合的角度。构建通畅的利益表达机制；构建合理的利益分

---

① 顾金喜：《论党的利益与人民利益的辩证统一》，求是理论网，2010年5月14日。

配机制；构建科学的利益导向机制；构建严格的利益约束机制；构建多元的利益调处机制；构建有效的利益保护机制。

（3）从利益指向的角度。坚持民主执政，维护党的政治利益；坚持科学执政，控制党的组织利益；坚持依法执政，规范党员个人利益。

（4）从党的利益定位的角度。正确认识党的利益与党内民主的关系；正确处理党的利益和国家利益的关系；正确处理党的利益和人民利益的关系；正确处理党的利益和党员个人利益的关系；防止党内"既得利益集团"的出现。

对"党的利益"相关话题的争论和探讨，反映了在全球化和社会转型大背景下学界对党建理论的深入思考，体现了学人的忧党之心、兴党之责，也是对理论联系实际、与时俱进的一种具体阐释。尽管到目前为止它还是一个尚未取得共识、未被认识清楚的话题，但已经触及到了党建的核心内容；同时，它也绝不单单是一个理论上的争论，更是一个重大的实践课题，直接关系到执政党自身建设乃至整个国家发展，确实是当代中国一个亟待澄清的重大课题。

（三）关于基层党建问题

党的十八大报告指出："要落实党建工作责任制，强化农村、城市社区党组织建设，加大非公有制经济组织、社会组织党建工作力度，全面推进各领域基层党建工作，扩大党组织和党的工作覆盖面，充分发挥推动发展、服务群众、凝聚人心、促进和谐的作用，以党的基层组织建设带动其他各类基层组织建设。"这其中，农民工党建和非公企业党建在学界还较少涉及，但其重要性却随着经济社会的发展而越发突出。

1. 农民工党建。农民工党建是新时期加强基层党建的一个重大课题。目前为数不多的研究成果，主要从以下方面做了初步研究：

（1）农民工党建的特点。农民工党员人数总量少，比例低；农民工党员涉及地域广，流动性强；农民工有较强的入党意愿；输入地的农民工党建工作亟待加强；多数农民工认同输入地管理。

（2）农民工党建的意义。农民工党建对于发挥农民工党员的先锋模范作用和农民工党组织的战斗堡垒作用、引领企业转变经济发展方式具有重要意义；对于加强党的领导，引领农民工发挥生力军作用，推进工业化、城镇化、信息化进程具有重要意义；对于发挥党建独特政治优势、加强城乡流动人口的社会管理工作、促进社会和谐稳定具有重要意义；对于增强党的阶级基础、扩大党的群众基础具有重要意义。

（3）农民工党建的对策。首先，建立健全"接续培养、双向考察、两地公示、责任追究"等符合农民工流动特点的入党机制，实现流出地、流入地一盘棋，形成齐抓共管的责任体系。其次，做好政策倾斜，在发展党员计划安排上，把发展重点向农民工群体倾斜，做到发展有硬性的数量指标约束。再次，落实异地入党责任，将农民工异地入党工作纳入各党（工）委书记履行基层党建工作责任考核范围，加强对非公经济组织和社会组织农民工入党的指导和监管，做到有人管事、有地议事、有章理事。最后，要在普通农民工中选树党员典型，宣传先进事迹，通过典型示范，引导农民工增强入党积极性，加大农民工党员源头培养力度。

2．非公有制企业党建。目前，我国非公企业产值占国内生产总值的60％，80％以上的城镇就业、90％以上的新增就业岗位由非公企业提供。独特的地位和贡献，决定了非公有制企业党建工作成为党的建设的重要领域和重点任务。结合党和政府的会议和文件精神，学界主要从以下几个方面进行了探讨：

（1）非公有制企业党建的重要意义。加强和改进非公有制企业党的建设工作，是坚持和完善我国基本经济制度、引导非公有制经济健康发展、推动经济社会发展的需要，是加强和创新社会管理、构建和谐劳动关系、促进社会和谐的需要，是增强党的阶级基础、扩大党的群众基础、夯实党的执政基础的需要，是以改革创新精神提高党的基层组织建设科学化水平、全面推进党的建设新的伟大工程的需要。

（2）非公有制企业党建的功能定位。非公有制企业党组织是党在企业中的战斗堡垒，在企业职工群众中发挥政治核心作用，在企业发展中发挥政治引领作用。

（3）非公有制企业党建的领导体制和工作机制建设。包括：健全领导机构和管理体系；建立直接联系工作机制；要在非公有制企业中努力推进党的组织和工作覆盖；探索党组织和党员发挥作用的有效途径；加强以党组织书记为重点的党务工作者队伍建设；加强对非公有制企业出资人的教育引导；强化非公有制企业党建工作保障。

除此之外，当前基层党建工作还有两个问题比较突出，即隐形党员和口袋党员问题。其中，隐形党员是指从某地流出的党员未到流入地报到，将党员身份隐藏起来，使流出地和流入地党组织都无法掌握其自然情况的党员。口袋党员则是转出组织关系后，手持组织关系介绍信，装进口袋，自行留存，未到预转入党组织报到的党员。

随着我国改革的继续深入和社会的日益开放，党员的数量更大、流动性更强。至"十一五"末，我国的农民工总数已达2.42亿，其中流动党员300多万。同时，非公有制企业的从业人员大约2亿，党员总数350多万名。因此，其党建工作成为扩大党的群众基础、提高党的社会影响力和维护职工合法权益的迫切需要，同时凸显了新时期加强流动性党员管理的重要性。作为一个传统的农业大国，在向现代化转型的过程中，这个问题无疑关系到党的执政基础。如何在对策、策略上进行更深入的研究,成为今后基层党建工作的中心问题之一。

(四) 关于党风廉政建设问题

反腐倡廉一直是党建工作的重中之重。习近平总书记也多次强调,反腐倡廉必须常抓不懈,拒腐防变必须警钟长鸣,要坚持"老虎"、"苍蝇"一起打,切实维护人民合法权益,努力做到干部清正、政府清廉、政治清明。党风廉政建设涵盖的内容很多,当前主要表现在两个方面。

1. 网络反腐。随着网络的不断普及应用,近几年网络反腐风生水起,效果显著,学界对此也予以了高度关注。

(1) 网络反腐的起因。

1) 网络因素。网络创造了公民对政治和社会问题展开讨论的公共领域。由于网络的交互特性及及时性,各种公共论坛应运而生,公众拥有了对公共事务进行评论、交换意见、形成舆论的场所。

2) 网民因素。一是自身权益受到侵害,举报或揭发是维权的需要;二是出于义愤,或感同身受,或对受害者同情,因而在追求社会公平正义和从众心理的驱使下,加入到声讨大军中。

3) 社会因素。现实的反腐渠道不畅,民意不达,上访困难,打官司费时费力,新闻媒体曝光有限,成本高且风险大。同时,法制不健全,自上而下的监督又受到本身权力分配的制约,平行监督形同虚设,使得在利益博弈中民诉官的成本大大上升。

4) 文化因素。中国的法治化进程由来已久,但中国特有的"情—理—法"的官场文化并没有因此而得到明显改观,甚至呈现出愈演愈烈之势。

5) 制度因素。近年来,社会群体事件层出不穷,高官落马现象屡见不鲜,其背后是中国的制度和体制的危机。表现在:贪污腐败的成本低,风险小;权钱交易,寻租空间大;人情往来、关系复杂,潜规则大行其道。

(2) 网络反腐的问题和争议。

1) 网络举报投诉尚存在一些非理性因素。在当前网络反腐成为一种潮流的情况下,出现了反腐过急、过度的现象。在个别情况下,还导致了大量"网络暴民"的出现,甚至成为引发群体性事件的策源地。

2) 网络反腐与现实尚缺乏有效对接。它基本上沿着"个人发帖检举—网民跟帖围观—媒体跟进报道—政府介入回应"的路径展开,也就是说,网络反腐还带有很强的偶然性。

3) 网络反腐在一定程度上影响司法公正与程序正义。网络通过形成强大民意,对案件的调查、取证、审理形成掣肘,从而从一种监督力量异化为一种情绪化的发泄。同时,对涉案的法官、证人、犯罪嫌疑人等都可能造成一定的心理影响。

（3）对网络反腐的基本态度和关系处理。

1）基本态度。网络反腐只是一种自下而上的途径，最终的解决还要依靠自上而下的监督，依靠法治的力量来加以规范和治理。所以，对于网络反腐，既不能排斥，也不要过度热衷。

2）处理好几对关系。即网络反腐的自发与自律，网络反腐的隐匿性与公开性，网络反腐的自下而上和自上而下，网络反腐的虚拟空间与现实空间，等等几对关系。

（4）网络反腐的政府角色。

1）主动监督。首先，政府领导、公务员等是网络反腐的重点，因此要主动接受监督，并加强上下级、同级间的监督；其次，政府机关和相关职能部门要积极参与而非被动回应。

2）完善制度。一是制定和实施相关法律法规；二是使网络反腐工作常态化，建立长效机制。

3）积极扶持。对于各类反腐网站，特别是民间反腐言行，要从资金、人力、技术方面提供帮助，对其检举方法、言辞态度、批评尺度等保持较高的自由度和宽容度。

4）大力保护。要发挥司法的权利救济和权力制约功能，通过立法保护检举人的合法权益，保持表达渠道通畅。

2. 破除党内潜规则。党内潜规则是党建现状中一个十分敏感的问题，从理论上与党纪党规的显规则完全背道而驰，但在实践中却有较大的存在空间。研究者认为，正视两者之间悖论的现实，研究党内的潜规则，有助于澄清党员混乱的思想和言行，真正确立显规则的权威性。

（1）党内潜规则的含义。

1）从特性的角度讲，是指"存在于党内的，与党的规章制度相对立的，以隐蔽性、实用性、功利性、排他性为特征的，被一些党员认可并实际奉行不可名状的非正式规则或制度"①。

2）从党内民主运行的角度讲，是指"在错误观念的支配下，在一些领导者中形成的一些普遍认同并以'组织'领导名义实际奉行的、不在民主制度之中而在制度之外，与制度原则精神相悖的运行规则"②。

3）从贯彻党章的角度讲，是指"党章是所有党员干部思想言行的根本准则，是党内的根本大法。在有些人看来，党章规定只是贴在墙上、挂在嘴上、

---

① 周敬青：《党内潜规则的由来及其治理对策》，《学习时报》2011年9月21日。
② 《党内潜规则问题研究综述》，《学习论坛》2007年第9期，第28页。

写在纸上的宣传,而真正用来指导言行的是彼此心照不宣、只可意会不可言传的规矩"①。

(2) 党内潜规则产生的原因和危害。"潜规则"之所以在党内有较大的生存空间,原因是多方面的:其一,潜规则的本质是为了谋利,是当事双方或多方谋利博弈的一种均衡,所以潜规则也是一种利益诱致型规则;其二,几千年封建政治传统文化的影响;其三,从组织的权力结构特性角度来看,党内民主的发展不足是一个重要原因;其四,潜规则往往是显规则缺位或失效的产物;其五,信息不对称也是潜规则盛行的一个很重要因素。

党内潜规则的危害极大。研究者指出,从党内和谐的角度看,它影响党内民主制度建设,影响党内公平正义价值,影响党内忠诚友爱关系,影响党内充满活力局面,影响党内安定有序状态,影响党内党外和谐关系;从危害对象看,它严重地削弱了党章和党内各种制度规定的权威,极大地加剧了干部腐败,严重地败坏了社会风气,破坏了社会公正。

(3) 清除党内潜规则的对策建议。清除党内潜规则是一项综合性工程,它涵盖了党建工作的五个主要方面,即思想建设、组织建设、制度建设、作风建设、廉政建设。具体来讲,一是牢固树立制度治党理念,加强廉政文化建设和思想政治教育;二是铲除党内潜规则滋生蔓延的土壤,强化党内民主和党内监督;三是建立健全党的各项制度法规,保证文本表达的详细、具体、明确,切实保证程序合法和党内事务公开;四是改变工作作风,密切联系群众,注重实地调查;五是加强反腐倡廉建设,建立政府和民间相结合、党内和党外相结合、网络和现实相结合、预防和惩罚相结合的全方位的廉政体系。

作为党风廉政建设的重要内容,网络反腐和破除党内潜规则实际上是一个问题的两个方面。党内潜规则是产生腐败的重要原因,而网络反腐则为破除党内潜规则提供了重要途径。学界将其纳入理论研究视野,直击权力异化这一本质所在,不仅体现了党建理论工作者的勇气和魄力,而且将推动反腐败事业进入理论和实践相结合的新境界。目前,对网络反腐问题的讨论如火如荼,但对党内潜规则的研究则刚刚开始。现有成果大都限于描述性介绍和理论性分析,因此今后应更加侧重于实践层面的可操作性探讨。

三、重点难点热点问题解析

(一) 在坚持深入反腐的同时,如何评估和防范反腐的风险

反腐败斗争发展到今天,执政党正面临着严峻的挑战与考验:不进一步加

---

① 蔡霞、苗佳瑛:《潜规则与显陷阱》,《北京日报》2007年1月15日。

大反腐力度，不彻底根除已经存在的严重腐败现象，党的形象将会受到极大损害，党的执政根基将可能被严重蛀空；但如果不处理好加大反腐力度与科学防范反腐所引发的各种风险的关系，也可能犯下习总书记所警示的"颠覆性错误"，其后果将更加不堪设想。这个问题必须引起执政党的高度重视和警惕。

中国共产党历来十分重视党的自身建设和反腐败斗争，尤其是改革开放后，党不断加大反腐败斗争的力度，虽然惩治了不少高官，但并未从根本上遏制住腐败频发的势头，究其原因，主要是过去反腐力度的增加赶不上腐败现象发展的势头。反腐要取得让人民满意的效果，必须进一步加大斗争力度，既要大力"捕蝇"，更要强力"打虎"，特别是要彻底铲除其背后的腐败网络。不如此，就很难真正遏制住腐败。

"老虎"、"苍蝇"一起打，老百姓固然欢迎，但要在短时期内，不惜一切代价把各种"苍蝇"、"老虎"扫除干净，尤其是要真正打掉"大老虎"，难度不小，稍有不慎，甚至可能造成严重后果。

1. **"大老虎"们的联手反扑**。相对于"小苍蝇"来说，"大老虎"的数量虽不多，但由于其所处的地位、所占有的资源，以及背后错综复杂的关系网络，能量和影响都不容小觑。"打虎"力度不断加大，腐败分子决不会坐以待毙，为保护既得利益，必然负隅顽抗，甚至联手反扑：要么寻找更高的"后台"保护自己，阻挠对自身腐败行为的查处；要么以影响党的形象、影响安定团结为由想方设法向查处活动施加压力；要么以自己所掌握的对手或更高层级官员的腐败线索相要挟，作垂死挣扎；要么联合党内相关利益者，以莫须有的罪名打击坚持反腐的同志，压制反腐败斗争的开展。"大老虎"们的猖狂反扑必然会激起党内大多数坚持党性原则、维护党的先进性和纯洁性的同志的坚决反对，由此发展下去，如果没有对风险的有效预防和管控机制，任凭斗争愈演愈烈，则很可能引发相当大的负面效应。

2. **"老虎井喷"现象超出人民群众的心理承受能力**。毫无疑问，人民群众对党中央不断加大反腐力度是发自内心地支持和拥护的，因为腐败不仅严重破坏党的形象，也严重损害人民群众的切身利益。从网络舆情可以看出，广大人民群众是高度评价以习近平为总书记的新一届党中央的反腐决心和反腐效果的。但如果对不断加大反腐败力度缺乏周密的顶层设计，在短时期内过密、过快地拉出一大批"小老虎"、"大老虎"、"老老虎"，虽然大快人心，但这种大规模反腐所引发的"老虎井喷"现象极有可能超出人民群众的心理承受能力，从而产生意料之外的反效果，即从拥护、支持反腐败走到另一个极端：由痛恨少数腐败分子发展到否定整个党的先进性与纯洁性，进而否定党的执政合法性。

3. **敌对势力借机大肆攻击煽动**。由于社会主义与资本主义两种社会制度和意识形态的根本对立，国内外敌对势力长期以来不惜一切代价，寻找各种机会大肆攻击中国共产党，而一旦在短时期内集中地、大规模地拉出各种腐败案件，必然会给国内外敌对势力的大肆攻击提供更加充分的口实，甚至客观上为其利用民众对腐败现象的痛恨制造事端提供便利。

为此，必须加大反腐斗争的风险评估和防范。充分估计反腐可能引发的风险，这不是要降低反腐力度，相反，正是为了制定科学周密的防范对策，以将反腐斗争进行到底。

首先，反腐斗争要有顶层设计。彻底根除腐败是一个世界性难题，也是执政党自身建设中的一项长期的艰巨任务。随着反腐败斗争力度的进一步加大，所遇到的阻力会更大、困难也会更多，因而不能盲目地反到哪算哪，更不能逞一时之快。面对错综复杂的利益斗争与盘根错节的利益链条，必须充分论证，制订出一套目标明确、计划周详、程序科学、方法得当的顶层设计方案。

其次，公布腐败案件要循序渐进。冰冻三尺非一日之寒，严重的腐败现象非一朝一夕所能形成，惩治腐败也不可能一蹴而就，必须做好打持久战的准备。对腐败分子要始终保持严打、重打的高压势头，但也要注意有计划、按步骤地进行，避免因短时间内"疾风骤雨"式的反腐而引发的风险。

再次，反腐败斗争的重点要放在制度建设上。大力查办各种腐败案件，严厉惩戒腐败分子的违纪违法行为，固然是反腐斗争的重要任务，但并不是最终目标。既要抓"老虎"，更要建"笼子"，只有把"老虎"关在制度的"笼子"里，才能从根本上杜绝"虎患"。反腐败斗争的最终目标应该是构建一套科学有效的反腐防腐制度体系，因此在反腐斗争取得重大阶段性成果后，要逐步把工作重点从"打虎"转移到"建笼"上来。只有构建起全面系统的防范和惩戒腐败的制度体系，才能让各级官员"不想腐、不必腐、不能腐、不敢腐"，也才能从根本上遏制腐败蔓延的势头。

最后，权力腐败的"历史共业"问题应特殊处理。不可否认，权力腐败问题既有官员的主观因素——这也是主要方面，但同时也有客观因素。那些因历史环境、价值观念、制度机制等方面的缺陷而造成的一些在今天看来的不当行为，可以称之为"历史共业"问题。虽然这些问题都应在党纪政纪惩处的范围之内，但考虑到牵涉的面太广、人太多，一旦按律行事，有可能引发大范围行政运行瘫痪的风险，例如前几年发生的广东茂名腐败窝案，以及近期的石油系统腐败窝案等。为了妥善处理这种情况，可参照香港廉政公署以前的特殊处理方式，以现在的时间点为界，凡是在此之前且腐败情节相对较轻（情节、金额标准可再议）的，只要认错、退赔，一律既往不咎；而此后一律建章立制，按章惩戒，以此解脱一大批幡然悔悟的"小苍蝇"，集中力量打击"大老虎"。对"历史共业"问题进行特殊处理，从法理上说也许有违公平正义，但两害相权取其轻,这种方式有利于减少阻力,也有利于反腐败斗争顺利进行。

至于像社会上一些人所担心的情形——大规模的反腐影响了经济发展、影响了广大干部的工作积极性,进一步加大反腐力度,可能会影响经济发展、影响改革开放的进一步深化——虽有一定依据,短期内经济发展的某些领域,如高档烟酒消费、旅游餐饮业等也的确都受到了较大冲击,一些官员在招商引资等方面的积极性也有所下降,但从长远来看,进一步加大反腐力度,扫除了诸如"吃、拿、卡、要"等行为给经济发展造成的障碍,事实上有利于为市场经济营造一个公平、公开、自由发展的环境,也更有利于经济发展和社会稳定——这恰恰在很大程度上降低了这方面的风险。

(二)不信马列信鬼神:怎样解决当前某些党员干部的理想信念缺失问题

岁月荏苒,中国共产党已经走过了90多个春秋。从当初一个50多人的革命党,到今天成为一个拥有8000多万党员的执政党,其间看似寻常却饱含艰辛。险象环生之中几次起死回生,转危为安,靠的是什么?毫无疑问,坚定的理想信念发挥了不可或缺的作用。从李大钊"试看将来的环球,必然是赤旗的世界"的豪迈,到夏明翰"砍头不要紧,只要主义真"的壮怀,从王进喜"宁可少活二十年,拼命也要拿下大油田"的开拓勇气,到袁庚"时间就是金钱,效率就是生命"的改革魄力……理想信念,就如一盏明灯,在夜色茫茫的征程中给人们带来恒久的温暖;又如一面旗帜,在荆棘密布的道路上给人们带来不尽的希望。也正因如此,我们党才能从小到大、从弱到强,不断成长壮大。

党的十一届三中全会以来,国内外形势发生了前所未有的变化。党带领全国各族人民披荆斩棘,改革弊制,在各方面都获得了长足发展。然而,"经济体制深刻变革,社会结构深刻变动,利益格局深刻调整,思想观念深刻变化"也促生了诸多新矛盾和新问题,就是部分党员干部理想信念缺失、政治信仰淡化。主要表现为:对马克思主义、社会主义、共产主义的迷茫、冷漠、动摇甚至颠覆,对社会主义国家的政治制度和主流意识形态表现出不断疏离的倾向。与此同时,"官场风水学"却备受追捧,令部分党员干部趋之若鹜。一些干部不信马列信鬼神,不近群众近半仙,不听舆论听道经。例如,河北省国税局原局长李真,曾因一风水师预测他"5年内成为封疆大吏",一高兴就给了对方8000元;沈阳市中级人民法院原院长贾永祥,在新办公大楼即将落成时,通过院领导班子讨论决定,花费3万元,从澳门请来风水先生择定"乔迁吉日";原山东泰安市市委书记胡建学,因为某大师说他"有副总理的命,只缺一座桥",不惜将建设中的国道改线横穿水库,修上一座桥。出现这种状况的原因是多方面的，单就思想文化方面的缘由来说，一是，受改革开放前各种政治运动，特别是"文革"的影响，人们的传统价值体系受到严重冲击，对具有强烈意识形态特征的政治信仰产生了质疑；二是，随着改革开放后西方思潮的纷纷传入，长期压抑紧绷的思想空间出现了强力反弹，导致人们对外部文化的过度追求，进而发展为对自我政治文化和政治信仰的否定；三是，随着社会主义市场经济体制的建立，市场经济中的某些负面因素严重冲击着人们的既有思想观念和生活方式，严重消解了部分党员干部的理想信念。这些都对党的形象、党的执政地位以及社会和谐是一种极大的挑战和威胁。

为此，应该从思想到制度、从形式到内容等方面入手，强化理想信念，坚定党员干部的社会主义政治信仰。具体而言，要做到以下几点：

（1）坚持主流政治文化，坚定政治信仰的发展方向。政治文化包含若干内容，可以分为不同层次，其中居于主导地位的被称为主流政治文化。当下，最重要的是抓住以马克思列宁主义、毛泽东思想和中国特色社会主义理论体系为核心的主流文化。事实表明，我国社会主义基本制度与改革开放基本政策为几十年的实践所证明是正确的、成功的。邓小平理论的形成与发展则说明我们对社会主义、共产主义的理解达到了一个新的高度，这就从实践和理论两方面为社会主义政治信仰体系增添了更加科学、丰富和更具说服力的内容。然而，面对急剧变化的国内外形势，当前理论仍存在诸多不足，必须进行完善和创新，不断增强现有理论的解释力和吸引力。马克思说："理论一经掌握群众，也会变成物质力量。理论只要说服人，就能掌握群众；而理论只要彻底，就能说服人。所谓彻底，就是抓住事物的根本。"[①] 我们要高度重视在新形势下倡导科学精神和践行科学发展观，密切关注社会主义核心价值体系的整合与塑造，科学把握对社会主义政治制度和改革开放重大政策以及政治领导人的正确信息的传播和教育，强化宣传保持和发展这种制度的重要性。一句话，必须大力倡导和弘扬主流政治文化，牢牢把握政治信仰的社会主义方向，避免重蹈苏共垮台解体的覆辙。

（2）借鉴西方政治文化中的有益成果，拓展政治信仰的深度和广度。坚持主流政治文化并不是要消灭多元化。当今时代是全球化的时代，全球化源于经济领域但又非仅限于此，而是一个包括政治、经济、文化和社会等各个方面的历史进程，并始终伴有文化渗透、价值变迁、制度移植等内容。在此过程中，一方面，西方政治文化传播着西式的政治理念和价值原则，扩散着西式政治发展道路的示范效应，对中国既有的政治文化产生了强大冲击，加剧了两者之间的冲突。另一方面，西方文化中蕴含的科学精神、民主思想、法治观念、

[①]《马克思恩格斯选集》第1卷，人民出版社1995年版，第9页。

人权理论，以及自由意识、公共意识、市场意识等，也恰恰是中国政治信仰重塑所可以借鉴的元素。可以说，中国的政治信仰从来就不缺乏高度，无论是马克思主义、社会主义抑或共产主义，都不同程度包含着人类终极的政治追求和政治理想，但由于历史境遇和现实利益，特别是两大阵营之间的意识形态之争，大大压缩了政治信仰的互动性和传承性，从而将其从一个三维立体形态简化成一项单纯强调结果而忽视过程的平面指标。但现在，事过境迁，我们今天对外来文化不应是简单禁止，而应适当借鉴，关键是要结合中国国情，尝试从不同角度看待和处理出现的问题。诚如毛泽东在《论十大关系》中所说的，"一切民族、一切国家的长处都要学，政治、经济、科学、技术、文学、艺术的一切真正好的东西都要学。但是，必须有分析有批判地学，不能盲目地学，不能一切照抄，机械搬用"。

（3）推进政治社会化，疏通政治信仰的实现路径。政治社会化是指人们在特定的政治关系中，通过社会政治生活和政治实践活动，逐步获得政治知识和能力，形成和改变自己的政治心理和政治思想的能动过程。它可以使人们确立某种政治信仰，最终在思想认识上统一，在普遍、最高的政治价值取向上达到相同。由于面临政治信仰重建的任务，所以政治社会化对处于转型期的中国来说显得尤为迫切和重要。在我国，思想政治教育是政治社会化的一个重要途径，它通过有目的地对人们施加意识形态的影响，引导人们树立正确的政治思想观，关心国家和社会的前途与命运，进而指导人们的社会行为。家庭、学校、大众传媒、政治社团等，分别以不同的方式影响公民的政治态度，形成了一个立体交叉、纵横交错的网络系统。当前，以互联网为代表的新兴媒体迅速崛起，为政治社会化带来了前所未有的挑战和机遇，所以必须占领和使用好这块阵地。就长远而言，青年学生的政治信仰至关重要，是关系"培养什么人，如何培养人"的重大问题，不仅影响到他们自身的发展，而且事关党和国家的执政基础和前途命运。因此，信息时代的政治信仰塑造，应针对教育对象、教育方法、教育环境、教育内容及过程的新变化，充分借助新兴媒体，真实全面地传递政治信息及其内存价值，以保持社会成员特别是学生群体对政府权威的忠诚与合法性认同。

（4）发掘传统文化的时代内涵，构筑政治信仰重塑的传播载体。中国传统文化蕴藏着深刻的政治思想和人文关怀，包含着人与自然、社会的处世智慧与治世原则。近代以来，随着西学东渐，传统文化逐渐式微，并几度成为社会政治运动首当其冲的矛头指向。新文化运动、"文革"等历次所谓的"除旧迎新"运动令传统文化碎片化的趋势越发明显。连续30多年的经济高速发展，使中国实现了社会财富的海量增长，但阶层的分化、利益的交锋、矛盾的碰撞，也让其遭遇了难以承受之重，而这恰恰凸显了文化的社会功能和当代价值。与此同时，伴随市场化而来的道德迷失和精神颓唐，也促使西方世界在对自身文化进行深刻反思之余，再度把目光投向了历史悠久的中国文化，这从另一侧面体现出传统文化的世界性和时代性。特别是其中道德信仰与政治信仰相融互动的特点——以圣人君子和大同世界为共同的信仰对象；以天人合一和先验的人性论为共同依据；以为政以德、内圣外王为共同的实现途径，对摆脱现时的道德和信仰困境，具有特殊的价值和作用。面对我国重大社会转型期的政治信仰危机，深挖传统文化的现代意蕴和世界意义，借助其传播方法和传播渠道，将对信仰重塑起到事半功倍的效用。

法国思想家托克维尔说过："一个社会要是没有这样的信仰，就不会欣欣向荣；甚至可以说，一个没有共同信仰的社会，就根本无法存在。"[①] 在一个相对封闭而又变动不大的社会环境中，共同信仰易于维系与保存，因此社会的政治价值取向相对稳定；而在一个开放而又急剧变化的社会环境中，危机的出现则是不可避免的。面对理想信念缺失和信仰危机，我们不应把产生危机的根源归因于改革开放和多元文化，而应在关注这种危机的同时努力重构新时期的政治信仰和核心价值体系。

（三）在不搞多党制情况下，怎样加强党的权力监督与制约

我国的政党制度既不是当今世界各国流行的多党制，也不是传统意义上的一党制，而是中国共产党领导下的多党合作与政治协商制度，这种制度，既尊重历史，又符合现实，在我国社会主义现代化建设中发挥着举足轻重的作用。然而，也毋庸讳言，在现实的政治运行中，执政党在没有选举压力的情况下，也容易产生精神懈怠、能力不足、脱离群众和消极腐败等负面效应，这其中既有制度设计上的缺陷，也有执政党和民主党派成员思想认识上的偏差与个体能力素养的欠缺。特别是在"文革"时期，由于整个国家陷入混乱和瘫痪，民主党派成员饱受不公正待遇甚至遭到严重的身心迫害，其参政议政更是无从谈起。当前，我国政党制度存在的突出问题是在一党长期执政的情况下，如何加强对执政党的权力监督与制约，这也是迄今为止世界上所有社会主义国家执政党面临的共同难题，必须进行调整和改革。

从党的领导体制看，它由党代会、党委会、常委会三个部分组成。按照党章规定，党的领导机构三个层次的正常关系，是党代会领导党委会，党委会领导常委会。但由于党代会不是常任制，因而党代会闭会期间，其职权就只能由党委会来行使，这就使党委会在实际上成了同级党组织的最高决策机关、最高执行机关和最高监督机关，成了同级党组织中唯一的领导机关，使党内决策

[①] （法）托克维尔：《论美国的民主》，董果良译，商务印书馆1998年版，第524页。

权、执行权、监督权既相互制约又相互协调的权力结构和运行机制难以建立起来。①与此同时，由于执行权是最为经常、最为具体的权力，又特别强调责任与效率，所以在实际生活中，决策上多用首长负责制取代集体领导制。也正因为如此，对于重要决策的出台、重要干部的任免、重要项目的安排和大额资金的使用，实际上就由主要领导决定了。

从党的监督体制看，党的各级监督机关在保证党的路线方针政策有效贯彻和促进党风逐步好转方面本应起到严格监督作用，但在现有的体制下很难完全履行党章所赋予的各项职责。目前纪委受同级党委会和上级纪委的双重领导，而实际上却是以同级党委会领导为主，纪委成员的提名、任命、调动和待遇都掌握在同级党委会手中，纪委所实施的监督在很大程度上是按照同级党委会的意图进行的，从而使纪委制约监督的有效性往往取决于同级党委会的态度，而同级党委会的态度又取决于主要领导的素质。这种体制上的局限性，很大程度上削弱了纪委的独立性和权威性，限制了纪委制约监督职能的发挥，特别是很难履行对同级党委会及其领导成员的制约监督，以致在查处的众多腐败案件中，很少有由同级纪委检举揭发同级党委会及其领导成员违法违纪行为的案例。邓小平曾在《党和国家领导制度的改革》中深刻指出："权力过分集中的现象，就是在加强党的一元化领导的口号下，不适当地、不加分析地把一切权力集中于党委，党委的权力又往往集中于几个书记，特别是集中于第一书记，什么事都要第一书记挂帅、拍板。党的一元化领导，往往因此而变成了个人领导。"② 事实上，这种状况直到今天仍然没有获得根本改观。

既然已经找到病源，那么为何仍然难以对症下药、根除顽疾呢？《人民日报》曾对此撰文分析道：或因既往成就遮住了视线，或因既定格局缚住了手脚，更深层的原因，是囿于个别利益、局部利益、短期利益。在经济社会的深刻变革中，利益不断分化，主体日益多元，诉求日趋多样。从改革干部人事制度到转变经济发展方式，从政务、财务透明化到收入分配合理化，很多改革必然触动个别利益、涉及深层利益、带来阵痛甚至风险。如果说改革之初要突破的是思想"禁区"，那么今天的改革，要突破的则是利益"雷区"。能否革除那些久改不革的积弊，推动那些久推不转的工作，关键在于敢不敢触动既得利益，能不能坚守共产党人的政治责任感和历史主动性。面对大有可为的发展战略机遇期，面对"不失时机地推进重要领域和关键环节改革"的要求，只有拿出壮士断腕的勇气、革故鼎新的锐气、永久奋斗的朝气，才能打破利益的樊

---

① 王寿林：《如何建立健全党内权力结构和运行机制》，《检察日报》2009 年 11 月 10 日。
② 《邓小平文选》(1975—1982)，人民出版社 1983 年版，第 288～289 页。

笼，克服前进的阻力。①

1. 健全权力的授予机制，强化对权力代行者产生方式的制约。完善党和国家的选举制度，改变目前不同程度存在着选举形式化的倾向，逐步实行党代表、人民代表的直选，进一步扩大各级党代表、人民代表和领导人差额选举的范围与比例，改革候选人提名方式，更加注重民意和公认度，引入候选人的竞争机制，等等，真正体现出权力所有者与权力代行者之间的授权关系，切实体现大多数选举人的意志，最大限度地把权力代行者的选择权控制在权力所有者手中，从而形成最基本的权力制约。

2. 建立合理的分权、限权机制，强化对权力运行过程中的制约。所谓分权，就是分散权力，即在现有权力机构设置基础上，重新明确其功能，以解决党委既当董事长又当总经理和既当运动员又当裁判员的问题：①党内权力决策机构——党代会。党代会是党内权力最高决策机构，也是党内权力最高制约监督机构，并使其成为常设机构。②党内权力执行机构——党委会。党委会是党内重大决策的具体执行机构，同时也是日常工作的决策者。③党内权力纠错机构——纪委。纪委是党内权力专职监督机构。

所谓限权，就是要限制权力的滥用。必须明确权力的来源与授受关系，理顺党代会、党委会、常委会之间的隶属关系，并形成报告和质询制度，以解决权力倒置问题，明确"主仆"关系。必须明确权力的边界，不能越级越界干预正常的权力运行程序和机制。必须实行党务公开，把议事规则、议事程序、议事结果摊在阳光下。

3. 加强权力获得途径的监督，增强执政为民的合法性基础。我们党领导人民奋斗的历程充分说明，党的执政权力来自于人民，是人民群众赋予的。但是，仅仅从历史和党的性质宗旨的角度来阐明党对执政权力本源的理解和界定，并不能从根本上解决权为民所用的问题。从根本上防止权力滥用和权力腐败，一方面，要在一切涉及国家权力的法规法律中，从法理、程序和具体操作上，切实明确和体现权力的来源，体现出人民作为权力赋予者对权力所具有的限定、监督和裁撤权力。另一方面，要切实加强对干部提拔任用工作的监督，堵塞跑官、要官、骗官、买官的渠道。唯其如此，"权力是人民赋予的"才有现实意义。

4. 加强对权力行使情况的监督，推进法规制度建设。权力行使有多方面的内容，包括权力行使的目的、方式、后果等。加强对权力行使情况的监督，就是要看我们的领导干部用手中的权力来干什么。由于权力行使具有外在性，加强对权力行使情况的监督也就具有了更强的可操作性。要把对权力的监督具

---

① 《拿出壮士断腕勇气 突破利益"雷区"》，《人民日报》2011年7月14日。

体化，在相关法规中体现人民群众权力赋予者的地位，使权力执掌者对权力来自人民有感性和理性认识，这是解决好执政为民的重要步骤。同时，制度建设是带有根本性、全局性、长远性的问题。尽管中国特色社会主义法律体系已经基本形成，但令人遗憾的是，腐败等权力运行的不法现象却呈现蔓延和加剧之势。究其原因，有法不依、执法不严是其中最重要的因素。只有在真正落实现有法规的基础上，我们才能发现权力监督的盲点、空白和薄弱环节，为权力监督的法规建设提供充分的实践依据。

（四）新的历史条件下，怎样避免执政党脱离人民群众的危险

中国共产党自建立以来，无论在革命战争年代还是在和平建设时期，之所以坚强有力、屡战屡胜，关键就在于坚持群众路线，同人民群众结成了密不可分的鱼水关系。早在1945年，毛泽东就在《论联合政府》一文中指出："我们共产党人区别于其他任何政党的又一个显著的标志，就是和最广大的人民群众取得最密切的联系。全心全意地为人民服务，一刻也不脱离群众，一切从人民的利益出发，而不是从个人或小集团的利益出发，向人民负责和向党的领导机关负责的一致性，这些就是我们的出发点。"在深化改革、推进有中国特色的社会主义现代化建设的今天，自觉地继承和发扬密切联系群众的优良传统和作风，切实加强党同人民群众的密切联系，具有更加重大的意义。

当前，有些党员干部脱离群众、脱离实际，不深入基层了解群众疾苦，把为人民服务的宗旨当成空洞的口号，官僚主义、形式主义严重。特别是不少官员的"雷人雷语"充分暴露了时下党群关系脱节变味的现实。

2009年6月，河南省郑州市城市规划局副局长逯军因质问记者"是准备替党说话，还是准备替老百姓说话"一下子成为网络红人，不仅使自己仕途夭折，而且严重损害了党的形象。与之异曲同工的是，2012年3月贵州省毕节市政府驻贵阳办事处办公室主任文永东就一起高空坠物砸坏私家车的纠纷，在接受贵州电视台记者采访时又口出狂言："你是为人民服务还是为党服务的？"更有甚者，当记者要求见面采访时，文永东又说："这个你要明确，这个问题你要鉴定清楚，我给你讲，我是一级政府派驻机构，不是一个部门，你要采访我必须经过你们常务副台长来亲自过问这个事情，（然后）我可以接受你的采访。"作为党的干部、人民的公仆，逯军、文永东之流居然说出这样严重违背了党的宗旨、将党和人民群众置于对立面的话语，着实令人惊讶。不过，吃惊之余细细想来倒也是一个尴尬的事实，他们的"雷语"不正反映了当前一些地方党员干部眼中无群众，心中只有权力，从而导致党群关系恶化的现实吗？

改革开放初期，邓小平同志就强调："在目前的历史转变时期，问题堆积

成山，工作百端待举，加强党的领导，端正党的作风，具有决定的意义。"①在新的形势下，切实以服务人民为宗旨，以群众路线为法宝，以实现人民利益为根本，把党重视群众工作的优良传统发扬光大，把党做好群众工作的政治优势充分发挥出来，对于筑牢党的执政基础、提高党的执政效能可谓意义非凡。历史经验反复证明，能否保持和发展同人民群众的血肉联系，直接关系到党和国家的盛衰兴亡。在新的历史发展时期，党员干部只在办公室坐而论道，不掌握实情，是解决不了问题的；只喊口号说套话空话，是难以推动工作的；只讲求形式上的热闹，不注重实质实效，是抓不住根本的；只满足于会上部署，会后不抓落实，不督查到底，是没有实效的；只照旧办法、老手段办事，不善于创新，不形成新的认识，并创造性地开展工作，肯定是不行的。这就要求我们与人民群众保持最密切的联系，与群众同甘苦、共命运。在任何时候，都要把群众利益放在第一位，绝不允许任何党员脱离群众，凌驾于群众之上。

1. 必须感情上贴近群众，思想上尊重群众。古人云："圣人无常心，以百姓之心为心。"对我党来说，"从群众中来，到群众中去"是其一贯坚持的群众路线。作为党员干部，一定要把群众当作与自己血脉相连的亲人，放下架子，俯下身子，深入群众生活，广开言路，倾听民意，了解群众所思、所盼，及时解决人民群众生产生活中的实际困难，在为群众排忧解难中建立感情。同时，"群众在我们心中有多重，我们在群众心中就有多重"。党员干部要把群众放在很高的位置，把自己放在很低的位置，坚持用平等的眼光看待群众，对待群众不分贫富，一视同仁；坚持用平等的身份接待群众，不在群众面前打官腔、摆官架子、说官话；坚持用平等的心态联系群众，不高高在上，不以权压人，让群众说心里话，道烦心事，讲真想法，提好建议。要走出车子，放下架子，把自己当作普通一员，和群众打成一片，在与他们同劳动、同生活中访民生、察民情、知民愿、暖民心。只有这样，当人民群众的贴心人、老伙计、好朋友，人民群众才能与党一条心、同呼吸、共命运。

2. 必须深入实际，开展调查研究。"没有调查就没有发言权"，没有调查就无法真正了解社情民意。在现实生活中，常常有这种现象，有些党员干部整天忙忙碌碌、辛辛苦苦，坐在办公室里，凭着自己的经验和灵感，主意很多，条条和文件制定不少，但实际行不通，工作没有起色。正如邓小平曾严厉批评的："有些人喜欢指手画脚，把群众路线的优良传统也丢掉了。"② 党政领导干部及一般干部，要改变那种下去走一走、看一看、问一问以及一群人下去检查多、解决实质问题少或是碰到重大问题才"亲临现场"的现象，而是要真正

---

① 《邓小平文选》第2卷，人民出版社1994年版，第177～178页。
② 《邓小平军事文集》第3卷，军事科学出版社、中央文献出版社2004年版，第23页。

在"深入"上下功夫，在针对性解决问题上下功夫。特别是领导干部不下基层，不到农村，手不沾灰，高高在上，群众把他们当稀客，这样的干群关系要不得。

3. 必须为群众办好事、办实事，为群众谋利益。 树立群众观点，真心实意地为群众办好事、办实事，是全心全意为人民服务的关键问题，是密切联系人民群众的具体表现。"当官不为民作主，不如回家卖红薯"、"当官为民办事天经地义，当官不为民办事天理难容"。党员干部要以群众是否答应、是否高兴、是否满意，作为检验和衡量是否把好事办实、实事办好的重要标准。如果只做"表面文章"，搞搞"形象工程"、"政绩工程"，群众就不可能得到实惠，也就不可能取得成效。要克服官僚主义作风，坚决破除"官本位"意识，认真倾听群众呼声，解决群众迫切要求解决的问题，努力为群众排忧解难。要把群众满意作为工作的最高标准，以"群众利益无小事"的态度，诚心诚意地为老百姓解难事、办实事、做好事，着力解决人民群众最关心、最直接、最现实的利益问题，着力解决群众生产生活中的实际困难、让广大群众共享改革发展的成果。

4. 必须为群众当好楷模，做好表率。 党员干部当好发扬党的优良传统和作风的模范，是搞好党风建设的关键。只有上级身体力行、为下级做了表率，其要求才有说服力和感召力：要求下级做到的，上级首先要做到；要求下级不做的，上级首先不做；要求群众做到的，党员干部要自己先做到，不能只要求别人而不要求自己。比如要求群众风气好，领导干部就要首先把党风政风搞好，做到清正廉洁、公道正派；要求群众遵纪守法，领导干部就要首先坚持法治，不搞特殊，自觉遵纪守法；要求群众勤俭节约，领导干部就要首先端正生活作风，自觉艰苦奋斗，做到不讲排场、不大吃大喝、不铺张浪费。为此，党员干部要从实际出发，立足新的实践，把需要与可能统一起来，把对群众负责与对党负责统一起来，把工作热情与科学态度统一起来，促进良好领导方法方式在工作作风中真正得到体现，以推动各项工作的全面开展。

（五）在改革开放和市场经济条件下，怎样有效防止跑官卖官裸官问题

改革开放以来，市场经济快速发展，在物质利益的驱使和多元思想文化的冲击下，人们的价值取向也饱受侵染，不少干部官员浸淫其中，思想行为逐渐发生异变，甚至踏入了贪污腐败、违法乱纪的深渊。从近些年全国各级各地查处的众多典型案件来看，在问题官员身上显现出两个突出特征：一是在选人用人中存在跑官要官、买官卖官、贿选等腐败现象。例如，原山西省翼城县县长、县委书记武保安在 2000 年 4 月至 2004 年 5 月任职期间，利用职务之便，

大肆卖官,被当地群众称为"卖官书记",案发后,检察机关依法扣押、冻结了其与妻子的现金、银行存款、购物卡等共计人民币781万余元、美元89591元,其卖官鬻爵、贪腐乱制的程度可见一斑。二是官员本人属于"裸体"做官,即裸官。裸官并非新近出现的事物,早在20世纪90年代就暗流涌动。但就这一词汇而言,则还尚新。"裸官"出现于2008年,首创者为芜湖市政协常委周蓬安。在其之前,福建省工商行政管理局原局长周金伙在被纪检部门约谈后,在一张纸上写了一段话——"我勤奋为党工作几十年,没有功劳也有苦劳,我已经远走高飞,你们就不要再费劲找我了",旋即潜逃美国,与妻女团聚,一个"让家属先走"、做好出逃准备的"留守官员"形象跃然纸上。类似这样的案例还有多起。直到"杨湘洪事件"发生,"裸官"一词才随着相关海量报道从网络进入传统媒体。此后,从中央到地方开始日益重视裸官现象。

关于跑官卖官裸官现象,中央三令五申,但是屡禁不止,效果并不尽如人意。究其原因,其中既有制度方面的缺失,更是中国传统官本位文化的余孽作祟。

作为一个有两千多年封建历史的国家,中国政治文化以济世利民、清廉俭政的思想为源本,但这种思想本身又包含着权力主义下的官民分层,在现实中容易异化为官僚主义,这也成为中国传统政治文化中最明显的特征。而宗族、血亲、乡党、师徒等杂样关系又将众生拴在一起,由点到线,聚而成网,成为狭隘的利益集群。两者结合,诚如费孝通所言,"社会关系是逐渐从一个一个人推出去的,是私人关系的增加,社会范围是一根根私人联系所构成的网络,因之,我们传统社会里所有的社会道德也只在私人联系中发生意义"[①]。道德化的标榜反过来沉重地压抑着制度的健康施行,具体表现在官僚政治中,即所谓的"名教、倾轧、高调、贪污"。政治标语与官样文章流行,派系党争普遍、低调做事与高调歌功对比明显、贪污腐败成为顽疾,这些深深植根于传统官僚政治的土壤。近代以来,面对欧风美雨,中国社会屡经洗礼,但无论是外部理论的冲击还是内部体制的改革,始终难以撼动官僚政治的外墙。王亚南在《中国官僚政治》一书中指出,"中国现代官僚政治虽然大体照应着中国社会经济各方面的形质上的改变,从国外、晚近更从德美诸国新官僚体制中吸入了一些新的成分,把原来传统形态复杂化了,但原来的传统形态并不会因此被否定或代置,反之,我们甚且可以说,那是原来官僚政治形态在现代的变本加厉或强化"[②]。时至今日,在资源和权力配置迅速而剧烈地变化时,合法性规则和含义规则的发展却没有与之同步,传统价值观念与伦理体系制服下的"差

---

① 费孝通:《乡土中国》,人民出版社2008年版,第34页。
② 王亚南:《中国官僚政治研究》,中国社会科学出版社1981年版,第19页。

序格局"与"差等—平等"意识下社会秩序的结构性矛盾愈发突出。在这种境况下,传统社会文化追求人格差等,却又以经济平等作为这种差等结构的补偿;追求"人上人"的价值观与亲亲意识的结合,往往产生派系林立、党朋相争;追求圣人之道又与家私意识结合,导致了人格的巨大分裂。"公与私"的问题容易演化为"义和利"的问题,再而构成中国人思维的圣化特征和善恶标准,这也正是中国官场官纪不彰、制度难行的根由所在,其危害性正与日俱增,直接冲击着正常的干部选拔任用工作,扭曲了党的干部路线方针政策,严重损害了党和政府在人民群众中的形象和威信。

防范和遏制官场上的不正之风,根除吏治腐败,关系到民心向背和党的事业兴衰成败,是我们党始终成为"三个代表"、实现科学发展所必须研究解决的重要课题。

1. **改革干部任免机制**。当前,干部选拔任用面临着许多新挑战、新任务、新问题,需要深入研究探索。这主要表现在以下方面:一是公开选拔、竞争上岗方面,应试人员由于已经熟悉整个流程和规范,其临场发挥和实际水平存在一定差距,形成所谓"高分低能"的干部;二是选拔干部的方式没有突破,多年来任用干部都是通过组织任命、竞争上岗等方式,缺少选任和提拔新干部的有效方式;三是破格提升干部的制度还不够完善,破格的制度不够规范,尺度不明确,难以掌握;四是监督机制不够完善,部分用人单位领导利用竞争上岗等方式玩弄程序,操控人事,使用人结果在群众面前无法立威立信。党的十七大报告指出,不断深化干部人事制度改革,着力造就高素质干部队伍和人才队伍。具体来讲,就是坚持党管干部原则,坚持民主、公开、竞争、择优,形成干部选拔任用科学机制。规范干部任用提名制度,完善体现科学发展观和正确政绩观要求的干部考核评价体系,完善公开选拔、竞争上岗、差额选举办法。扩大干部工作民主,增强民主推荐、民主测评的科学性和真实性。加强干部选拔任用工作全过程监督。健全领导干部职务任期、回避、交流制度,完善公务员制度。健全干部双重管理体制。推进国有企业和事业单位人事制度改革,完善适合国有企业特点的领导人员管理办法。

2. **完善官员个人事项报告制度**。健全和完善领导干部报告个人有关事项制度,关系到干部队伍建设以及党和国家的形象,对于提高党的执政能力建设、进一步加强对领导干部的管理和监督、促进领导干部廉洁从政作用重大。1997年1月,中共中央办公厅、国务院办公厅颁布实施了《关于领导干部报告个人重大事项的规定》(中办发〔1997〕3号)。2004年,根据党的十六届四中全会精神要求,中央纪委开始对《关于领导干部报告个人重大事项的规定》进行修订。2006年9月,中共中央办公厅印发了《关于党员领导干部报告个人有关事项的规定》(中办发〔2006〕30号),但其局限性依然十分明显，主要反映为：一是报告内容范围较窄，未涉及党员领导干部经济活动方面等人民群众热切关注的有关事项，不利于党组织全面了解领导干部的有关情况；二是调查核实和责任追究部分内容比较单薄，力度不够，需要加以充实完善。2009年9月，党的十七届四中全会明确提出："完善党员领导干部报告个人有关事项制度，把住房、投资、配偶子女从业等情况列入报告内容。"2010年5月26日，中共中央办公厅、国务院办公厅印发了《关于领导干部报告个人有关事项的规定》（以下简称《规定》）。但此次《规定》并非官员财产申报制度，离人们期盼的财产申报制度仍有很大距离。而自2015年3月1日起施行的《不动产登记暂行条例》，也未对官员财产申报具有直接针对性。由于官员财产申报的复杂性和敏感度，可以预见，从"报告"到"申报"继而建立中国特色的官员财产申报制度，还有一段路要走。

3. 强化民主决策和民主监督机制。积极推进党务公开，完善党内民主决策机制，创新党内监督机制，才能保障和落实党员主体地位和各项权利，激发了广大党员的创造性、主动性和积极性。为此，在民主决策方面，首先，建立健全公众参与、专家咨询和政府决定相结合的决策机制，保障人民群众参与决策过程，强化专家在决策咨询论证中的作用，提高行政机关的决策能力和水平。其次，健全行政决策规则。依法科学、合理界定决策权，建立分级自主决策的决策体制，实现事权、决策权和决策责任相统一，坚持决策前的论证制、决策中的票决制和决策后的责任制，坚决杜绝决策的盲目性、随意性和领导者个人独断专行。再次，完善行政决策程序。要坚持把合法性审查、科学论证、集体讨论作为重大决策过程的必要环节，明确决策的权力与责任，做到权力与责任相统一、决策职能与执行职能相对分离。在民主监督方面，首先，建立激励党员对党的领导干部，党的下级组织对党的上级组织监督的机制。例如，通过建立规范化、程序化的党员大会制度，向党员群众通报本单位党的领导干部廉政情况，定期、定向、公开、有效地专门进行党风党纪问题的讨论。其次，制定保护监督者权益、奖励党内监督举报、惩处诬告等制度，从人身安全、财产安全、权利维护、法律援助等各方面充分保障党员特别是基层党员行使监督权。

（六）在一党长期执政条件下，怎样保持党的活力，提高党的执政能力

在我国的政治生活中，中国共产党长期处于执政地位，八个民主党派则一直扮演参政党角色。这种制度的形成，既有现实的考量，也有历史的缘由，是我国政党制度的一大特色。

1911年的辛亥革命，结束了我国长达两千多年的封建帝制。次年元旦，孙中山就任中华民国临时大总统，提出要以"英、美先进国为模范"，实行政

党政治。当时，中国出现了大大小小、形形色色的 300 多个政党。然而，由于时局不稳，乱象丛生，政党政治最终只是昙花一现。抗战时期，中国共产党主张改组国民党一党政府、建立联合各党各派共同抗日的民主联合政府，受到社会各界的欢迎。由于蒋介石坚持一党独裁，悍然发动内战，也使中国丧失了建立两党制的时机。1948 年 4 月 30 日，中共中央发布《纪念五一劳动节口号》，提出"各民主党派、各人民团体及社会贤达，迅速召开政治协商会议，讨论并实现召集人民代表大会，成立民主联合政府"的倡议，得到热烈响应，他们公开表示，愿意在中国共产党的领导下，共同为建立新中国而奋斗。1949 年 9 月中国人民政治协商会议召开，标志着中国共产党领导的多党合作和政治协商制度的正式确立。新中国成立后，中国共产党在执政条件下进一步加强同各民主党派的团结合作，不断推进多党合作的理论创新和实践发展。但 1957 年后特别是"文化大革命"期间，多党合作制度遭受严重挫折。改革开放后，多党合作得以重新确认，逐步制度化，并发挥着日益重要的作用。

当今，国际环境变幻莫测，总体经济形势不稳，而我国却通过自己走出的一条符合实际、富有特色的中国道路，保持了社会经济相对平稳的发展，获得了越来越多的国际关注。许多国家在考察中国成功的原因时，也更多地把目光放到了政治领域，特别是对一党执政的考量上。英国前首相撒切尔夫人的私人秘书和外交政策顾问查尔斯·鲍威尔认为，中国具有掌握未来的策略，要求得到它在世界范围内应得的领导地位，而且拥有能实现这种目标的政府体制，这种政府体制纪律严明、坚定一致并充满活力，这是民主体制无法做到的。[①] 鲍威尔的评论不乏偏颇之处，但也确是明白无误地认识到了我国政治制度设计和安排上的优势。

新加坡《联合早报》也曾撰文对中国共产党一党执政做过专门论述。它认为，中国的一党执政相对于西方多党制的六大优势在于：一在于可以制订国家长远的发展规划和保持政策的稳定性，而不受立场不同、意识形态相异政党更替的影响；二在于高效率，对出现的挑战和机遇能够做出及时有效的反应，特别是在应对突发灾难事件时；三在于在社会转型期这一特殊时期内可以有效遏制腐败的泛滥；四在于这是一个更负责任的政府；五在于人才培养和选拔机制以及避免人才的浪费；六在于它可以真正地代表全民。

事实上，任何政党制度都有自己的优势和劣势，中国的如此，西方的亦然。诚如恩格斯所言："历史同认识一样，永远不会把人类的某种完美的理想状态看做尽善尽美的；完美的社会、完美的'国家'是只有在幻想中才能存

---

① 《外交辉煌 60 年——从"东亚病夫"到东方巨人》，http://shishi.china.com.cn/txt/2010-05/25/content_ 3529096.htm。

在的东西。"① 对于外界的赞美之词我们无需沾沾自喜,对于诽谤攻击也无需妄自菲薄,而是在遵循历史的条件下,根据现实情况,不断改革完善,吸收国外政党制度的优点,扬长避短,更好地服务于我国的现代化建设。中国共产党作为执政党,正面临着诸多危险和考验。所谓正本清源,党的执政能力建设起着关键作用。当前我国贫富分化加剧,社会问题集中,所有矛盾焦点、斗争矛头的最终指向,都是执政的中国共产党,这对党的执政能力是前所未有的挑战。为此,可以从以下几个方面积极入手,保持党的活力,提高党的执政能力。

1. 通过党内民主建设,夯实基础。中国社会的特殊性,决定了政治改革中顶层设计的重要性和从"头"开始的紧迫性,即当务之急是整饬官纪,发扬党内民主。当下执政党最为人民群众所诟病的莫过于贪污腐败和低效率。基于党员干部自律的道德约束及各种形式的学习培训,或许能起一时之效,但长远来看,充分发扬党内民主、加强监督才是反腐倡廉、治理官场的必由之路。一方面,通过严刑重典,强化官员的执行力,以形成良好的群体规范。应将加强执行力作为党内改革的首要之选,这是重塑党内政治文化的逻辑起点,是一个自上而下、由强力打压转化为意识、习惯的过程。另一方面,通过公众、舆论和媒体对官员进行集体监督,促使权力的行使更加公开和透明。党和政府要鼓励公众和组织参与党内事务与社会治理工作,并提供便利和宽松的环境条件。这是一个自下而上、由自发到自觉逐渐成为一种社会共识和社会责任的过程。两条路径的结合,是强化党内民主意识、确保党内民主正常运行的保障。

2. 通过理论创新,解除疑问。在党情、国情、世情发生巨大变化的情况下,能否做到既坚持马克思主义,又发展马克思主义,这是对当代中国共产党人执政能力的重大考验。面对理论和现实的巨大差距以及随之而来的各种各样的质疑,无视我国现代化建设的复杂性和艰巨性,单从理论上空谈治国治党之道,很容易引发思想混乱。特别是在矛盾凸显期的改革攻坚阶段,任何风吹草动都可能引起连锁反应,削弱政府的公信力和党的执政的政治合法性。少数自诩为"公共知识分子"的人,一味对西方政党制大唱赞歌,对共产党执政则百般批判且毫无建设性建议可言,这给我们敲响了警钟,同时对党的执政地位提出了理论上的挑战,对此,要保持清醒的认识,在反思追问中积极应对,不断创新。为什么在当今各国普遍采用两党制或多党制的情况下,我们还在坚持一党执政?社会主义国家的一党执政制度,在全球化浪潮的冲击下如何抗击各类风险,能否坚持到底?怎样在一党执政的条件下,更好地发挥各民主党派的参政议政作用?怎样防治腐败、更好地执政为民?中国政党制度改革的突破口

---

① 《路德维希·费尔巴哈和德国古典哲学的终结》,见《马克思恩格斯选集》第 4 卷,人民出版社 1995 年版,第 212～213 页。

在哪里呢？一系列的问题摆在党的面前。我们应着眼于转变党的作风，尤其是思想作风和工作作风，深入实践，深入群众，调查研究，了解实际。只有把党的理论创新活动同人民群众的实践活动紧密结合起来，才能使创新的理论产生巨大的力量，发挥巨大的作用，从而真正体现理论创新的巨大价值。

3. **通过制度创新，发挥实效。** 要切实推进政治改革、充分发挥执政党的政治优势，制度创新是关键。制度是要求人们共同遵守的办事规程或行动准则。许多情况下，制度也是某一领域的制度体系，并以法律的形式表达出来。制度创新可分为三个层次，即以法律为基础的正式规则，以道德和传统为基础的行为准则，包括监督、惩处在内的执行准则。2011年3月10日，全国人大常委会委员长吴邦国宣布"中国特色社会主义法律体系已经形成"①，这是制度完善的一个重要方面，意味着我们已经具备了"法治国家"的第一层含义，具备了制度有效实施的前提。现在关键是第二步。制度能否逐步改造、逐步理性化，能否得到切实执行，在很大程度上取决于人的思想，特别是民主法治思想。中国作为一个发展中国家，正经历着从传统社会向现代社会转型的历史性转变，仍处于思想建设不足阶段。中国现代行政文化从理论建构到制度设计的框架和规范已然形成，但尚缺乏与之相适应的核心价值体系。可以说，没有精神的内核，制度的外壳即使再厚重，也承载不起现实的压力。事实上，党先后制定出台了大量规章制度，但在许多情况下都面临着"制度失灵"的现象。为此，需要不断强化执行程度和监督力度。需要特别指出的是，制度的制定者、执行者、执行对象都是人，所以制度创新，不是一味地排斥人治，而是将人治纳入一个规范科学合理的治理框架内和运行轨道上。

四、延伸阅读与思考

（一）重要文献资料

《中共中央关于全面推进依法治国若干重大问题的决定》
（2014年10月23日中国共产党第十八届中央委员会第四次全体会议通过）
（节选）

七、加强和改进党对全面推进依法治国的领导

党的领导是全面推进依法治国、加快建设社会主义法治国家最根本的保证。必须加强和改进党对法治工作的领导，把党的领导贯彻到全面推进依法治

---

① 吴邦国：《在形成中国特色社会主义法律体系座谈会上的讲话》，http://www.gov.cn/ldhd/2011-01/26/content_1793094.htm。

国全过程。

（一）坚持依法执政。依法执政是依法治国的关键。各级党组织和领导干部要深刻认识到，维护宪法法律权威就是维护党和人民共同意志的权威，捍卫宪法法律尊严就是捍卫党和人民共同意志的尊严，保证宪法法律实施就是保证党和人民共同意志的实现。各级领导干部要对法律怀有敬畏之心，牢记法律红线不可逾越、法律底线不可触碰，带头遵守法律，带头依法办事，不得违法行使权力，更不能以言代法、以权压法、徇私枉法。

健全党领导依法治国的制度和工作机制，完善保证党确定依法治国方针政策和决策部署的工作机制和程序。加强对全面推进依法治国统一领导、统一部署、统筹协调。完善党委依法决策机制，发挥政策和法律的各自优势，促进党的政策和国家法律互联互动。党委要定期听取政法机关工作汇报，做促进公正司法、维护法律权威的表率。党政主要负责人要履行推进法治建设第一责任人职责。各级党委要领导和支持工会、共青团、妇联等人民团体和社会组织在依法治国中积极发挥作用。

人大、政府、政协、审判机关、检察机关的党组织和党员干部要坚决贯彻党的理论和路线方针政策，贯彻党委决策部署。各级人大、政府、政协、审判机关、检察机关的党组织要领导和监督本单位模范遵守宪法法律，坚决查处执法犯法、违法用权等行为。

政法委员会是党委领导政法工作的组织形式，必须长期坚持。各级党委政法委员会要把工作着力点放在把握政治方向、协调各方职能、统筹政法工作、建设政法队伍、督促依法履职、创造公正司法环境上，带头依法办事，保障宪法法律正确统一实施。政法机关党组织要建立健全重大事项向党委报告制度。加强政法机关党的建设，在法治建设中充分发挥党组织政治保障作用和党员先锋模范作用。

（二）加强党内法规制度建设。党内法规既是管党治党的重要依据，也是建设社会主义法治国家的有力保障。党章是最根本的党内法规，全党必须一体严格遵行。完善党内法规制定体制机制，加大党内法规备案审查和解释力度，形成配套完备的党内法规制度体系。注重党内法规同国家法律的衔接和协调，提高党内法规执行力，运用党内法规把党要管党、从严治党落到实处，促进党员、干部带头遵守国家法律法规。

党的纪律是党内规矩。党规党纪严于国家法律，党的各级组织和广大党员干部不仅要模范遵守国家法律，而且要按照党规党纪以更高标准严格要求自己，坚定理想信念，践行党的宗旨，坚决同违法乱纪行为作斗争。对违反党规党纪的行为必须严肃处理，对苗头性倾向性问题必须抓早抓小，防止小错酿成大错、违纪走向违法。

依纪依法反对和克服形式主义、官僚主义、享乐主义和奢靡之风，形成严密的长效机制。完善和严格执行领导干部政治、工作、生活待遇方面各项制度规定，着力整治各种特权行为。深入开展党风廉政建设和反腐败斗争，严格落实党风廉政建设党委主体责任和纪委监督责任，对任何腐败行为和腐败分子，必须依纪依法予以坚决惩处，决不手软。

（三）提高党员干部法治思维和依法办事能力。党员干部是全面推进依法治国的重要组织者、推动者、实践者，要自觉提高运用法治思维和法治方式深化改革、推动发展、化解矛盾、维护稳定能力，高级干部尤其要以身作则、以上率下。把法治建设成效作为衡量各级领导班子和领导干部工作实绩重要内容，纳入政绩考核指标体系。把能不能遵守法律、依法办事作为考察干部重要内容，在相同条件下，优先提拔使用法治素养好、依法办事能力强的干部。对特权思想严重、法治观念淡薄的干部要批评教育，不改正的要调离领导岗位。

（四）推进基层治理法治化。全面推进依法治国，基础在基层，工作重点在基层。发挥基层党组织在全面推进依法治国中的战斗堡垒作用，增强基层干部法治观念、法治为民的意识，提高依法办事能力。加强基层法治机构建设，强化基层法治队伍，建立重心下移、力量下沉的法治工作机制，改善基层基础设施和装备条件，推进法治干部下基层活动。

（五）深入推进依法治军从严治军。党对军队绝对领导是依法治军的核心和根本要求。紧紧围绕党在新形势下的强军目标，着眼全面加强军队革命化现代化正规化建设，创新发展依法治军理论和实践，构建完善的中国特色军事法治体系，提高国防和军队建设法治化水平。

坚持在法治轨道上积极稳妥推进国防和军队改革，深化军队领导指挥体制、力量结构、政策制度等方面改革，加快完善和发展中国特色社会主义军事制度。

健全适应现代军队建设和作战要求的军事法规制度体系，严格规范军事法规制度的制定权限和程序，将所有军事规范性文件纳入审查范围，完善审查制度，增强军事法规制度科学性、针对性、适用性。

坚持从严治军铁律，加大军事法规执行力度，明确执法责任，完善执法制度，健全执法监督机制，严格责任追究，推动依法治军落到实处。

健全军事法制工作体制，建立完善领导机关法制工作机构。改革军事司法体制机制，完善统一领导的军事审判、检察制度，维护国防利益，保障军人合法权益，防范打击违法犯罪。建立军事法律顾问制度，在各级领导机关设立军事法律顾问，完善重大决策和军事行动法律咨询保障制度。改革军队纪检监察体制。

强化官兵法治理念和法治素养，把法律知识学习纳入军队院校教育体系、干部理论学习和部队教育训练体系，列为军队院校学员必修课和部队官兵必学必训内容。完善军事法律人才培养机制。加强军事法治理论研究。

（六）依法保障"一国两制"实践和推进祖国统一。坚持宪法的最高法律地位和最高法律效力，全面准确贯彻"一国两制"、"港人治港"、"澳人治澳"、高度自治的方针，严格依照宪法和基本法办事，完善与基本法实施相关的制度和机制，依法行使中央权力，依法保障高度自治，支持特别行政区行政长官和政府依法施政，保障内地与香港、澳门经贸关系发展和各领域交流合作，防范和反对外部势力干预港澳事务，保持香港、澳门长期繁荣稳定。

运用法治方式巩固和深化两岸关系和平发展，完善涉台法律法规，依法规范和保障两岸人民关系、推进两岸交流合作。运用法律手段捍卫一个中国原则、反对"台独"，增进维护一个中国框架的共同认知，推进祖国和平统一。

依法保护港澳同胞、台湾同胞权益。加强内地同香港和澳门、大陆同台湾的执法司法协作，共同打击跨境违法犯罪活动。

（七）加强涉外法律工作。适应对外开放不断深化，完善涉外法律法规体系，促进构建开放型经济新体制。积极参与国际规则制定，推动依法处理涉外经济、社会事务，增强我国在国际法律事务中的话语权和影响力，运用法律手段维护我国主权、安全、发展利益。强化涉外法律服务，维护我国公民、法人在海外及外国公民、法人在我国的正当权益，依法维护海外侨胞权益。深化司法领域国际合作，完善我国司法协助体制，扩大国际司法协助覆盖面。加强反腐败国际合作，加大海外追赃追逃、遣返引渡力度。积极参与执法安全国际合作，共同打击暴力恐怖势力、民族分裂势力、宗教极端势力和贩毒走私、跨国有组织犯罪。

（二）典型案例

案例一

当代雷锋——鞍钢齐大山铁矿采场公路管理员郭明义[①]

郭明义，辽宁鞍山人，1977年1月参军，并于1980年6月在部队加入中国共产党，曾被部队评为"学雷锋标兵"。1982年1月，复员到鞍钢集团矿业公司齐大山铁矿工作。先后在矿用大型生产汽车驾驶员、车间团支部书记、矿党委宣传部干事、车间统计员兼人事员、矿扩建工程办公室英文翻译等岗位工作。1996年至今，任齐大山铁矿生产技术室采场公路管理员。

入党30年来，他时时处处发挥先锋模范作用，在每个工作岗位上都取得了突出的业绩。从1996年开始担任采场公路管理员以来，他每天都提前2个小时上班，15年中，累计献工15000多小时，相当于多干了5年的工作量。

---

① 选自田怀玉：《"当代雷锋"郭明义》，新华出版社2012年版。

工友们称他是"郭菩萨"、"活雷锋",矿业公司领导则称因郭明义使整个"矿山人"的精神得到了升华。

1994年,郭明义在电视上看到希望工程的电视短片后,内心久久不能平静。第二天,他就去市希望办向一名岫岩山区的失学儿童捐助了200元。十几天后,他又给这个孩子邮寄了200元。那时,他每月的工资收入不到600元。上有年迈的父母,下有上学的女儿,一家人生活得并不富裕,但这并没有妨碍他捐资助人的善举。迄今,他已为希望工程、身边工友和灾区群众捐款10多万元,先后资助了180多名特困生,而自己的家中却几乎一贫如洗。一家3口人至今还住在鞍山市千山区齐大山镇,一个80年代中期所建的、不到40平方米的单室里。他家里本来有电视机,当看到一个农村孩子没有电视看,就把电视机送给了他。2008年以来,他发起的希望工程捐资助学活动,已有2800多名矿业职工参与,资助特困生1000多名,捐款近40万元。

2006年以来,他8次发起捐献造血干细胞的倡议,有1700多名矿业职工参与。其中,齐大山铁矿汽运作业区大型生产汽车司机许平鑫同志与武汉的一名白血病患者配型成功,成为全国第1066例、鞍山市第5例成功捐献者。他坚持20年无偿献血,累计献血6万毫升,相当于自身总血量的10倍。2007年以来,他7次发起无偿献血的倡议,共有600多名矿业职工参与,累计献血15万毫升。2009年以来,他发起成立的遗体(器官)捐献志愿者俱乐部,已有200多名矿业职工和社会人士参与,是目前国内参与人数最多的遗体(器官)捐献志愿者俱乐部。

为此,他先后荣获了齐矿先进生产者标兵、模范共产党员、矿业公司先进生产者、模范共产党员、鞍钢先进生产者、精神文明建设标兵、优秀共产党员、鞍钢劳动模范、鞍山市优秀义工、道德模范、无偿献血形象代言人、特等劳动模范、辽宁省道德模范提名奖、希望工程突出贡献奖、全国无偿献血奉献奖金奖、全国红十字志愿者之星、中央企业优秀共产党员等荣誉称号。

如今,以他名字命名的爱心团队已近6000人,内容涉及爱心工程、献血、捐献遗体等七大项。2800人参加"希望工程爱心连队",资助1000多名学生,捐款40多万元;1700人参加"捐献造血干细胞志愿者俱乐部"……

案例二

罗荫国系列腐败案[①]

2012年4月13日,广东省纪委召开新闻发布会,通报了近两年查处的一

---

① 根据新华网、搜狐网的报道整理而成。

批违纪违法典型案件。其中，茂名市原市委书记罗荫国系列腐败案格外引人注目。该案中，罗荫国及原市委常委、常务副市长杨光亮，原市委常委、市政法委书记、公安局长倪俊雄，原市人大常委会副主任朱育英，原副市长陈亚春，电白县原县委书记李日添等均涉嫌受贿，全案共涉及省管干部24人、县处级干部218人（其中立案查处61人）、属省管干部19人、县处级以下干部42人（其中移送司法机关依法处理20人），一共303名，为国家挽回直接经济损失3.2亿元。

罗荫国1954年4月出生，广东高州人，在职研究生学历，经济师，1972年7月参加工作，1974年6月加入中国共产党。罗荫国20岁时开始做干部，从村里的大队长，到镇委书记，再到高州市委书记，一步一个脚印，历经艰辛。2003年4月，罗荫国开始担任茂名市市长，2007年4月接任茂名市委书记。2011年2月10日，茂名市委书记罗荫国被广东省检察院刑事拘留。罗荫国一案，有两个突出特点，一是贪赃金额巨大。据有关媒体报道，调查期间办案人员仅在其住所及办公室就起获赃款1000多万元，100多幅名贵字画，10块劳力士手表，其贪婪之心由此可见一斑。二是罗荫国言语雷人。罗荫国在接受调查时称："要说我是贪官，说明官场都是贪官。""凭什么专整我？真让我交代，我能交代三天三夜，把茂名官场翻个底朝天。""中国不就是腐败分子提拔腐败分子，腐败分子反腐败吗？""像我这样级别的，谁不能供出来百十个人？这太平常了！"一副语不惊人死不休架势，其猖狂之态溢于言表。

然而，就是这样一个目无国法、欲壑难填的人，还曾经于2008年在全国党风廉政建设工作电视电话会议介绍反腐倡廉的"茂名经验"，他自己也身兼着茂名市党风廉政建设领导小组组长职务。按照茂名党风廉政建设"一岗双责"的设置"一把手"不仅是廉政的领导者，也是反腐的监督者。根据当时的《茂名日报》等媒体报道，狠抓落实党风廉政建设的罗荫国还坚持做到"四亲自"：亲自部署重要工作，亲自过问重大问题，亲自协调重点环节，亲自督办重要案件。然而，罗荫国终究辜负了自己的口号，在涉嫌巨贪之后，亦成为"裸官"，其子女分别加入了澳门、澳大利亚籍，并在境外置业。

案例三

公安部原副部长李纪周忏悔书[①]

我叫李纪周，原是公安部的副部长，这些年来由于放松思想改造，在改革开放的大潮中没有经得起考验，由一名党的高级干部堕落成为人民的罪人，我

---

① 选自《三联生活周刊》2001年第46期。

对自己的严重罪行非常痛恨，深感对不起党、对不起人民，我真心实意地认罪服法。我愿接受法律的任何处理，这也是我罪有应得。我愿做一个反面教材，教育他人，警示后人。

我走上犯罪道路的原因和教训，主要有以下几个方面：

一是长期放松政治学习，放松思想改造。当了公安部的领导后，我在工作上还是埋头苦干的，整天忙于具体业务，很少抽时间认真读书学习。对社会上的不正之风、腐败现象越来越缺乏警惕，以致麻木不仁，慢慢地自己思想上防腐拒变的防线开始崩溃。看到不少干部吃吃喝喝、拉拉扯扯甚至接受钱财没有发生什么事，觉得自己接受朋友表面没有什么明显企图的一些钱物也算不得什么，受这个"一念之差"左右出现的偏差，变得一发而不可收，最终陷入了犯罪的泥潭。

二是过多地与商人老板搅在一起。作为党的一名干部，特别是领导干部，整天和商人老板，特别是那些怀着不可告人目的的不法商人搅在一起，他们总会千方百计、不择手段地向你进攻，一不小心就会掉进他们的泥坑之中。像赖昌星这些商人，看中的是我这个公安部副部长的职位和权力，想方设法地巴结我，给我送钱送物，就是想利用我手中的权力，以后好为他们办事。

三是没有管好自己的亲属。我就一个女儿，一直对她过于溺爱，从小娇生惯养。她要去美国，我虽然不太同意，但是她和我夫人坚持，我也就妥协了。她在美国生活遇到困难，我也就不惜一切，明知不对，还是接受了赖昌星给的50万美元的贿赂。对我的妻子也是要求不严，对她在外边到处拉关系、搞应酬，我知道了，只是说两句，态度不坚决；对人家通过她送来的钱物，我也曾让她退回，但是不坚决不果断。

四是为情所动，因情害己。我在1990年下放广州公安局带职锻炼期间，与广州市公安局女干警李××接触很多，由于我思想不坚定堕入情网。后来又因为她而滥用职权，干预下面办案，最后造成梁耀华的"新英豪公司"走私得逞，而我犯下了严重的渎职之罪。

我也曾有过一个很好的过去。我出身在一个革命干部的家庭，父亲是参加过二万五千里长征的老红军，母亲也是1938年参加革命的"老八路"。从小在革命队伍中长大，是国家培养我上学，一直到大学毕业，后在部队入党、提干，转业到公安部没有几年就被破格提拔为副局长，后来又被任命为局长、部长助理、副部长。我能有这样的荣誉和地位，完全是党和人民给我的，没有党和国家的培养，我什么都不是。但是后来我变了，变质了，走上了犯罪道路。我对不起党，对不起国家和人民，我痛恨我自己。我的父亲在公安部是个艰苦奋斗的模范、受人尊敬的老红军，而我却是一个腐败的典型、一个罪人，这个反差实在是太大了。我真是对不起为了中国今天而流血牺牲的无数革命先烈，也对不起在九泉之下的我的父亲。

参考书目

[1] 中国共产党章程（中国共产党第十八次全国代表大会部分修改，2012年11月14日通过）.

[2] 中共中央关于加强党的执政能力建设的决定（2004年9月19日中国共产党第十六届中央委员会第四次全体会议通过）.

[3] 中共中央关于加强和改进新形势下党的建设若干重大问题的决定（2009年9月18日中国共产党第十七届中央委员会第四次全体会议通过）.

[4] 中共中央关于全面推进依法治国若干重大问题的决定（2014年10月23日中国共产党第十八届中央委员会第四次全体会议通过）.

[5] 毛泽东. 改造我们的学习. 毛泽东选集第3卷. 北京：人民出版社, 1991.

[6] 刘少奇. 论共产党员的修养. 北京：人民出版社, 2005.

[7] 邓小平. 党和国家领导制度的改革. 邓小平文选第2卷. 北京：人民出版社, 1994.

[8] 江泽民. 论党的建设. 北京：中央文献出版社, 2001.

[9] 胡锦涛. 在庆祝中国共产党成立九十周年大会上的讲话. 北京：人民出版社, 2011.

[10] 习近平. 铁打还需自身硬——关于党要管党、从严治党. 中共中央宣传部编. 习近平总书记系列重要讲话读本. 北京：学习出版社，人民出版社, 2014.

思考题

1. 在新的历史条件下如何提高党的建设科学化水平？
2. 在一党长期执政的条件下怎样保持党自身发展的动力与活力？
3. 面对新形势下"四大考验"的挑战怎样化解党的"四大危险"？
4. 在改革开放和市场经济条件下怎样保持党的先进性和纯洁性？

第八讲　当代中国与世界

一、教学大纲基本内容

（一）当今世界发展的新特点和新趋势

大发展大变革大调整是当今世界形势深刻变化的突出特点，要准确把握世界发展大势，必须把握当今时代的主题，正确看待世界形势出现的新机遇、新挑战和新矛盾、新问题。

1. 和平与发展是当今时代的主题。 20世纪后期，针对国际形势和世界格局开始发生的重大变化，邓小平从战略高度作出科学判断："现在世界上真正大的问题，带全球性的战略问题，一个是和平问题，一个是经济问题或者说发展问题。"① 1987年党的十三大将"和平与发展"概括为"当代世界主题"，1997年党的十五大称之为"当今时代的主题"。

20世纪90年代以来，经济全球化迅猛发展，科技革命日新月异，各国间的竞争越来越表现为以经济和科技为主的综合国力竞争。总体和平、局部战争，总体缓和、局部紧张，总体稳定、局部动荡，是当今国际形势发展的基本态势。党的十八大明确指出："当今世界正在发生深刻复杂变化，和平与发展仍然是时代主题。"但是，世界还很不安宁，和平与发展这两大问题还没有得到根本解决。世界经济进入深度调整期，整体复苏艰难曲折，国际金融领域仍然存在较多风险，各种形式的保护主义上升，各国调整经济结构面临不少困难，人类依然面临诸多难题和挑战。地区热点此起彼伏，霸权主义、强权政治和新干涉主义有所上升，军备竞争、恐怖主义、网络安全等传统安全威胁和非传统安全威胁相互交织，维护世界和平、促进共同发展依然任重道远。要和平不要战争，要发展不要贫穷，要合作不要对抗，推动建设持久和平、共同繁荣的和谐世界，是各国人民的共同愿望。

2. 当今世界正处在大发展大变革大调整时期。 进入新世纪，国际局势继续发生着深刻而复杂的变化，呈现出许多新特点。

---

① 《邓小平文选》第3卷，人民出版社1993年版，第105页。

（1）经济全球化深入发展。随着中国、印度等新兴市场经济体逐渐融入全球经济体系，经济全球化规模空前扩大；越来越多国家支持经济全球化，多边贸易谈判取得进展；全球范围配置生产要素以空前的速度和规模持续发展，各经济体相互依赖、相互联系的程度日益加深；同时世界经济格局发生新变化，国际金融危机影响深远，系统性和结构性风险仍较突出；美国国债和财政赤字屡创新高，引发世界经济结构调整；欧盟面对经济增长衰退、主权债务危机加重、失业居高不下、通货紧缩等多重挑战；新兴大国增长势头相对良好，但未来发展面临挑战仍十分严峻。

（2）世界多极化趋势进一步加强。超级大国的霸权主义图谋与主张多极化的力量继续激烈碰撞。国际力量此消彼长，多极化趋势有新发展。新兴大国继续崛起势头，联合自强意识增强，"金砖国家"等新合作机制日益成为全球增长的重要引擎、解决全球性问题的利益攸关方。新兴大国崛起作为当今世界最重要的发展趋势之一，有利于推动国际力量对比朝着相对均衡的方向发展。但总体上，西方国家经济科技优势明显，国际体系中的主导地位短期内难以根本改变。

（3）科技酝酿新突破。科技突破能极大地推动世界生产力发展和人类生产生活方式改变。当前，信息科学、生命科学、物质科学、地球与环境科学、交叉科学与系统科学以及自然科学与社会科学的交叉领域中形成了新的科学前沿，新的科技革命和产业革命正在孕育之中。

（4）思想文化交流交融交锋呈现新特点。文化与经济、政治、社会的联系日益紧密，越来越多的国家把提高国家文化软实力作为重要发展战略；世界范围内各种思想文化交流交融交锋更加频繁，国际思想文化领域斗争依然深刻而复杂。

（5）人类共同安全问题日益突出。恐怖主义、大规模杀伤性武器扩散、金融危机、严重自然灾害、气候变化、能源资源安全、粮食安全等攸关人类生存和经济社会可持续发展的全球性问题凸显，一国无力单独解决，客观上要求各国加强合作协调。

这些新变化必将推动世界范围内生产生活方式进一步发生变革，引发全球经济政治格局深刻变化和利益格局重大调整。西方国家越来越难以垄断国际事务，在解决全球性问题上越来越离不开新兴大国的参与，推动形成更加公正合理的国际经济政治秩序成为时代潮流。

（二）当代中国同世界的关系发生了历史性变化

经过30多年改革开放，当代中国同世界的关系发生了历史性变化。中国的发展离不开世界，世界的繁荣与稳定也离不开中国。

1. 中国与世界的联系日益密切。中国的发展离不开世界。截至 2011 年 7 月，中国已同 163 个国家和地区建立了双边经贸合作机制，签署 10 个自由贸易区协定，同 129 个国家签署双边投资保护协定，同 96 个国家签署避免双重征税协定，已成为贸易和投资自由化、便利化的积极实践者。中国积极构建总体稳定、均衡发展、互利共赢的大国关系框架，促进形成机遇共享、共同发展的周边合作局面，巩固并加强了同发展中国家的传统友谊和团结合作，与世界各国交流合作更加广泛。

世界的繁荣与稳定也离不开中国。中国已成为重要新兴市场，成为世界发展的重要力量。2001 年加入世界贸易组织以来，中国年均进口近 7500 亿美元商品，为相关国家和地区创造了 1400 多万个就业岗位。中国近年来对世界经济增长的贡献率均达到 10% 以上。

中国越发展，给世界带来的机遇和贡献就越大。中国巨大的市场容量、不断完善的基础设施、日臻完备的产业配套格局、公平竞争的市场环境，正在吸引越来越多外来投资。中国坚持的科学发展之路，不仅对中国自身长远发展意义重大，对世界发展也将产生重大影响。

2. 中国的国际地位不断提升。中国的发展对世界文明发展作出了新贡献。新中国成立后特别是改革开放以来，中国所取得的成谱写了人类发展史上的光辉篇章：综合国力显著增强，经济总量跃居世界第二，成为全球具有重大影响的最大新兴经济体。230 多种主要工农业产品居世界第一，工业增加值 2011 年跃居世界第一，在制造业 30 多个大类中，半数以上生产规模位居世界第一，其他也占重要位置。中国主要靠自己实现了从温饱不足到总体小康的历史性跨越。

中国日益在国际舞台上发出自己的声音。作为安理会常任理事国之一，中国大力倡导并积极推动通过和平方式解决争端，在解决朝核、伊核、中东、伊拉克、叙利亚、北非、苏丹等一系列地区热点问题上发挥了重要作用；积极参与联合国维和行动，全面深入参与多边军控和裁军事务；坚持奉行"以邻为善、以邻为伴"的周边外交方针，不断加强同周边国家的睦邻友好和务实合作，主张通过对话协商和平解决分歧。

中国在应对国际金融危机冲击中发挥了重要作用。中国坚持保持国民经济平稳较快发展，及时调整宏观经济政策，果断实施积极的财政政策和适度宽松的货币政策，形成了进一步扩内需、增信心、稳预期、促增长的一揽子计划，缓解了经济运行中的突出矛盾，积极因素不断增多，国民经济企稳回升。国际社会公认，中国采取的一系列应对国际金融危机冲击的措施，不仅对中国的经济，而且对区域经济乃至世界经济都产生了积极影响。

中国在维护世界和平、应对全球性挑战中发挥了重要作用。中国是唯一公开承诺不首先使用核武器、不对无核国家和地区使用或威胁使用核武器的核国家；积极参与反恐、防扩散领域国际合作，维护国际核不扩散体系；参加了100多个政府间国际组织，签署300多个国际公约，成为国际体系的参与者、建设者和贡献者；是最早制定并实施《应对气候变化国家方案》的发展中国家，也是近年节能减排力度最大、新能源和可再生能源研发速度最快的国家之一。

（三）中国的国际战略与对外方针政策

共同分享发展机遇，共同应对各种风险，推动建设持久和平、共同繁荣的和谐世界，是各国人民的共同愿望。维护世界和平、促进共同发展，是中国外交政策的宗旨。

1. 当代中国的国际战略。 改革开放以来，我国提出同世界一道推动建设持久和平、共同繁荣的和谐世界的国际战略构想，并阐发了实施这一战略构想的基本原则。

（1）政治上相互尊重、平等协商，共同推进国际关系民主化。国家不分大小、强弱、贫富，都一律平等和应受尊重。维护联合国的核心地位，遵循联合国宪章，恪守国际法和公认的国际关系准则，在国际关系中弘扬民主、和睦、协作、共赢精神。各国内政自己决定，世界事务平等协商，各国平等参与国际事务的权利应得到尊重和维护。

（2）经济上相互合作、优势互补，共同推动经济全球化朝着均衡、普惠、共赢方向发展。努力建立公正、公开、合理、非歧视的多边贸易体制，使经济全球化成果惠及世界各国。携手落实联合国千年发展目标，使21世纪成为人人享有发展成果的世纪。

（3）文化上相互借鉴、求同存异，尊重世界多样性，共同促进人类文明繁荣进步。大力提倡不同文明间对话和交流，消除意识形态偏见和隔阂，使人类社会更加和谐和睦，让世界更加丰富多彩。

（4）安全上相互帮助、加强合作，坚持和平解决国际争端，共同维护世界和平稳定。通过协商对话增进信任、减少分歧、化解纠纷，避免使用武力或武力相威胁。

（5）环保上相互帮助、协力推进，共同呵护地球家园。提倡创新发展模式，走可持续发展道路，促进人与自然和谐发展。坚持共同但有区别的责任原则，加强环境保护和应对气候变化的国际合作。

2. 当代中国的对外方针政策。

（1）坚持独立自主的和平外交政策是当代中国外交的根本立场和出发点。坚持自己选择社会制度和发展道路，不允许外部势力干涉；坚持在和平共处五项原则基础上同所有国家发展友好合作,真正不结盟,不以社会制度和意识形态异同决定国家关系亲疏;尊重别国自主选择社会制度和发展道路的权利,不干涉别国内政,反对以大欺小、以强凌弱,反对霸权主义和强权政治;坚持通过求同存异、对话协商解决矛盾分歧,不把自己的意志强加于人;坚持从中国人民的根本利益和世界人民的共同利益出发,根据事情本身的是非曲直确定立场和政策,秉持公道,伸张正义,在国际事务中积极发挥建设性作用。

(2) 弘扬平等互信、包容互鉴、合作共赢的精神,共同维护国际公平正义。平等互信,就是要遵循联合国宪章宗旨和原则,坚持国家不分大小、强弱、贫富一律平等,推动国际关系民主化,尊重主权,共享安全,维护世界和平稳定。包容共鉴,就是要尊重世界文明多样性、发展道路多样化,尊重和维护各国人民自主选择社会制度和发展道路的权利,相互借鉴,取长补短,推动人类文明进步。合作共赢,就是要倡导人类命运共同体意识,在追求本国利益时兼顾他国合理关切,在谋求本国发展中促进各国共同发展,建立更加平等均衡的新型全球发展伙伴关系,同舟共济,权责共担,增进人类共同利益。

(3) 倡导互信、互利、平等、协作的新安全观。国际社会应强化综合安全观念,坚持综合施策、标本兼治,携手应对人类面临的多样化安全挑战;增强共同安全意识,既要维护本国安全,又要尊重别国安全关切;通过多边合作维护共同安全,建立公平有效的共同安全机制;应以合作谋和平、保安全、化干戈、促和谐,反对动辄使用武力或以武力相威胁。

(4) 秉持积极有为的国际责任观。作为负责任的国家,中国遵循国际法和公认的国际关系准则,认真履行应尽的国际责任,积极参与国际体系变革和国际规则制定,参与全球性问题治理,支持发展中国家发展,维护世界和平稳定。

(5) 奉行睦邻友好的地区合作观。同周边各国积极开展睦邻友好合作,共同推动建设和谐亚洲;各国相互尊重、增进互信、求同存异,谈判协商解决领土、海洋权益等矛盾和问题,共同维护地区和平稳定;密切经贸往来和互利合作,推进地区经济一体化,完善现有区域合作机制,对其他地区合作构想持开放态度,欢迎地区外国家发挥建设性作用。

(四) 中国的和平发展道路

新中国成立后,我国政府运用马克思列宁主义和平外交理论,率先提出和倡导和平共处五项原则,实行和平外交政策。改革开放以来,中国始终高举和平、发展、合作的旗帜,坚定不移地走和平发展道路,通过争取和平的国际环境来发展自己,又通过自己的发展来促进世界和平。

1. 中国和平发展道路的提出及内涵。改革开放特别是进入新世纪以来,中国多次宣示走和平发展道路，在坚持自己和平发展的同时，致力于维护世界和平，积极促进各国共同发展繁荣。在进入21世纪第二个10年和中国共产党成立90周年之际，中国再次向世界郑重宣告，和平发展是中国实现现代化和富民强国、为世界文明进步作出更大贡献的战略抉择，中国将坚定不移沿着和平发展道路走下去。

中国的和平发展道路归结起来就是：既通过维护世界和平发展自己，又通过自身发展维护世界和平；在强调依靠自身力量和改革创新实现发展的同时，坚持对外开放，学习借鉴别国长处；顺应经济全球化发展潮流，寻求与各国互利共赢和共同发展；同国际社会一道努力，推动建设持久和平、共同繁荣的和谐世界。

中国的和平发展道路最鲜明的特征，就是坚持科学发展、自主发展、开放发展、和平发展、合作发展、共同发展。

科学发展，就是尊重并遵循经济社会和自然发展规律，牢牢抓住经济建设这个中心，聚精会神搞建设，一心一意谋发展，不断解放和发展社会生产力。

自主发展，就是始终坚持独立自主，把国家发展的基点和重心放在国内，注重从中国国情出发，主要依靠自身力量和改革创新推动发展，不把问题和矛盾转嫁给别国。

开放发展，就是把开放作为基本国策，坚持对内改革和对外开放相结合，把独立自主同经济全球化相结合，把国际国内两个市场、两种资源相结合，以开放姿态融入世界，不断拓展对外开放的广度和深度，加强同世界各国的交流与合作。

和平发展，就是把营造和平稳定的国际环境作为对外工作的中心任务，积极为世界和平与发展作贡献，决不搞侵略扩张，永远不争霸、不称霸，始终做维护世界和平稳定的坚定力量。

合作发展，就是坚持以合作谋和平、促发展、化争端，同他国发展不同形式的合作关系，扩大互利合作，有效应对日益增多的全球性挑战，协力解决关乎世界经济发展和人类生存进步的重大问题。

共同发展，就是坚持奉行互利共赢的开放战略，坚持自身利益与人类共同利益的一致性，在追求自身发展的同时努力实现与他国发展的良性互动，促进世界各国共同发展。

中国和平发展的不懈追求是，对内求发展、求和谐，对外求合作、求和平。具体而言，就是通过中国人民的艰苦奋斗和改革创新，通过同世界各国长期友好相处、平等互利合作，让中国人民过上美好生活，并为全人类发展进步作出应有贡献。

2. 中国和平发展道路的世界意义。 和平发展道路是中国这个世界上最大的发展中国家探索出的一条新型发展道路。随着时间的推移，这条道路已经并将继续显示出其世界意义，对世界的和平与发展产生深远影响。

（1）中国的快速发展给国际社会带来更多机遇，从而有利于世界经济的繁荣，有利于促进各国的共同发展。中国经济增长成为世界经济增长的重要推动力量。2012 年，中国货物进出口总额为 38668 亿美元。随着经济规模的不断扩大，中国将给世界带来更大的市场机会和更大的合作空间。

（2）中国的发展会使世界更稳定、世界和平更有保障，中国在国际上是负责任的大国，积极参与国际新秩序建设与变革，是维护世界和平与稳定的坚定力量。在经济全球化的今天，具有五千多年悠久历史的中华文明焕发青春，并与其他文明共存与交汇，必将有助于世界文明相互交流融合和取长补短，进一步促进和谐世界建设。

（3）中国的和平发展为国际社会提供一个全新发展模式。建立殖民体系、争夺势力范围、对外武力扩张，是近代历史上一些大国崛起的老路。特别是在20 世纪，追逐霸权、实力对抗、兵戎相见，使人类惨遭两次世界大战浩劫。中国选择走和平发展道路，打破了"国强必霸"的大国崛起传统模式，即，不是通过传统的军事扩张、争霸或称霸，而是通过和平方式、渐进方式，在与经济全球化紧密相连的进程中因势利导、趋利避害，既向整个国际社会实行全方位的开放，又坚持依靠自己的力量，扩大内需，挖掘潜力，走中国特色的富民强国之路。这对国际社会将具有巨大的启迪意义。

中国梦要实现国家富强、民族振兴、人民幸福，是和平、发展、合作、共赢的梦，与包括美国梦在内的世界各国人民的美好梦想相通。

（4）中国通过自身的发展已经并日益深刻地影响着世界。随着中国的和平发展，占世界人口 1/5 的中国人民将走上富裕和文明之路，这将极大地改变世界的面貌，并对推动建设一个持久和平、共同繁荣的和谐世界作出更大贡献。

二、学术前沿述评

（一）关于中国的国际地位、国际影响与国际责任

学界普遍认为，新中国成立以来，中国社会、经济、政治、文化等各方面都取得了翻天覆地的变化，综合国力显著增强，国际地位显著提升。中国的崛起被称作"21 世纪最激动人心的大事"。

2010 年中国超过日本，成为世界第二经济体。学界与经济界纷纷在预测中国经济总量超过美国居世界第一的时间，一般认为将在 2025 年前后。"中国历经

30 多年改革开放,主动与世界融合,坚定走和平发展道路,努力开创中国模式,已成为新兴经济体的领头羊,日益被视为当今世界前所未有的大变化中最重要的变量"①。"在西方大国看来,遏制中国的崛起势头和把中国排斥在国际体系之外已经不可能,而且也会导致其自身利益受到损害","'中国因素'在当今国际经济体系中可以说是无处不在"②。也有学者认为,"中国目前虽然在经济总量上位列世界第二,但人均国内生产总值排名世界 100 位之后,还是一个不折不扣的发展中国家"③。可见,中国要从经济大国变成经济强国、综合国力大国的道路仍然漫长,尤其是文化、体制、社会发展等方面仍需艰苦努力。

学者普遍认为,"文化领域,以儒家思想为核心的东方文化开始获得国际社会的广泛承认,同时唤起了海内外中国人振兴中华民族的自信和热情,为中国在世界上发挥更大的作用奠定了牢固的文化基础"④。然而相对而言,"中国文化软实力的国际地位与中国的国际政治、经济地位不相称,现状不容乐观,问题比较突出。中国是文化资源大国但不是文化大国或文化强国,丰富的文化资源并没有转化为现实的文化软实力,中国对外文化交流与传播比较困难,面临诸多外部挑战,文化对外贸易逆差严重"⑤。

中国坚持独立自主的外交原则,彰显了大国风范。中国"国内政局稳定,有中国特色社会主义的发展模式和经验,得到世界上越来越多不同类型国家和人民的理解和肯定"。"对外关系领域,外交政策日益成熟稳定,独立自主和平外交政策长期得到坚持和贯彻,不断得到充实和完善,在国际事务中按照事情本身的是非曲直来决定自己的立场和政策,赢得了世界各国的信任,大国风范空前显著"⑥。

2005 年美国常务副国务卿佐利克呼吁中国应当成为国际体系中"负责任的利益攸关者",此后国际社会对中国应承担更多国际责任的呼声也普遍增强,同时,中国也开始强调做一个"负责任的大国","中国责任论"引起国内外广泛讨论。

有学者认为应慎重使用"负责任大国"、"大国责任"及"国际责任"等概念,采用"国际贡献"和"国际共同责任"等说法更为恰当"⑦。有学者认

---

① 崔立如:《关于中国国际战略的若干思考》,《现代国际关系》2011 年第 11 期,第 2 页。
② 胡键:《"中国责任"与和平发展道路》,《现代国际关系》2007 年第 7 期,第 43 页。
③ 陶文昭:《论中国的国际责任》,《高校理论战线》2011 年第 12 期,第 70 页。
④ 蒲俜:《和平发展道路与和谐世界理念》,《教学与研究》2007 年第 11 期,第 53 页。
⑤ 刘少华、唐洁琼:《论中国文化软实力的国际地位》,《求索》2010 年第 9 期,第 52 页。
⑥ 蒲俜:《和平发展道路与和谐世界理念》,《教学与研究》2007 年第 11 期,第 53 页。
⑦ 李东燕:《从国际责任的认定与特征看中国的国际责任》,《现代国际关系》2011 年第 8 期,第 52 页。

为，鼓吹"中国责任论"，实质上是西方发达国家尤其是美国的阴谋，是对中国发展的牵制。① 但更多学者认为，"中国作为当今国际体系中的一个大国，应当承担国际责任，履行对国际社会的义务。另一方面，中国经济社会的不断发展，中国与国际社会的相互融合、相互依赖日益加深，导致中国利益不断拓展，中国在世界各地无处不在，中国必须承担相应的国际责任，在维护中国日益扩大的海外利益的同时，树立良好的国际形象，促进国际社会的整体发展，推动人类文明不断进步"②。"承担更多的国际责任是中国实现自身国家利益的需要，是中国在国际社会中发挥更大作用的切入点"③。

学者们普遍认为，"西方大国是根据其国家利益来确定中国国际责任的"，"中国究竟要承担什么样的国际责任，不应该由西方大国来认定，而只能是中国根据自身能力和国家利益来确定"。"国家利益是确定中国国际责任的根本依据"。④ "中国应该根据自己的国家身份来确定国际责任"。"中国承担国际责任要积极而为，量力而行"⑤。当然，也要"以开放的心态和胸怀界定自身利益。在了解自身利益所在和维护自己利益的同时，不应狭隘地界定本国利益，克服完全从一己利益出发的片面性。不光考虑自己，也要考虑他人"。"在可能的条件下，中国要努力为国际公共物品的提供作出较大的贡献"⑥。

中国国际地位的显著提升和国际影响力显著增强是不争事实。相对而言，文化发展薄弱是一个瓶颈。中国共产党第十七次代表大会报告提出掀起文化建设新高潮、十七届六中全会专门通过《中共中央关于深化文化体制改革推动社会主义文化大发展大繁荣若干重大问题的决定》，正是对这一命题的深刻把握。

近年来，随着中国军舰参与联合国非洲护航、金砖国家峰会"扩容"、中国主导建立亚洲基础设施投资银行背后的波折纷争、国际货币基金组织和世界银行改革、新兴国家和发达国家在气候变化问题上的交锋、中国主导建立亚洲基础设施投资银行和提出"一带一路"合作发展倡议等，中国扮演的国际角色不断变化，承担的国际责任也不断突破和发展，西方国家对中国应承担更多国际责任的呼声也越来越高，由此成为学术界关注的热点之一，目前大多辩驳西方的"中国责任论"，认为最初是"西方大国因忧虑中国发展模式而要求中

---

① 张胜军：《中国责任论可以休矣》，《人民论坛》2007 第 6 期，第 1 页；吴建民：《中国所强调的"责任"》，人民论坛，2007 年第 6 期，第 51 页。
② 周桂银：《中国崛起过程中的国际责任》，《江海学刊》2009 年第 5 期，第 171～172 页。
③ 吴兵：《身份与责任：中国国际责任观研究》，《社会主义研究》2011 年第 2 期，第 138 页。
④ 胡键：《"中国责任"与和平发展道路》，《现代国际关系》2007 年第 7 期，第 43 页。
⑤ 吴兵：《身份与责任：中国国际责任观研究》，《社会主义研究》2011 年第 2 期，第 140 页。
⑥ 任晓：《研究和理解中国的国际责任》，《社会科学》2007 年第 12 期，第 27 页。

国承担更多责任"①，因此，对"中国责任论"是阴谋还是机遇，学者意见各异。但学者普遍认为，中国发展的过程是不断融入现有国际秩序的过程，应在现有国际秩序框架下承担一定的国际责任。中国要承诺做一个负责任的大国，量力而行地承担国际责任，把握好国家利益和国际责任的平衡，绝不钻西方设定的"责任"圈套。

（二）关于我国国际战略与外交原则

学者普遍认同国际战略的深远意义，"一个主权国家一旦有了一个正确的国际战略，作为国际战略的分支（如国家安全战略、外交及国际地区战略、军事战略、对外经济发展战略、文化及意识形态战略）的制定，便是顺理成章的了"②。而制定国际战略应坚持统筹国际国内两个大局、统一战线、多边主义战略思想③。"新的历史条件下，中国外交战略首先要厚植战略根基，强化战略内生力"。"国际战略的根基在国内，在于和平发展的内生性动力"。④

关于中国应坚持何种国际战略，学术界大致有以下观点。

1. 和平发展战略。把中国的国际战略概括为"对内走科学发展之路，对外走和平发展之路"⑤。"'始终不渝走和平发展道路'是中国的战略抉择"⑥。中国走和平发展道路不是权宜之计，"它是立足于自身基本国情、真心实意、自觉自愿的长期战略选择"⑦。"中国的战略意图就是四个字：和平发展，即对内求和谐、求发展，对外求和平、求合作"⑧。"从外交层面来看，中国和平发展的战略取向主要包括五个层面：坚持和平发展、实现互利共赢、推动建设和谐世界、积极承担相应的国际责任、切实维护国家核心利益"⑨。

2. 韬光养晦战略。韬光养晦指"在处境不利的情况下，暂且避敌锋芒，养精蓄锐，待机而行的一种保密性强、时效性强的计谋"⑩，并不是"不作为"，而是要保持谦虚谨慎的态度，量力而行、不断提高，不称霸、不当头。

---

① 胡键：《"中国责任"与和平发展道路》，《现代国际关系》2007年第7期，第44页。
② 李慎明：《全球化背景下的中国国际战略》，人民出版社2011年版，第12页。
③ 赵长峰、左祥云：《中国参与国际体系变革进程的战略规划》，《社会主义研究》2011年第5期，第120～121页。
④ 崔立如：《关于中国国际战略的若干思考》，《现代国际关系》2011年第11期，第3页。
⑤ 陶文昭：《论中国的国际责任》，《高校理论战线》2011年第12期，第70页。
⑥ 宫力：《中国国际战略的历史演进与基本经验》，《学术探索》2009年第5期，第8页。
⑦ 戴秉国：《中国坚定不移走和平发展道路》，《国际问题研究》2011年第6期，第1页。
⑧ 戴秉国：《坚持走和平发展道路》，《当代世界》2010年第12期，第5页。
⑨ 孙东方：《当前世界格局变动与中国和平发展的外交战略取向》，《当代世界与社会主义》2012年第1期，第104页。
⑩ 邢悦、张冀兵：《"韬光养晦"战略再思考》，《国际观察》2006年第6期，第17页。

同时，中国要增强"下先手棋"的意识，创造性地主动介入国际热点问题，做好国际公共工作，为国家发展拓宽外部空间。①

3. 多元化战略。"世界多极化不可逆转，经济全球化深入发展，国际金融危机影响深远，世界格局发生新变化，国际力量对比呈现新态势"②。国际交往中既要注重经济与政治的发展，也要注重文化的繁荣与复兴；应与多个国家加强联系，外交战略选择应"继续推进国际关系的多极化，加强与周边国家的关系"，"继续推动全方位的外交布局，并着力塑造正在形成且不断加强中的全球性体系"。③ 要利用多种资源来维护国家的能源安全④。

4. 文化软实力战略。"国家和民族之间经济硬实力竞争的背后，是文化软实力的较量"⑤。可以从公共外交方面来提高文化软实力⑥。"参与国际文化交流乃一个国家和民族发展的必由之路"。应当"建立以共存共生、和谐融合以及有容乃大为代表的国际文化交流新理念，并以此为指导，推动相关理论思考和中国国际文化交流新框架的构建"。⑦

中国应坚持哪些外交原则？学术界观点主要有：

（1）国家利益原则。国家外交的最高原则是"服从和服务于国家的根本利益"⑧，实现国家利益是国际交往的动力，国家利益的层次划分是外交政策的现实基础，因此，国际战略与外交原则是"对国家利益的认识不断调整和发展的产物"⑨。

（2）宪法原则。宪法规定了国家的根本利益，也是外交原则的指导。在国际交往中应坚持宪法原则，即宪法规定的"中国坚持独立自主的对外政策"与"互相尊重主权和领土完整、互不侵犯、互不干涉内政、平等互利、和平

---

① 王逸舟：《国际大选年的中国应对——谈"创造性介入"的中国外交战略》，《人民论坛》2012年第4期上，第38页。

② 孙东方：《当前世界格局变动与中国和平发展的外交战略取向》，《当代世界与社会主义》2012年第1期，第104页。

③ 陈玉刚：《国际关系变迁与中国外交战略选择》，《教学与研究》2009年第10期，第36～37页。

④ 周云亨、杨震：《多元化策略：中国能源外交之道》，《新视野》2012年第1期，第125页。

⑤ 任一鸣：《国际文化交流：理念创新与实践的战略思考》，《毛泽东邓小平理论研究》2010年第12期，第70页。

⑥ 左祥云：《中国参与国际体系变革进程的战略规划》，《社会主义研究》2011年第5期，第122页。

⑦ 任一鸣：《国际文化交流：理念创新与实践的战略思考》，《毛泽东邓小平理论研究》2010年第12期，第70页。

⑧ 居黎东：《外交的最高原则是服从和服务于国家的根本利益》，《当代世界》2006年第4期，第37页。

⑨ 肖晞、刘笑阳：《中国外交战略定位》，《西安交通大学学报（社会科学版）》2010年第5期，第79页。

共处"五项原则。①

（3）不干涉原则。1648年《威斯特伐利亚条约》的签订开创了一个由主权国家构成的国际体系，从此"不干涉内政原则是主权原则发展的题中应有之义"②。

（4）"三不"原则。即"不干涉内政，不结盟，不当超级大国"，是中国独立自主和平外交政策的主要体现，是推动"和谐世界"建设的重要因素。"'不干涉内政'原则是反对西方'新干涉主义'和维护国家安全的有力武器；'不结盟'政策为中国在全球纵横捭阖创造了条件；'不做超级大国'是中国对世界的庄严承诺"③。

（5）对等原则。有学者认为对等原则是主权平等的延伸，是外交惯例和国际法原则，既为公平对等的国际交往提供保障，也能更好地维护国家利益，"成为许多国家行为和外交往来的基础，这有利于促进各国对法律义务的遵守"④。

（6）"国际战略"、"外交原则"等术语随着改革开放逐步成为学术研究热点。国际战略与外交原则涵盖了国际关系中的方方面面。

学者们都强调国际战略与外交原则的制定应以国家利益为根本出发点，把具体国情作为最根本依据。强调主权原则至上性，强调应当尊重和维护本国与其他国家的主权独立，平等进行国际交往。普遍赞同多元化战略，倡导"不结盟"原则，把整个世界看成一个息息相关的"利益共同体"，主张广泛地利用多方面资源，促进中国全面综合发展。

自约瑟夫·奈提出"软实力"概念以来，其在国际关系中的作用倍受重视，在各国国际战略与外交原则制定中地位提升。学者们突出了"软实力战略"的重要性，阐释了促进中国特色社会主义文化大发展大繁荣的现实意义，强调了文化的交流与传播，追求实现中华民族文化的自觉、自信与自强。在实施"软实力战略"、进行文化外交时，尤其要坚持独立自主等外交原则，维护好国家的文化独立与意识形态独立。

（三）关于国家安全环境与新安全观

近年学者对国家安全环境的研究主要有：

1. 国家安全环境主要涉及的对象。国家安全环境"涉及军事安全、政治

---

① 齐建华：《中国外交的宪法原则》，《外交评论》2005年第5期，第38页。
② 朱世龙、刘宣佑：《中国外交不干涉内政原则探究》，《教学与研究》2009年第8期，第39页。
③ 吴兴唐：《国际形势动荡多变下中国外交应坚持"三不"原则》，《当代世界》2012年第4期，第52～53页。
④ 武瑗华、曹阳：《对等原则与外交话语》，《外语学刊》2011年第4期，第29页。

安全、经济安全及非传统安全等等诸多内容"①，受世界大国、区域大国、周边国家影响较大。中国的国家安全环境主要角色包括"世界超级地缘政治大国美国；俄罗斯、日本、印度等中国周边的区域性地缘政治大国；东南亚、朝鲜半岛、中亚等中国周边的敏感性地缘政治区域；中国周边其他地缘政治对象；欧洲、中东、非洲等其他外围地缘政治对象；次国家形态的组织与力量；等等"②。"冷战"后美国必视中国为其战略目标的主要集中点，俄日印等相邻强国能在特定区域或某一方向对中国产生重大甚至决定性影响，其他普通周边国家是中国安全环境的潜在压力地带，在受到其他国家挑衅或在国际交往中处理不当，也可能对中国的国家安全造成威胁。

2. 国家安全环境的变化。中国周边出现了美国主导的"雁阵安全模式"："美国是'领头雁'，第二梯队是美日、美韩同盟，第三梯队是美国与澳大利亚、泰国和菲律宾的盟国关系，第四梯队则是美国与印度、越南和印度尼西亚的伙伴关系。美国试图通过这种结构性安排，塑造自己在亚洲地区安全秩序中的中心地位"③。

3. 影响中国安全环境的基本变量。个别因素是影响中长期国家安全环境走向的重要变量：大部分周边国家仍在政治转型，如泰、缅等国近年发生的政治动荡；与日印越等国久拖未决的领土争端；中国周边已出现核扩散局面；崛起的中国"一方面增强了中国维护自己安全利益的能力，另一方面也会引起一些周边国家的焦虑和加深外部大国的介入周边地区事务之中"④。

4. 新安全观的特点。具有综合性、共同性、合作性等特点⑤。新安全观是一种综合安全观，"不仅将安全领域由军事、政治扩展到经济、科技、环境、文化、社会等诸多方面，并关注恐怖主义、跨国犯罪、毒品走私、人道主义救援等非传统安全威胁，在政治安全上有着强烈的主权意识"⑥。"网络信息安全已然上升到国家核心战略层面，成为国家综合性安全战略的制高点和新载体"⑦。

---

① 张小明：《影响未来中国周边安全环境的因素》，《当代世界》2010 年第 6 期，第 26 页。
② 陆俊元：《中国安全环境结构：一个地缘政治分析框架》，《人文地理》2010 年第 2 期，第 142 页。
③ 任晶晶：《美国军事新战略与中国周边安全环境的嬗变》，《领导科学》2011 年第 6 期，第 59 页。
④ 张小明：《影响未来中国周边安全环境的因素》，《当代世界》2010 年第 6 期，第 27 页。
⑤ 刘国新：《论中国新安全观的特点及其周边关系中的运用》，《当代中国史研究》2006 年第 1 期，第 6 页；任晶晶：《20 世纪 90 年代中期以来中国新安全观的理论与实践》，《理论学刊》，2012 年第 1 期，第 89 页。
⑥ 刘国新：《论中国新安全观的特点及其周边关系中的运用》，《当代中国史研究》2006 年第 1 期，第 6 页。
⑦ 惠志斌：《新安全观下中国网络信息安全战略的理论构建》，《国际观察》2012 年第 2 期，第 17 页。

5. 新安全观的原则。"以公正求安全；以协商、调解求安全；以合作求安全；通过限制求安全"①。主张依托联合国宪章、和平共处五项原则以及其他公认的国际关系准则来处理国际事务，倡导通过谈判解决领土、边界争端和其他有争议的问题，反对诉诸武力或以武力相威胁，既重视传统安全问题，又重视非传统安全问题，破除"冷战"思维，呼吁各国通过对话与合作寻求共同安全，实行有效的裁军和军备控制。②

从学者研究中看到，中国国家安全的实现离不开其他国家，特别是美国，美国实施"重返亚洲"战略，多方拉拢中国周边国家，对中国形成了外部牵制和威胁，试图建立美国在亚洲政治秩序中的中心地位。因此，中国国家安全环境的营造，既要发展军事实力以应对潜在威胁，消除安全压力，也要增强文化软实力以提高他国认同，消除对中国的抵触、戒备、遏制心理。

（四）关于和平发展道路

2005年中国发表《中国的和平发展道路》白皮书，2011年发布《中国的和平发展》白皮书，引起广泛探讨，主要集中在以下几个方面：

1. 和平发展道路的必然性。认为有理论和实践的必然性，是国际国内形势发展的客观要求，具有唯物论、认识论、辩证法和唯物史观哲学基础，同时也具有深厚的中国哲学传统根基。③

2. 和平发展道路的意义和价值。认为有利于提高国家软实力、赢取更大发展空间，开拓新的大国发展道路。"中国发展的和平主义道路将具有这样一种世界历史意义：它把不以扩张主义为出发点也不以霸权主义为必然归宿的发展前景启示给人类向着未来的历史筹划"④。"致力于世界和平发展，是中国自身的和平发展对外的延伸"⑤。

3. 和平发展道路的条件。"中国走和平发展道路不是中国一家的事情，它需要国际社会的理解、支持与合作"⑥，"将长期需要并支撑和平友好的全球发展环境"⑦。也强调国际国内条件的结合，"从国际条件来讲，需要美国这一国

---

① 任晶晶：《20世纪90年代中期以来中国新安全观的理论与实践》，《理论学刊》2012年第1期，第88页。

② 任晶晶：《20世纪90年代中期以来中国新安全观的理论与实践》，《理论学刊》2012年第1期，第88页。

③ 巩在峰：《中国和平发展道路的哲学思考》，《前沿》2012年第4期，第55页。

④ 吴晓明：《论中国的和平主义发展道路及其世界历史意义》，《中国社会科学》2009年第5期，第46页。

⑤ 熊光楷：《坚持走和平发展道路 致力于世界和平发展》，《求是》2007年第11期，第58页。

⑥ 戴秉国：《中国坚定不移走和平发展道路》，《国际问题研究》2011年第6期，第3页。

⑦ 黄仁伟：《中国和平发展道路的历史超越》，《社会科学》2011年第8期，第17页。

际霸主不主动挑起军事冲突，破坏我国和平发展的道路，从国内条件来说，需要在我国物质实力基础上保持强大的协作实力，有效威慑潜在军事威胁"①。

4. 和平发展道路的内涵与归宿。"中国的发展是和平的发展、开放的发展、合作的发展。中国将主要依靠自身力量和改革创新来实现发展，同时坚持对外开放的基本国策，在平等互利的基础上同世界各国开展交流合作，努力实现互利共赢"②。"和平发展道路集中体现的是和平、合作、共赢"③。突出和平，重视合作，追求共赢。"中国的发展不会妨碍任何人，也不会威胁任何人"④。这些都从理论上表明了中国和平发展道路的归宿不是扩张称霸，而是合作和互利共赢，有效回应了"中国威胁论"。

5. 和平发展道路的战略。首先，应重视大国联盟关系，制止美国对华遏制；其次，应维护联合国集体安全体系；最后，应提高国家威慑力的可信度，维护和平发展的可持续性。⑤ 要实现和平发展，应当与时俱进，"展示形象，承担责任，开拓创新"⑥。"一个国家的崛起应该是综合实力的全面提升，即'硬实力'和'软实力'的平衡发展，二者缺一不可"⑦。尤其要注重软实力的发展，扩大中国文化的影响力和吸引力，要强调中华民族文化的普适性，准确把握和判断软实力和硬实力的相互关系，积极加强对全球传播的规划和实施。⑧

尽管新中国不同时期外交策略不同，但和平外交本质未变。和平发展道路是和平外交思想的时代表达，已庄严载入党的十七大报告，既是我国发展道路的重大抉择，也是我国发展立场的重大宣示。

2004年博鳌论坛上，胡锦涛同志首次提出和平发展道路，2005年和2011年中国政府先后发布两个白皮书对此进行系统阐述，指出和平发展是中国能为世界持久和平、共同繁荣作出贡献所选择的必由之路，有力地回应了"中国

---

① 王欢、郭彦英：《我国走和平发展道路的条件和策略选择》，《国际论坛》2010年第2期，第38页。

② 张云飞等：《""中国和平发展道路对于亚洲各国的影响国际学术研讨会"综述》，《教学与研究》2006年第12期，第86页。

③ 王毅：《始终不渝走和平发展道路》，《求是》2007年第23期，第61页。

④ 赵海月、王瑜：《中国走和平发展道路的国际背景与国际战略选择》，2010年第11期，第31页。

⑤ 王欢、郭彦英：《我国走和平发展道路的条件和策略选择》，《国际论坛》2010年第2期，第36～37页。

⑥ 王毅：《始终不渝走和平发展道路》，《求是》2007年第23期，第63页。

⑦ 黄婧、岳占菊：《"软实力"建设与中国的和平发展道路》，《当代世界与社会主义》2006年第5期，第105页。

⑧ 黄婧、岳占菊：《"软实力"建设与中国的和平发展道路》，《当代世界与社会主义》2006年第5期，第107页。

威胁论"、"中国责任论"、"中国崩溃论"、"中国无用论"等质疑。

不难发现，经过 30 多年的改革开放和各种考验，中国的和平发展道路越来越受到国际社会的关注和认可。中国走和平发展道路，具有可能性、现实性和必然性，是中国基于国情、传统以及当代世界发展趋势的理性抉择。

三、重点难点热点问题解析

（一）中国能否走出一条和平发展之路

历史上的世界性强国的崛起无一例外地都走了一条通过武力和战争争夺霸权以改变旧的世界格局和国际秩序，进而建立自己主导的国际秩序的道路，从而引发历史上诸多的战争，给人类带来巨大的灾难和损失。鉴于此，学术界与国际社会普遍认为存在大国必霸、强国必武的逻辑，任何大国崛起都难以走出这样的怪圈，这被称为修昔底德陷阱：一个大国特别是人口大国要迅速崛起，就需要相应的资源支撑与生存空间，但原有强国占据了这些生存空间和资源，后来者只能够通过武力与战争改变旧秩序、抢占生存空间以实现崛起。

现在，中国作为一个正在迅速崛起的后起大国向全世界庄严宣示与承诺，要坚持走和平发展道路，坚决摒弃以武力和战争实现崛起的旧道路，走出一条现在不称霸、将来发展起来也不称霸、永远不称霸的和平发展之路；不以武力挑战现存国际秩序，以和平方式和自身发展促进公正合理的国际政治经济新秩序的建立。

1. 中国为什么只能走和平发展道路。中国选择和平发展道路具有必然性，是由多种因素决定的。

（1）是由中国传统文化的基本特征所决定。中国几千年优秀传统造就中华文明生生不息，中华文化历来讲信修睦，崇尚和平，强调以和为贵、求大同存小异的价值观念，强调和而不同、和而不流、和必中节的和合文化。国际社会丰富多样，最需要中国传统和合文化予以调和，以"和"为终极目标，包括人和、国家之和、人与自然之和；以"中"为实现途径，即以兼容并包、互补相推、不取极端的心态求得动态平衡，并以执两用中、无过无不及的中庸之法达致中和，从而实现天下普遍和合的最高境界及其途径。立足于中国优秀传统文化基础之上的和平发展道路就既是中国对世界文明与国际社会的巨大贡献，也是中国和平崛起和国际新秩序确立的根本路径。作为和平发展道路的指导思想、理论基础和必要条件的中国传统文化再次为全世界指明方向而重新辉煌。

（2）是基于中国国情的必然选择。中国仍是世界上最大的发展中国家，将长期处于社会主义初级阶段，人口多，底子薄，人均耕地与淡水大大低于世界平均水平，生存压力巨大；工业化尚未完成，绝大部分城市就人满为患，超出了城市自然环境所能承受的程度；自然条件先天不足，山地落差偏大，传统的水利社会特征仍然明显，水旱灾害、地震台风等自然灾害频繁；中国地缘政治经济条件有限，周边环境尚待优化；现代化才刚刚起步，传统社会亟待转型，社会运转的各种平衡还很脆弱，新的制度秩序与国民素质急待改善；等等。这些国情条件决定了实现现代化是中国各族人民追求的伟大目标，推动经济社会发展、不断改善人民生活始终是中国的中心任务。同时，新中国已经取得抗美援朝、抗美援越等一系列对外战争胜利，已经拥有两弹一星、航空母舰、能击落卫星的导弹（俗称卫星杀手）等伟大的军事成就，国家安全已经有了相当程度的保障，因此，我国没有必要为了国家安全而脱离和平发展的轨道。

（3）是由中国特色社会主义本质所决定。和平发展是中国特色社会主义的题中应有之义。1989 年邓小平会见泰国总理时说："我们搞的是有中国特色的社会主义，是不断发展生产力的社会主义，是主张和平的社会主义。"① 1992 年邓小平南方谈话指出："社会主义中国应该用实践向世界表明，中国反对霸权主义、强权政治，永不称霸，中国是维护世界和平的坚定力量。"新中国成立后为保家卫国被迫参与了多次战争，并不表示中国崇尚战争，当目标达到后，中国开始集中精力进行现代化建设并坚定不移追求和平发展。即便是那几次战争，中国也尽量释放善意，追求和平。比如中印战争，尽管是印度挑衅，但我们在适当反击后仍回到原有控制线，并没有凭借武力与军事优势掠取霸权利益。中国特色社会主义不是具有俄罗斯沙文主义的苏联社会主义，更不是崇尚殖民主义和霸权主义的资本主义与弱肉强食灭绝人性的法西斯主义，而是追求和平和谐的社会主义。

（4）是由中国独立自主的和平外交政策所决定。新中国成立以来就一直坚持奉行独立自主的和平外交政策，公开倡导和平共处五项原则，一直把反对霸权主义维护世界和平作为中国外交的根本目标之一。党的十七大报告指出："我们主张，各国人民携手努力，推动建设持久和平、共同繁荣的和谐世界。为此，应该遵循联合国宪章宗旨和原则，恪守国际法和公认的国际关系准则，在国际关系中弘扬民主、和睦、协作、共赢精神。政治上相互尊重、平等协商，共同推进国际关系民主化；经济上相互合作、优势互补，共同推动经济全球化朝着均衡、普惠、共赢方向发展；文化上相互借鉴、求同存异，尊重世界多样性，共同促进人类文明繁荣进步；安全上相互信任、加强合作，坚持用和

---

① 《邓小平文选》第 3 卷，人民出版社 1993 年版，第 328 页。

平方式而不是战争手段解决国际争端，共同维护世界和平、稳定；环保上相互帮助、协力推进，共同呵护人类赖以生存的地球家园。"党的十八大报告指出："人类只有一个地球，各国共处一个世界。历史昭示我们，弱肉强食不是人类共存之道，穷兵黩武无法带来美好世界。要和平不要战争，要发展不要贫穷，要合作不要对抗，推动建设持久和平、共同繁荣的和谐世界，是各国人民共同愿望。"

（5）是由中国近现代历史发展实践与经验教训所决定。中华民族历来爱好和平，一直与周边各个少数民族和睦相处，从不搞对外扩张和殖民主义，否则，中国既可能幅员更为辽阔，也可能因此导致民族衰落而灭亡。1840年以来西方列强入侵使中国饱受伤害，因此我国最懂得安定和平之珍贵和战争残酷之伤害，我们决不会把自己遭受的苦难强加于别人。因此，新中国一直积极努力争取和平以进行社会主义现代化建设，取得了令人瞩目的成就。特别是改革开放以来，由于相对和平的国际大环境，中国才能始终坚持经济建设这个中心不动摇，集中精力探索实现中华民族伟大复兴之路。一个在探索中走向繁荣的国家最懂得和平发展的重要，和平发展道路是中国近现代的境遇和新中国伟大实践的总结。

（6）是由当代世界主题、当前国际格局和世界历史经验教训所决定。和平发展道路源于邓小平的和平发展观，来自对当代世界主题的准确判断。邓小平在20世纪70年代后期就作出了世界主题已经从战争与革命转为和平与发展的科学判断，认为世界大战在相当长时期内打不起来，我国可以利用这一难得的和平时期加快和平发展。因此，中国的和平发展道路实际上是由我们这个时代的世界主题所决定的。当前一超多强的国际格局也要求我国走和平发展道路。当今美国一国独霸，仍然坚持实施全球性称霸战略，近年来更是积极实施亚洲再平衡战略，不断插手东海、南海纷争，其他强国和周边国家也在谋划布局，各种军事联盟与合作环绕我国。而我国改革开放以来所取得的巨大成就正引起世界特别是周边很多国家的羡慕和警觉，因此，我们只有坚持和平发展道路才能走向强大，否则就可能出师未捷身先死，葬送和平发展的战略机遇期。世界历史上无数大国依靠战争和武力崛起，但同样也因沉迷于战争和武力最终走向衰落，所以大规模战争是强国的坟墓。要真正长期成为强国，必须走和平发展道路。中国坚持走和平发展道路也是基于当今世界发展潮流的必然选择。求和平、促发展、谋合作，是当今世界各国人民的共同心愿，也是不可阻挡的历史潮流，尽管天下并不太平，但和平仍是主流，和平的力量仍在增长，这一趋势不可改变，为顺应这一潮流与趋势，中国才旗帜鲜明地宣示走和平发展道路。

2. 中国和平发展道路能否走得通。我国坚持和平发展道路是在全盘分析国内国际局势、深刻总结中外历史经验教训基础上审慎选择的,完全有决心和把握走向成功。

(1) 具有雄厚的历史基础与坚实的现实基础。中华文明绵延数千年,既具有足够强大的实力,又坚持与邻为善,只要不威胁民族安危和整体秩序,中国就能够善待周边弱小民族,在弱肉强食的丛林年代这确实难能可贵,是东亚文明相对发达持久的重要因素。新中国多次亮剑、迅速崛起与实力骤升,近现代的屈辱已经洗刷,国际地位极大提升,国家安全有了较好保障,因此中国既能秉持雄厚的历史传统经验,又能凭借坚实的现实国力基础,和平发展道路就有了可靠保障。

(2) 有中国共产党的坚强领导和中国特色社会主义理论的指引。中国人多,国情复杂,对国家发展道路与方式难免有多种多样的看法和主张,近代以来国家面临转型,如何在中央集权和地方分治间保持平衡、同时发挥中央和地方两个积极性成为当今中国人必须思考的大问题。中国共产党改变了中国近代转型中出现的更加四分五裂的一盘散沙局面,重新把国家团结凝聚成一个有活力的整体,同时又尽可能保证各个地方、部门和领域的积极性与创造性,特别是中国特色社会主义理论提出以来,国家社会经济发展焕发出新的活力,显示出中国共产党及其中国特色社会主义理论所具有的巨大统摄力量。因此,只要中国继续坚持中国共产党的领导,继续坚持中国特色社会主义,和平发展道路就一定能够顺畅地走下去,取得更大的成功。

(3) 当代国际局势中存在有利于中国和平发展的诸多特征。尽管国际上有少数国家对中国抱有成见偏见,个别国家甚至有亡我压我围我之心,但整体上当前国际格局仍存在很多有利于中国走和平发展道路的因素:追求和平爱好和平的国际舆论越来越成熟,和平运动成为强大的社会力量,对个别霸权国家是强大约束;美国等传统强国实力和影响相对下降,而中国等新兴国家群体相对上升;多极化趋势发展迅猛,有助于形成相互制约制止战争和霸权政治的作用;以中国为代表的金砖国家和以越南为代表的眺望国家①正在群体性崛起,并都采取了和平发展模式,目前国际秩序是逐步调整而不是尖锐挑战与剧烈改变;发展中国家整体实力不断上升,国际关系民主化趋势不断加强,世界和平有了更大保障。所有这些都在增加和平力量、稳定和平局面、浓化和平氛围、强化和平机制,这既促使中国只能够在这种框架下走和平发展道路,也使得中国走和平发展道路有了更稳定的外部环境。

(4) 中国将长期坚持韬光养晦战略不动摇,这是走和平发展道路最适当

---

① 眺望国家指越南、印度尼西亚、南非、土耳其和阿根廷,五国第一个字母合起来是 VISTA,故称之为眺望五国。

最有力的战略举措。1989年中国面临重大危机时刻，邓小平提出要冷静观察、稳住阵脚、沉着应付、韬光养晦、善于守拙、决不当头、有所作为，其中最为核心的就是韬光养晦战略。随着国力上升，20世纪90年代后期就有人提出应该加大作为，近几年更是有人主张放弃韬光养晦。鉴于此，温家宝明确指出，我们的韬光养晦战略至少要管100年[①]。坚持这一战略不是不要革命和勇敢，而是时代变化了，中国国力显著上升，一举一动都引人注目，中国和平崛起也会挡住别人的阳光雨露，给别国造成阴影，因此在我国周边和世界上仍然存在各种顾虑疑问、怀疑恐惧、担心害怕、期待渴望、羡慕妒忌，所以，我们需要特别小心谨慎，要始终保持谦虚谨慎，戒骄戒躁，切不可盲目自大，以免滋生非正常的民族主义情绪，破坏我国几千年的和平国家形象。况且，中国当前面临的国际局势依然复杂，国内问题依然很多，即使我们想更多地有所作为，承担更多的国际责任，也要在坚持韬光养晦大战略的前提下继续冷静观察，在进一步稳住阵脚基础上沉着应付，如此才能保证我国在和平发展道路上顺利前进。正是这样，我国才有了立足于本土防御的国防与军事战略、立足于共同发展的经济战略、立足于合作互信的大国关系战略和立足于和谐共处、亲诚惠容的睦邻友邻富邻战略，这些战略是我国和平发展道路的具体体现。

有五千年传统智慧的熏陶，有新中国奋发图强打下的雄厚基础，有坚强的领导核心，有与时俱进的统一理论指导，有难得的战略机遇期，只要中国继续坚持韬光养晦战略，和平发展道路就一定能够走成功，既能保证中国和平崛起和长期繁荣，也能保证和谐世界的形成。

（二）当代中国需要怎样的国际战略

1. 坚持一系列符合和平发展的军事与外交方针。中国坚定奉行防御性的国防政策，不搞军备竞赛，不对任何国家构成军事威胁，相继加入并切实履行有关国际军控条约，参加国际军控活动，推进国际军控与裁军进程。20多年来裁军近200万充分表达了热爱和平的真诚愿望。加强同世界各国和平共处、互利合作，恪守和平共处五项原则，积极营造和平稳定的国际环境、睦邻友好的周边环境、平等互利的合作环境、互信协作的安全环境、客观友善的舆论环境。把中国人民的根本利益与各国人民的共同利益结合起来，把我国的对外政策主张与各国人民的进步意愿结合起来，以合作谋和平，以合作促发展，以合作解争端。建立不结盟不对抗不针对第三国的建设性的新型大国关系，以减少我国发展阻力，推动世界多极化，促进大国关系良性互动；实行综合立体的稳定周边的战略，睦邻、亲邻、富邻，以和平崛起为前提，奉行综合安全观，兼

---

① 温家宝：《既要韬光养晦，又要有所作为》，《先锋周刊》2007年第10期。

顾各种安全因素,综合运用各种手段维护周边安全和稳定,坚持以邻为善、以邻为伴,有针对性地解除周边国家对中国崛起的担忧,妥善处理边界争端问题;使广大发展中国家在中国和平崛起中受益,发展中国家历来是中国在国际事务中可以依靠的力量,我们要充分发挥中国同发展中国家在国际重大问题上互相支持的政治优势;以多边外交为重要舞台,发挥负责任大国的作用,以联合国为主要舞台,以亚太,特别是东亚地区为重点,积极参与多边外交活动。

2. 培育良好的国民心态和理性爱国主义,注重培育、塑造、维护和营销和平的国家形象。国家形象是国际社会对一个国家长期历史发展进程中的表现与特征所形成的相对稳定清晰的看法,主要是针对国家行为的表现,当然也包括国民的行为。20世纪90年代以来,随着中国经济发展和国力的上升,中国人的"脾气"似乎也在上涨。90年代中期《中国可以说不》丛书的热销、1999年中国驻前南联盟大使馆被炸事件后中国部分大学生表现出的"超级爱国主义"、2005年中日关系恶化时中国出现的火烧日系车和打砸日货事件、2007年德国总理接见达赖喇嘛后出现的反德国游行、2008年封锁家乐福事件、近年在钓鱼岛与黄岩岛问题上的热议等,这些事件虽然主要诱因和责任并不在中国,但是,中国人特别是大量"愤青"现在还包括不少"愤老"的表现确实是值得商榷。《中国不高兴》这样的书大受欢迎,强国论坛上强烈的民族情绪,大学校园里对很多国际问题和热点问题的一边倒攻击,2012年伦敦奥运会上的杂音,等等,这些都在提醒我们,中国和平崛起成为大国首先需要培育良好的国民心态,国民需要成长为大国国民。中国近现代历史造成严重的伤害心理,扭曲了我们的国民心态,现在我国正和平崛起,不必妄自菲薄,弱国心态、受害者心态、破落户心理和自卑心理必须自我调整与克服,国民心态走向正常化和大国化,拥有更大的容量、气度和胸怀。同时,时代要求国民心态国际化,不能盲目对待外界的非议、质疑、批评和指责,要学会尊重不同文明的行为与思维习惯,冷静理性地维护国家利益与尊严,不卑不亢,在国际法和公认的国际关系准则框架内采取行动和制定政策。培育良好国民心态的关键是培养理性的爱国主义精神。爱国主义是中华民族精神传统的重要特征,是凝聚中华民族的重要支柱,但如果激情有余而理性不足,就容易滑向狭隘的民族主义,导致民族情绪非理性上涨。近年来中国迅速崛起使部分人滋生了暴发户心理,别人惹不得,处处看不顺眼,中华传统文明的日益复兴进一步刺激民族情绪高涨和非理性发展。十多年来,中国部分民众在涉外热点事件中的爱国行为屡屡表现出非理性:抵制别国正常商业活动、围攻别国使馆领事馆、论坛上谩骂指责等,这些行为逐渐丧失了基本的法律理性。这与中国道德理想主义传统有关,爱国行动容易被道德化,越极端就越表明自己爱国,越容易得到宽容与支持,导致这种行为往往失去法律理性。培养理性爱国主义需要正确的国家观，要理解全球化时代国际法与国际关系发展的趋势和特点，理解国家利益的界定、边界和维护途径，理解国家的根本利益和长远利益。因此，小不忍则乱大谋，发泄自己的爱国情感却破坏了我们的投资环境、国家形象，甚至造成亲者痛而仇者快。因此，我们的爱国精神与爱国行为也需要现代化。除了国民心态与行为需要现代化，国家行为也要走向现代化，这样才能逐步塑造出和平的国家形象。中国正迅速发展转型，要在国际社会形成相对稳定持久的良好形象很不容易，极少数人的不当行为、国家偶尔的不谨慎行为以及国家政策与战略的不连贯等都会破坏或影响国家形象。因此，中国要真正崛起并长期保持繁荣发展，就需要得到国际社会普遍认可和欢迎，就要遵守国际规范、世界规则和基本的普世价值，就要做事讲原则，国家行为展现一以贯之的价值标准，不能贪小利而自毁长期形成的原则，这样才能保证国家形象的完整性，彰显中国和平、友好、负责任的大国形象。

3. 积极倡导和勇于推行新安全观。中国 2002 年正式提出互信、互利、平等、协作的新安全观，互信，指超越意识形态和社会制度异同，摒弃"冷战"思维和强权政治心态，互不猜疑，互不敌视；互利，指互相尊重对方的安全利益，在实现自身安全利益的同时，为对方安全创造条件，实现共同安全；平等，指国家无论大小、强弱、贫富都应平等相待，不干涉别国内政，推动国际关系的民主化，发达国家应承担更多的责任；协作，指以和平谈判的方式解决争端，经常对话合作，消除隐患，防止激烈冲突发生。实质是"超越单方面安全范畴，以互利合作寻求共同安全"，既关注军事安全等传统威胁，也关注其他非传统威胁，实际上将国家安全与国际安全结合、把中国面对的威胁与人类面临的全球共同威胁联系在一起，世界和平面临局部战争和冲突、地区热点、南北差距等威胁，人类基本生存面对国际恐怖主义、民族分裂势力、极端宗教势力等威胁，全球面临环境污染、毒品走私、跨国犯罪、严重传染性疾病等问题，都需要国际社会有新思路解决。中国强调多边安全机制、多边安全对话、双边安全磋商，非官方安全对话等多渠道平等合作。中国提出的"和谐社会"与"和谐世界"思想为中国新安全观注入了新内容并推向新高度，真正形成一种涵盖国家与人民综合安全利益的新安全观。

中国的新安全观借鉴了国际上兴起的各种新安全观，吸收了共同安全、人民安全、全球安全等包容型安全新概念，与联合国强调的"以人为中心的安全"基本一致，同样强调以非军事手段应对全球威胁，应对包括传统与非传统安全在内的综合安全问题。但具有中国特色，与西方新安全观更强调个人自由与个人安全、超越主权的国际干预和基于统一价值观下的全球治理不同，强调和平共处五项原则为中国应对全球威胁和参与联合国等国际组织活动的指导原则，反对以人权为借口干涉主权国内政，强调国际关系的多元化、多样化和民主化，倡导超越意识形态和政治制度的差异，尊重不同文明、不同社会制度和不同的发展道路，在竞争中取长补短，在求同存异中共同发展。总之，中国的新安全观是综合安全观、发展安全观、合作安全观、共同安全观，是建立在世界多样性和共同利益基础上的安全观念和安全模式，既符合人民意愿，也顺应时代潮流。

4. 大力推行和谐世界的理念，积极建设国际新秩序。 2005 年胡锦涛在联合国首脑会议上发表《努力建设持久和平、共同繁荣的和谐世界》的演讲，全面阐述了"和谐世界"理念：和谐世界是持久和平、共同繁荣、丰富多彩、交流合作的世界。和平是根本前提，没有和平就无从推进建设，甚至因战乱而毁灭以往发展成果，而没有共同繁荣，世界就难享太平，反生诸多不安全的根源。文明多样性是人类社会的基本特征和进步动力，存在差异才能相互借鉴、共同提高，"历史文化、社会制度和发展模式的差异不应成为各国交流的障碍，更不应成为相互对抗的理由"。中国和平发展道路的推进，为和谐世界理念提供了现实基点。中国发展得益于相对和平的环境，选择和平发展道路就是要把中国国内发展与对外开放统一起来，把中国的发展与世界的发展联系起来，把中国人民的利益与世界人民的共同利益结合起来。中国不断通过自身的发展为世界和平与发展增添积极因素，同时又积极推动全球化向各国共同繁荣的方向发展，在发展自身的同时，积极参与世界秩序的建设。推动建设和谐世界，是我们实现和平发展的重要条件，构建和谐社会成为中国和平发展道路在国际舞台上的逻辑延伸。

5. 加强主动性，增强战略性，提高中国外交的战略塑造力。 习近平出任国家主席以来，多次出访，空间上跨越亚欧非拉各大洲，对象上涵盖发达国家与发展中国家、大国与小国、远亲与近邻，既着重加强"大周边外交"，积极打造周边战略依托带，又着眼全球布局；既强调经贸投资先行，又强调带动战略互信构建；既强调中国梦与世界各国的梦相通，又强调捍卫国家核心利益；既强调新型大国关系，又强调不惹事也不怕事。这些都充分体现出战略上积极主动的性质，通过具体的外交举动体现我国的外交理念和战略自主性，体现了中国一向坚持的国家不分大小、贫富以及不分文化与制度，一律平等的原则，体现了中国有关构建国际新秩序的新主张。

（三）如何看待和发展中美关系、中日关系

1. 中国高度重视中美关系、中日关系。 中美关系和中日关系是中国对外关系中最重要的两个单边关系，尤其是改革开放初期，中国外交的重中之重就是发展中日关系和中美关系，这是因为日本是亚洲唯一实现了现代化的经济发达国家，与中国在方方面面有着剪不断理还乱的关系，而且世界公认日本最了

解中国，它对中国的态度与看法极易影响到国际社会对中国改革开放的印象；而美国是世界上最强大、最发达、拥有最先进科技和最丰富资本及最广泛的国际影响力的国家，中美关系好坏也极易影响到中国改革开放的成败。

中国现在仍然非常重视中日、中美关系，原因主要有：①美、中、日三国是世界上最大的三个经济体，中美之间、中日之间都是最大最主要的贸易对象和最主要的经贸伙伴，双边贸易都达到数千亿美元，是拉动各自国家经济增长的主要外部力量。②日、美两国资本富裕，技术与管理经验先进，具有成熟的全球经济组织和庞大的市场，是中国进一步发展所需要的因素，是中国经济腾飞的重要条件，中国丰富的劳动力、庞大的消费市场与它们的资本、组织与管理相结合，潜力值得期待。③中、美、日都是当今国际社会影响力巨大的重要国家，中美、中日关系的好坏对东亚乃至世界都会产生重量级的影响，和则两利，斗则两伤，甚至会危及地区性与世界性的安全与稳定。为维护世界和平与共同发展的大局，三国都需要努力维系良好关系。④中日、中美关系很大程度上决定着中国和平道路能否走通、中华文明能否再度辉煌，如果三国间找不到和平共处、共同发展的途径和方法，就极易陷入地缘战略冲突之中。中国高度重视发展与两国关系，绝不是寻求对抗，而是运用中国传统智慧化解冲突，求同存异，发展友好关系。

2. 从根本的利害冲突看中美关系、中日关系。判断两国双边关系好坏与发展难易程度在很大程度上取决于双方之间是否存在根本的利害冲突。影响两国关系的因素很多，但影响最大、带根本性的利害冲突主要是三个：

（1）双方之间较近历史上是否存在重大的单方面感情伤害。国际关系归根结底也是人际关系，双边关系发展极易受到国民感情基础与认识差别等因素的制约。因此，两国较近历史上如果存在着单方面的感情伤害，即单方面的侵略战争与民族伤害，就极其容易影响到两国人民之间的感情，特别是在更加强调情感、"复仇"意识的国家，如果没有机会"复仇"，国民仇恨情绪就很难释放并原谅对方，容易造成双方民众敌视情绪严重，导致两国关系的群众基础薄弱，在媒体高度发达的今天尤其如此，任何损害双边关系的言行一经媒体渲染，就会迅速放大，必然对双边关系造成伤害。中国近现代史上受尽列强伤害，其中日本伤害中国最多最深，多次战争都在伤害中国，日本在中国得利也最多，而日本战后对战争的反省却又最不诚恳，还屡屡冒出伤害中国的言行，无疑难以得到中国人民的谅解。而近代美国对中国的伤害相对其他列强要小得多，相反，美国在中国创办的大学、医院等最多，抗日战争中对中国给予了较大的帮助，新中国成立后双方又在朝鲜、越南两次交手，这样，在双方民众看来，中美关系中单方面的感情伤害就极大缓解，历史负担最轻，关系相对容易改善。而中日双方民众心里阴影都比较大，相对容易对种种事件言行敏感，这极其不利于关系改善和发展。因此，在历史感情伤害方面，日本最严重，美国相对较轻，这直接影响到中日关系、中美关系发展的群众基础，以致日本外交官感叹："中日关系可以在一夜之间坏下去，中美关系可以在一夜之间好起来"。这就是群众基础对国家间关系的影响。

（2）双方之间是否存在重要的领土争端。领土是一个国家主权最根本的要素与特征之一，因此，很多国家都会为了保护自己的领土不惜发动战争。如果两国间存在领土争议，特别是历史渊源深厚、自然资源丰富、战略意义巨大、地缘政治敏感的领土争议，就极其容易影响关系改善或稳定。欧洲历史上战争不断，很大程度上是因为德法世仇引起的，而世仇的焦点就是阿尔萨斯和洛林的领土争端。中国与周边国家间几乎都存在领土（包括海洋领土）争端，究其根源，主要是因为：地理条件上，我国东面是大海与岛屿，北面是茫茫荒漠，西面是雪山高原，南面是丛林，周边地区基本上不可能按照现代国际法的分水岭或主航道原则划分边界；国家管理上，中国历来重人不重地，强调管理我国的国民，凡我国民生活范围就属于我国的国土，因此，从来没有像欧洲国家那样精细致地划分过领土。因此，造成我国现在与周边各国之间的领土划分争议不断。在与中国有领土争端的国家中，中日之间表面上看是不起眼的钓鱼岛，但是因为涉及数十万平方公里的大陆架和经济专属区（也就是海洋领土）而变得非常敏感，东海丰富油气资源使得争议具有了巨大的地缘政治经济意义，更何况钓鱼岛关涉近现代史上中日关系的伤害，因此成为中国最为关注的领土争端。按照现行国际法，在领土问题上既要尊重历史，又要照顾现实。这样就容易产生差异，导致问题严重化。本属于中国固有领土的钓鱼岛因为"二战"后被美国控制并移交日本管治而成为双边关系中的重大隐患，造成中日关系经常出现波折。而中美关系则不存在直接的领土争端。

（3）双方之间是否存在地缘政治经济的战略冲突。两国之间存在地缘政治经济方面的战略冲突就类似于生物学意义上的"天敌"，是由双方的自然物质条件和国家基本属性特征所决定的，本质上不容易改变，世界历史上大部分战争都因此发生。比如汉武帝时期与匈奴的决战、英法两次百年战争争夺欧洲和世界霸权、"二战"后美苏几十年"冷战"争夺世界霸权等。现代国际关系中，每个国家根据自己的领土、地理地形、气候、资源等自然物质条件和人口、历史传统、精神文化、政治氛围等社会历史条件形成的国家发展战略，一般就称为地缘政治经济战略。由于各个国家禀赋条件不同，所制定的地缘政治经济战略就难免会出现不协调甚至相互冲突，即地缘战略冲突。衡量两国间地缘战略冲突严重程度的标准既包括资源结构相似性（包括自然资源和人文资源）、产业结构相似性、进出口产品重叠率等可以量化的指标，也包括国家发展战略之间的相似性与内在冲突性、文化与民族性格间的矛盾性等无法量化的指标。当然，虽然是基于自然地理条件等相对客观的要素形成的地缘政治与经济战略冲突，但是并不是完全不能化解的，如果能够坦诚相见、平等协商、求同存异，或者联合创造新的途径，也是可以找到能够包容各自战略的共同点的。

中日关系中存在的地缘战略冲突非常严重，影响也最大。日本历史上社会经济文化发展远落后于中国，因此在大部分时间一直以中国为师，也大体上遵守东亚长期形成的以中国朝拜纳贡制度为中心的国际秩序。但日本国内资源贫乏，灾害频繁，随着人口增长，生存压力日益加大，开始越来越不愿意遵守东亚秩序，不断组织起来抢劫、伤害朝鲜和中国沿海。特别是到了明代，部分日本人来中国沿海抢掠，即倭寇之患，给中国沿海的安全与秩序造成极大威胁。明代时期中国加大打击力度，特别是 1480 年的禁海政策更是对倭寇的致命打击。之后丰臣秀吉提出并实施大陆政策，意在"超越山海、直入于明，使其四百州皆如我俗"，企图仿效蒙古吞并中国。可见在那个时候，中日之间就已经出现了严重的生存与发展出路冲突，并上升到地缘政治战略冲突，中国的禁海政策没有困死日本，反倒激起日本人更大的削弱、侵略、吞并中国的野心，而禁海政策却使得中国沿海方兴未艾的资本主义萌芽被摧毁，中国发展的一次战略机遇被葬送。近代以来，日本"脱亚入欧"，迅速走上军事扩张的道路，更是把处于衰落之中的中国作为扩张的对象，每次军事扩张都是对中国的伤害：吞并中国属国琉球，占领中国属国朝鲜并打败支援朝鲜的中国军队，甲午海战打败中国，在中国东北打日俄战争占领中东铁路，"一战"时在中国山东打德国占领青岛，"九一八"事变占领东北，全面侵华战争，等等，除最后战败外，前面历次战争都是日本胜利，掠夺了大量权益以支撑日本的经济发展和军事扩张，并以此迅速崛起为东亚第一强国，取代了中国在东亚的领导地位。而中国当然是需要极力维系自己在东亚地区的主导地位，因此不可避免与日本发生针锋相对的严重的地缘政治经济战略冲突。日本其实就是基于资源贫乏的地缘条件制定了压制、剥削，甚至吞并中国的国家发展战略，同时"大东亚共荣圈"计划更是要确立日本真正取代中国成为东亚地区的绝对霸主，这既是对中国的巨大伤害，也是与中国的地缘政治经济战略严重抵牾、针锋相对的。当代中国的经济发展与和平崛起，被很多日本人视为要重新夺回东亚地区领导权，经济上超越日本更被视为对日本在东亚地区经济主导权的巨大威胁，这些都被日本理解为中日间的地缘战略冲突。因此，近年来日本紧靠美国，提出日美防卫新指针，挑衅中国核心利益，插手南海纷争，围堵中国之心昭然若揭。可见，数百年来中日之间确实存在一定程度的地缘战略冲突，在近现代这种地缘冲突因为日本强化东亚称霸战略构想而使两国关系恶化到了极点。新中国成立后曾一度有所缓和，但 20 世纪 90 年代中期以来，随着寄希望于中国和平演变失败、中国经济发展迅猛、日本泡沫经济破灭等变化，日本对中国的疑虑、妒忌、担心甚至恐惧与日俱增，地缘战略冲突重新凸显。

严格来讲，中美之间到现在为止尚未出现类似的地缘战略冲突。近现代史上，美国虽然追随欧洲列强侵略中国，但是相对而言伤害程度小些，并做了些有益于中国的事情，如建立了一些学校和医院，提出"门户开放"政策客观上有利于中国领土和主权完整，抗日战争中中美结成同盟共同抗击日本，等等。朝鲜战争与越南战争是美国的全球称霸战略所致，并不表明中美间出现战略抵触必然要战，所以美国人才感叹朝鲜战争是美国在"错误的时间、错误的地点与错误的敌人发生的错误的战争"。也正是因为双方没有这种根本的利害冲突，所以1972年后双方关系迅速解冻并不断改善，在中国的改革开放进程中，美国甚至起过非常重要的促进作用。而近年来，随着中国迅速发展成为世界第二经济体，世界各种舆论认为中美之间逐渐出现了地缘战略冲突，中国会逐步将美国驱出亚洲太平洋地区，甚至会逐步取代美国的世界领导者地位，这样就难免形成中美间对世界霸权的争夺，中美必然落入"修昔底德陷阱"。其实，这是对中国和平发展道路缺乏信任的表现，也可能存在故意曲解、误解、理解偏差等因素。现在，美国仍然坚持全球战略，2011年以来又强调重返亚洲，实施亚洲再平衡战略，确有围堵、牵制中国之意图，但是，一方面，中国已今非昔比，安全环境有了一定保障，涉及国家核心利益的任何挑战中国都是有能力应对的；另一方面，中国始终强调、反复宣示坚定不移走和平发展道路，没有与美国争夺亚洲领导权甚至世界霸权的意图，因此，美国担心中国崛起会挤占美国的势力范围和战略空间只是单方面的臆想，不太可能出现，中国不惹事也不怕事，两国间导致直接的地缘战略冲突的后果则是灾难性的，因此，双方政府都会尽力掌控分寸，战略冲突的可能性相对较小。目前，中美关系中出现的大部分波折很大程度上都是美国霸权主义与强权政治造成的，并不是中国的战略选择冲撞了美国的国家战略，因此，随着美国这种霸权政治不断失灵，中国和平发展道路越来越深入人心，最终两国关系也就容易趋于改善和维持稳定。当然，如果美国不能从中国的和平发展道路中体会中国的善意，而是一意孤行压制甚至伤害中国的核心国家利益，我国也可能会在一段时间内有所应对，也许容易被看作一种地缘战略冲突，但是，毛泽东、邓小平等中国领导人早就不断明确宣告，中国永远不称霸，现在我国政府更是庄严承诺坚定不移走和平发展道路。即使出现中美之间的暂时对抗，就我方而言，也绝不会把这种对抗视作国家的重要战略，而是迫不得已地应对而已。

3. 中日关系的症结——日本不能以史为鉴。21世纪以来，中日关系不断陷入低谷，多次出现危机，两国间存在的很多历史遗留问题和现实利益争端纷纷浮出水面，这些问题基本上源于上述三方面的根本利害冲突，不易化解。当代中日关系的症结根本上还是日本未能做到以史为鉴，主要还是日本在历史问题上反省不彻底、军国主义阴魂不散、汲取历史教训不够造成的。近现代日本对中国的伤害罄竹难书、有目共睹，深刻反省战争、对国民进行和平教育应该是"二战"后各个国家的重要使命。但在日本，战争反省很不深刻，主要表现在：政府官员和国会议员发言歪曲历史事实，否认战争责任，参拜有甲级战犯的靖国神社，右翼分子编写的教科书大肆歪曲历史事实，等等。

相比于德国，日本确实是对战争责任反省严重不够，主要原因有：

（1）战争责任人处理不同。德国的战犯全部彻底地被处理和清算，极个别潜逃国外的到现在都没有放过。而日本只有极少数几个甲级战犯被处理，最大战犯天皇没有追究其责任，大部分战犯最后都被宽大处理，岸信介和佐藤荣作等战犯后来还成为国家首相，很多战犯重新成为国家官员，战犯继续执政就不可能对战争做出深刻反省。

（2）统治方式不同。德国被彻底打败，内政完全翻转，几个战胜国直接统治控制，不容军国主义有任何残存延留的机会。日本是战败投降，美国单独占领，为减轻负担，便于实施反共的"冷战"战略，美国重用战犯实现间接统治，以把日本变成"冷战"前沿，因此没有穷追猛打和及时清算军国主义影响。

（3）战争反思的起点不同。各国每年都会纪念"二战"，德国人一般都会到犹太人大屠杀纪念馆参观和举行纪念大会，总理勃兰特曾在犹太人墓前下跪，深刻反省战争责任，德国民众能够轻易看到大量屠杀犹太人的刑具和大量尸骨，因此，德国人民在纪念"二战"、反思战争的过程中就能发自内心地感受到法西斯的罪恶和战争残酷。而日本本土没有遭受到大规模战争，国内能够看到的战争伤害就是两颗原子弹轰炸的遗迹，每年纪念"二战"基本上都是在广岛、长崎进行，民众看到的不是自己伤害别人的残酷，而是自己遭受伤害的痛苦，自己反倒成为受害者，2015年日本甚至企图邀请各国领导人去广岛参观原子弹轰炸纪念馆。这样情景下反思战争自然很难深刻彻底。

（4）日本的诸多狡辩与民族性格。日本部分人往往找出种种理由为自己的战争责任和反省不足辩护，其实纯属狡辩。比如把日本发动战争的原因归于当时它的生存条件过于恶劣，经济发展快但是没有资源和市场，而西方国家控制着东亚国家，对日本的发展扩张实施了限制，导致日本为了生存不得不发动战争。有的更是把日本发动的战争美化为是为了从西方国家控制中解放东亚国家，从而帮助这些国家共同发展，形成"大东亚共荣圈"。这些说法是非常荒唐的，因为日本主要伤害的是亚洲国家特别是中国，而不是针对西方国家发动的战争，而且对东亚国家的伤害更甚于西方国家。部分日本人认为日本当年的战争内阁是发动政变上台的，不是民众选择的，因此民众没有责任，也就不必要像德国民众那样道歉和反省。尽管"二战"前日本确实是因为一系列政变出现了战争内阁，但是日本近代的东亚战争是明治维新后就开始的，而且日本民众在战争中的表现更加穷凶极恶，丝毫没有被迫的迹象，因此，日本民众的战争责任也是推卸不掉的。

4. 中美关系的核心——经贸问题与台湾问题。当代中美关系虽然总体上不断向前发展，但仍然存在不少障碍，核心是经贸问题和台湾问题，偶尔在人权、敏感武器扩散、国际责任等问题上产生分歧。

经贸问题主要是围绕两国贸易不平衡展开。按照美国统计，中美贸易有2000亿美元以上顺差，美国认为是中国市场不够开放、破坏美国知识产权、人民币低估等原因造成，而中国认为主要是双方统计方法不同和美国对中国的经济制裁与贸易限制造成。美国按照原产地原则统计，等于把东亚诸国与中国之间的产业分工全算在中国头上，因此明显高估顺差；当然，中国按照海关记录的直接贸易统计也有低估之嫌，往往漏掉了港澳等地的转口贸易。事实上，美国对华高技术出口限制与部分产业限制才是造成逆差的主要因素。中美经贸关系非常复杂，现在互为对方最大贸易伙伴，经济金融相互依存度大，中国是美国国债的最大购买国，而美国是中国的主要投资国和市场之一，共同利益仍然占据主导，但出现各种分歧和摩擦是难免的。

台湾问题是美国插手中国内政造成的，成为目前中美关系最难解决的问题。美国政府与中国有1972年上海公报、1978年建交公报和1982年公报为发展关系的基础，而美国国会又有《与台湾关系法》作为保护台湾的所谓法律依据，这样就造成法律制度上的困境。近十多年来，"台独"势力猖獗，这与美国的纵容与支持分不开，向台湾出售技术含量高的武器、超标准的政治交流等都不利于海峡两岸走向和平，最终也不利于中美关系的正常发展。

5. 中美、中日关系的前景。中、美、日都是大国，经济总量位居世界前三位。特别是中美之间，将很长时间内成为世界上最重要的两个国家，因此，美国提出了"中美国"、"中美共治"等概念，在某种程度上表明中国的国际地位在上升。东亚地区各国经济繁荣，但是相互之间关系问题错综复杂，很大程度上是因为中日关系时有波折，为了东亚的长期繁荣，中日关系与中美关系都需要得到改善，这是三个大国都应该负有的国际责任，而且，这两个双边关系相互交织在一起，牵一发而动全身，因此，更需要三方协调努力，共同开辟三方关系的新篇章。

当然，毕竟三个国家都是政治经济文化影响巨大的大国，在全球化时代，由于三方关系的深度广度全方位发展，彼此利益犬牙交错，深度融合，出现这样那样的不合、纷争、矛盾、冲突是正常的，一方面只能够求同存异，另一方面则更需要积极主动寻求新途径与方法共同创造新局面，避免小分歧贻害大格局。这是三个大国的责任,也是各自国家人民的责任。

四、延伸阅读与思考

(一)重要文献资料

2011年9月国务院发布《中国的和平发展》白皮书①
(节选)

2001年加入世界贸易组织以来,中国年均进口近7500亿美元商品,相当于为相关国家和地区创造了1400多万个就业岗位。过去10年,在华外商投资企业从中国累计汇出利润2617亿美元,年均增长30%。2000—2010年,中国非金融类年度对外直接投资从不足10亿美元增加到590亿美元,有力促进了有关国家经济发展。2009年境外中资企业实现境外纳税106亿美元,聘用当地员工43.9万人。中国近年来对世界经济增长的贡献率均达到10%以上。在1997年亚洲金融危机引起周边国家和地区货币大幅贬值情况下,中国保持人民币汇率基本稳定,为区域经济稳定和发展作出了贡献。2008年国际金融危机发生后,中国积极参与二十国集团等全球经济治理机制建设,推动国际金融体系改革,参与各国宏观经济政策协调,参与国际贸易融资计划和金融合作,组织大型采购团赴海外采购,向陷入困境的国家伸出援手。中国认真落实联合国千年发展目标,成为全球唯一提前实现贫困人口减半的国家,并根据自身能力积极开展对外援助。截至2009年年底,中国累计向161个国家、30多个国际和区域组织提供了2563亿元人民币的援助,减免50个重债穷国和最不发达国家债务380笔,为发展中国家培训人员12万人次,累计派出2.1万名援外医疗队员和近1万名援外教师。中国积极推动最不发达国家扩大对华出口,并已承诺对所有同中国建交的最不发达国家95%的输华产品给予零关税待遇。

习近平关于我国外交政策的重要论述

中国人民爱好和平。我们将高举和平、发展、合作、共赢的旗帜,始终不渝走和平发展道路,始终不渝奉行互利共赢的开放战略,致力于同世界各国发展友好合作,履行应尽的国际责任和义务,继续同各国人民一道推进人类和平与发展的崇高事业。

——《在第十二届全国人民代表大会第一次会议上的讲话》

---

① http://news.xinhuanet.com/politics/2011-09/06/c_121982103.htm,2011-09-06/2012-07-28.

我们爱好和平，坚持走和平发展道路，但决不能放弃正当权益，更不能牺牲国家核心利益。要统筹维稳和维权两个大局，坚持维护国家主权、安全、发展利益相统一，维护海洋权益和提升综合国力相匹配。要坚持用和平方式、谈判方式解决争端，努力维护和平稳定。要做好应对各种复杂局面的准备，提高海洋维权能力，坚决维护我国海洋权益。要坚持"主权属我、搁置争议、共同开发"的方针，推进互利友好合作，寻求和扩大共同利益的汇合点。

——《进一步关心海洋认识海洋经略海洋　推动海洋强国建设不断取得新成就》

我国周边外交的基本方针，就是坚持与邻为善、以邻为伴，坚持睦邻、安邻、富邻，突出体现亲、诚、惠、容的理念。发展同周边国家睦邻友好关系是我国周边外交的一贯方针。要坚持睦邻友好，守望相助；讲平等、重感情；常见面，多走动；多做得人心、暖人心的事，使周边国家对我们更友善、更亲近、更认同、更支持，增强亲和力、感召力、影响力。

——《为我国发展争取良好的周边环境　推动我国发展更多惠及周边国家》

我们要根据事情本身的是非曲直决定自己的立场和政策，秉持公道，伸张正义，尊重各国人民自主选择发展道路的权利，绝不把自己的意志强加于人，也绝不允许任何人把他们的意志强加于中国人民。

——《在纪念毛泽东同志诞辰120周年座谈会上的讲话》

要注重塑造我国的国家形象，重点展示中国历史底蕴深厚、各民族多元一体、文化多样和谐的文明大国形象，政治清明、经济发展、文化繁荣、社会稳定、人民团结、山河秀美的东方大国形象，坚持和平发展、促进共同发展、维护国际公平正义、为人类作出贡献的负责任大国形象，对外更加开放、更加具有亲和力、充满希望、充满活力的社会主义大国形象。

——《建设社会主义文化强国　着力提高国家文化软实力》

文明因交流而多彩，文明因互鉴而丰富。文明交流互鉴，是推动人类文明进步和世界和平发展的重要动力。推动文明交流互鉴，需要秉持正确的态度和原则。

——习近平在联合国教科文组织总部的演讲（2014年3月27日）

(二) 典型案例

案例一

黑瞎子岛模式：和平解决历史争端的典型模式①

黑瞎子岛是由黑瞎子岛、银龙岛、明月岛等3个岛系93个岛屿和沙洲组成，位于黑龙江和乌苏里江的交界。1929年中东路事件中，苏联红军从东北军手中非法武力侵占黑瞎子岛。2004年中俄签署协定：银龙岛归中国所有，黑瞎子岛一分为二。至此，中俄长达4300多公里的边界线全部确定。2008年10月14日，中俄在黑瞎子岛上举行"中俄界碑揭牌仪式"，一半的黑瞎子岛正式回归中国。2010年11月23日中俄总理定期会晤，表示"双方将共同对黑瞎子岛进行综合开发"。黑瞎子岛的潮起潮落及开发发展，见证了中俄边界的纷争起伏，也见证了中俄关系的变迁发展。黑瞎子岛的部分回归是中俄友好、和平解决领土纷争的一个成功案例，是中国和平发展道路在领土纠纷问题上的成功运用。作为成功的外交实践，"黑瞎子岛模式"为21世纪的现代中国解决外交和领土争端提供了一种新思路，即：在尊重历史的前提下，通过和平谈判的方式，最大限度地保护国家利益和领土完整，同时对目前已经造成的现实问题给予一定的承认。

案例二

上海合作组织：中国新安全观的成功实践②

上海合作组织（简称"上合组织"）是第一个由中国参与创建，在中国境内成立，第一个以中国城市命名，总部设在中国的多边国际组织；由中、俄、哈、塔、吉五国成立，是在解决历史遗留的边界问题基础上形成。

1996年4月26日，五国元首在上海首次会晤，签署《关于在边境地区加强军事领域信任的协定》，正式启动"上海五国"进程。1997年4月24日，五国在莫斯科签署《关于在边境地区相互裁减军事力量的协定》，2000年7月，五国签署《杜尚别声明》，决定深化在政治、外交、经贸、军事、军技和其他领域的合作，标志着"上海五国"机制由定期会晤向长期合作发展。2001年乌兹别克斯坦加入，当年6月六国正式签署《上海合作组织成立宣言》、《打击恐怖主义、分裂主义和极端主义上海公约》，在国际上首次对恐怖

---

① 根据百度百科整理。
② 根据百度百科整理。

主义、分裂主义和极端主义作了明确定义，提出了合作打击"三股势力"的具体方向、方式及原则，为上海合作组织的安全合作奠定了法律基础。

上海合作组织机制不断完善。2001年9月宣布建立总理定期会晤机制。2002年6月圣彼得堡峰会签署《上海合作组织宪章》，标志着该组织从国际法意义上得以真正建立。次年5月莫斯科峰会签署《上海合作组织成员国元首宣言》，中国的张德广被任命为该组织首任秘书长。2004年1月，上海合作组织秘书处在北京正式成立。至今已经形成了包括国家元首会议、政府首脑（总理）会议、外交部长会议、各部门领导人会议、国家协调员理事会、地区反恐怖机构在内的成熟机构。

2002年6月，圣彼得堡峰会签署《关于地区反恐怖机构的协定》，建立常设地区反恐怖机构，以加强安全领域合作。2005年7月阿斯塔纳峰会，第一次明确对美国因阿富汗战争而在乌、吉两国驻军说"不"，这对防止外部势力进入该地区、使中亚安全形势复杂化是十分重要的举措。

上合组织秉承互信、互利、平等、协商、尊重多样文明、谋求共同发展的"上海精神"，树立起和平、合作、开放、进步的良好形象。2004年6月塔什干峰会吸收蒙古国为观察员，2005年7月阿斯塔纳峰会给予巴基斯坦、伊朗、印度观察员地位。

上合组织对于中国实现其所倡导的新安全观，维护中国西北边陲的稳定与安全，进而建立新型国际关系、创立新型国际安全制度，都是一个成功的范例。其宗旨是"加强各成员国之间的相互信任与睦邻友好；鼓励各成员国在政治、经贸、科技、文化、教育、能源、交通、环保及其他领域的有效合作；共同致力于维护和保障地区的和平、安全与稳定；建立民主、公正、合理的国际政治经济新秩序"。大力倡导不结盟、不对抗、不针对第三方的安全合作模式，顺应了"冷战"后和平与发展的历史潮流，展示了不同文明背景、传统文化各异的国家通过互尊互信实现和睦共处、团结合作的巨大潜力，是中国多边外交的重要成就。

案例三

南海争端[①]

南海，又称南中国海，包括东沙、西沙、中沙及南沙群岛。目前西沙、中沙群岛由中国实际控制，东沙群岛由中国台湾控制，而南沙情况复杂，形成南海争端：越南非法占据了西部，菲律宾非法占据了东北部，马来西亚非法占据

---

① 根据百度百科整理。

了西南部。南沙群岛陆地面积只有 2 平方公里,但整个海域达 82.3 万平方公里,扼西太平洋至印度洋海上交通要塞,成为通往非洲和欧洲的咽喉要道,大量油气、可燃冰等资源的发现则进一步加剧了南海争端的敏感性。

大量史实证明:南沙群岛是中国最早发现并命名、进行实际管辖的。东汉杨孚的《异物志》、三国时万震的《南国异物志》、东吴康泰的《扶南传》等书均有记载。《元史》和《元代疆域图叙》记载元代疆域包括了南沙群岛,还记载元海军巡辖了南沙群岛。明代《海南卫指挥佥事柴公墓志铭》记载南沙群岛属于明代版图,海南卫巡辖了西沙、中沙和南沙群岛。清代对南沙群岛行使行政管辖,1724 年的《清直省分图》之《天下总舆图》、1755 年的《皇清各直省分图》之《天下总舆图》、1767 年的《大清万年一统天下全图》、1810 年的《大清万年一统地量全图》和 1817 年的《大清一统天下全图》等许多地图均将南沙群岛列入中国版图。1932 年和 1935 年中国专门审定了南海各岛屿名称共 132 个,分属西沙、中沙、东沙和南沙群岛管辖。1933 年法国侵占南沙 9 个岛屿,遭到中国渔民强烈反抗,中国也向法国提出抗议。1939 年日本侵占南海诸岛,1946 年依据《开罗宣言》和《波茨坦公告》,中国委派肖次尹和麦蕴瑜为西沙和南沙专员进行接管并立主权碑。1947 年中国重新命名南海诸岛共 159 个。日本 1952 年正式表示"放弃对台湾、澎湖列岛以及南沙群岛、西沙群岛之一切权利、权利名义与要求",从而将其所侵占的南沙诸岛正式交还给中国。1983 年中国公布南海诸岛标准地名。目前中国占有南沙群岛中的 50 座岛屿,其中 7 座有实际驻军。中国台湾控制最大的太平岛并设有军营与机场。

越南 1960 年、1972 年出版的世界地图及 1974 年出版的教科书都承认南沙群岛是中国领土。但南越 1973 年 7 月至 1974 年 2 月先后占领南沙部分岛屿,1975 年声称对西沙和南沙群岛拥有"主权",1979 年 9 月和 1982 年 1 月先后发表白皮书重申拥有全部主权,理由是对 1933 年后法国和南越对南沙群岛主权的国家继承。

马来西亚 1978 年开始到南沙群岛南端部分岛礁活动并树立"主权碑"。1979 年新地图将上述岛礁和南沙 27 万平方公里的海域划入其版图。1980 年单方面宣布 200 海里专属经济区,其依据是南沙群岛位于马来西亚的大陆架上,其主权符合 1958 年《日内瓦公约》和 1982 年《联合国海洋法公约》。

菲律宾 1946 年对南沙群岛提出主权要求。1956 年到南沙部分岛屿活动并命名为"卡拉延群岛"。1978 年 6 月 11 日签发 1596 号总统法令,宣布"卡拉延群岛"归菲所有。1970—1980 年期间先后占领 8 个岛礁,还单方面宣布一些海洋立法规定 200 海里经济专属区,将南沙群岛东部 41 万平方公里海域划入其领海。它们的借口是这部分岛屿原为"无主岛屿",离菲律宾最近。

文莱和印度尼西亚没有实际驻兵，但都宣布 200 海里专属经济区，文莱发行标明海域管辖范围的新地图，声称对南通礁拥有主权，并分割南沙海域 3000 平方公里。印尼 1966 年以来在海上划分"协议开发区"，1969 年 10 月与马来西亚签订大陆架协定，声称拥有 5 万平方公里南沙海域。

南海争端非常复杂，涉及周边各国，其他国家因为都是东盟成员，在此问题上往往抱团对抗中国，因此具有更大的国际影响，而丰富的油气资源已经吸引美、英、日、俄、印度等大国参与开发，使问题更趋国际化。

中菲黄岩岛之争就是南海争端的一个案例。对于黄岩岛是中国领土的立场，菲方过去从未表示过异议，但 1994 年《联合国海洋法公约》有关专属经济区的法规颁布实施后，菲方突然以其位于 200 海里专属经济区内为借口，先是宣称对黄岩岛拥有海洋管辖权，后公开叫嚷对黄岩岛拥有主权。1997 年以来，菲在黄岩岛抓捕和骚扰我渔民的事件日益频繁，且态度日益恶劣。

不少国家和国际会议都承认南沙群岛是中国的领土。1955 年国际民航组织要求中国台湾当局在南沙群岛加强气象观测，没有任何代表提出异议。许多国家出版的地图也都标注南沙群岛属于中国。如日本 1952 年《标准世界地图集》和 1962 年《世界新地图集》、1954 年西德《世界大地图集》、1956 年英国《企鹅世界地图集》、1956 年法国《拉鲁斯世界与政治经济地图集》等都明确标注南沙群岛属于中国。许多国家权威性百科全书，如 1963 年美国《威尔德麦克各国百科全书》、1973 年《苏联大百科全书》和 1979 年日本《世界年鉴》都承认南沙群岛是中国领土。

中国政府主张愿同有关国家根据公认的国际法和现代海洋法，包括 1982 年《联合国海洋法公约》所确立的基本原则和法律制度，通过和平谈判妥善解决有关南海争端，并提出"搁置争议、共同开发"的主张。近年来通过多种双边、多边机制磋商，一致赞同以和平方式和友好协商寻求妥善解决。主张有关各方采取克制、冷静和建设性的态度。中国高度重视南海国际航道的安全畅通，维护主权和海洋权益并不影响国际法所规定的通行自由，愿同南海沿岸国家一道，共同维护南海地区国际航道安全。

参考书目

[1] 中国关于新安全观的立场文件. 人民日报，2002 - 08 - 02（03）.

[2] 胡锦涛. 高举中国特色社会主义伟大旗帜　为夺取全面建设小康社会新胜利而奋斗. 北京：人民出版社，2007.

[3] 邓小平文选第 3 卷. 北京：人民出版社，1993.

[4] 十七大以来重要文献选编（上）. 北京：中央文献出版社，2009.

[5] 金灿荣等. 大国的责任. 北京：中国人民大学出版社，2011.

[6] 徐崇温. 中国的和平发展道路. 重庆：重庆出版社，2009.
[7] 李景治，蒲俜等. 中国的抉择：和平发展与构建和谐世界. 北京：中国人民大学出版社，2012.
[8] 张幼文，黄仁伟等. 2011 中国国际地位报告. 北京：人民出版社，2011.

思考题

1. 当今世界格局发生了哪些新变化？
2. 你认为哪些因素容易冲击到我国走和平发展道路？
3. 你认为中国能不能和平解决与周边国家的领土争端？为什么？
4. 你认为中国强大后是否会与美国争夺世界霸权？为什么？

后　　记

此次改版是在2012年编写的基础上进行的。参加本书第一版编写工作的主要是中山大学马克思主义学院的骨干教师，部分博士生也参与了资料收集和部分初稿撰写。全书由郭文亮教授和杨菲蓉教授策划与统稿。具体分工如下：

导论，叶启绩教授；第一讲，袁洪亮教授、郭万敏博士生；第二讲，傅春光副教授、陶翀洋博士生；第三讲，杨菲蓉教授、项赠讲师；第四讲，李辉教授；第五讲，黄晓星讲师、蒋红群博士生；第六讲，龙柏林副教授、张永刚博士生；第七讲，郭文亮教授、胡庆亮讲师；第八讲，谭毅副教授、金素端博士生；后记，郭文亮教授。

参与本书第二版编写工作的人员和承担的任务有了新的变化，分别是：前言、内容简介，谭毅副教授；导论，郭文亮教授；第一讲，袁洪亮教授；第二讲，傅春光副教授；第三讲，谭毅副教授；第四讲，李辉教授；第五讲，沈成飞副教授；第六讲，龙柏林副教授；第七讲，胡庆亮讲师；第八讲，谭毅副教授；后记，郭文亮教授。全书由郭文亮教授和谭毅副教授统稿。

本版的编写首先要衷心感谢参与教育部编写《中国特色社会主义理论与实践研究》大纲的各位专家学者，他们精心编写的教学大纲为本书增加了科学性和权威性；同时也要衷心感谢学术界各位前辈同行，他们的最新研究成果为本书增添了学术性和理论性；此外，还要衷心感谢中山大学马克思主义学院院长李辉教授、副院长林滨教授，中山大学出版社社长徐劲，出版社编审、本书责任编辑邹岚萍等同仁，正是他们的关心、支持和指导，使得本书在短期内得以顺利出版。

郭文亮
2015年6月6日于康乐园